SOCIOLOGIA
DA RELIGIÃO

Dados Internacionais de Catalogação na Publicação (CIP)
(Câmara Brasileira do Livro, SP, Brasil)

Furseth, Inger
  Sociologia da religião : perspectivas clássicas e contemporâneas / Inger Furseth, Pal Repstad ; tradução de Levindo Pereira. – Petrópolis, RJ : Vozes, 2023.

Título original: An introduction to the sociology of religion
Bibliografia.
ISBN 978-65-5713-940-0

1. Ciências sociais 2. Religião – Aspectos sociais 3. Religião e sociologia 4. Sociologia cristã I. Repstad, Pal. II. Pereira, Levindo. III. Título.

23-157034 CDD-306.6

Índices para catálogo sistemático:
1. Sociologia da religião 306.6

Eliane de Freitas Leite – Bibliotecária – CRB 8/8415

Inger Furseth | Pål Repstad

SOCIOLOGIA DA RELIGIÃO

Perspectivas clássicas e contemporâneas

Tradução de Levindo Pereira

EDITORA VOZES

Petrópolis

© 2006, Inger Furseth e Pal Repstad.
© 2003, Universitetsforlaget.

Tradução do original em inglês intitulado *An introduction to the Sociology of Religion. Classical and contemporary perspectives.*

Direitos de publicação em língua portuguesa – Brasil:
2023, Editora Vozes Ltda.
Rua Frei Luís, 100
25689-900 Petrópolis, RJ
www.vozes.com.br
Brasil

Todos os direitos reservados. Nenhuma parte desta obra poderá ser reproduzida ou transmitida por qualquer forma e/ou quaisquer meios (eletrônico ou mecânico, incluindo fotocópia e gravação) ou arquivada em qualquer sistema ou banco de dados sem permissão escrita da editora.

CONSELHO EDITORIAL

Diretor
Volney J. Berkenbrock

Editores
Aline dos Santos Carneiro
Edrian Josué Pasini
Marilac Loraine Oleniki
Welder Lancieri Marchini

Conselheiros
Eloí Dionísio Piva
Francisco Morás
Gilberto Gonçalves Garcia
Ludovico Garmus
Teobaldo Heidemann

Secretário executivo
Leonardo A.R.T. dos Santos

Padronização das referências: Cecília Toledo
Diagramação: Raquel Nascimento
Revisão gráfica: Alessandra Karl
Capa: Pedro Oliveira

ISBN 978-65-5713-940-0 (Brasil)
ISBN 978-82-150-1292-6 (Noruega)

Este livro foi composto e impresso pela Editora Vozes Ltda.

Sumário

Prefácio, 9

1 Perspectivas sociológicas sobre religião, 11
   1.1 O que é sociologia?, 11
   1.2 A sociologia da religião e a sociologia geral, 18
   1.3 A sociologia como ciência, 19
   1.4 A sociologia da religião *versus* outras disciplinas que estudam a religião, 23
   1.5 Sociologia clássica - um comentário, 27

2 Religião como fenômeno – Definições e dimensões, 30
   2.1 Definindo a religião – não apenas uma questão acadêmica, 30
   2.2 Definições substantivas: o conteúdo comum a todas as religiões, 32
   2.3 Definições funcionais: o efeito da religião sobre indivíduos e/ou sociedades, 38
   2.4 Definições amplas ou estreitas de religião?, 40
   2.5 Precisamos de definições de religião?, 42
   2.6 As dimensões da religião, 44

3 Sociólogos clássicos e suas teorias da religião, 50
   3.1 Karl Marx: religião como projeção e ilusão, 50
   3.2 Émile Durkheim: religião como integração, 54
   3.3 Max Weber: ação, racionalidade, e religião como legitimação, 58
   3.4 Georg Simmel: individualidade, sociabilidade e religião, 63
   3.5 Sigmund Freud: religião como dependência dos pais e controle do instinto, 66
   3.6 George Herbert Mead: a base social da formação da identidade, 69
   3.7 Talcott Parsons: o indivíduo e as funções sociais da religião, 73
   3.8 Entre estruturas e atores, 76

4 A religião na sociologia e análise cultural contemporâneas, 79
   4.1 Jürgen Habermas: o lugar da religião no diálogo racional, 80
   4.2 Niklas Luhmann: religião como função, 84
   4.3 Erving Goffman: a vida cotidiana como drama e ritual, 88
   4.4 Peter L. Berger e Thomas Luckmann: religião como construção social, 91
   4.5 Pierre Bourdieu: religião e prática social, 96
   4.6 Michel Foucault: espiritualidade, corporalidades e política, 100
   4.7 Anthony Giddens: religião na Modernidade tardia, 104
   4.8 Zygmunt Bauman: Pós-modernidade líquida, 108
   4.9 Alguns temas e problemas comuns, 112
5 As grandes narrativas: Modernidade, Pós-modernidade, globalização e secularização, 116
   5.1 Os traços característicos da Modernidade, 116
   5.2 Da Modernidade à Pós-modernidade?, 119
   5.3 Globalização, 123
   5.4 Secularização – um conceito multidimensional, 126
   5.5 Teorias da secularização moderadas e extremas, 128
   5.6 A secularização da sociedade e suas forças fundamentais, 129
   5.7 O debate sobre teorias moderadas da secularização, 133
   5.8 Diversidade religiosa, competição e secularização, 137
   5.9 A secularização e suas limitações, 141
   5.10 Secularização no nível organizacional: religião como fonte de secularização, 143
   5.11 Secularização em um nível individual?, 146
   5.12 Diversas grandes narrativas, 147
6 Religião na esfera pública, 149
   6.1 O papel decrescente da religião na esfera pública, 150
   6.2 O papel contínuo da religião na esfera pública, 153
   6.3 A religião oficial do Estado, 155
   6.4 Religião civil, 158
   6.5 O nacionalismo religioso, 160
   6.6 Religião pública, 163
   6.7 Religião e poder político, 165
   6.8 Sugestões de pesquisa, 166

7 Religiosidade individual, 168
   7.1 A teoria da privação: aflições criam uma necessidade de religião, 169
   7.2 Teoria da socialização: treinamento de longa duração ensina indivíduos a serem religiosos, 172
   7.3 Teoria da escolha racional: benefícios calculados levam à religião, 177
   7.4 Religião como busca por sentido e pertencimento, 181
   7.5 Quão incorporado? Quão individualizado?, 184
   7.6 A base social da religiosidade individual, 188
   7.7 Religiosidade popular: um discurso continuado com tradições religiosas estabelecidas, 190
   7.8 Rituais e música como portadores de religiosidade, 193
   7.9 Quando a religião se torna importante: sobre indivíduos comprometidos com a religião, 195
   7.10 Secularização em nível individual?, 199

8 Organizações e movimentos religiosos, 201
   8.1 Um interesse em tipologias, 201
   8.2 Igreja, seita e misticismo, 202
   8.3 Algumas especificações e notas críticas, 208
   8.4 A dinâmica das organizações religiosas, 212
   8.5 Organizações religiosas como entidades ativas: teoria da mobilização de recursos, 215
   8.6 Organizações caracterizadas pela coerção, utilitarismo e comprometimento normativo, 216
   8.7 Formas de dominação em organizações religiosas, 219
   8.8 Estudos sociológicos de movimentos e minorias religiosas, 223

9 Religião, unidade social e conflito, 228
   9.1 Religião e unidade social, 228
   9.2 Religião e conflito social, 231
   9.3 Fundamentalismo, 236
   9.4 Violência religiosa, 242
   9.5 Fontes religiosas ou sociais do conflito?, 245
   9.6 A religião como uma fonte de paz?, 247

10 Raça, etnicidade e religião, 249
   10.1 Conceitos de raça e etnicidade, 250
   10.2 Teorias clássicas sobre raça e etnicidade, 252

10.3 Teorias contemporâneas de raça e etnicidade, 255
10.4 Imigração e religião, 258
10.5 Assimilação, pluralismo e multiculturalismo, 263
10.6 O debate sobre políticas públicas, 266

11 Religião e gênero, 269
11.1 O papel da religião na interpretação do gênero e dos papéis de gênero, 270
11.2 Experiências religiosas de homens e de mulheres, 276
11.3 O papel da mulher nas organizações religiosas, 279
11.4 A participação de mulheres em grupos religiosos – diferentes explicações, 286
11.5 Feminismo e religião, 288
11.6 Religião, sexualidade e orientação familiar, 291

12 Sociologia, teologia e fé religiosa, 296
12.1 Perspectivas conflitantes?, 296
12.2 Ateísmo metodológico: sociologia e seu silêncio sobre a questão da verdade religiosa, 296
12.3 Os sociólogos clássicos e seu otimismo científico, 301
12.4 A religião varia em sua compatibilidade com a sociologia, 304
12.5 A crítica contemporânea ao ateísmo metodológico, 304
12.6 Pesquisar de dentro ou de fora?, 307
12.7 A sociologia da religião como ciência aplicada, 311

Referências, 315
Índice, 349

Prefácio

O que é fundamentalismo? Como ele emerge? Qual o papel da religião nos conflitos étnicos atualmente? A religião é uma força fundamental ou os líderes políticos usam a religião para promover outros interesses? Todas as religiões oprimem mulheres ou algumas as empoderam?

Esses são apenas alguns exemplos de questões levantadas frequentemente nos dias de hoje. Decerto, a sociologia em seus primórdios demonstrou muito interesse pela religião. Durante a segunda metade do século XX, a sociologia geral e a sociologia da religião se desenvolveram por caminhos distintos. Este livro oferece uma introdução às teorias sociológicas da religião. Acreditamos que qualquer um interessado em religião ou em ciências sociais irá se beneficiar de sua leitura. Um número crescente de estudantes e pesquisadores de teologia, estudos religiosos e história da Igreja começaram a utilizar perspectivas sociais científicas. Os sociólogos também entretêm um novo interesse pela análise cultural. O objetivo deste livro é oferecer ao leitor uma visão panorâmica das teorias sociológicas da religião existentes. E se nós temos um objetivo implícito é o de prevenir que a sociologia da religião se torne um campo isolado no interior da sociologia. Acreditamos firmemente que a sociologia da religião é parte integrante da sociologia geral.

Vários capítulos deste livro estão organizados segundo tópicos. Dois capítulos oferecem um breve sobrevoo da teoria clássica e contemporânea. Eles examinam não apenas sociólogos da religião, mas também teorias sociológicas mais amplas relevantes para a religião. Acreditamos que este livro será útil para estudantes avançados das áreas de ciências sociais, estudos religiosos e teologia. Contudo, o livro também pode ser utilizado por graduandos que estão se iniciando em sociologia da religião.

Agradecemos ao Centro KIFO para Pesquisa sobre Igrejas e a Universidade Agder por terem nos proporcionado a oportunidade de trabalhar neste livro. Inger Furseth também agradece à Associação Norueguesa de Tradutores e Escritores de Não Ficção (NFF) pelo auxílio financeiro. Estamos também agradecidos a Line Nyhagen Predelli e a Willy Guneriussen, leitores e comentadores de versões anteriores. Acima de tudo, agradecemos um ao outro, reciprocamente. Escrever pode ser um empreendimento relativamente solitário, mas nós nos divertimos e aprendemos um com o outro. Inger Furseth escreveu a primeira versão dos capítulos 3, 4, 6, 9, 10 e 11, e Pål Repstad fez o mesmo nos capítulos 1, 2, 5, 7, 8 e 12. No entanto, os comentários que fizemos ao trabalho de cada um são tais que nós dois assumimos a responsabilidade pelo livro inteiro.

Inger Furseth
Pål Repstad
Olso/Kristiansand, maio de 2006

1
Perspectivas sociológicas sobre religião

1.1 O que é sociologia?

É quase impossível enunciar de forma breve e irrefutável o que é sociologia. Podemos dizer que a sociologia é o estudo da vida social humana em grupos e comunidades, mas esse enunciado não permite uma distinção adequada entre a sociologia e outras disciplinas, por exemplo, a história. Nosso propósito não é fazer distinções estritas entre diferentes disciplinas. Tais distinções não caem do céu: elas são o resultado de uma mistura obscura de diferenças específicas, interesses profissionais, estruturas de poder políticas e acadêmicas e coincidências históricas. Mesmo assim, apontar algumas das principais características usadas comumente para descrever a sociologia como disciplina pode ser útil. Trataremos dessa questão aqui, e em seguida prosseguiremos com a consideração das diferenças entre a sociologia da religião e outros campos da sociologia – e entre a sociologia da religião e outras disciplinas que estudam a religião. Ao longo do percurso, alguns temas e perspectivas serão introduzidos, aos quais retornaremos no decorrer do livro.

Há mais de cem anos, o filósofo francês Auguste Comte formulou o conceito de sociologia. Desde então, universidades ao redor do mundo têm ensinado sociologia – que, como uma disciplina acadêmica, testemunhou em crescimento excepcional nos últimos cinquenta anos, mais ou menos. A palavra "sociologia" é uma combinação do grego e do latim e significa simplesmente estudos cívicos. É claro, a sociologia são estudos cívicos caracterizados por suas perspectivas específicas.

Ao descrever a sociologia, podemos dizer que essa disciplina tem como interesse central a explicação e a compreensão da ação humana. Por que os seres humanos agem do modo como agem? A expressão "explicação sociológica" não implica explicações estritamente causais. A expressão é usada num sentido mais amplo, significando todas as contribuições que fornecem novas informações a respeito de um fenômeno específico. A fim de explicar ações humanas, distinguiremos, então, entre explicações de qualidade pessoal, de relações sociais e de sistemas sociais.

Uma explicação de qualidade pessoal indica que um evento ocorreu devido às qualidades do indivíduo, consideradas relativamente estáveis. Trata-se de uma explicação "desde dentro". À guisa de ilustração, se uma pessoa comete um crime, o ato criminoso é explicado pelo caráter criminal do réu. Ou quando um indivíduo demonstra um envolvimento profundamente religioso, uma explicação de qualidade estabelece que esse indivíduo possui uma personalidade religiosa. Explicações de qualidade pessoal tendem a conter um elemento de elogio ou de condenação moral: "não se pode esperar algo bom dessa pessoa depravada", ou "ela é gentil seja qual for a situação". Explicações de qualidade pessoal usualmente apontam para características de categorias ou grupos inteiros. Tais explicações foram prolíficas ao longo dos tempos, sobretudo em relação a explicações baseadas em gênero ou raça: "mulheres não são talhadas para serem líderes", ou "pessoas negras não são aptas para esse tipo de trabalho". Explicações de qualidade pessoal são encontradas com frequência na linguagem popular, e também aparecem de tempos em tempos nas ciências. Por exemplo, um psicólogo pode sustentar que um dado comportamento só pode ser explicado por um traço de caráter profundamente arraigado.

As ciências sociais oferecem diversos argumentos contrários às explicações de qualidade pessoal. Um argumento é o de que essas explicações tendem a ser o resultado de tautologias: pessoas estão envolvidas com religião porque são profundamente religiosas. Sociólogos, todavia, irão explorar mais esse problema e perguntarão *por que* as pessoas se tornam religiosas. Ao responder a essa questão, eles se apoiam frequentemente em explicações relacionais: um fato ou um evento deve ser compreendido por meio das relações sociais nas quais as pessoas estão envolvidas. Explicações de relações – também chamadas de explicações sociais – são consideradas por alguns como as melhores explicações nas ciências sociais (WADEL, 1990). Tais explicações informam por que nós agimos do modo como agimos ao demonstrar como somos afetados por nossas relações interpessoais. Levamos em consideração outras pessoas quando agimos; "respondemos" às ações de outras pessoas. Levar em consideração as ações de outras pessoas não significa necessariamente que nós nos sujeitamos a elas. Podemos aprender a partir dos outros e ajustar nosso comportamento em relação a eles, mas também podemos considerá-los irritantes, objetá-los, tentar enganá-los, ou ignorá-los propositalmente. Em todas essas situações – e em milhares de outras – nós estamos interagindo constantemente com outras pessoas.

O termo "relações" pode sinalizar um certo mínimo de permanência nas relações pessoais. No entanto, mesmo em reuniões casuais, algo social pode ser ativado. Se dois homens desconhecidos um do outro se cruzarem na rua, podemos presumir com relativa segurança que um irá aprumar sua barriga e o outro deixará de cutucar o nariz. As convenções sociais aparecem mesmo em relações de tão curta duração. Além disso, agimos e pensamos não apenas em contato social direto com os outros, mas também agimos com base em memórias de relações sociais anteriores. Nem é necessário que tenhamos passado nós mesmos por tudo. Sabemos que uma criança queimada teme o fogo. No entanto, mesmo uma criança que nunca experimentou o que é ser queimada aprendeu a lidar com fósforos com cautela, aprendizado vindo de advertências dos pais ou de programas infantis na TV. As relações sociais nem sempre são diretas; elas podem ser indiretas ou mediadas: transmitidas pela mídia de massa, como filme ou TV. Essa questão aponta para um debate contemporâneo dentro da sociologia. Alguns sociólogos irão sustentar que os meios de comunicação de massa e as novas formas tecnológicas de comunicação estão em primeiro plano de maneira inédita, e isso demonstra que vivemos em uma Nova Era. Outros irão se opor, argumentando que mesmo na atualidade as relações sociais diretas constituem o principal fator na formação de nossa vida social e na compreensão de nós mesmos.

O terceiro tipo de explicação é a explicação sistêmica ou estrutural. Essa forma de explicação pode também ser encontrada na vida cotidiana, por exemplo quando as pessoas falam de "desenvolvimento" ou "sociedade" como poderes formativos que afetam nossas vidas. Alguns sociólogos falam de "leis sociais". Em todos esses casos, subjaz a noção de que padrões específicos ou regularidades integradas na sociedade afetam as pessoas, quer elas gostem ou não.

Vários cientistas sociais contemporâneos se opõem ao uso extensivo de explicações sistêmicas. Tais explicações tendem a ocultar o fato de que as estruturas societais são, afinal, feitas pelo homem. Alguns têm observado que as explicações sistêmicas tendem à formação da chamada profecia que realiza a si mesma: se todos pensarem que um sistema é imutável, assim o será. Na sociologia da religião, alguns estudiosos têm usado a noção de "secularização" – sinalizando a diminuição da importância da religião – como se fosse uma força inexorável da natureza. A maioria dos sociólogos hoje discordaria da ideia de que a sociedade evolui de acordo com leis sociais inevitáveis que operariam de forma completamente independente da ação humana. Ao mesmo tempo, diversos sociólogos mantêm a firme crença de que é útil falar de forças sociais que afetam indivíduos e relações sociais. Entretanto, há discordância a respeito da estabilidade, da intensidade ou da capacidade dessas forças de controlar a ação humana. Em termos esquemáticos, uma importante tendência na sociologia contemporânea enfatiza o modo como os atores sociais interpretam o mundo e agem conforme suas interpretações. Alguns "estruturalistas" criticam a abordagem orientada para o ator [*actor-oriented*] por subestimar a importância de fatores externos que afetam a vida das pessoas, em especial os fatores tecnológicos e econômicos. Em outras palavras, alguns sociólogos colocam ênfase na sociedade para explicar a vida social, enquanto outros têm como foco o agente humano.

Uma grande preocupação na sociologia é o estudo das interações que ocorrem entre indivíduos e formas societais. O termo "forma societal" é usado aqui em um sentido amplo. Inclui tanto estruturas societais "congeladas" quanto padrões mais dinâmicos encontrados nas relações sociais e que se afetam mutuamente. De um lado, indivíduos são capazes de mudar as formas societais, especialmente quando estão agindo conforme uma organização coordenada e orientada para um fim. De outro, indivíduos também nascem em uma sociedade pré-existente que os afeta de diversos modos.

Formas societais são materiais e não materiais. Uma vez construída uma ponte sobre um belo fiorde, a maioria das pessoas preferiria passar por ela a atravessar a nado ou de barco, mesmo que de início tenham sido contrárias à sua construção. Em outras palavras, uma vez introduzida uma tecnologia, é difícil imaginar sua não existência. Fatores materiais e sociais se reforçam mutuamente, como quando uma elite religiosa expressa seu poder e importância através de construções espetaculares e trajes esplêndidos. Esses artefatos materiais não têm um significado em si mesmos, mas os indivíduos os interpretam e lhes dão sentido. Por exemplo, as pirâmides de Gizé causaram grande impressão nas pessoas milhares de anos atrás. Já para o turista blasé de hoje, as mesmas pirâmides representam apenas um *must*, uma visita brevemente mencionada numa conversa social.

Embora as formas sociais não materiais sejam invisíveis, elas têm impacto sobre os indivíduos. Em um contexto religioso, por exemplo, tradições que são percebidas como moralmente verdadeiras e corretas são amiúde vivenciadas como sendo tão fortes quanto uma parede de tijolos. Vistas de uma perspectiva sociológica, tradições são criadas por indivíduos e são objeto de mudança, pelo menos em princípio. Contudo, na vida cotidiana, é difícil modificá-las, especialmente se um indivíduo está por sua própria conta.

Este livro apresenta várias teorias sociológicas da religião. Algumas teorias se complementam e podem ser combinadas, enquanto outras são mais ou menos mutuamente excludentes. Aqui, vamos apresentar brevemente as escolas mais comuns encontradas na sociologia contemporânea. Mencionamos acima que a sociologia tende primordialmente a ser orientada para o ator, quer orientada para a estrutura [*structure-oriented*]. Alguns sociólogos põem ênfase na capacidade do ator humano de agir e de mudar as estruturas sociais. Tais teóricos focalizam o modo como indivíduos criam a sociedade (sociologia "a partir de baixo"). Outros teóricos argumentam que a sociedade forma o indivíduo (sociologia "a partir de cima"). Essas duas posições também aparecem na sociologia da religião. Saber o quão vinculados ou desvinculados os indivíduos estão em relação às tradições religiosas estabelecidas é uma questão corrente.

Além disso, a distinção entre uma perspectiva idealista e uma perspectiva materialista é comum. Esse debate centra-se na questão de quais condições sociais são fundamentais e determinantes para os indivíduos e a sociedade. Dois sociólogos clássicos representam visões relativamente opostas sobre esse problema. Correndo o risco de sermos demasiado esquemáticos, podemos dizer que Karl Marx viu o desenvolvimento da religião em grande parte como um reflexo das condições econômicas, enquanto Max Weber tentou demonstrar que a religião, ela mesma, poderia determinar o desenvolvimento econômico em um determinado contexto histórico (cf. cap. 3). Devemos acrescentar, todavia, que ambos também incluíram em suas análises a dependência mútua de fatores materiais e ideais.

Já algumas teorias sociológicas tendem a se orientar para uma visão harmônica da sociedade, enquanto outras se concentram no conflito social. Várias teorias se dispõem a meio caminho, já que tentam combinar as duas perspectivas. Karl Marx é descrito com frequência como um teórico do conflito social, embora ele tivesse um grande interesse na solidariedade e na comunidade. Talcott Parsons (seção 3.7) é frequentemente caracterizado como um sociólogo clássico orientado para a harmonia. Decerto, Parsons argumentou que a religião contribui para a integração social. No entanto, ele estava longe de ser cego à possibilidade de que a religião também possa representar uma fonte de conflito. Apesar dessas modificações, a distinção entre sociologia orientada para a harmonia e sociologia orientada para o conflito continua sendo significativa, já que os sociólogos tendem a discordar quanto à natureza fundamental do conflito na sociedade. Os teóricos do conflito veem a ordem e a harmonia como entidades superficiais. Eles sustentam que sob uma superfície de aparente harmonia, existe uma forma de equilíbrio de poder ou opressão da parte mais fraca. Enquanto os teóricos da harmonia veem o conflito como indesejável, os teóricos do conflito olham para as condições sociais existentes com desconfiança.

Como os sociólogos relutam em aceitar explicações de qualidade pessoal, existe uma rivalidade entre explicações sociológicas da ação humana e explicações biológicas e genéticas. Tendo que escolher entre fatores hereditários e ambientais, o sociólogo tenderá a escolher os últimos. De mais de uma maneira, a sociologia tem sido parte significativa da tendência do pensamento moderno em ver os fenômenos sociais como socialmente determinados e feitos pelo homem, em vez de qualidades intrínsecas dadas por nascimento, natureza ou Deus. Um exemplo notável é a transformação da compreensão dos papéis de gênero. Se antes se interpretou os papéis das mulheres e dos homens na sociedade como traços inerentes baseados na natureza de mulheres e de homens, agora eles são vistos como resultado de tradições e relações de poder (cf. cap. 11). Em outras palavras, houve uma mudança na sociologia, que passou de uma compreensão essencialista da realidade – para a qual os fenômenos em questão são estáveis e com propriedades essenciais fixas – para uma concepção construtivista, em que a realidade é vista como uma construção humana à qual indivíduos dão sentido. Os sociólogos gostam de acrescentar que a realidade é socialmente construída no sentido de que é formada por indivíduos em interação, indivíduos que "negociam" uns com os outros a fim de criar uma percepção compartilhada do mundo. No entanto, a ideia de que algo é construído socialmente não exclui o fato de que é real na vida cotidiana. Por exemplo, mesmo que os papéis de gênero sejam construídos socialmente, eles são vivenciados em um sentido muito real na vida de mulheres e de homens.

A ideia de que os fenômenos humanos são socialmente construídos e, portanto, em princípio, mutáveis, representa uma grande tendência na sociologia contemporânea. Porém, outras tendências também estão presentes. Na mídia, há uma tendência crescente em apresentar pesquisas populares que tentam provar que o comportamento de mulheres e homens é determinado por fatores genéticos e biológicos. Um exemplo, retirado do jornal norueguês *Vårt Land* (25 de março de 2003), é uma reportagem sobre um cientista que, a partir de sua pesquisa sobre gêmeos, conclui que há um grau moderado de influência genética na religiosidade das pessoas. Que não fique sem menção, entretanto, que outro geneticista descreveu essa caça científica de um "gene da fé" como um imenso disparate.

Não podemos assumir como dado que as explicações sociais e ambientais continuarão a gozar da mesma importância. Se as explicações genéticas e biológicas alcançarem maior proeminência, isso pode ter implicações morais. A abordagem sociológica que interpreta a vida humana e as condições sociais como mutáveis e feitas pelo homem carrega um potencial moral inerente que pode ser usado para criticar e transformar a sociedade. Em contraste, explicações que remetem a uma natureza dada por Deus ou inata têm sido usadas ao longo da história para legitimar a discriminação e também a injustiça.

É difícil fazer uma afirmação definitiva sobre o papel da sociologia na sociedade contemporânea. Por um lado, a sociologia tende a ser crítica em relação à sociedade. Por outro, a compreensão sociológica da complexidade da sociedade contribui para a engenharia social. Quando se trata do papel da religião na sociedade, a sociologia – juntamente com outras disciplinas modernas – tem contribuído para a diminuição da validade da religião. O motivo é que a sociologia busca explicações humanas, não religiosas. Em outras palavras, a sociologia tem em si mesma um efeito secularizador. Essa é uma questão à qual voltaremos no capítulo 12, que discute a relação entre sociologia e fé religiosa.

1.2 A sociologia da religião e a sociologia geral

É importante saber que a sociologia da religião não difere intrinsecamente da sociologia geral. A sociologia da religião tem como tema o estudo da religião em seu contexto social, mas aplica as mesmas teorias e métodos que são usados para estudar economia, política e outros fenômenos sociais.

Em geral, os sociólogos da religião interessam-se pelo efeito da religião sobre a sociedade e pela influência da sociedade sobre a vida religiosa. Este livro tenta demonstrar que existe uma interdependência entre a sociologia geral e a sociologia da religião. A tendência da sociologia da religião a ficar relativamente isolada da sociologia geral pode em parte se dever ao fato de que a sociologia contemporânea, em contraste com suas raízes clássicas, tem dado pouca atenção à religião. Nos círculos acadêmicos, a religião tem sido vista sobretudo como um fenômeno de importância cada vez menor. O sociólogo britânico James A. Beckford (2000) aponta que a sociologia geral em sua fase inicial demonstrou muito interesse pela religião, sendo Max Weber e Émile Durkheim exemplos clássicos. Mais tarde, a sociologia geral e a sociologia da religião se desenvolveram por caminhos separados. Após a Segunda Guerra Mundial, vários países ocidentais sentiram uma demanda por uma sociologia que pudesse contribuir para a reconstrução da sociedade por meio do desenvolvimento econômico e político, o que levou a negligenciar a sociologia da cultura e da religião. Na sociedade contemporânea, argumenta Beckford, a sociologia geral e a sociologia da religião demonstram possuir interesses compartilhados em vários temas. Exemplos disso são o gênero, a linguagem e o significado, mas também o corpo, como as expressões corporais em rituais, por exemplo. A globalização é outro tema comum, área essa em que os sociólogos da religião têm feito, de fato, grandes contribuições para a sociologia geral. O debate sobre a teoria da escolha racional provou ser importante para ambos os campos da sociologia. Mencionamos apenas brevemente todos esses temas, sem maiores explicações. Eles serão discutidos com maior detalhe mais tarde.

A linha divisória entre a sociologia da religião e a sociologia geral também pode derivar do fato de que os sociólogos da religião tendem a se interessar por assuntos internos da Igreja. A razão é que muitas vezes a sociologia da religião tem sido elaborada em estreita relação com Igrejas estabelecidas. Nesse sentido, não é apenas a religião que é afetada por seu contexto social, a sociologia da religião também o é. Este livro procura combinar sociologia da religião com sociologia geral. Alguns capítulos estão organizados por temas, enquanto outros oferecem breves apresentações de sociólogos contemporâneos e suas perspectivas sobre a vida social, incluindo a religião. Fizemos um esforço para incluir sociólogos que não têm necessariamente a religião como tema principal. Nossa esperança é que estas seções inspirem o leitor a levar em consideração como a religião pode ser estudada a partir de uma variedade de perspectivas sociológicas, incluindo aquelas que são encontradas mais raramente na sociologia da religião.

1.3 A sociologia como ciência

A afirmação de que a sociologia é uma ciência empírica apoia-se na ideia de que deve haver consistência entre os dados sistematicamente coletados e analisados e as conclusões. Essa ideia não implica que a sociologia seja objetiva no sentido de que apenas uma conclusão seria possível e correta. Esse problema levanta questões complicadas, debatidas por teóricos da ciência, que não iremos acompanhar em grandes detalhes aqui. No entanto, em nossa opinião, a sociologia é sobretudo uma forma de interpretação. Não acreditamos que os sociólogos produzirão uma verdade sociológica inequívoca e definitiva, mesmo que lhes sejam dados recursos abundantes para refinar seus instrumentos e conduzir seus estudos indefinidamente. A noção de que a sociologia produzirá uma verdade sobre a sociedade é frequentemente chamada de positivismo. Ela implica uma visão otimista e ambiciosa da sociologia e de suas possibilidades, comumente encontrada entre os sociólogos clássicos.

O positivismo tem sido submetido a severos ataques nos últimos quarenta anos; o resultado é que poucos acreditam em uma sociologia objetiva nos dias de hoje. Um argumento corrente é o de que a sociedade está mudando, e ferramentas analíticas que se provaram úteis há algumas décadas são de pouca ajuda na tentativa de entender a sociedade contemporânea. Além disso, os indivíduos são capazes de estabelecer metas e agir de acordo com o que é significativo para eles. Nessa chave, vários teóricos da ciência argumentam que os seres humanos constituem um objeto de estudo muito mais complicado do que os sistemas mecânicos. Ademais, a consciência humana e a capacidade de formular objetivos implica que as humanidades e as ciências sociais sejam qualitativamente diferentes das ciências naturais. O fato de as ciências humanas e as ciências sociais não serem capazes de fornecer previsões exatas sobre o futuro ilustra o ponto. É possível mostrar os contornos de um desenvolvimento que ocorreu no passado e prolongá-lo no futuro, mas há sempre a possibilidade de que algo novo apareça. Por exemplo, mesmo com o conhecimento das tradições musicais africanas e europeias, não foi possível prever o jazz. Além disso, mesmo sabendo muito sobre a religião na Europa, não podemos prever se a União Europeia terá uma religião comum em 2050 – ou, por sinal, se a UE continuará a existir.

Além disso, os cientistas também são membros da sociedade e têm suas próprias simpatias pessoais, religiosas e políticas, e filtros interpretativos. Quando os estudiosos se concentram em algumas questões, outras permanecem no escuro. Nesse registro, é muito simplista argumentar que a teologia e a ética seriam disciplinas normativas e subjetivas, enquanto as ciências sociais seriam descritivas e objetivas. Embora um sociólogo possa ter a mente aberta, ninguém consegue romper totalmente com suas origens e noções pré-concebidas. É mais fácil detectar tais crenças pré-concebidas em outros estudiosos do que em si mesmo. Por isso, a pesquisa deve estar disponível para o público, facilitando assim a crítica e o aprendizado mútuos.

Atualmente, o mundo acadêmico tende a abrigar uma visão relativamente crítica das ciências. Alguns vão extremamente longe em sua crítica, quase dissolvendo todas as formas de conhecimento. A maioria dos sociólogos tenta encontrar uma posição intermediária entre a velha visão positivista e o novo relativismo crítico. Muitos concordarão com nosso argumento de que a sociologia é uma forma de interpretação. Entretanto, poucos estão totalmente preparados para aceitar a visão pós-moderna de que uma interpretação tem o mesmo valor que qualquer outra. Defendemos que existem normas e requisitos comuns para todas as ciências. Um requisito é a necessidade de uma discussão abrangente. Outro requisito é que os argumentos contrários a uma posição devem ser apresentados e discutidos de uma forma justa e aceitável para os oponentes. Ademais, todos os cientistas devem descrever seus procedimentos de forma a permitir que outros cientistas possam verificar a validade e a confiabilidade de seu trabalho. E mais, os argumentos devem ser rigorosos, de modo que as conclusões sejam claramente apresentadas e logicamente defensáveis. Com base na noção mencionada acima, segundo a qual nenhum estudioso escapa de suas próprias ideias pré-concebidas, também é razoável pedir a cada um que formule sua posição e seus possíveis efeitos sobre sua pesquisa.

Um requisito adicional: os dados empíricos devem sustentar as conclusões do pesquisador. Isso não implica uma noção ingênua de que os dados empíricos seriam entidades inequívocas, provas cabais extraídas da realidade "lá fora". Os dados são medidos e analisados de diferentes maneiras, e também eles devem ser interpretados. Ainda assim, a sociologia é uma ciência empírica, o que significa que os pesquisadores devem estar dispostos a rever suas crenças e teorias à luz de novos dados. Os pesquisadores devem estar abertos a novas informações surpreendentes que levem a uma reconsideração de suas preconcepções. Sociólogos que nunca se colocam numa situação em que correm o risco de ser corrigidos por novas informações não são bons sociólogos. Isso é motivo de preocupação na sociologia contemporânea: por muito tempo, parece ter havido uma tendência para uma divisão do trabalho entre os teóricos e os empíricos. Alguns teóricos tendem a escrever ensaios sobre os desenvolvimentos gerais na sociedade, ensaios que são bem formulados, encantadores e interessantes. Todavia, eles frequentemente se baseiam em evidências empíricas vagas e não sistemáticas. Em contraponto, muitos sociólogos ganham a vida processando grandes quantidades de dados empíricos sem mobilizar teorias ou dispor seus dados em um quadro interpretativo mais amplo.

Este livro trata principalmente de teorias sociológicas da vida religiosa. Isso pode levar o leitor a acreditar que nossas simpatias tendam principalmente para os teóricos, mas isso não é necessariamente verdade. Manter unidos teóricos e empíricos é um importante propósito no desenvolvimento da sociologia. As críticas que dirigimos a teorias não incidem apenas sobre possíveis fragilidades lógicas internas, mas também sobre sua capacidade de enfrentar dados empíricos.

Este livro não traz, contudo, uma apresentação sistemática de dados empíricos atualizados sobre a vida religiosa em todo o mundo; oferece apenas exemplos e ilustrações. Mesmo que tenhamos procurado incluir materiais de várias tradições religiosas, o livro não deixa de ter um perfil ocidental, e a maioria de nossos exemplos são retirados do encontro entre o cristianismo e a Modernidade. Nesse sentido, este livro é limitado e matizado pelo contexto em que fazemos nossas pesquisas.

Há poucas informações sobre métodos sociológicos aqui. Isso se deve em parte ao tamanho deste livro, mas também ao fato de que não existe um método distinto para a sociologia da religião. Devemos contar com os mesmos métodos dos sociólogos que estudam economia, amor ou espaços ao ar livre. Os principais métodos são a observação e o trabalho de campo, entrevistas, questionários e análise de material escrito.

Embora não existam métodos próprios da sociologia da religião, os sociólogos que estudam religião enfrentarão por vezes um conjunto particular de desafios. O estudo das minorias religiosas pode, por exemplo, oferecer desafios quanto à obtenção de acesso e confiança por parte do grupo sob escrutínio. O pesquisador pode considerar difícil decidir em quais informantes acreditar, uma vez que muitas vezes membros e ex-membros apresentarão imagens notavelmente distintas da realidade. Outro desafio é a informação advinda de pesquisas de opinião. Ultimamente, tem havido uma discussão sobre sua confiabilidade relativamente a práticas religiosas. Falando sem rodeios, alguns sociólogos sustentam que as pessoas tendem a exagerar o comparecimento à igreja – especialmente se vivem em comunidades onde a ida à igreja é vista como um comportamento adequado. Com efeito, alguns sociólogos americanos sugerem que os exageros em média chegam a cinquenta por cento quando comparam sondagens [*surveys*] com outros registros (HADAWAY et al., 1993).

Esses problemas metodológicos não diferem dramaticamente dos de outros ramos da sociologia. Sociólogos de vários campos se engajam no debate sobre as vantagens e desvantagens dos métodos quantitativos e qualitativos. Os métodos quantitativos se distinguem pelo uso extensivo de mensurações, como em sondagens de grande amplitude baseadas em amostras representativas de toda a população. Tais métodos são bem adequados para fornecer uma visão geral sobre a difusão de um fenômeno. Ao mesmo tempo, eles tendem a ser superficiais e fragmentados, porque coletam fragmentos de características específicas de inúmeros indivíduos. Se o propósito do estudo é explorar qualidades – ou seja, peculiaridades e nuanças nos fenômenos sociais –, então os métodos qualitativos são mais úteis porque coletam dados mais ricos e variados. Os métodos qualitativos também são úteis se o objetivo for acompanhar de perto um desenvolvimento ao longo de um período de tempo. Devido a limitações práticas, o uso de métodos qualitativos geralmente implica o estudo de grupos relativamente pequenos não representativos de uma população maior. Por essa razão, as conclusões dos estudos qualitativos são muitas vezes tímidas. A nossa concepção é bastante prática: selecione o método apropriado de acordo com o objetivo de seu estudo. Além do mais, é possível combinar diferentes métodos em um mesmo projeto de pesquisa. Tal abordagem permite comparações entre diferentes conjuntos de dados, o que reforça as conclusões.

1.4 A sociologia da religião *versus* outras disciplinas que estudam a religião

Enquanto procuramos identificar a distintividade da abordagem sociológica da religião, pode ser útil considerar as semelhanças e diferenças entre a sociologia da religião e outras disciplinas que estudam religião. Decerto, a religião é um objeto de estudo de várias disciplinas, tais como pedagogia, teologia, filosofia, psicologia, antropologia social, história e estudos religiosos. Como observamos, as fronteiras entre as diferentes disciplinas não são absolutas, mas fluidas e mutáveis. Diferentes estudiosos, como sociólogos, filósofos, teólogos e historiadores da religião, compartilham um interesse pelas mesmas teorias. Alguns estudiosos interagem mais frequentemente com aqueles de outras disciplinas que compartilham a mesma área de interesse do que com estudiosos de sua própria disciplina. Por exemplo, os que estudam a família vêm de várias disciplinas. Isso vale para aqueles que têm interesse em estudos rituais ou estudos de gênero. Em que pese essa interação e cooperação interdisciplinar, esta seção irá comentar brevemente a relação entre a sociologia da religião e outras disciplinas que estudam religião.

É muito comum se observar que a sociologia tem uma esfera de estudo mais geral do que outras ciências sociais, que tendem a se concentrar em setores específicos da sociedade. Por exemplo, a ciência política tem como objeto o estudo da política; a pedagogia tem como objeto o estudo da educação e da aprendizagem. O campo da pedagogia da religião se desenvolveu a partir da necessidade experimentada por Igrejas de saber como melhor ensinar sua teologia. Por essa razão, a pedagogia da religião tem sido considerada como uma disciplina teológica aplicada. Por um lado, é claramente normativa – sendo seu objetivo descobrir como a religião deve ser ensinada. Por outro lado, a pedagogia da religião tem se tornado cada vez mais uma ciência empírica sem vínculos com tradições religiosas específicas. Ao fazer pesquisas empíricas, os estudiosos desse campo aplicam os mesmos métodos sociológicos e históricos que os demais. No entanto, eles ainda tendem a oferecer conselhos sobre como uma Igreja ou um agente governamental deve agir – o que os sociólogos da religião raramente fazem.

Entre a teologia e as ciências sociais há uma profunda distinção. A teologia é frequentemente rotulada como uma ciência normativa, uma vez que procura prescrever como os seres humanos devem agir. Em contraste, as ciências sociais são percebidas como descritivas, porque elas dão informações sobre como os humanos realmente são. Embora útil às vezes, tal distinção é muito simplista. Em primeiro lugar, diversas áreas da teologia fazem uso de métodos empíricos, por exemplo, métodos históricos e linguísticos, que no século XIX experimentaram um salto no estudo de textos bíblicos. Mais recentemente, os métodos das ciências sociais têm sido aplicados na pesquisa bíblica, especialmente no estudo do mundo da vida no Novo Testamento. Apesar do óbvio problema metodológico de aplicar teorias recentes sobre o cristianismo antigo, interpretações sociológicas de vários grupos cristãos primitivos se mostraram úteis (GAGER, 1975; MEEKS, 1983; DUTCHER-WALLS, 1999).

A história da Igreja tornou-se uma disciplina teológica bem secularizada, no sentido de que explicações religiosas não são mais usadas para analisar eventos históricos. Mesmo em instituições acadêmicas com laços estreitos com igrejas e grupos religiosos conservadores, é raro encontrar explicações deste tipo: "o Espírito Santo tocou as pessoas, de modo que ... aconteceu". Os fatores explicativos são sociais, econômicos e culturais; em suma, seculares. Dentro da área da teologia sistemática e prática, a teologia se torna explicitamente normativa e oferece conselhos sobre como as pessoas devem pensar. No entanto, mesmo nas ciências normativas, construtivas, como a teologia e o direito, existem normas de comportamento científico às quais os estudiosos devem aderir. Um exemplo é a norma da imparcialidade. Além disso, mencionamos acima que as ciências sociais não são puramente objetivas e descritivas. Uma grande diferença entre a teologia e as ciências sociais reside, talvez, no quão explicitamente normativas são essas ciências. A natureza normativa das ciências sociais tende a estar mais escondida sob conclusões formuladas vagamente a respeito do que as pessoas devem fazer. As ciências sociais operam com várias premissas implícitas a respeito de noções relativas ao bem comum, à normalidade e à anormalidade e às possibilidades de mudança.

Uma descrição simplista da diferença entre a sociologia da religião e a psicologia da religião dispõe que as questões relacionadas à vida religiosa do indivíduo são da alçada dos psicólogos da religião e o estudo do papel da religião na sociedade, uma atribuição dos sociólogos. Mas essas fronteiras são fluidas e a área de interesse comum parece estar crescendo. Poucos psicólogos, se alguns, usam apenas explicações intrapsíquicas hoje em dia. Em vez disso, eles combinam essa abordagem com um foco nas relações sociais e nos ambientes sociais. Por outro lado, parece haver na sociologia contemporânea um interesse crescente no indivíduo. Isso é evidente no número cada vez maior de estudos sociológicos que procuram explicar como o indivíduo ou grupos de indivíduos moldam sua identidade e sua autoimagem.

Desde o século XIX, a antropologia social vem considerando a religião como uma parte importante da cultura em sociedades pré-industriais. No entanto, costumava haver uma divisão geográfica do trabalho entre sociólogos e antropólogos sociais. No século XIX, a teoria sociológica era formulada tendo como objetivo compreender o desenvolvimento da sociedade industrial e suas consequências – por exemplo, o efeito da modernização sobre a integração social. Os métodos sociológicos quantitativos eram amiúde vistos como apropriados para estudar as sociedades modernas porque exigiam um certo nível de alfabetização. Em contraste, os antropólogos sociais tendiam a estudar sociedades pré-modernas de pequena escala, e o método mais comum era a participação a longo prazo na comunidade a ser estudada. Hoje, vários antropólogos sociais se voltam para comunidades locais ocidentais. O crescente pluralismo que acompanhou a imigração de não ocidentais para o Ocidente proporcionou um interesse cada vez maior pela antropologia social. A diversidade cultural também propiciou um diálogo mais intenso entre sociólogos e antropólogos, incluindo estudiosos da religião. Isso, no entanto, não é um desenvolvimento inteiramente novo. Émile Durkheim é considerado um teórico clássico em ambas as disciplinas, e vários estudiosos discutidos neste livro são antropólogos sociais, por exemplo, Mary Douglas. A teoria científica distingue as ciências ideográficas das nomotéticas. Enquanto uma ciência ideográfica busca conhecer aquilo que é único e excepcional, uma ciência nomotética procura detectar regularidades e leis gerais. No passado, a história era comumente descrita como uma ciência ideográfica, e a sociologia considerada uma ciência nomotética. Isso é, na melhor das hipóteses, uma meia-verdade. Ao longo da história das ciências, essas duas disciplinas têm feito críticas uma à outra. Os historiadores criticavam os sociólogos por seu uso de generalizações indiscriminadas e afirmaram que eles estavam submetidos à "tirania do modelo". O argumento é o de que os eventos históricos têm qualidades tão inauditas a ponto de a história não se repetir. Da mesma forma, os sociólogos criticavam os historiadores argumentando que eles estavam sob o jugo da "tirania dos detalhes". Os sociólogos apontam que os historiadores abrigam sim ideias não declaradas sobre o comportamento humano. Nas últimas décadas, historiadores e sociólogos têm, no entanto, demonstrado que compartilham um interesse em alguns dos mesmos fenômenos e que estão dispostos a fazer uso da outra disciplina. Os sociólogos contemporâneos tendem a ser menos ambiciosos do que seus predecessores, pois já não descrevem a vida humana e social em termos de "leis sociais". Eles admitem que seus achados e suas conclusões devem ser contextualizados, ou seja, devem estar situados em um contexto local e histórico. Os historiadores, por outro lado, perceberam que não conseguem captar toda a realidade em suas narrativas históricas, e que devem tornar o leitor ciente das limitações de sua abordagem. Utilizando explicações e modelos tirados da sociologia, eles se dirigem muitas vezes a um público mais amplo. O confronto e o desafio que os dados históricos específicos oferecem também levam com frequência a revisões de modelos sociológicos.

A última disciplina considerada aqui é a história da religião ou os estudos religiosos. Geralmente, a abordagem adotada na história da religião se concentra mais detidamente na história das religiões mundiais e em seu conteúdo do que o faz a sociologia da religião. Isso não significa que a sociologia da religião não tenha interesse pelo conteúdo das ideias religiosas, rituais e outras práticas religiosas. Os sociólogos tendem a ter interesse pelo conteúdo das ideias religiosas desde que contribuam para uma compreensão da interdependência entre a vida religiosa e seu contexto social, deixando a descrição dos dogmas religiosos, costumes e instituições para o estudioso da religião.

Historicamente, historiadores da religião viam seu próprio campo como científico e objetivo, em contraste com a teologia, definida por eles como empedernida e dogmática. Em grande medida, a história da religião foi erigida como uma ciência no século XIX por teólogos cristãos que tiveram dificuldades em alçar posições permanentes nas faculdades teológicas devido a suas concepções sobre diversas questões teológicas. A crítica mais recente das ciências positivistas chegou, no entanto, aos vários departamentos de estudos religiosos – e, nessa medida, os estudiosos dessa disciplina irão também admitir que seus trabalhos são afetados por suas interpretações.

Os estudos religiosos têm sofrido diversas mudanças ao longo das últimas décadas. Esquematicamente falando, o foco mudou de textos antigos para indivíduos modernos, da elite para a religião popular, do estudo de sistemas e instituições religiosas específicas para a busca de sinais religiosos por toda a sociedade. Embora parte dos estudos religiosos tenha se aproximado da sociologia da religião, as características das duas disciplinas são bem diferentes. Os estudos religiosos dão maior ênfase a uma perspectiva histórica e demonstram um maior interesse em descrever o conteúdo da religião do que a sociologia da religião. As laboriosas qualificações linguísticas são talvez menos importantes hoje do que costumavam ser, embora ainda representem um requisito para entrar na disciplina, tal como o trabalho de campo o é para o antropólogo social, o conhecimento do grego o é para o teólogo e a compreensão de uma tabela estatística multivariável para o sociólogo.

1.5 Sociologia clássica – um comentário

Em um livro que trata principalmente da religião contemporânea, alguns leitores podem objetar que muita atenção está sendo dada aos sociólogos clássicos, cujo trabalho foi publicado em grande parte há um século ou mais. Entretanto, a sociologia mais recente tende a debater com seus fundadores. Vista desse ângulo, alguém poderia achar que a sociologia como disciplina não está devidamente estabelecida – o que pode ser verdade se acreditarmos que uma ciência deve ser cumulativa, no sentido de que o conhecimento é construído gradativamente, com novas descobertas se somando ou se ajustando às antigas. Outras teorias da ciência, como as de Thomas Kuhn (1970), traçam o quadro do desenvolvimento das ciências como um drama agonístico, como uma série de revoluções científicas. Quando um paradigma estabelecido ou sistema fundamental de pensamento não funciona mais como um quadro de interpretação para novas descobertas, argumenta Kuhn, acontece uma mudança revolucionária de paradigma – as ciências estabelecidas soçobram e uma nova geração de cientistas instituem novos padrões científicos. Um exemplo clássico de mudança de paradigmas é a transição da concepção geocêntrica para a visão de mundo heliocêntrica ocorrida nas ciências naturais – transição dolorosa para a Igreja, para os políticos e também para os cientistas.

Alguns sustentarão que a sociologia ainda não é uma ciência estabelecida com um paradigma comum. Que, ao contrário, ela é uma ciência multiparadigmática, em que suposições fundamentalmente diferentes sobre o indivíduo e a sociedade competem por *status* e atenção. Sem dúvida, existem várias escolas de pensamento no interior da sociologia, e isso pode explicar o desejo constante de debater com os antecessores. Isso é particularmente verdadeiro para a sociologia da religião, em que as referências aos "pais fundadores" ocorrem com bastante frequência.

O sociólogo da religião canadense Roger O'Toole (2001) fala de um legado ambíguo deixado pela sociologia clássica. É possível argumentar que uma forte ênfase na sociologia clássica contenha o aspecto cumulativo da ciência. Também se argumenta que, dados os desenvolvimentos ocorridos desde então, o trabalho dos sociólogos clássicos seja irrelevante. Com efeito, uma premissa fundamental da sociologia é a de que indivíduos e sociedade estão mudando. Alguns sociólogos continuam a defender a existência de constantes universais no ser humano, embora a maioria dos sociólogos contemporâneos tenha ambições relativamente modestas com relação à sua capacidade de elaborar generalizações. Em vez disso, a sociologia hoje tende a enfatizar o contexto na medida em que se relaciona tanto com o tempo quanto com o lugar.

O'Toole tem várias objeções quanto ao uso frequente da sociologia clássica. Ele pondera que alguns invocarão os sociólogos clássicos como mera autoridade em vez de contrariar o argumento do oponente por via do debate. Além disso, contínuas discussões sobre "o que Weber realmente quis dizer" dificilmente são adequadas se se deseja alcançar uma compreensão das forças que moldam a sociedade contemporânea. Finalmente, alguns afirmam que qualquer uso dos estudiosos clássicos hoje corresponde a uma representação superficial, na pior das hipóteses uma distorção, de seus pontos de vista. A possibilidade de os pensadores clássicos se tornarem relevantes quando se permite que seus textos funcionem como fonte de inspiração é uma objeção a esse último argumento. Nesse caso, é menos importante que nossas interpretações correspondam plenamente às intenções centenárias dos autores (ainda que nós as desvelássemos). O ponto importante é que seus textos sejam utilizados à medida que nos confrontamos com novos dados empíricos. Espera-se que eles contribuam para um debate a respeito das interpretações mais adequadas da vida social, diz O'Toole.

Nesse registro, nosso argumento é o de que a sociologia da religião deve dar amplo espaço aos clássicos e, ao mesmo tempo, incluir a teoria contemporânea. Estamos cientes de que a combinação entre uma tradição clássica centenária e a variedade de teorias representadas neste livro sinaliza que a sociologia é uma disciplina complexa – indivíduos e sociedade estão mudando e seres humanos vivos constituem parte do objeto de estudo. O mesmo é válido para a sociologia da religião. À medida que a religião passa por mudanças, a sociologia da religião também se desenvolve ao longo das novas tendências. Os estudiosos que nos precederam refletiram sobre as questões da religião e da sociedade, e o fato de seu trabalho poder ser frutífero para nossos estudos deveria nos imbuir de um senso de humildade – uma virtude adequada para os sociólogos da religião, que dificilmente conseguirão explicar tudo sobre seu objeto de estudo.

2
Religião como fenômeno
Definições e dimensões

2.1 Definindo a religião – não apenas uma questão acadêmica

Muitas vezes usamos a palavra "religião" sem talvez pensar muito na forma como a definimos. O que é religioso e o que é não religioso? Este capítulo irá mostrar que os estudiosos que pesquisam religião discordam sobre essa questão. Se quisermos detectar o significado da palavra, a análise de sua derivação também não será de muita ajuda. A palavra "religião" tem raízes latinas, mas ela foi interpretada de várias maneiras mesmo na Roma clássica. Às vezes significava "re-ler", e às vezes "unir". É possível, evidentemente, imaginar que a religião é algo que é repetido, na forma de rituais, ou algo que une deuses e seres humanos. No entanto, isso não nos ajuda muito na definição da palavra. O sociólogo da religião dinamarquês Ole Riis (1996: 10) está certo quando comenta: "apesar dos esforços dos professores de latim, a palavra mobiliza outras ideias nos leitores modernos".

Todas as disciplinas que estudam religião debatem sobre como definir o fenômeno. Em disciplinas que se baseiam na empiria como a sociologia da religião, a discussão não está centrada na questão da verdade religiosa. Os sociólogos e psicólogos tendem a se concentrar no rendimento da definição, ou seja, no quanto ela é adequada para detectar as propriedades do objeto de estudo. Uma boa definição deve ser uma ferramenta para formular problemas científicos empolgantes e relevantes. Entretanto, as últimas décadas revelaram que as questões de definição acadêmicas aparentemente têm também um lado prático e político.

Várias organizações e movimentos contemporâneos estão engajados em um processo que visa obter um *status* legal de religião por conta dos benefícios que tal *status* proporciona. Um exemplo é a cientologia (ALDRIDGE, 2000, p. 13-16), que surgiu há cerca de um século. Como um pretenso movimento terapêutico baseado na ciência, a cientologia promete a seus aderentes mais controle em suas vidas. Dentro dessa organização tem ocorrido um processo de ritualização crescente, acompanhado pela formulação de credos, pelo uso do termo "igreja" para descrever a organização, por um esforço pastoral mais pronunciado e até mesmo por sanções contra hereges. Um dos objetivos da Cientologia tem sido obter *status* legal como uma religião, e ela tem sido bem-sucedida em vários países. Os críticos, no entanto, sustentam que a organização é principalmente um projeto comercial que atrai seguidores ingênuos que despendem grandes somas de dinheiro.

Vários países oferecem benefícios legais às comunidades religiosas, tais como proteção legal, direito à liberdade religiosa e isenção de impostos. Alguns países, tais como a Alemanha, oferecem ajuda às comunidades religiosas na cobrança de taxas de filiação.

Em sociedades onde a religião é altamente valorizada, as comunidades religiosas também entretêm certa quantidade de prestígio e respeito só porque são vistas como portadoras de valores religiosos. Contudo, nem todo movimento é beneficiado por ser definido como um movimento religioso. Em círculos intelectuais, racionalistas, por exemplo, a religião é frequentemente considerada sinônimo de ingenuidade ou fanatismo. Em alguns casos, os movimentos religiosos veem vantagem em minimizar seu perfil religioso, especialmente em situações em que enfrentam restrições ou sanções legais. As sociedades missionárias, por exemplo, se definem com frequência como organizações humanitárias, em vez de organizações evangélicas. Outro exemplo é a meditação transcendental, que recusou toda tentativa de ser definida como uma religião nos Estados Unidos. Como resultado, a MT pode ser ensinada em escolas e academias militares como um método não confessional que promete bem-estar mental (BARKER, 1995).

As formas pelas quais definimos a religião realmente afetam os códigos legais e as políticas públicas de um país. De forma mais intangível, mas não menos importante, várias definições de religião irão influenciar grupos de maneira diferente, especialmente quando as definições têm uma forma etnocêntrica, ou seja, quando são baseadas em padrões locais para o que é considerado religioso. Por exemplo, quando uma definição de religião descreve a tradição religiosa dominante de um país como norma, outras formas de religião parecerão ser fenômenos estranhos e divergentes que devem ser explicados e talvez até mesmo controlados. Discutiremos adiante o quão difícil é evitar o etnocentrismo nas definições de religião.

O argumento segundo o qual a definição de religião é mais do que apenas uma questão acadêmica poderia levar o leitor a acreditar que os debates acadêmicos são de pouco valor. Um debate detalhado sobre definições definitivamente criará um desejo substancial por mais conhecimento. No entanto, discutir definições é mais do que sofismar. Com efeito, a discussão ajuda a esclarecer e identificar o objeto de estudo. Portanto, debates cujas conclusões são propostas construtivas de definições específicas são importantes, assim como a crítica a elas dirigida. Além disso, tais debates não se encontram apenas na sociologia. A maioria dos manuais de história da religião, psicologia da religião e sociologia da religião trazem debates similares. Geralmente, eles apresentam dois ou mais tipos de definições, que são analisadas de acordo com seus pontos fortes e fracos – um procedimento que também será utilizado aqui. Na sociologia da religião, esse debate frequentemente toma a forma de uma discussão entre definições *substantivas* e *funcionais* da religião.

As definições substantivas compreendem características do conteúdo (ou substância) da religião. Esse conteúdo geralmente baseia-se na crença humana em fenômenos extraordinários, aquilo que não podemos experimentar com nossos sentidos ou apreender com nosso intelecto. As definições funcionais descrevem a utilidade ou o efeito que a religião pretende ter para os indivíduos e/ou para a sociedade. Por exemplo, algumas definições funcionais definem a religião como toda atividade humana que dá sentido à vida. Ou seja: definições substantivas nos dizem o que a religião *é*; definições funcionais dizem o que a religião *faz*.

2.2 Definições substantivas: o conteúdo comum a todas as religiões

Descrito como o fundador da antropologia social britânica em várias enciclopédias, Edward Tylor (1832-1917) apresentou uma definição substantiva da religião: religião é a "crença em seres espirituais". A teoria de Tylor (1903) sustenta que os seres humanos desenvolvem crenças religiosas a fim de explicar sonhos, visões, estados inconscientes e morte. Historicamente, a crença de que todos os homens têm almas se desenvolveu até se tornar uma crença em espíritos, deuses, demônios e outros seres espirituais. Em uma etapa intermediária, tais forças espirituais foram ligadas a lugares e objetos específicos; com o passar do tempo, elas foram se desvinculando.

A teoria da religião de Tylor foi mais tarde criticada como sendo ingenuamente evolucionária e etnocêntrica. Ele tentou encontrar um denominador comum para todas as religiões e detectar a relação entre a crença religiosa no homem primitivo e no homem moderno. Ao mesmo tempo, ele fez uma distinção firme entre a religiosidade primitiva e a moderna ao asseverar, por exemplo, que as formas "inferiores" de animismo não possuíam o conteúdo ético que ele encontrou na religião da "mente moderna educada". Naturalmente, Tylor foi acusado de avançar uma definição de religião demasiadamente cognitiva e intelectual. Para ele, a religião tem a ver com crença, e ele explica a origem da religião como resultado da investigação do homem sobre a existência de sonhos, inconsciência e morte. Talvez essa objeção à teoria de Tylor não leve em consideração que a investigação sobre a morte não é necessariamente uma atividade intelectual caracterizada apenas pela distância, mas também pela tristeza. Seja como for, parece razoável incluir a prática religiosa em uma definição de religião, e não apenas a crença. O historiador britânico da religião R. R. Marrett (1914, p. xxxi) criticou claramente o intelectualismo de Tylor quando afirmou que "a religião nativa é menos pensada do que dançada".

As definições substantivas tendem a especificar o objeto da fé das pessoas, embora tal objeto seja descrito de várias maneiras. A "crença em seres divinos" é uma possibilidade. Tal definição tem a vantagem de ser relativamente similar à ideia que as pessoas comuns têm da religião. Entretanto, essa definição é claramente etnocêntrica, pois exclui da esfera religiosa tradições orientais importantes, por exemplo, parte do budismo, hinduísmo e confucionismo. Émile Durkheim (1982/1912) apontou essa fraqueza na definição de Tylor. O budismo popular está amiúde mesclado com uma multiplicidade de deuses e seres espirituais, mas para os monges que sentem que estão dando continuidade à tradição de Buda, a ausência de desejo pelo contato com o divino é um ponto significativo. Ao mesmo tempo, características do budismo e do confucionismo excedem a visão de mundo ocidental e racionalista, o que levará alguns a incluí-las na categoria da religião. A formulação "crença em algo sobrenatural" aparece frequentemente nas definições de religião. No entanto, tal afirmação também aponta para a questão do etnocentrismo. Émile Durkheim (1982/1912) asseverou que a distinção entre o natural e o sobrenatural é uma distinção ocidental que pressupõe o racionalismo da Era do Iluminismo.

O sociólogo americano Roland Robertson (1970, p. 47) propõe uma definição substantiva de religião a partir do conceito de "supraempírico". Para Robertson, a cultura e as ações religiosas surgem de "uma distinção entre uma realidade empírica e uma realidade supraempírica, transcendente". Uma definição semelhante se encontra na introdução à sociologia da religião de Michael Hill. De acordo com ele, religião é:

> O conjunto de crenças que postulam e procuram regular a distinção entre uma realidade empírica e um segmento supraempírico relacionado e significativo da realidade; a linguagem e símbolos que são usados em relação a essa distinção; e as atividades e instituições que se preocupam com sua regulação (HILL, 1973, p. 42-43).

A palavra "empírico" é muitas vezes definida como aquilo que se baseia na experiência, e em alguns casos, baseado unicamente na experiência dos sentidos. Contudo, a distinção entre uma realidade empírica e supraempírica é também inspirada na tradição ocidental e é similar à distinção entre natural e sobrenatural. Uma distinção entre o empírico e o supraempírico terá pouco significado em uma cultura em que toda a existência está permeada por aquilo que o Ocidente chama de supraempírico, isto é, uma cultura em que as experiências cotidianas estão permeadas por forças e poderes. Por outro lado, intelectuais ocidentais irão reconhecer tal definição como um modo de pensar familiar. Com efeito, muita da teologia cristã está centrada na clarificação da relação entre as duas dimensões da realidade. Elas também não são claramente separadas em religiões do mundo ocidental; elas muitas vezes aparecem em formas mistas. Ao enfrentar desafios e problemas, a maioria dos cristãos tenderá a combinar orações e comportamento racional. A teologia cristã também descreve como Deus age por meio de pessoas que são tocadas pela religião.

A vantagem da definição de Hill é que ela inclui crenças, linguagem, símbolos, práticas e instituições. Dessa forma, esse autor escapa de qualquer crítica de que sua definição seria muito intelectual. Hill evita hierarquizar os dois tipos de realidade, como faz Robertson quando afirma que a realidade empírica está "subordinada ao não empírico" (1970, p. 47). A definição de Robertson é algo problemático. Em diversas religiões, ao além é atribuída mais importância do que ao aqui e agora. No entanto, a vida religiosa humana demonstra que a vida terrena tem um grande impacto sobre as formas em que a religião é praticada. O papel da religião na vida de uma pessoa deve, portanto, ser um tópico de pesquisa empírica, não a premissa de uma definição.

Vários estudiosos da religião têm tentado evitar o etnocentrismo em suas definições. Melford Spiro (1966), estudioso da religião americana, seguiu um caminho um pouco diferente. Ele define religião como "uma instituição que consiste na interação culturalmente padronizada com seres sobre-humanos postulados culturalmente" (SPIRO, 1966, p. 96x). Spiro prossegue e define "seres sobre-humanos" como seres considerados "mais poderosos do que o homem". De acordo com ele, tais seres afetam o homem e o homem os afeta. Ao utilizar o conceito de interação, Spiro aponta para um aspecto importante de várias religiões, a saber, a comunicação entre a pessoa religiosa e o "ser" religioso. Por um lado, a definição de Spiro não pressupõe uma divisão aguda entre natural e sobrenatural, herdada da Era do Iluminismo. Por outro, a questão é saber se sua noção de seres sobre-humanos também inclui todo ser humano que causou um impacto na história. Parece razoável supor que o Jesus, o Buda e o Maomé históricos estejam compreendidos nessa categoria. A questão é saber se figuras históricas como os imperadores romanos, Napoleão e Hitler também estariam.

Além disso, há uma longa tradição de incluir o conceito de sagrado como um conceito central nas definições substantivas de religião. Com efeito, a definição clássica de Émile Durkheim possui elementos substantivos e funcionais: "um sistema solidário de crenças e práticas relativas a coisas sagradas, ou seja, coisas separadas, proibidas – crenças e práticas que reúnem em uma mesma comunidade moral chamada Igreja todos aqueles que a elas aderem" (DURKHEIM, 1982/1912, p. 47). Os elementos substantivos na definição de DURKHEIM são sistemas de crenças, práticas, coisas sagradas, que são separados e proibidos, e uma Igreja. O elemento funcional está no argumento de que a religião produz integração em uma comunidade moral. Durkheim usa as palavras francesas *séparées* e *interdites* para explicar a implicação da palavra sagrado (*sacrées*). Uma interpretação razoável é que o sagrado é uma entidade poderosa que obriga ao respeito e que não pode ser abordada de uma maneira ordinária. Em *O dossel sagrado – Elementos para uma teoria sociológica da religião*, Peter L. Berger (1967) define a religião como a relação do homem com "um cosmos sagrado". E quando procura definir o conteúdo do sagrado, ele se baseia no conceito proposto por Rudolf Otto, o teólogo e estudioso alemão da religião. Para Otto (1958/1917), o sagrado enche as pessoas de admiração e fascínio; trata-se de um *mysterium tremendum et fascinosum*.

O conceito de sagrado pode ser útil. A divisão entre natural e sobrenatural aponta para as qualidades do objeto de veneração. A divisão entre sagrado e profano aponta para atitudes do praticante da religião: o sagrado é aquilo que é deparado com assombro. Assim, o conceito de sagrado compreende mais do que "o sobrenatural". Por exemplo, a maioria dos dinamarqueses nutrem um respeito solene por sua bandeira sem que acreditem na história de que a bandeira caiu dos céus para marcar o nascimento da nação dinamarquesa.

Entretanto, ainda não fomos capazes de driblar as acusações de etnocentrismo. O conceito de sagrado também tem uma origem ocidental. Visto de uma perspectiva histórica, esse conceito emergiu no contexto do século XIX que considerava a experiência religiosa como sendo o núcleo da religião. O foco no sagrado foi uma tentativa, notadamente por parte do protestantismo liberal, de talhar um lugar para a religião em uma situação em que as ciências naturais, a psicologia e a pesquisa histórica secular ameaçavam cosmologias cristãs tradicionais.

O conceito de sagrado é relativamente amplo. Consequentemente, uma definição que tenha o sagrado como seu conceito nuclear é difícil de usar na pesquisa empírica sobre religião. Alguns irão argumentar que se não for possível fazer uma distinção entre lugares sagrados como a Basílica de São Pedro, Meca, o Taj Mahal, o Estádio de Wembley e Graceland, a casa de Elvis Presley, então nuanças importantes serão perdidas. Outros irão sustentar que uma definição inclusiva de religião irá estimular a pesquisa, porque leva à descoberta de religião em áreas em que seria de outra forma negligenciada. Este é o argumento da socióloga americana Meredith McGuire (1997), que é favorável a definições relativamente amplas. McGuire pondera que elas inspiram questões teóricas e encorajam o uso de abordagens tiradas da sociologia da religião para analisar vários tipos diferentes de fenômenos. Não há dúvida de que diversas formas contemporâneas de religião tenham laços relativamente frouxos com instituições religiosas estabelecidas, mas, nessa situação, definições amplas podem ser usadas como "conceitos sensibilizadores" (BLUMER, 1969) que municiam cientistas com ideias em sua busca por novas formas religiosas em novos contextos. Quase nenhum sociólogo da religião contemporânea defenderá que a religião abarca apenas eventos e práticas que ocorrem em igrejas, mesquitas e templos. Entretanto, se o conceito de religião é amplo e inclusivo a ponto de toda visão de mundo e todo compromisso devotado serem identificados como religião, o conceito se torna obscuro e infrutífero. Por exemplo, é difícil falar em secularização se toda visão de mundo e interpretação da vida for considerada religiosa. Não é necessário que pesquisadores incluam todos os fenômenos que podem ser objeto de estudo em sua definição de religião. Certos pesquisadores entretêm, por exemplo, um interesse no estudo da religião e da política, o que oferece uma oportunidade de criar uma distinção analítica entre um compromisso político e um compromisso religioso.

Alguns estudiosos que utilizam noções substantivas de religião tendem a caracterizar os fenômenos similares à religião como quase-religiões ou sucedâneos religiosos. Comunismo, nacionalismo fremente, hooliganismo são frequentemente descritos com essas noções. Termos como quase-religião, pseudorreligião e semirreligião têm uma conotação negativa, o que, por sua vez, pode afetar a religião enquanto tal porque criam associações com fanatismos e irracionalidades. Isso serve para lembrar-nos de que a linguagem e os conceitos estão mergulhados em valores. É mais importante assinalar traços substantivos similares do que atribuir ao objeto de estudo prefixos carregados de valores como "quase" e "pseudo".

Como estamos discutindo a relação complicada entre definições de religião e sua normatividade e valores implícitos, vamos nos referir a uma distinção antiga, aquela entre religião e magia, proposta por um pioneiro da antropologia social, Bronislaw Malinowski (1974/1925). De acordo com ele, a magia é praticada com o propósito de se obter alguma outra coisa, ao passo que a prática religiosa seria um fim em si mesmo. Entretanto, ele admite que, na vida real, religião e magia tendem a aparecer sob formas misturadas, um fato que não é sempre reconhecido na ciência popular. Aqui, a religião é frequentemente descrita em termos positivos, tal como piedade e devoção, enquanto a magia é retratada como manipulativa, técnica e egoísta. O uso de noções como superstição demonstra ainda mais etnocentrismo, especialmente quando a própria religião é descrita como uma crença e a religião dos outros como superstição. Essas asserções são claramente normativas, não importa se saídas da boca de um cristão ou de um humanista. Atualmente, a noção de superstição quase não é usada por cientistas.

Sincretismo é uma noção que foi usada anteriormente nos estudos religiosos, mas que agora é criticada por suas implicações ideológicas e etnocêntricas. Os críticos sustentam que o sincretismo pressupõe a ideia de que algumas religiões seriam puras (ou seja, superiores), enquanto outras seriam misturadas (isto é, inferiores). Um sociólogo argumentaria que toda religião é afetada por seu contexto e, portanto, aparece sob formas híbridas, especialmente em uma situação moderna caracterizada por trocas e comunicações culturais. De um ponto de vista sociológico, a ideia de uma religião "pura" é um construto ideológico, e, muitas vezes, teológico.

2.3 Definições funcionais: o efeito da religião sobre indivíduos e/ou sociedades

Como já observamos, definições funcionais de religião a concebem de segundo a utilidade ou os efeitos que ela deve ter para o indivíduo e/ou a sociedade. Várias definições funcionais baseiam-se na ideia de que a religião é uma tentativa humana de criar significado e identidade. O sociólogo alemão Thomas Luckmann (1967) recorre a uma definição funcional extremamente ampla em *A religião invisível*. Nessa obra, Luckmann define a religião como "a transcendência da natureza biológica pelo organismo humano" (1967, p. 49). Ele se refere à formação do eu [*self*] como um processo religioso. Os seres humanos desenvolvem uma compreensão de seu *self* ao se colocarem em uma totalidade significativa em que estão criando um quadro de referência para a interpretação da realidade. Nesse registro, Luckmann distingue entre religião em um sentido amplo, que é uma constante humana, e formas socialmente institucionalizadas de religião, relacionadas à Igreja, que estão declinando nas sociedades modernas. Em seu livro, ele traça os contornos de universos de significado ou quadros de referência que são criados nas sociedades modernas. Quando se trata de definições de religião, Luckmann difere de seu colaborador Peter L. Berger. Enquanto Berger (1967) adota uma definição substantiva ao descrever a religião como a formação de um cosmos sagrado, Luckmann vê como religiosa toda "criação cósmica" que forma significado e identidade.

Outra definição funcional, um pouco mais restrita, vem do estudioso da religião o americano Milton Yinger, que define religião como "um sistema de crenças e práticas por meio do qual um grupo de pessoas luta com os problemas supremos da vida humana" (YINGER, 1970, p. 7). Ele enumera vários problemas que encontram sua solução tentativa na religião: como nos relacionamos com a morte? Há sentido na vida, apesar do sofrimento, das decepções e das tragédias? Como podemos controlar nossa hostilidade e nosso autocentramento? Definições desse tipo tendem a relacionar a religião a funções como criação de sentido, empoderamento e coragem. Em várias definições funcionais, a suposta capacidade da religião de proporcionar integração também é enfatizada. As funções integradoras da religião aparecem na lista de questões religiosas de Yinger de uma forma que nos lembra a concepção de Sigmund Freud sobre religião: a religião é um baluarte contra os impulsos reprimidos do indivíduo (cf. seção 3.5).

Várias definições funcionais são tão inclusivas que escondem as diferenças entre aquilo que nós, na linguagem cotidiana, chamamos de visões religiosas e não religiosas do mundo. Por outro lado, muitos argumentam que as definições funcionais não são etnocêntricas porque não fazem reivindicações sobre o conteúdo da religião. Todas as tentativas de criar significado são incluídas. No entanto, nem todas as definições funcionais são, na verdade, tão inclusivas. Ao examinarmos mais de perto a definição desenvolvida por Yinger, descobrimos que suas especificações dos "problemas supremos" com os quais os seres humanos lutam não são evidentes por si mesmos. Além disso, as funções que a religião deveria ter, de acordo com essa definição, são tremendamente positivas. Isso pode levar a uma forma enviesada de pesquisa, na qual efeitos negativos da religião acabam sendo negligenciados.

A crítica pode ser levada mais longe: é verdade que a religião sempre lida com "as questões mais profundas"? É claro, pessoas religiosas de tradições distintas lidaram com sérias questões de natureza existencial. As muitas tradições ascéticas revivescentes debruçaram-se sobre essas questões e as incorporaram como parte de seus estilos de vida. Todavia, um estudioso empírico interessado em religião contemporânea irá admitir que a prática religiosa pode também tornar-se divertida, tomar a forma de entretenimento, jogo e consumo. Outra crítica das definições funcionais sustenta que as definições não devem incluir questões empíricas. Uma questão empírica é, por exemplo, saber se as religiões realmente possuem as funções de criação de sentido e integração. Ao incluir tais funções na definição ela mesma, esses aspectos da religião tornam-se pressupostos e são excluídos da análise empírica.

Alguns sustentam que as definições funcionais são reducionistas, o que quer dizer que elas reduzem a religião a algo diferente da religião; eles explicam a existência da religião referindo-se a suas supostas funções. Se, por exemplo, a religião é definida como uma tentativa de encontrar sentido diante da morte e do sofrimento, a religião é concebida como resultado do medo da morte. Essa abordagem não levará um estudioso a interpretar a religião a partir de dentro, mas a vê-la da perspectiva de suas funções mais ou menos reconhecidas. A questão em jogo aqui não é se a religião tem sua origem no medo da morte (embora se deva ser cauteloso com tais generalizações abrangentes), e sim que os fenômenos são incluídos na definição quando constituem objetos de estudo.

2.4 Definições amplas ou estreitas de religião?

Argumentamos acima que definições amplas de religião devem estimular o estudo da religião em contextos que normalmente não são considerados religiosos. Em contrapartida, definições amplas que incluem diferentes fenômenos tendem a ocultar essas diferenças. Outro argumento contra definições amplas é que as definições científicas não devem se desviar muito da linguagem cotidiana. Apesar de nossas posições a respeito do etnocentrismo, por toda parte as pessoas usam alguma definição substantiva de religião. Pode-se objetar que a ciência deve fornecer novas perspectivas, que contrastem e desafiem as ideias das pessoas comuns. No entanto, se os termos usados na linguagem cotidiana receberem da ciência um sentido totalmente diferente, a capacidade das ciências humanas e sociais de se comunicar com o mundo exterior ficará cada vez mais complicada.

O uso de definições amplas também tem implicações éticas. A abordagem adotada por alguns de rotular o humanismo como uma religião, por exemplo, pode ser descrita como uma forma de imperialismo do conceito, porque essa não é a compreensão que os humanistas têm de si próprios. Não estamos defendendo que os cientistas devam apenas reproduzir a autodescrição das pessoas. Porém, se a reinterpretação científica se tornar rígida demais, criará um claro problema de comunicação entre as partes envolvidas.

Alguns pensam que as definições substantivas são estreitas, enquanto as definições funcionais não o são, o que muitas vezes é o caso. Entretanto, definições amplas e inclusivas de religião não são necessariamente funcionais. Com efeito, algumas definições funcionais incluem um espectro relativamente reduzido de funções que são percebidas como religiosas. Ademais, algumas definições substantivas são amplas. Um exemplo é uma definição que inclui toda visão de mundo ou interpretação da vida e toda prática relacionada a essa visão. Essa definição não inclui funções que essa visão teria. Contudo, uma definição substantiva tão vaga e genérica como essa dificilmente será usada em pesquisas empíricas. Por onde passa a distinção entre o que pertence a uma visão de mundo e o que dela está excluído? Alguns ponderam que uma visão de mundo é caracterizada por uma fração de reflexão e sistematização. Com base nesse argumento, um enunciado afirmando que a raça humana é pecaminosa será definida como uma visão de mundo, enquanto uma expressão espontânea de repulsa vinda de um ser humano decepcionado não o será. Mas as transições são fluidas, e uma demanda de sistematização e reflexão pode ser criticada por favorecer o intelectualismo em detrimento do comprometimento espontâneo.

Por sua vez, algumas definições funcionais são estreitas. Um exemplo é uma definição que inclui apenas visões de mundo que contribuem para a integração da sociedade. Por um lado, pode-se dizer que essa é uma definição ampla de religião, já que muitos fenômenos podem contribuir para a unidade na sociedade. Por outro, a definição também é restrita, pois exclui toda religião geradora de contendas e conflitos na sociedade. Recentemente, houve tentativas de distinguir entre religião e religiosidade, e entre visões de mundo e interpretações de vida. A ideia é que religiões e visões de mundo são tradições estabelecidas e institucionalizadas, ao passo que a religiosidade e as interpretações de vida descrevem o esforço individual para encontrar um sentido na vida. Diversos estudiosos da religião sustentam que, nas sociedades modernas ou pós-modernas, a busca por interpretações de vida se baseia em religiões estabelecidas e visões de mundo tradicionais. As interpretações de vida seriam, portanto, baseadas em várias tradições estabelecidas, que se combinam com as interpretações próprias do indivíduo. Alguns também têm tentado distinguir religião e espiritualidade. A palavra "espiritualidade" é usada frequentemente em um sentido mais amplo do que "religião". Ela se refere a uma busca de sentido e uma interpretação de vida que estão relativamente livres de tradições religiosas estabelecidas. A distinção entre religião e espiritualidade pode ser útil em algumas pesquisas. Todavia, uma hierarquização normativa entre os dois conceitos está muitas vezes implícita – e a religião acaba sendo vista como um fenômeno rígido e desprovido de espírito, enquanto a espiritualidade é percebida como um fenômeno que proporciona vida e empoderamento.

2.5 Precisamos de definições de religião?

Em nossas deliberações até o momento, discutimos muitas definições de religião, bastante diferentes entre si. Algumas são muito gerais e vagas, outras são etnocêntricas e tendenciosas, outras são reducionistas. Uma questão viável é se devemos tentar desenvolver uma definição que tenha validade universal. Teorias mais contemporâneas da ciência tendem a ver as entidades religiosas e científicas como construções sociais e contextuais. Vista sob essa perspectiva, a busca do essencial na religião parece ser um empreendimento bastante estático e a-histórico. Com efeito, podemos usar o sociólogo clássico Max Weber como apoio para tal afirmação. Weber observou que seu objetivo não era encontrar "a essência da religião", mas estudar as condições e os efeitos de um tipo específico de ação social. Weber começa sua sociologia da religião, que foi publicada pela primeira vez em 1922, com a seguinte afirmação: "definir 'religião', dizer o que é, não é possível no início de uma apresentação como esta. A definição pode ser buscada, se for o caso, somente na conclusão do estudo" (WEBER 1964/1922, p. 1). A resistência a definições por parte de Weber é um alvo fácil para a crítica. Afinal, ele discute tópicos específicos dentro da sociologia da religião, área em que ele inclui certos fenômenos e exclui outros. Decerto, ninguém é completamente indutivo; o material selecionado não cresce organicamente da terra para dentro do texto. Por conseguinte, Weber deve ter usado alguma forma de definição implícita, e que poderia muito bem ter sido esclarecida para o leitor. Entretanto, existe um aspecto simpático no respeito de Weber pela variedade empírica, mesmo que ele nunca tenha concluído seus estudos abrangentes da vida religiosa, nem desenvolvido uma definição final e conceituada de religião.

Alguns argumentam que toda tentativa de desenvolver definições gerais de religião deixam em segundo plano aquilo que é único, dinâmico e contextual em cada tradição religiosa. Essa forma de argumentação é semelhante à crítica que é dirigida ao etnocentrismo. A fenomenologia da religião é a disciplina que levou mais longe a sistematização da religião baseada em características comuns. Por essa razão, ela tem sido frequentemente alvo de crítica: é possível afirmar que a oração cristã e a oração islâmica "realmente" são uma e a mesma coisa? Esse questionamento também tem sido usado no interior de cada tradição religiosa: quais são de fato as características comuns entre orações durante uma reunião carismática cristã e a oração tranquila de um monge em sua cela?

A sociologia é mais modesta hoje do que há apenas duas ou três gerações em sua crença de que pode revelar ou formular leis para a vida social. Em uma perspectiva pós-moderna, a formulação de definições universalmente válidas aparece como sendo um tanto moderna e autoritária. Entretanto, uma rejeição total da abordagem comparativa que tente encontrar características comuns e desenvolver categorias iria dissolver todas as formas de ciência. Uma possível posição intermediária corresponde ao argumento de que a pesquisa deve flexibilizar sua reivindicação de definições universalmente válidas e se satisfazer com definições que sejam úteis dentro de um tempo e espaço limitados. Uma definição substantiva frutífera em estudos de religião na Noruega, Suécia e Grã-Bretanha, em outros contextos talvez tenha que ser trocada por outras definições.

Recentemente, alguns estudiosos se basearam nas reflexões do filósofo Ludwig Wittgenstein sobre definições (WITTGENSTEIN, 1958; cf., por exemplo, ALDRIDGE, 2000). Wittgenstein usa o esporte como exemplo em sua discussão. Há numerosas formas de esporte e é difícil encontrar uma definição que inclua todas elas. O elemento que todas as atividades esportivas compartilham não é um conjunto de características comuns, mas uma "semelhança de família" que nos permite reconhecê-las como esporte. A analogia é que somos capazes de reconhecer algumas características familiares em cada membro de uma família, mesmo que cada um não compartilhe todas as características. Dessa forma, desarma-se a importância muitas vezes ligada ao desenvolvimento de definições precisas. Podemos usá-las e discuti-las, mas sabendo o tempo todo que, muito provavelmente, nunca chegaremos a uma definição conceituada e incontroversa, seja nos esportes, na família ou na religião.

2.6 As dimensões da religião

Estudiosos do campo da sociologia da religião e de outras disciplinas afins distinguem entre diferentes dimensões da religião. Formular novas dimensões pode ser visto como uma tentativa de desenvolver e ampliar definições de religião. Algumas das mesmas dimensões são encontradas em vários pesquisadores, embora também operem com dimensões diferentes. No final da década de 1960, o historiador da religião Ninian Smart (1968) apresentou um conjunto de classificações baseado em seis dimensões. Três dimensões foram rotuladas como para-históricas, ou seja, dimensões que, como diz Smart numa formulação um tanto etnocêntrica, transcendem as fronteiras da história. Entre as dimensões para-históricas estão a dimensão dogmática, a dimensão mitológica e a dimensão ética. Depois, temos três dimensões históricas: a dimensão ritual, a dimensão experiencial e a dimensão social. Outro historiador da religião, Eric J. Sharpe, criticou a classificação de Smart e argumentou que se pode excluir as dimensões mitológica e ritual. Elas não pertencem à "parte intrínseca da estrutura da religião" que deve ser contemplada para entender o fenômeno (SHARPE, 1983, p. 94). Sharpe admite que a mitologia e os rituais são comuns na vida religiosa, mas também o são os regulamentos, a música e os símbolos. Ele conclui que a religião tem quatro modos: o existencial, o intelectual, o institucional e o ético.

Com base em nossa discussão das definições acima, sabemos agora que não temos mais que nos envolver em um debate sobre o núcleo da religião. Como sociólogos, também queremos evitar debates essencialistas sobre as dimensões mais fundamentais da religião. Contudo, discutiremos uma classificação das dimensões religiosas frequentemente utilizada em sociologia. Na introdução a um estudo sobre a devoção americana, os sociólogos Rodney Stark e Charles Glock (1968) descreveram cinco dimensões do comprometimento religioso. Eles estavam muito motivados para contribuir com um uso mais preciso dos termos nos debates sobre o papel da religião na sociedade. Stark e Glock observaram que a palavra "religioso" tem uma pluralidade de significados. Tal ambiguidade pode explicar os termos do debate ocorrido quando da publicação de seu livro. Naquela ocasião, alguns argumentavam que a religião estava florescendo nos Estados Unidos, enquanto outros viam um declínio religioso. Stark e Glock defendiam que, sob a pluralidade da expressão religiosa, havia cinco dimensões de religiosidade: a dimensão da crença, a dimensão da prática religiosa, a dimensão da experiência, a dimensão do conhecimento e a dimensão consequencial.

A dimensão da crença inclui ideias mais ou menos sistematizadas em que a pessoa religiosa acredita e que sustenta como verdadeiras. Talvez uma solução melhor teria sido denominar essa dimensão de conteúdo da fé ou de dimensão dogmática, uma vez que enfatiza *o que* uma pessoa acredita, e não apenas *que* ela acredita.

A prática religiosa abrange duas formas – ritual e devoção. Rituais são ações religiosas formalizadas específicas que os adeptos de uma religião devem realizar. Os rituais no cristianismo compreendem os serviços da igreja, o batismo e a sagrada comunhão. Stark e Glock destacam que a devoção, ou afeto e adoração é menos formalizada e pública do que os rituais. Exemplos de devoção cristã são orações privadas e a leitura das Escrituras. Existem várias formas intermediárias. Por exemplo, um serviço da igreja cristã é aberto ao público e oferece espaço para orações silenciosas. Parte do serviço tende a ser formalizada em liturgias, mas o sermão está aberto à improvisação e à espontaneidade.

A dimensão experiencial tem a ver com experiências religiosas subjetivas – um sentimento de presença divina, por exemplo. A dimensão do conhecimento corresponde ao conhecimento que se espera das pessoas religiosas sobre dogmas, rituais e textos religiosos. Finalmente, a dimensão consequencial abarca os efeitos que a religião gera na vida dos indivíduos – em sua vida cotidiana, digamos assim.

Diversos aspectos dessa classificação são discutíveis – entre eles, a reivindicação dos autores de universalidade. Alguns pesquisadores apontaram o caráter muito individualista dessa classificação. Ela estaria relacionada à religiosidade individual, não às comunidades religiosas ou ao papel da religião na sociedade. Portanto, ela não deve ser interpretada como uma lista completa de tópicos viáveis no escopo da sociologia da religião. Se o foco recair na relação Igreja-Estado, essa classificação não é útil. O significado a ela atribuído por Stark e Glock se atém apenas a estudos sobre a religião individual. Mesmo assim, alguns sustentam que uma dimensão social deveria ser incluída, dimensão esta que trataria dos diversos tipos de comunidades religiosas de que indivíduos participam.

Apesar dessas objeções, vejamos algumas das possíveis formas de utilização dessa classificação. Como notamos, os autores esperavam aumentar o nível de precisão nos debates sobre religião. Aqui, voltamos à questão da universalidade ou da generalidade ou não do conceito de religião. Usando a classificação, podemos abordar essa questão empiricamente. Por exemplo, existe alguma tendência nos estudos empíricos a haver uma pontuação alta dos participantes em todas as cinco dimensões religiosas? Em caso afirmativo, isso pode ser interpretado como uma espécie de apoio empírico ao argumento de que a religião é um conceito unificado e coerente, particularmente se vários estudos em diferentes contextos chegarem à mesma conclusão.

Contudo, com base em estudos empíricos, não é possível tirar conclusões definitivas sobre a religião como fenômeno unificado. Não foram realizados estudos suficientes, e os estudos existentes divergem sobre questões cruciais, o que dificulta a comparação. No início da década de 1970, Richard Clayton (1971) criticou a ideia de multidimensionalidade. Ele conduziu uma análise estatística, a chamada análise fatorial, de dados sobre religião entre os estadunidenses. Clayton descobriu que a dimensão da crença formava uma base para todas as demais dimensões. A crença religiosa levava a uma pontuação mais alta nas outras dimensões. No entanto, a conclusão de Clayton dificilmente pode ser vista como uma conclusão universalmente válida, mesmo que a crença religiosa seja importante para a prática ritual e outras formas de envolvimento. Antes de mais nada, é provável que a relação entre essas dimensões seja válida em ambos os sentidos. A crença reforça a prática ritual, o que por sua vez reforça a crença, e assim por diante. Além disso, o significado atribuído ao dogma varia de acordo com as comunidades religiosas.

O sociólogo sueco Göran Gustafsson (1997) sumariou algumas descobertas empíricas baseadas em dados estatísticos da Suécia utilizando as dimensões propostas por Stark e Glock. Esses estudos descobriram que a dimensão do conhecimento e a consequencial apresentaram a menor correlação estatística com as outras dimensões. Em outras palavras, um conhecimento religioso detalhado não leva necessariamente a um comprometimento religioso ou a experiências religiosas. Essa descoberta dá suporte a observações mais gerais: um professor de religião superespecializado não necessariamente compartilha sua crença ou participa dos rituais. A baixa correlação entre a dimensão consequencial e a dimensão da crença pode ser interpretada de várias maneiras. Uma interpretação possível é a de que, em uma sociedade permeada por tradições cristãs, a sociedade como um todo é afetada pela cultura cristã de um modo tal que os adeptos ativos não se destacam. Outra possibilidade é que, em uma sociedade relativamente secularizada e religiosamente diversa, os praticantes ativos não ostentam um estilo de vida distinto e vivem como todos os demais, uma vez que todos são afetados pela Modernidade.

As dimensões da religião mais intimamente integradas são então a crença religiosa, a prática religiosa e a experiência religiosa. Isso também deve ser qualificado. Vários indivíduos, sobretudo no norte da Europa, acreditam em elementos da tradição cristã sem participar regularmente de atividades religiosas. Eles são o que é chamado comumente de "cristãos privados", que praticam "crer sem pertencer" [*believing without belonging*], para usar os termos da socióloga da religião Grace Davie (1990). Em uma situação de individualismo religioso, talvez seja verdade que a experiência religiosa tenda a se separar da crença e prática institucionais. Ao mesmo tempo, o nível de individualização não deve ser exagerado. Mesmo em sociedades relativamente secularizadas, os indivíduos desenvolvem seus universos religiosos de significado na comunicação com as tradições religiosas institucionalizadas. Voltaremos a esta questão na seção 7.7.

As dimensões religiosas também podem ser uma ferramenta útil para descrever comunidades religiosas e suas características distintivas. As comunidades colocam uma ênfase diferente em cada uma das dimensões aqui discutidas. As religiões mundiais não dão a mesma importância à fé, doutrina, vida, rituais e experiência religiosa. Por exemplo, diz-se geralmente que o catolicismo é mais orientado para rituais do que o protestantismo; e o islamismo é frequentemente descrito como uma religião que enfatiza os rituais e o estilo de vida. Comparando dimensões da religiosidade em diferentes tradições, é possível encontrar características comuns. Um exemplo é o cristianismo, em que diferentes tradições dogmáticas como o pietismo e o protestantismo liberal compartilham a afinidade pelo fervor religioso e emoção. Nas sociedades ocidentais contemporâneas, novos movimentos religiosos e comunidades carismáticas cristãs enfatizam a dimensão da experiência. Stark e Glock dão algumas sugestões a respeito do uso dessas dimensões. Eles afirmam que a dimensão da crença é de grande importância no cristianismo, seguida da prática religiosa. A tradição mística cristã e o que eles chamam (não sem algum viés normativo) de "algumas seitas protestantes extremas" tendem a enfatizar a prática religiosa.

Ademais, essas dimensões podem ser usadas para identificar e discutir tensões, tanto dentro quanto entre movimentos religiosos. Com frequência, tensões ocorrem entre religiões dogmáticas e formas mais expressivas de religião. Em alguns casos, tais tensões aparecem em diferentes papéis religiosos. Há uma distinção clássica entre o sacerdote e o profeta. O sacerdote é normalmente identificado como uma pessoa que tem uma crença correta, ritos corretos e um alto grau de conhecimento. O profeta é descrito como uma pessoa que enfatiza experiências religiosas que tendem a despedaçar tradições religiosas, e pratica um estilo de vida ascético e severo.

Essas dimensões não são úteis em todas as situações. Em alguns casos, elas são incapazes de detectar diferenças singulares. Um exemplo ilustrativo são duas tradições religiosas diferentes que compartilham a mesma ênfase na experiência religiosa. Em um caso, a elite religiosa reivindica autoridade com base na experiência que só ela pode acessar. Essa tradição exclui a grande maioria. Em outro caso, os leigos alegam que suas experiências religiosas são iguais às do clero. Essa tradição tem um efeito democratizante. Apesar do fato de ambas as tradições enfatizarem a experiência religiosa, elas são bem diferentes. Usando as dimensões religiosas de Stark e Glock como ferramentas de análise, detectaríamos apenas a semelhança entre as duas tradições, não suas diferenças.

Para um sociólogo, a análise de uma determinada religião não deve se concentrar exclusivamente em organizações formais. As análises também devem produzir informações sobre variações sociais informais e possíveis mudanças ao longo do tempo. Alguns exemplos ilustrativos: a ênfase no conteúdo sistemático da crença tem variado ao longo dos anos. Observando a tradição cristã, descobrimos que a institucionalização da teologia nas universidades no século XII resultou na ênfase cada vez maior sobre o dogma. Hoje, notamos que a expressividade e a experiência são dimensões religiosas de grande importância, muitas vezes à custa do conteúdo dogmático. A diferença entre a religiosidade feminina e masculina também pode ser interpretada como uma das diferentes ênfases sobre as dimensões, embora seja difícil se desviar de estereótipos essencialistas nessa área.

Sociólogos muitas vezes interpretam a religião de uma maneira diferente dos participantes. A boa sociologia se move entre o relato preciso da compreensão dos participantes e a concepção reducionista mais externa da religião. Bons sociólogos tenderão a ter um senso de ironia em favor da história e da sociedade. Diante de um místico que acredita que suas experiências derivam diretamente de Deus, o sociólogo procurará metáforas e discursos socialmente construídos que afetem ambas as experiências, bem como as diferentes maneiras pelas quais essas experiências são comunicadas. Outro exemplo: algumas tradições religiosas consideram os rituais formalizados como "cerimônias mortas". Tal visão é baseada em um certo nível de individualismo e em ideais de devoção e de autenticidade. Um sociólogo terá o prazer de assinalar que também esses grupos religiosos institucionalizaram rituais em suas reuniões. Grupos carismáticos que valorizam a espontaneidade tendem, por exemplo, a ter normas informais sobre quando é apropriado falar em línguas e quando isso representa desordem e caos.

Neste capítulo, apresentamos e discutimos numerosas definições de religião. Contudo, não terminaremos propondo uma definição conclusiva. Nossa esperança é que tenhamos conseguido mostrar que definições e concepções são frutíferas e produtivas para a pesquisa quando são objetos de crítica e reflexão, não de aceitação complacente.

3
Sociólogos clássicos e suas teorias da religião

O objetivo deste capítulo é oferecer uma introdução aos sociólogos clássicos e a suas teorias da religião. Embora Freud seja um psicólogo, nós o incluímos aqui porque sua teoria da religião teve um enorme impacto na sociologia da religião. O capítulo está organizado cronologicamente e cobre o período que vai de 1850 até por volta de 1950 – ainda que alguns teóricos tenham vivido e produzido depois da década de 1950. Procuramos organizar cada seção conforme um esquema coerente. Após uma breve apresentação de um teórico, descrevemos sua teoria do indivíduo e da sociedade antes de examinarmos a religião e a fortuna crítica deixada pela obra. Também buscamos oferecer sugestões sobre como essas diferentes teorias podem ser usadas em estudos empíricos da religião.

Neste capítulo, e no seguinte, iremos observar aqui e ali possíveis conexões entre o contexto do teórico sob exame, seu *Sitz im Leben*, e suas interpretações sociológicas. Devemos notar que nossa revisão conta apenas com sociólogos homens: até recentemente, a sociologia da religião tem sido um assunto eminentemente masculino. Para o final do capítulo, tentaremos traçar relações entre os teóricos. Particularmente, iremos direcionar nosso foco à distinção entre teorias orientadas para a estrutura e teorias orientadas para o ator e suas consequências para a concepção de religião.

3.1 Karl Marx: religião como projeção e ilusão

Karl Marx (1818-1883) era filho de um advogado de Trier, na Alemanha. Sua mãe e seu pai eram judeus, embora o pai tenha se convertido posteriormente ao protestantismo. Em 1841, Marx terminou seu doutorado em filosofia na Universidade de Berlim. Ele passou a década seguinte entre Colônia, Bruxelas, Berlim e Paris. Em Paris, ele e Friedrich Engels participaram de grupos revolucionários. O *Manifesto Comunista* foi publicado na capital francesa em 1848. Marx teve que fugir no ano seguinte e estabeleceu-se em Londres, onde viveu o resto de sua vida. Por meio de seus escritos, Marx introduziu na teoria social as noções de materialismo histórico e a teoria da classe social, uma ênfase no papel da tecnologia, a teoria da alienação humana e a ideia de que os atores coletivos podem assumir o controle da natureza e das relações sociais. Embora não haja um tratamento sistemático da religião nos escritos de Marx, é possível detectar sua concepção de religião através de um olhar sobre sua teoria social geral e sua teoria da alienação.

Em sua análise da economia política, Marx enfatiza a distinção entre forças produtivas e relações de produção. As forças produtivas consistem em ferramentas, organização técnica do trabalho e máquinas. As relações de produção correspondem às relações entre os produtores imediatos. Na sociedade capitalista que Marx vê surgir, as relações de produção têm a ver com as relações entre os capitalistas e os membros da classe trabalhadora. A questão importante aqui é quem possui e comanda os meios de produção. Marx acredita que uma mudança nas forças produtivas suscita uma mudança nas relações de produção, o que exige uma mudança nos produtores. Em outras palavras, novas máquinas mudarão as relações entre os proprietários e os trabalhadores, e isso transformará tanto os trabalhadores quanto os proprietários. Nessa chave, a formação de uma economia capitalista é o resultado de um processo histórico. O capitalismo funda-se sobre uma divisão de classes entre o proletariado, ou a classe trabalhadora, de um lado, e a burguesia, ou a classe capitalista, de outro. Essas classes estão em conflito endêmico pela distribuição dos frutos da produção industrial.

Em sua análise da alienação nos *Manuscritos econômicos e filosóficos*, Marx (1975) adverte que nas sociedades capitalistas o próprio trabalhador é tratado como uma mercadoria ou um objeto. Como Marx vê o trabalho e a produção como parte do ser humano, ele acredita que tudo o que perturba essa relação contribui para a alienação. A alienação dos trabalhadores de seus produtos tem várias dimensões: eles não possuem os meios de produção, eles não governam os produtos, seu trabalho tornou-se uma mercadoria. Os trabalhadores da sociedade moderna estão também fisicamente sob o controle da maquinaria mecânica das fábricas. A alienação está, portanto, relacionada à perda do controle das condições sociais para o desenvolvimento humano. Como as pessoas alienadas perderam sua verdadeira identidade, elas se voltam para a religião para alcançar uma compreensão do mundo e talvez encontrar esperança de uma existência melhor neste ou em um mundo por vir. Na *Contribuição à crítica da filosofia do direito de Hegel*, Marx (1955/1844) argumenta que a religião representa uma falsa imagem da realidade. A religião seria uma ilusão, em que nem os indivíduos nem os coletivos têm controle de suas próprias condições, mas estão sujeitos a forças que eles não compreendem, forças que são interpretadas de diferentes maneiras na religião.

As análises da teoria da religião de Marx tendem a distinguir entre sua teoria da religião como superestrutura e da religião como ideologia. Vamos discutir primeiro sua teoria da religião como superestrutura. Em *A ideologia alemã* (1955/1845-1846), Marx e Engels afirmaram que a estrutura básica da sociedade consiste em forças produtivas e relações de produção. Sobre essa fundação basilar repousa uma estrutura política, códigos legais, moralidade, metafísica e religião. Essa superestrutura está baseada em e é afetada pela fundação. A religião é uma face da superestrutura que se adapta sobretudo às mudanças no modo de produção. Segundo Marx, a consciência não pode obter total liberdade a partir de sua base social. Essa concepção aparece no primeiro volume de *O Capital. Crítica da economia política* (1983/1867), onde ele traça os contornos das raízes da religião. Nessa obra, ele afirma que, nos estágios iniciais do desenvolvimento humano, a religião era o resultado da impotência do homem primitivo diante das forças naturais. Na sociedade burguesa, que se baseia na produção de mercadorias, o cristianismo protestante e seu individualismo é a forma mais apropriada de religião, concluindo que "o mundo religioso é apenas o reflexo do mundo real" (MARX, 1983, p. 83).

A teoria da religião de Marx e sua relação com a base social variaram em sua obra. Em *Teses sobre Feuerbach* (1955/1845), Marx enfatizou a concepção dialética da relação entre práxis social e consciência. Em *A ideologia alemã* e *O capital*, ele parece terminar com uma concepção mais determinista da religião nas mãos. Nessas obras, a religião é tratada como um produto social, um resultado de forças externas e um reflexo do mundo.

Na teoria de Marx, a religião é também concebida como ideologia. Em *A ideologia alemã* (1955/1845-1846), Marx e Engels sustentam que a consciência humana está enraizada na práxis social. Dessa noção geral, segue a teoria sobre o papel da ideologia nas sociedades de classes. Dito de modo sumário, essa teoria defende que, em sociedades de classes, as ideias dominantes de qualquer período histórico são as ideias da classe dominante. Essas ideias são ferramentas para a manipulação e a opressão da classe dominada na sociedade. As ideias prevalentes de qualquer período legitimam os interesses da classe dominante, e isso inclui a religião. Deve-se notar que a classe dominante também é vítima do mesmo tipo de ilusão que permeia a classe dominada. Ela interpreta as forças históricas e sociais como uma expressão de algo transcendente porque também elas são alienadas.

Em sua *Contribuição à crítica da filosofia do direito de Hegel*, Marx argumenta que o homem cria a religião e que a religião traça uma falsa imagem da realidade. Por essa razão, a luta contra a religião é, indiretamente, uma luta contra o mundo desenhado por essa religião. A religião é concomitantemente um instrumento de imposição da injustiça e uma atitude de protesto contra essa injustiça. A religião é a reação popular à opressão. Uma crítica da religião é, pois, uma crítica daqueles que necessitam de religião.

A análise da religião elaborada por Marx foi objeto de críticas. Quanto a elas, a discussão gira em torno de três questões, a saber: o conteúdo da religião, a variação religiosa e a mudança religiosa. A respeito do conteúdo da religião, Marx salienta que a religião é ilusória porque reflete uma realidade baseada em relações de classes sociais enquanto tenta ocultar interesses de classe. Desse modo, ele descarta os motivos dos próprios adeptos sobre suas ações. Ele assume uma posição na qual decide qual ideologia representa a verdade. Marx conclui com um argumento reducionista, segundo o qual a religião seria apenas o reflexo de forças sociais. Quanto à variação religiosa: para Marx, a religião é um fenômeno coletivo, partilhada praticamente por todos os membros de uma classe particular, e aparentemente com a mesma intensidade. Uma vez que as ideias e as ações das pessoas são produtos de forças exteriores, a relação entre ideologia e classe social torna-se determinista. Quanto à explicação para a mudança religiosa: de acordo com Marx, o materialismo histórico representa um desenvolvimento em que a verdadeira consciência do trabalhador desloca a religião. Como a ideologia é deduzida de mudanças econômicas ou sociais, sua teoria não pode dar conta da introdução de uma nova ideologia na sociedade. A razão é que a inovação religiosa representa um desvio da ordem social preexistente.

Marx causou um impacto profundo no desenvolvimento da sociologia e de certos aspectos da sociologia da religião. Sua interpretação materialista da história era nova e inovadora em uma época em que o clima intelectual dominante era idealista, no sentido de que se considerava os pensamentos e ideias humanas como tendo efeitos decisivos no desenvolvimento da sociedade. Muitos associam sua ideia de que a religião satisfaz as necessidades daqueles que estão próximos da base da hierarquia social e de que eles compensam pela busca de objetos alternativos, na religião, por exemplo, a uma teoria da privação (cf. seção 7.1). A teoria da privação veio a ter um profundo efeito nos estudos sobre a religião da classe trabalhadora (HALÉVY, 1949; THOMPSON, 1965) e na análise de movimentos religiosos (DAVIS, 1948-49; GLOCK; STARK, 1965; WILSON, 1967, 1970). Ademais, a influência de Marx pode ser encontrada nos trabalhos de Jürgen Habermas, Pierre Bourdieu e Michel Foucault, assim como nos trabalhos sobre sociologia da religião de Peter L. Berger, Thomas Luckmann e Bryan S. Turner (1991). As teorias de Marx podem ser aplicadas em estudos sobre o uso da religião para legitimar os próprios interesses de um grupo e em análises da religião usada como poder para apoiar grupos específicos.

3.2 Émile Durkheim: religião como integração

Émile Durkheim (1858-1917) nasceu na região da Lorena, França, no seio de uma família judia ortodoxa. Em 1893, ele defendeu sua tese de doutorado, *Da divisão do trabalho social*, que se tornaria um clássico na sociologia. Durkheim também escreveu *As regras do método sociológico* (1966) e *O suicídio* (1897). Em 1906, Durkheim tornou-se professor na Sorbonne, e em 1912 publicou seu último livro, *As formas elementares da vida religiosa*, em que desenvolveu sua teoria da religião. A contribuição da teoria de Durkheim está em sua ênfase na base normativa para a integração social, nos perigos do individualismo e da anomia e na importância do coletivo.

Durkheim pertence à tradição sociológica francesa, interessada pela questão da unidade e da desintegração social. A ideia de que a sociedade forma uma unidade integrada era dominante na Alemanha e na França no final do século XIX e tinha uma grande importância para Durkheim. Nessa tradição, a sociedade é vista como uma unidade integrada que, em certo sentido, pode ser comparada à de um organismo vivo. Se o organismo biológico é governado por uma relação material, a sociedade é unificada por laços de ideias e unidade social. Essa tradição aponta para dois temas-chave na obra de Durkheim: a moralidade e a solidariedade sociais.

O autor explica a solidariedade social através de fatores morais e estruturais. Em seu livro *Da divisão do trabalho social* (1984/1893), ele distingue entre a forma de solidariedade social proveniente da comunidade [*commonality*] e a forma de solidariedade derivada da especialização. Esses tipos de solidariedade social estão relacionados com o grau de especialização e a dependência mútua na sociedade. Como muitos de seus contemporâneos, Durkheim pressupôs que a sociedade sofreu uma transformação estrutural fundamental na passagem da sociedade primitiva para a moderna. Entretanto, ele acredita que a natureza da sociedade é imutável. A sociedade, em sua forma primitiva e moderna, é uma realidade moral *sui generis*, e as representações religiosas e morais se adaptam à mudança social.

Durkheim acreditava que as sociedades primitivas e simples se caracterizam por um grau mínimo de divisão do trabalho, o que resulta em fortes laços comunais – a individualidade é quase inexistente. Nesses tipos de sociedade, a solidariedade moral baseia-se na comunidade. Essa consciência coletiva conecta o indivíduo diretamente com a sociedade e fornece à sociedade um consenso moral mais forte. Durkheim denomina essa forma de solidariedade de solidariedade "mecânica". E à medida que a divisão do trabalho aumenta, desenvolve-se outro tipo de solidariedade: a solidariedade "orgânica". As relações entre os membros desse tipo de sociedade são caracterizadas pela mutualidade e dependência, e como resultado da especialização uma forma de solidariedade se desenvolve. O padeiro, o açougueiro, o policial e todo o resto são mutuamente dependentes e têm consciência dessa dependência. Nesse tipo de sociedade, há o desenvolvimento da individualidade. A consciência coletiva (*la conscience collective*) se enfraquece e se torna mais vaga, e membros dessa sociedade têm menos ideias em comum.

Fatores estruturais à parte, os fatores morais – tais como a religião – também podem contribuir para a solidariedade social. Isso nos leva à sociologia da religião de Durkheim. Em seu livro *O suicídio*, Durkheim aponta a relação estatística entre as taxas de suicídio e as denominações religiosas em diversos países da Europa ocidental. Países majoritariamente protestantes parecem ter taxas de suicídio mais elevadas do que os países predominantemente católicos. Uma vez que ambas as denominações proíbem o suicídio com igual rigor, a explicação deve ser buscada nas diferenças enraizadas nas duas religiões. Durkheim argumenta que cada protestante é deixado a sós diante de Deus, ao passo que cada católico é integrado em um conjunto de práticas sociais, como a confissão, a missa, o catecismo, e assim por diante. Por essa razão, as igrejas protestantes são menos integradas do que as católicas. Elas oferecem uma menor proteção contra tipos de suicídio causados por um menor nível de integração (suicídio egoísta) se comparada a das igrejas católicas. O estudo de Durkheim sugere que o nível de integração em outros setores da sociedade está relacionado com as taxas de suicídio em termos comparativos – o que significa que uma religião integrada não é a única proteção contra o suicídio. Essas obras de juventude introduzem um tema recorrente em Durkheim, a saber, o papel cada vez menor da religião tradicional nas sociedades modernas.

A convicção de Durkheim era a de que todas as formas de religião são essencialmente as mesmas. Para estudar a religião de mais perto, ele quis examinar a religião mais simples e primitiva conhecida, presumindo que ela seria o padrão basal de todas as demais. *As formas elementares da vida religiosa* baseia-se nos estudos então existentes sobre a vida religiosa de aborígenes australianos. Nesse livro, Durkheim classificou todos os fenômenos religiosos em crenças e ritos. Crenças religiosas consistem em concepções, e ritos, em ações específicas. Crenças religiosas pressupõem uma classificação de todas as coisas em dois grupos, sagrado e profano – a religião sendo a encarnação do sagrado. Durkheim pretendeu interpretar o sentido das crenças e dos ritos religiosos, concluindo que quando membros da sociedade participam de um rito religioso, eles estão na verdade cultuando a sociedade. A sociedade controla seus membros de acordo com sua força física, e oferece-lhes respeito à autoridade moral. Os homens percebem que fora deles mesmos há um ou vários poderes, os quais eles cultuam na religião. Esses poderes são expressões simbólicas de uma realidade moral, ou seja, da sociedade.

De acordo com Durkheim, todos os rituais religiosos têm a mesma função, não importa onde ou quando aconteçam (DURKHEIM, 1982, p. 427). Desse modo, a religião é ao mesmo tempo indispensável e universal. Em sua discussão sobre o papel da religião nas sociedades modernas, essa ideia é evidente: ele sustenta que a religião tradicional não será capaz de cumprir sua função em sociedades especializadas e que haverá uma alternativa funcional. Para Durkheim, a função expressa uma forma de utilidade, que aponta para a sociedade e suas necessidades. Ele descreve a religião na sociedade moderna, que, ele acredita, será racional e expressará os valores sagrados da sociedade e sua unidade. A fé será baseada na razão, e a justiça será um de seus valores centrais. Nessa religião, o homem será objeto de um novo culto. Durkheim se refere a essa religião como individualismo, ou individualismo moral; como o culto do homem ou culto ao indivíduo; ou, enfim, como culto à personalidade humana (PICKERING, 1984, p. 485). Uma vez que o culto ao indivíduo representa o ideal mais elevado da sociedade, o Estado deveria organizar o culto e ser seu administrador. A religião humanística de Durkheim não forma uma unidade completa com o Estado, mas a transcende tanto quanto a nação. Ela também é fundamentalmente universalista, posto que remete à humanidade como sujeito e objeto morais.

A sociologia da religião de Durkheim foi alvo de críticas em sua época. As críticas mais empiricamente orientadas levantaram questões sobre a validade do trabalho de Durkheim, especialmente em seu livro a respeito das formas elementares da vida religiosa. Nessa obra, o material etnográfico sobre o totemismo na Austrália, serviu de base para a análise de Durkheim, material considerado insuficiente pelos padrões atuais. Além disso, o uso do material é criticado – o fato de Durkheim ter dado maior relevância ao caso australiano provavelmente mais atípico (NIELSEN, 1998, p. 148). Levantou-se também a questão de se saber se é possível estender a definição da função da religião de uma sociedade australiana pré-moderna a toda e qualquer função da religião em qualquer época e lugar.

A crítica teórica tem sido dirigida sobretudo à teoria da sociedade de Durkheim. Como mencionamos mais cedo, Durkheim foi influenciado pela concepção da sociedade como organismo de seus contemporâneos. De acordo com essa noção, a sociedade é como um sistema orgânico no qual cada parte tem funções que contribuem para a manutenção do sistema. É difícil explicar tais funções sem lançar mão de um propósito consciente. Nessa medida, a teoria de Durkheim vai dar em teleologia, com o autor presumindo a existência de alguma forma de inteligência superior criadora de aspectos da sociedade que servirão a algum tipo de propósito.

A perspectiva sistêmica de Durkheim também afetou suas concepções sobre a origem e a aceitação da religião. Em contraste com Marx, que interpreta a religião dominante como resultado da luta social, Durkheim vê a religião como um fenômeno que possui um sentido ou uma função social *a priori*. Desse modo, sua abordagem não é convidativa a estudos sobre como uma religião específica chegou a uma posição de dominância. Em vez disso, a religião se torna um pressuposto para a sociedade.

Muitas das principais ideias de Durkheim tiveram um profundo impacto tanto sobre a sociologia geral quanto sobre a sociologia da religião. O autor pertence à escola de um funcionalismo pioneiro, e considera a sociologia como a ciência da integração social. Sua insistência sobre a dimensão social da religião continua a inspirar a reflexão antropológica e sociológica sobre a religião, como testemunham os trabalhos de Thomas Luckmann, Mary Douglas e Danièle Hervieu-Léger.

3.3 Max Weber: ação, racionalidade, e religião como legitimação

Max Weber (1864-1920) nasceu na Turíngia, Alemanha. Em 1869, a família mudou-se para Berlim. Na capital, seu pai trabalhava na política nacional-liberal da Alemanha de Bismarck. Em 1889, Weber obteve seu Ph.D. em jurisprudência; mas na sequência seus interesses se voltaram para a área econômica. Após alguns anos como *Privatdozent* na Universidade de Berlim, Weber tornou-se professor titular de economia na Universidade de Freiburg, em 1894, para, em 1896, aceitar um cargo na Universidade de Heidelberg. Entre 1904 e 1905, *A ética protestante e o espírito do capitalismo* foi publicada. Muitos de seus escritos apareceram postumamente, entre eles sua vasta sistematização das ciências sociais, *Economia e Sociedade* (1968/1925).

Embora Weber tenha vivido mais ou menos na mesma época que Durkheim, ele pertenceu a uma tradição intelectual distinta. A Alemanha não tinha uma tradição positivista como a francesa – a escola dominante era o historicismo. O historicismo defende que a ação humana é tal que não se pode aplicar os métodos de pesquisa usados nas ciências da natureza ao estudo dos fenômenos humanos – pois, para tanto, é preciso usar a intuição. Weber concordava que a ação humana não existia no objeto tratado pelas ciências naturais, mas assinalava que a intuição não pode substituir a análise causal e a objetividade (GIDDENS, 1985, p. 134). Seu objetivo era compreender a ação humana, que é racional e previsível. Para ele, o indivíduo é o átomo da sociologia. Isso significa que, apesar de ser necessário, nas ciências sociais, conceitos que se refiram a coletividades, como Estado, classes e grupos, essas referências a um coletivo implicam referências à ação individual.

Weber se interessa pela ação religiosa enquanto um tipo particular de ação social. Para chegar a uma compreensão da ação social, ele a observa desde o ponto de vista do sentido que a ação porta. Ele acredita que a razão de homens comuns serem influenciados pela religião remete a suas expectativas mundanas, a saber, a esperança de uma boa vida neste mundo. A ação religiosa, portanto, tem seu sentido orientado para fins ordinários. Ademais, a ação religiosamente motivada é relativamente racional (WEBER, 1964, p. 1). Em sua teoria da ação social, Weber distingue dois tipos diferentes de racionalidade. A ação que possui um caráter calculável é motivada por uma racionalidade com relação a fins, enquanto a ação que tem sentido em si mesma é motivada pela racionalidade com relação a valores (cf. seção 7.4 para maiores informações sobre a teoria da ação weberiana). Ele procura interpretar a ação religiosa pela compreensão dos motivos do ator desde um ponto de vista subjetivo. Ele postula uma propensão básica para o sentido e discute o problema do sentido. Segundo o historiador americano Arthur Mitzman (1971, p. 220), Weber parece relacionar o desenvolvimento da Modernidade com o problema da teodiceia, isto é, a justificação da existência de Deus face ao sofrimento humano. Weber (1964, p. 138) acredita que a busca histórica por uma resposta teológica para o problema do sofrimento marca o começo da filosofia e do pensamento racional. Nesse sentido, as religiões monoteístas mundiais criaram a base para uma visão de mundo racional.

Em sua *Sociologia da religião* (1964), Weber descreve a evolução da religião. A religião começou com os esforços mágicos individuais para controlar o sobrenatural e tem continuado com tentativas cada vez mais racionais de compreender a relação dos deuses com a natureza. Há uma linha de desenvolvimento de formas religiosas que pode ser caracterizada pela racionalização e pelo *Entzäuberung der Welt* (desencantamento do mundo). Em seus *Collected Essays in the Sociology of Religion*, publicado em 1920, Weber afirma que, pelo processo de racionalização, a religião foi deslocada para o reino dos não racionais. Ele descreve o mundo moderno como "um mundo roubado dos deuses"

(WEBER, 1979, p. 281-282). Há uma influência romântica subjacente em seu pensamento. Para ele, o mundo primitivo era um mundo da unidade, onde todas as coisas eram mágicas. Em algum momento da história, essa unidade foi quebrada e dividida entre o conhecimento racional, de um lado, e a experiência mística, de outro.

Um tema constante na obra de Weber é a definição e a explicação das características distintivas da civilização ocidental. *A ética protestante e o espírito do capitalismo* deveria servir de introdução a esse grande tema. Nessa obra, Weber especifica a inter-relação entre ideias religiosas e condutas econômicas. Sua tese era a de que as ideias puritanas influenciaram o desenvolvimento do capitalismo. Weber abre o livro argumentando que a conduta econômica parece possuir um conteúdo ético próprio. Ele define o conceito de "espírito do capitalismo" como a ideia de trabalho duro como um dever que traz consigo sua própria recompensa. Ele passa a procurar por sua origem nas ideias religiosas da Reforma. Embora os protestantes não tivessem a intenção de promover o "espírito do capitalismo", suas doutrinas continham incentivos implícitos nessa direção, especialmente a doutrina calvinista da predestinação. Pode-se pensar que um dogma, segundo o qual Deus predeterminou todas as coisas, inclusive a danação e a salvação eternas, levaria à apatia. Contudo, segundo uma versão popular do calvinismo, cada indivíduo deveria procurar sinais de que estaria entre os poucos escolhidos. Tais sinais seriam encontrados especialmente no sucesso econômico. Os ensaios de Weber sobre o protestantismo geraram uma controvérsia intelectual, em parte porque eles desafiaram a interpretação da história e a teoria do materialismo histórico de Marx (BENDIX, 1977, p. 50). Muitos compreenderam mal Max Weber, no sentido de que acreditaram que ele estaria preocupado com a importância de forças ideais que moldariam o mundo. Weber afirmou, entretanto, que tais forças constituíam apenas um dos (muitos) aspectos dos problemas que estavam no centro do desenvolvimento do capitalismo.

O fato de Weber conectar a religião às classes sociais e aos grupos de *status* fica evidente em sua sociologia da religião (WEBER, 1964/1922). Em sua sociologia da religião, ele examina as propensões religiosas de diferentes grupos sociais, cujos interesses materiais podem dar origem a crenças religiosas divergentes (1964, p. 80-117). Weber distingue grupos que dependem da agricultura, do comércio, da indústria e do artesanato. Grupos econômica e politicamente favorecidos, como ele os descreve, usam a religião para legitimar seu padrão de vida e situação no mundo. Os grupos desfavorecidos estão mais inclinados a ideias religiosas que prometem recompensar suas boas ações e punir a injustiça alheia. Além disso, os camponeses têm uma tendência geral à magia e à magia animista (animismo), e os burocratas são geralmente portadores de uma religião racional. As classes médias estão inclinadas a abraçar ideias religiosas racionais, éticas e intramundanas, e a classe trabalhadora caracteriza-se pela indiferença a ou rejeição de religiões comuns à burguesia moderna (cf. seção 7.6).

Desse modo, Weber sublinha as condições materiais e as situações de *status* de grupos sociais variados, que por sua vez dão origem a diferentes estilos de vida, aos quais correspondem algumas ideias religiosas. Contudo, as condições históricas podem mudar a relação entre grupos de *status* e sistemas de crença. Como as ideias são mais do que ajustes a uma situação social, líderes intelectuais são importantes no desenvolvimento de ideias religiosas. A relação entre ideias e determinadas condições históricas é resultado de escolhas individuais. Essas escolhas são também aqui afetadas por aquilo que os membros de diversos grupos de *status* consideram compatível com seus interesses.

Em nossa avaliação da sociologia da religião weberiana, iremos focalizar o conteúdo da religião, a variação religiosa e a mudança religiosa. Com relação ao conteúdo da religião, Weber entende que os sistemas religiosos são valores humanos e que eles são resultados de processos históricos. Por um lado, ele com frequência aponta situações em que ideias expressam interesses materiais de uma forma direta. Por outro, ele também identifica situações em que a ideologia influencia ou propicia mudanças sociais. Embora Weber tenha buscado uma correção para o materialismo de Marx, ele não pretendeu substituir uma explicação materialista unilateral por uma explicação espiritualista igualmente unilateral. A religião não se reduz a um simples produto de fatores externos, mas remete a indivíduos intencionalmente motivados, portadores de propósitos específicos e a condições ideais e materiais sob as quais vivem. Por essa razão, o conteúdo da religião e as percepções dos adeptos sobre suas crenças e práticas são importantes.

No que diz respeito à variação religiosa, Weber estudou a formação de grupo a partir de ideias religiosas compartilhadas. Em contraste com Durkheim, que concebeu a religião como a expressão da consciência de toda a sociedade, Weber pensava que as ideias podiam ter funções integrativas para um grupo. Todavia, ele formula um argumento similar ao de Marx, assinalando haver uma relação entre o conteúdo de uma ideologia e a posição social de um grupo, que funciona como seu portador. Mas essa relação não é determinista. Em contraste com Marx, Weber considera que em geral uma ideologia não se limita aos membros de um estrato social apenas. E nem que todos os membros de um estrato social particular aderem a uma mesma religião.

Quanto às explicações para a mudança religiosa, a teoria weberiana não mobiliza um desenvolvimento histórico lógico ou evolução. Ainda que o tema principal de sua sociologia seja o processo de racionalização como uma grande força de mudança na civilização ocidental, ele não vê a racionalização como um desenvolvimento unilinear em direção a uma nova ordem social. Ao contrário, ela representa um "paradoxo de consequências não intencionais" (WEBER, 1979, p. 54). A teoria de Weber também contempla uma compreensão da inovação religiosa. Com efeito, seu estudo sobre o judaísmo, por exemplo, mostra como os antigos profetas romperam com os costumes existentes e estabeleceram uma ideologia que se tornou dominante para toda uma sociedade.

A popularidade da sociologia de Max Weber flutuou entre altos e baixos em diversos grupos de sociólogos (cf. SWATOS et al., 1998). Diferentemente de Marx e Durkheim, Weber não formou uma escola de sociologia. Entretanto, sua contribuição foi levada adiante em outras disciplinas, como a economia, a ciência política e os estudos religiosos. No mundo de língua inglesa, a tradução de *A ética protestante* feita por Talcott Parsons chamou a atenção de sociólogos americanos na década de 1930, entre os quais ele era mais ou menos "desconhecido". A Escola de Frankfurt de sociologia e Jürgen Habermas também se debruçaram sobre temas discutidos por Weber, tais como a abordagem hermenêutica na teoria da ciência e o papel de várias formas de racionalidade nas sociedades modernas. A sociologia da religião de Weber também influenciou muito a obra de Peter L. Berger. Desde a década de 1980 tem havido um interesse crescente por Weber, especialmente em áreas relacionadas com a sociologia histórica e a teoria social.

3.4 Georg Simmel: individualidade, sociabilidade e religião

Se nas seções precedentes tratamos de processos históricos de modernização no mundo ocidental, um sociólogo clássico se destaca – Georg Simmel (1858-1918). Simmel, cujo trabalho concentra-se no indivíduo, era um sociólogo e filósofo judeu nascido em Berlim, Alemanha, onde permaneceu até 1914, data em que obteve a cátedra de professor titular na Universidade de Estrasburgo. Simmel escreveu mais de vinte livros e bem mais do que duzentos artigos, trabalhos que lidaram com numerosos tópicos, entre os quais filosofia, literatura, arte, personalidade e religião. O que imprime um caráter único em sua obra é a ênfase sobre a experiência e as emoções, a relação entre o *self* interior e a exterior cultura moderna, assim como a tensão entre subjetividade e objetividade.

Sua teoria das formas sociais é um tema constante e presente em toda sua obra. Simmel opera uma distinção fundamental entre forma e conteúdo. Para ele, o mundo social consiste em formas que têm como tarefa criar conexões entre conteúdos. Conteúdos são aqueles aspectos da existência que são determinados em si mesmos, mas que não podem ser percebidos imediatamente por nós. As formas são, assim, princípios sintetizadores que organizam a experiência e moldam conteúdos. Um exemplo ilustrativo da distinção entre forma e conteúdo é o casamento. De acordo com Simmel, o casamento é uma forma de sociabilidade que existe em todo o mundo. No entanto, o conteúdo da forma casamento varia. Por exemplo, na sociedade contemporânea, os casamentos podem ocorrer na igreja, ou no cartório. Há também casamentos no civil e uniões estáveis. Apesar dessas variações, nenhum casal por si só inventou a forma "casamento" – isso é regulado pela sociedade e transmitido historicamente pela sociedade de uma geração para outra. Embora as formas sejam princípios estruturantes, elas não são fixas, mas se desenvolvem e se transformam, e às vezes desaparecem.

A teoria da personalidade de Simmel também se baseia na distinção entre forma e conteúdo. Seu foco está em como os diversos conteúdos psíquicos formam uma personalidade unificada (SIMMEL, 1971, p. 252). Em sua imagem do ser humano, ele enfatiza a criatividade, a fragmentação e o conflito. O ser humano não é um receptor passivo, mas sim ativo na criação de suas próprias categorias para propiciar a cognição. Mais, Simmel acredita que o homem raramente tem a experiência da totalidade, pois a estrutura da interação social aponta para uma pluralidade de reivindicações sobre o indivíduo (1971, p. 10). A experiência humana está permeada por inúmeros conflitos, dos quais alguns são positivos e construtivos e outros, custosos e trágicos.

A partir de sua teoria das formas sociais, Simmel desenvolve uma teoria da evolução cultural. Numa fase inicial de desenvolvimento, as formas são fragmentárias e preliminares e estão ligadas a propósitos práticos. Assim que esses elementos de cultura são criados, eles se objetificam, e as tradições são formadas. No segundo nível de desenvolvimento cultural, as formas tornam-se objetos autônomos de cultivo. Por exemplo, regras morais tornam-se princípios éticos. No terceiro nível, as formas se tornam um "mundo", ou seja, um mundo de experiência irredutível, como os mundos da arte, da ciência e outros.

Em seu estudo da metrópole, Simmel descreve o desenvolvimento da cultura moderna a partir da ideia de que o espírito objetivo, isto é, o intelecto, predomina sobre o espírito subjetivo, ou as emoções do indivíduo (SIMMEL, 1971, p. 337). O crescimento excessivo da cultura objetiva reduz o indivíduo a uma existência puramente objetiva, e os moradores urbanos isolados respondem por meio de uma "atitude *blasé*", indiferença e, às vezes, aversão. Baseando-se em sua análise do industrialismo inicial, Simmel tinha a expectativa de que o vão entre a cultura objetiva e subjetiva se alargasse e que a experiência de isolamento do indivíduo se intensificasse. Para encontrar uma solução para o dilema da Modernidade, ele se voltou para a cultura, e esperava que a arte, a erudição e a religião pudessem ser uma fonte de alívio.

A religião teve um papel relativamente menor na obra de Simmel, embora ele tenha dedicado uma parte considerável de seus escritos a esse tema nas duas últimas décadas de sua vida. Em 1898, ele publicou um ensaio, "Uma contribuição à sociologia da religião", e, em 1906, veio seu livro *Religion* (uma outra edição foi publicada em 1912). Os dois foram traduzidos para o inglês em 1997. Tanto no ensaio quanto no livro, Simmel apresenta uma teoria sobre a origem histórica da religião. Uma premissa fundamental é a ideia de que "o homem se projeta em seus deuses" (SIMMEL, 1997, p. 112, 181). Os deuses não existem como a idealização de características individuais, mas as relações que existem entre indivíduos têm a tendência a influenciar as ideias e imagens religiosas. Por exemplo, as relações de amor criam a ideia de uma divindade amorosa. Uma vez formadas, tais ideias tornam-se independentes. Desse modo, a religião é secundária face às relações interpessoais originais.

Como em outras passagens de seu trabalho, Simmel também usa a distinção entre forma e conteúdo em sua teoria da religião. Ele faz uma distinção entre religião e religiosidade, definindo religiosidade como "um estado ou um ritmo espiritual desprovido de qualquer objeto" (1997, p. 165). A religiosidade pode se desenvolver a ponto de criar suas próprias formas transcendentes, como deuses e doutrinas de fé. Desse modo, a religiosidade, ou seja, o conteúdo, pode criar um mundo objetivo para si mesma, ou a forma religião.

Existe um potencial integrativo na religião (1997, p. 207). A inspiração religiosa vem do fato de que o somatório dos indivíduos é mais do que uma simples soma. Indivíduos desenvolvem poderes que não podem ser encontrados no indivíduo isolado e uma unidade maior, uma divindade, viceja a partir dessas unidades. Porém, há um conflito entre a busca individual por independência e sentido ao explorar sua vida interior e a expectativa de fazer parte do grupo (1997, p. 182).

Simmel não considera a religião capaz de satisfazer a necessidade espiritual de seu tempo. O maior problema é que seus contemporâneos conceberam a religião como um conjunto de reivindicações. A religião tornou-se um sistema enorme e burocrático que não dá espaço para a autenticidade, a subjetividade e a necessidade expressiva que parecem acompanhar o novo tipo de individualidade moderna. Simmel representa uma tendência romântica e enfatiza os símbolos, o sentido, a autenticidade única e subjetiva. Ele sugere uma reconstrução radical da vida espiritual. É preciso compreender plenamente o sentido da ideia de que a religião não é um conjunto de crenças, mas uma "atitude da alma" (1997, p. 9), ou uma perspectiva, uma forma de olhar o mundo. Simmel compartilha o ceticismo em relação ao dogma então dominante de que a própria fé seria mais importante do que o objeto da fé. Para ele, a realidade está dividida entre o subjetivo e o objetivo, com a interação de seres humanos criando um terceiro reino que pode servir de ponte entre os dois. Dessa maneira, a religião seria uma realidade capaz de fazer a ponte entre o subjetivo e o objetivo (Helle, 1997, p. xii-xiii). Pode-se dizer que Simmel sugere uma religião sem objeto, embora ele dificilmente a caracterizasse como uma religião secular – como o fez Victoria Lee Erickson (2001, p. 114) – porque a ideia de uma religião secular estaria atrelada a um conteúdo específico (Simmel, 1997, p. 22), o que ele rejeita.

Ele tem como foco central de sua atenção teórica os *self* individuais [*individual selves*] em interação. A sociedade é uma "teia de interações". Em muitos aspectos, Simmel representa um meio termo entre a noção de sociedade de Durkheim como *sui generis* e a compreensão de Weber da sociedade como um agregado de ação social. Por tudo isso, fortes tons funcionalistas e evolutivos continuam presentes em sua sociologia, o que pode ser visto claramente em sua teoria sobre a origem histórica da religião. Há também várias semelhanças entre Durkheim e Simmel: ambos acreditam que a religião emerge nas relações sociais, que o indivíduo transfere sua relação com uma divindade para a coletividade. Simmel vê a religião como um aspecto fundamental das relações humanas, e, portanto, a religião sempre existirá como um modo de ser.

Os extensos escritos e as palestras de Simmel asseguram seu lugar como um dos sociólogos clássicos. Após sua morte, sua obra foi divulgada por vários sociólogos da Escola de Chicago. Sua influência também se encontra nos trabalhos de Erving Goffman e de Peter L. Berger. A distinção de Simmel entre religião e religiosidade pode ser usada em estudos da vida religiosa nas sociedades modernas, e sua ideia de que existe uma relação entre interações sociais e imagens religiosas pode ser útil em análises de histórias de vida religiosa.

3.5 Sigmund Freud: religião como dependência dos pais e controle do instinto

Sigmund Freud (1856-1939) cresceu na Áustria em uma família judia. Perto do fim de sua vida, as difíceis condições para os judeus em seu país de origem o levaram a migrar para a Grã-Bretanha. Freud iniciou sua carreira científica na fisiologia e na anatomia, e foi desenvolvendo gradualmente um interesse pela psicologia humana. Freud é uma figura eminente e controversa na história da psicologia. Como suas teorias da religião causaram tanto impacto sobre a sociologia da religião, nós o incluímos nesta discussão. O aspecto novo e original do trabalho de Freud corresponde à radical ruptura com a concepção racionalista e otimista bem-estabelecida da natureza humana.

Freud é conhecido como o pai fundador da psicanálise. Ele retrata o homem como um ser dotado de fortes instintos biológicos, especialmente instintos sexuais. Mesmo uma criança é um ser sexual. Freud acredita que instintos sociais inaceitáveis podem ser, até certo grau, sublimados para atividades artísticas, religiosas ou outras atividades demandantes de energia. Esses instintos socialmente ilegítimos são, metaforicamente falando, empurrados para o subconsciente, e o indivíduo não reconhece abertamente esse processo. No entanto, o material subconsciente irá retornar à vida e às ações conscientes do indivíduo, sob a forma de, por exemplo, atos falhos, sonhos, neuroses e pensamentos compulsivos. A psicanálise não é apenas uma análise; ela também é um programa para a ação. De acordo com Freud, psicanalistas experientes podem desvelar conflitos latentes e inconscientes por meio de conversas com pacientes e suas associações livres. Ao fazer emergir essa informação conflitiva do subconsciente, a informação pode ser abordada e trabalhada de um modo racional. Dessa maneira, os indivíduos podem chegar a ter uma vida mais harmoniosa, mais governada pela razão. Freud continuou a refinar seu programa psicanalítico ao longo da vida. A primeira exposição abrangente de seu pensamento foi publicada em 1901 sob o título de *A psicopatologia da vida cotidiana* (1953-1974).

O conceito de religião de Freud é extremamente crítico e reducionista. O autor alimentava um forte antagonismo contra a hierarquia católica, antagonismo relacionado a seus sentimentos de discriminação como cientista, que ele atribui parcialmente ao antissemitismo difuso que preponderava na Áustria cristã (ISBISTER, 1985, p. 208). Em 1913, houve uma fratura entre Freud e o psicólogo Carl Gustav Jung, há muito tempo o seu principal discípulo. Suas diferentes concepções de religião foram o pivô dessa ruptura. Mas Freud não era empedernidamente antirreligioso em sua vida particular. Por exemplo, ele se correspondeu longa e bem-humoradamente com Oskar Pfister, um pastor suíço e grande admirador (FREUD; MENG, 1963). Em diversas publicações, Pfister procurou defender as principais ideias da psicanálise, ao mesmo tempo em que atenuava a crítica à religião. Para ele, a psicanálise era útil no acolhimento pastoral cristão. A questão principal era trazer à tona tudo que jazia nas águas profundas da alma, analisar, e assim viver uma vida em liberdade cristã.

Em alguns casos, Freud dá uma explicação relativamente funcionalista da religião, como em *Mal-estar na civilização* (1953-1974/1930). Nessa obra, a existência da religião é parcialmente explicada por sua contribuição para a domesticação do instinto agressivo natural do homem. A religião respalda a moralidade e impede que a sociedade se desintegre em um estado em que o homem é o lobo do homem. No entanto, a visão de Freud sobre a religião é preponderantemente negativa. A religião surge como uma necessidade psicológica, mas a atitude religiosa é infantil, aprisionada e imatura. Cedo em sua produção acadêmica, Freud chegou à conclusão de que os conceitos religiosos eram apenas projeções do psiquismo interior. Em 1901, escreveu: "creio que uma grande parte da visão mitológica do mundo, que se estende à maioria das religiões modernas, não é nada senão psicologia projetada para o mundo exterior" (FREUD, 1953-1974/1901, p. 259). Nesse mesmo trabalho, ele comenta que fatores e condições psíquicas no inconsciente são "refletidos na construção de uma realidade sobrenatural".

A discussão de Freud sobre religião aparece em três livros: *Totem e tabu* (1960/1913), *O futuro de uma ilusão* (1928/1921) e *Moisés e o monoteísmo* (1964/1938). De muitas formas, ele traça paralelos entre a religião e o sofrimento neurótico. Por serem governados por ideias compulsivas, magos e participantes de rituais religiosos são compelidos a agir de forma fixa. A origem da religião é, portanto, psicológica. Deus é a figura paternal exagerada, e a religião uma tentativa de lidar com frustrações criadas nas relações entre a criança e seus pais, o pai, especialmente. Assim como a criança tanto teme e quanto depende de seus pais, o homem religioso depende de Deus. Em *Totem e tabu*, Freud acrescenta à sua explicação da religião uma "narrativa de origem", de uma horda que mata o pai para ter acesso à mãe. Em *Moisés e o monoteísmo*, ele desenvolve uma narrativa com a mesma estrutura a fim de explicar a religião judaica e seu descendente, o cristianismo. Segundo Freud, Moisés foi um egípcio que impôs sua religião aos judeus. Isso veio a dar em conflito, pois os judeus queriam acreditar em seu deus tribal Javé. O conflito culminou no assassinato de Moisés pelos judeus na montanha próxima à Terra Prometida. Esses eventos geraram um sentimento de culpa, que criou a necessidade de salvação de judeus e cristãos passada de geração a geração.

As teorias de Freud sobre a origem da religião são, é claro, extremamente especulativas. Ele estava ciente dessa fragilidade e admitiu que elas se baseavam em probabilidades psicológicas, e que era impossível obter provas objetivas (1964/1938). Por outro lado, ele afirmou haver uma validação científica para a transmissão intergeracional de ideias inconscientes, o que também é uma proposta altamente controversa.

A teoria psicanalítica de Sigmund Freud sempre foi controversa. A crítica apontou seu acentuado determinismo. Freud é um representante célebre da crença, prevalente em sua época, de que as ciências humanas e sociais poderiam descobrir leis da mente à maneira que as ciências naturais detectam leis da natureza. A crítica também argumentou que a importância da sexualidade na vida humana foi exagerada por Freud. Na filosofia da ciência, a psicanálise foi criticada por apresentar proposições e conclusões que são impossíveis de validar empiricamente. Apesar da forte ênfase retórica dos freudianos na ciência, a psicanálise abre caminho para a especulação não científica (HAMILTON, 2001). As grandiosas generalizações de Freud também foram criticadas: de um número limitado de tratamentos de mulheres burguesas vienenses, ele tira conclusões gerais sobre a humanidade. Além disso, suas caracterizações da religião são muito gerais, mas sua teoria, intimamente ligada a uma versão específica de cristianismo.

No entanto, Freud foi extremamente importante para a concepção de homem no século XX. A imagem de um ser humano completamente racional e consciente é difícil de ser mantida depois de Freud. Quanto à religião, sua teoria da religião não conta atualmente com nenhum suporte significativo, à exceção da ideia de que o conceito de Deus pode ser afetado por impressões da infância (SPIRO, 1965).

3.6 George Herbert Mead: a base social da formação da identidade

George Herbert Mead (1863-1931) cresceu em Ohio, filho de um clérigo protestante que ensinava teologia no Oberlin College. Mead estudou em Oberlin antes de se matricular em Harvard, em 1887, para estudar filosofia. Em 1888, Mead foi estudar em Berlim, onde se interessou pela psicologia social. Ele também estudou com Simmel. Ao retornar aos Estados Unidos em 1891, Mead tornou-se professor em Michigan e mais tarde na Universidade de Chicago, onde permaneceu pelo resto da vida. Seus principais trabalhos, ensaios reunidos e palestras, todos publicados após sua morte, são *Mind, self, and society* [*Mente, self e sociedade*] (1934), *The philosophy of the act* (1938), e *The philosophy of the present* (1959).

Em *Mente, self e sociedade*, Mead analisa a mente consciente e a autoconsciência dos atores sociais. Do idealismo alemão, ele adotou a ideia de que o desenvolvimento do *self* precisa da reflexividade, ou seja, da capacidade de um indivíduo de ser um objeto para si mesmo ao "assumir o papel do outro" (MEAD, 1962, p. 153). Ele discutiu os gestos como sinais e comunicação simbólica, usando o exemplo de uma briga de cães para ilustrar a "conversa de gestos" (MEAD, 1962, p. 43), na qual a ação de um cão é um estímulo para o outro cão. Os gestos se tornam significativos quando há uma atitude por trás deles, por exemplo, alguém movimentando o punho. Nesse caso, supomos que o gesto indica não apenas um possível ataque, mas que há algum motivo por trás. Quando o gesto tem um sentido por trás de si, e quando ele incita esse sentido no outro indivíduo, temos um símbolo. A conversa entre gestos pode ser externa, entre diferentes indivíduos, ou interna, "entre um determinado indivíduo e ele mesmo" (1962, p. 47).

Mead afirma que os seres humanos só se tornam humanos na interação social ou quando uma mente reflexiva toma o *self* como um objeto. O *self* emerge da interação social na qual os seres humanos, ao "assumir o papel do outro", internalizam as atitudes dos outros reais e imaginados. A capacidade de assumir o papel do outro se desenvolve em duas etapas: na brincadeira [*play*] e no jogo [*game*]. Na brincadeira, as crianças assumem o papel de alguns poucos outros significativos, como pais ou professores. Aqui, desempenha-se um papel de cada vez. A diferença fundamental entre brincadeira e o jogo é que no jogo "a criança deve ter a atitude de todos os outros envolvidos nesse jogo" (1962, p. 154). Nessa fase, a criança precisa compreender as regras do jogo e que suas ações são determinadas pela assunção da ação dos outros (1962: 164). No jogo, as atitudes dos outros jogadores se organizam em uma espécie de unidade, que controla a resposta do indivíduo. G.H. Mead denomina essa unidade ou grupo social de "o outro generalizado". O jogo implica a capacidade de assumir o papel do outro generalizado. O outro generalizado "dá ao indivíduo sua unidade de *self*" (1962, p. 154).

O outro generalizado também exerce controle social sobre o indivíduo, o que garante a estabilidade social. Porém, esse controle não é total. Indivíduos podem agir de modo espontâneo, uma noção que Mead propõe ao distinguir entre o "eu" e o "mim". Mead postula que o "mim" (o *self* que emergiu ao se assumir a atitude de outros) está envolvido em uma interação contínua com o "eu" (a parte criativa do *self*). O "eu" e o "mim" estão separados e ainda assim se combinam. Juntos, eles constituem a personalidade (1962, p. 178). Devido às constantes interações do "eu" e do "mim", a sociedade jamais é estática, está sempre se transformando.

Devido ao foco de Mead no desenvolvimento do *self* e da mente, houve uma tendência a negligenciar seus pontos de vista sobre a natureza da sociedade. Ele propõe uma relação dialética entre o indivíduo e a sociedade. A mente e o *self* só se desenvolvem na sociedade, e a sociedade é transformada pelos indivíduos. A interdependência entre indivíduo e sociedade está baseada na comunicação, por meio da qual o indivíduo assume o papel de outros indivíduos. Assumir o papel do outro integra o indivíduo no processo social e organiza a conduta de um grupo (1962, p. 254-255).

O trabalho de Mead tematiza a religião, embora ela não corresponda a uma parte significativa de sua teoria. Durante seus estudos em Harvard, Mead lera Darwin, o que alimentou um crescente distanciamento da religiosidade de seu pai e da atmosfera religiosa em Oberlin. Apesar disso, Adams e Sydie (2002a, p. 319) afirmam que os princípios cristãos ensinados por seus pais continuaram sendo uma influência ao longo de sua vida.

Segundo Mead, várias instituições da vida humana, tais como a linguagem, a economia e a religião, envolvem um processo de assunção de papéis. Ao mesmo tempo, elas envolvem uma extensão desse processo. O papel econômico se baseia na ideia de passar por cima daquilo que não se precisa, e o papel religioso se baseia em um padrão de auxílio nas relações familiares. Tanto o papel religioso quanto o econômico são potencialmente universais, e eles têm poder de organização na comunidade humana. Mead acredita que o cristianismo abriu o caminho para o progresso social no mundo moderno quando se trata de política, ciência e economia (1962, p. 293) porque a noção cristã de uma sociedade universal abstrata perdeu gradualmente sua importância religiosa e transformou-se em uma concepção de sociedade humana universal racional. Isso, por sua vez, se tornou a premissa para a ideia de progresso social. Apesar de se costumar ver os princípios econômicos e os princípios religiosos como opostos, ambos são integrativos. Eles têm como premissa a capacidade de assumir o papel do outro e, portanto, aproximam os grupos pelo processo de comunicação. São também universais em seu caráter, no sentido de que tendem a construir uma comunidade universal compartilhada (1962, p. 297).

Nesse sentido, a capacidade de adotar o papel do outro em maior grau por um número cada vez maior de pessoas implica um desenvolvimento rumo à democracia (1962, p. 286). O ideal, segundo o qual cada indivíduo deve estar no mesmo nível de todos os outros, foi expresso pela primeira vez na ideia de uma religião universal. A partir daí, esse ideal foi levado para a esfera política, como expresso na Revolução Francesa e na obra de Rousseau. Dessa maneira, o que se aplica aos indivíduos também se aplica às instituições na sociedade e à sociedade internacional. Em sua introdução ao livro *Mind, Self, and Society*, de Mead, Charles W. Morris (1962, p. xxxiv-xxxv) observa que Mead é um internacionalista, que se refere constantemente à Liga das Nações, à qual buscam ingressar nações que já se sentem parte de uma sociedade mais ampla.

Em sua introdução à psicologia social de Mead, Anselm Strauss (1965, p. xviii) afirma que a devoção de Mead à razão o impediu de seguir o caminho de muitos darwinianos da época, que interpretaram a ação coletiva como um fenômeno irracional. Apesar disso, Mead tende a ver *algumas* formas de ação coletiva como fenômenos irracionais. Por exemplo, ele descreve o comportamento religioso coletivo como uma situação em que há uma "fusão do 'eu' e do 'mim', o que leva a experiências emocionais intensas" (1962, p. 274). Nesse sentido, o comportamento religioso coletivo cria uma anormalidade que contrasta com a vida social comum.

Entretanto, vários conceitos na teoria de Mead podem ser úteis nos estudos sociológicos da religião. Pode-se conectar seu conceito de outro generalizado às concepções pessoais de Deus, conexão que Mead surpreendentemente não fez (MORRIS, 1962, p. xxiv). Sua abordagem também pode lançar luz à socialização do *self* em uma comunidade de fé e à aprendizagem da linguagem, símbolos e gestos religiosos. Em Mead também se encontram conceitos para a análise da formação de um *self* religioso, de uma identidade religiosa.

Depois de sua morte, suas ideias de Mead foram definidas pelo termo "interacionismo simbólico", uma abordagem sociológica caracterizada pela tentativa de explicar a ação e a interação como resultados do sentido atribuído pelos atores a objetos e à ação social. Para Mead, a interação baseada na comunicação por meio do uso de símbolos é importante. Sua perspectiva veio a se opor à abordagem que enfatizava o indivíduo socializado e orientado pela norma, como a de Talcott Parsons. A obra de Mead tornou-se importante para diversos sociólogos, entre os quais Ervin Goffman e Peter L. Berger. Essa abordagem chegou a competir com a escola dominante na sociologia americana nas décadas de 1950 e 1960, o funcionalismo estrutural.

3.7 Talcott Parsons: o indivíduo e as funções sociais da religião

Depois de Durkheim, o funcionalismo continuou a dominar a antropologia social, mas perdeu muito de sua importância dentro da sociologia já na década de 1920. Foi Talcott Parsons (1902-1979) quem renovou o funcionalismo sociológico. Parsons, que cresceu em um lar protestante, filho de um ministro, descobriu a sociologia alemã, especialmente Max Weber, durante uma estadia na Europa. Ele também estudou a obra do economista britânico Alfred Marshall, do economista e sociólogo italiano Vilfredo Pareto e de Émile Durkheim. Por quase toda a carreira, Parsons foi professor de sociologia na Universidade de Harvard. Entre seus trabalhos mais importantes estão: *A estrutura da ação social* (1937), *The Social System* (1951) e, juntamente com Edward A. Shils, *Towards a General Theory of Action* (1951). Parsons desenvolveu uma teoria da ação geral e voluntarista, aplicada por ele a uma grande variedade de questões. O aspecto inovador dessa perspectiva era sua concepção funcionalista e sua visão da sociedade moderna como um sistema. Embora ele raramente tenha escrito especificamente sobre religião, muito do que ele escreveu é relevante para a compreensão da religião.

Em *A estrutura da ação social* (1949/1937), Parsons afirma que a ação social é o comportamento humano motivado e dirigido pelo sentido que o ator discerne no mundo exterior. O ator em questão pode ser um indivíduo, um grupo, uma organização, uma região, uma sociedade total ou uma civilização. A ação sempre ocorre em uma situação. O ambiente do ator individual consiste no ambiente físico, no próprio organismo biológico do ator e em outros atores, bem como em objetos culturais e simbólicos. A ação e a interação acontecem dentro de um universo simbólico, a partir do qual cada ação adquire um sentido tanto para o ator quanto para os outros. Normas e valores guiam o ator na orientação de cada ação.

Em *The Social System* (1979/1951), Parsons argumenta que a ação humana não pode ser considerada isoladamente, mas está sempre relacionada a outras ações. Dessa forma, a ação se torna parte de um todo maior – um sistema de ação. Três condições devem ser cumpridas para que um sistema social sobreviva: condições estruturais, condições de mudança e condições funcionais. Parsons define a função de qualquer sistema vivo como atividade dirigida a atender as necessidades do sistema enquanto sistema. Um fenômeno social é explicado ao se apontar que esse fenômeno é funcional para a sociedade. Função é aqui o mesmo que causa. Neste ponto, há uma diferença entre Parsons e Durkheim, pois Durkheim distingue entre causa e função (ØSTERBERG, 1988).

Segundo Parsons, Bales e Shils, há quatro funções que devem estar presentes em qualquer sistema de ação (PARSONS et al., 1953). Estas são: a adaptação a determinadas condições no ambiente (Adaptação); a realização de fins coletivos (Realização de Fins), a integração das ações dos membros na sociedade (Integração); e a manutenção dos valores na sociedade (Latência). No conjunto, esses termos um tanto complicados são abreviados no chamado esquema AGIL. A última função, manutenção dos valores na sociedade, está relacionada à motivação no sistema de ação. Essa função torna-se o ponto de contato entre os sistemas de ação e o universo simbólico e cultural. A religião é parte desse universo. Ela se torna particularmente importante para o sistema de ação na medida em que, como o resto da cultura, fornece símbolos e ideias necessários para a criação da motivação no sistema de ação.

Parsons insiste que a ação social consiste em três sistemas: personalidade, cultura e sistema social. Mais tarde, ele acrescentou um quarto sistema: o organismo biológico. Como Durkheim, Parsons vê uma analogia entre sociedade e organismo vivo. No entanto, Parsons se vale da cibernética. Ele afirma que um sistema de ação, como todos os outros sistemas em funcionamento, é caracterizado por uma constante circulação de energia e informação. O organismo é o subsistema com o grau mais alto de energia e o mais baixo em informação, enquanto a cultura é o subsistema mais abundante em informação e mais carente em energia. Uma hierarquia de controle é estabelecida entre os quatro subsistemas. Isso significa que o sistema cultural, incluindo a religião, controla o sistema social, a personalidade e o organismo (ROCHER, 1974, p. 28-51).

Parsons postula que a religião tem várias funções na sociedade. Primeiro, a religião ajuda os membros da sociedade a lidar com eventos imprevisíveis e incontroláveis, como uma morte prematura, por exemplo. Segundo, por meio de rituais, a religião permite aos indivíduos viverem com a incerteza. A religião também dá sentido à vida e explica fenômenos que de outra forma pareceriam sem sentido, tais como o sofrimento e o problema do mal. Desse modo, a religião acalma tensões que de outra forma perturbariam a ordem social, e ajuda a manter a estabilidade social.

Parsons argumenta que a religião continuará a ser importante nas sociedades modernas. Ele desenvolveu uma teoria da "religião do amor" (PARSONS, 1974). Com base no que ele observou na contracultura americana na década de 1970, ele prevê o desenvolvimento de um novo e significativo movimento religioso. A contracultura americana assemelhava-se ao cristianismo primitivo pela sua ênfase no tema do amor. O novo movimento tinha como foco mais o plano mundano do que o transcendental, e idealizou uma sociedade livre de interesses econômicos e de poder, livre de coerção e até mesmo de disciplina racionalmente orientada, alcançando uma solidariedade espontânea de um modo muitas vezes governado pelo imperativo do amor. A contracultura americana nos anos 1960 e 1970 foi uma reação contra certos aspectos do individualismo utilitário e racionalista, e o novo movimento reforçaria a solidariedade afetiva na sociedade. Como a nova religião do amor seria uma religião secular, ela proporcionaria um novo nível de integração com a sociedade secular, na qual a nova religiosidade também viria a se institucionalizar.

Na sociologia de Parsons, a religião tem uma função vital. A religião torna-se, em grande medida, uma pressuposição para a manutenção da sociedade. No entanto, a religião não é funcional apenas para a sociedade, como afirma Durkheim; ela também é funcional para o indivíduo. Parsons sustenta que sempre haverá religião, embora possa assumir uma forma secular. Para ele, não crer é impossível na sociedade moderna, e por isso a religião continuará a ser importante no futuro (PARSONS, 1971).

Muitos aspectos da teoria de Parsons têm sido questionados. Uma área difícil é sua explicação causal da ação social. Embora Parsons explique o comportamento em termos de razões para a ação, os indivíduos são mais ou menos governados pelas normas do sistema de valores, de modo que a ação é na verdade apresentada em termos de efeitos. Dessa forma, a ação social acaba sendo regida por normas e, nesse sentido, é um fenômeno reativo. Parsons é criticado por ter feito uma conexão direta entre normas e ações. O problema é que as condições materiais e econômicas podem ser tão importantes para a ação quanto as normas. Além disso, as explicações funcionalistas de Parsons também são criticadas. Se ele explica a existência de um fenômeno apontando para suas funções necessárias na sociedade, é difícil explicar tais funções sem terminar com uma concepção de sociedade como um ser coletivo com sua própria consciência, vontade e necessidades.

Parsons estava preocupado com as contribuições positivas da religião para a sociedade. Colocando a ênfase na harmonia, integração e solidariedade, ele tende a negligenciar as muitas situações em que a religião pode ser uma fonte de conflito e de ruptura da ordem social (cf. seção 9.2). Como o papel da religião é estabelecer a estabilidade, a teoria de Parsons não consegue compreender a religião como fonte de inovações ou mudanças sociais.

Parsons treinou vários estudiosos, entre os quais Robert N. Bellah e Clifford Geertz, que se tornariam influentes no estudo da religião. Embora ele tenha sido um estudioso muito influente em meados do século XX, sua influência é hoje mais limitada e difusa. Uma das razões de seu eclipse e de outros funcionalistas passa pelas críticas elaboradas na época da radicalização política das décadas de 1960 e 1970, que os acusavam de negligenciar interesses conflituosos na sociedade. Outra razão é que a sociologia em geral se voltou para uma abordagem mais orientada para a ação; além do ceticismo generalizado em relação à ideia de que uma única teoria seria capaz de explicar todos os fenômenos sociais.

3.8 Entre estruturas e atores

Neste capítulo, fizemos uma breve análise de alguns dos mais importantes sociólogos clássicos e de suas teorias religiosas. Finalmente, examinaremos algumas das semelhanças e diferenças que podem ser encontradas entre essas diversas teorias. Há diversas maneiras de comparar e de discutir as teorias sociológicas clássicas, embora haja uma distinção mais fundamental, a saber: a distinção entre as teorias estruturais e as teorias orientadas para os atores.

As teorias estruturais seriam aquelas que consideram os arranjos supraindividuais específicos (estruturas sociais, sistemas, desenvolvimentos) como os fatores mais fundamentais na sociedade. Elas fornecem enquadramentos e tendem a determinar o pensamento, a ação e a vida social do indivíduo. As estruturas podem ser materiais, como em Marx; ou materiais e morais, como em Durkheim; materiais e normativas, como em Parsons; ou instintivas, como em Freud. Em algumas teorias, a sociedade é caracterizada pelo conflito (Marx e Freud), enquanto outras enfatizam a harmonia (Durkheim e Parsons). O ponto fraco de muitas teorias estruturais está no fato de que muitas vezes elas comportam generalizações em um nível superior, e na sua tendência a ignorar o ator individual e os contextos nos quais a ação social ocorre. Os fenômenos sociais são entendidos como produtos de forças externas. As teorias orientadas para o ator, por sua vez, tendem a explicar a realidade social remetendo à ação social intencional. Podemos encontrar essa perspectiva nos trabalhos de Weber, Simmel e Mead. Ela se preocupa com as condições da ação social, e o ator social é visto como racional e orientado para fins claramente definidos. Os fenômenos sociais não estão aqui reduzidos a interesses de classe social ou a estados psicológicos de frustração ou privação, mas são interpretados como reações racionais às condições sociais.

A distinção entre teorias estruturais e teorias orientadas para o ator tem consequências para a interpretação da religião. As teorias estruturais tendem a ver a religião como resultado de transformações sociais em larga escala. Na teoria de Marx, por exemplo, a religião é resultado do desenvolvimento histórico, um desenvolvimento que também irá resultar no desaparecimento da religião. Muitas teorias estruturais tendem a enfatizar a importância da religião para as necessidades da sociedade. Freud sustenta que a religião ajuda a diminuir a inclinação humana a praticar violência contra os outros. Durkheim acredita que a religião tem a função de criar solidariedade e estabilidade sociais. Da mesma forma, Parsons afirma que a religião é uma necessidade tanto para o indivíduo quanto para o sistema social, assegurando motivação e estabilidade. Nessa chave, a religião é um fenômeno que é efeito de condições externas e que existe porque cumpre algum tipo de propósito social.

A teoria estrutural tende em grande medida a ignorar os motivos do indivíduo para a participação em rituais ou grupos religiosos. Se os motivos do indivíduo são levados em consideração, muitas vezes correspondem à frustração e à privação.

Na teoria da ação, o propósito é compreender a ação do ator. Para Weber, por exemplo, a religião está relacionada à necessidade individual de sentido, não à necessidade de manutenção da sociedade. De acordo com Simmel e Mead, a religião se origina na interação social. Nessa abordagem, a religião não é um produto de um desenvolvimento histórico linear, de uma consciência social ou da tendência do sistema para o equilíbrio. Ela é um produto de indivíduos específicos que vivem em um determinado contexto histórico. Além disso, a religião não tem um sentido *a priori*, o que significa que seu papel social pode variar em diversas sociedades, em diferentes épocas e lugares. Teorias orientadas para a ação tendem a enfatizar os motivos do indivíduo para a ação religiosa. Eles variam desde uma busca de sentido na vida até motivos mais egocêntricos, como a melhoria das próprias perspectivas econômicas.

A distinção entre teorias estruturais e teorias orientadas para a ação não é clara, o que é evidente quando examinamos os sociólogos clássicos. Por exemplo, Simmel explica a religião com base nas ações e interações do ator social, ao passo que se assemelha a Durkheim ao dar à religião um papel *a priori*. Da mesma forma, a premissa de Mead é a de que o ator é racional, mas ele acaba interpretando a ação coletiva religiosa como um fenômeno mais irracional, uma posição geralmente ocupada por teóricos estruturais.

Vimos que a sociologia clássica não oferece uma resposta inequívoca à questão da relação entre o indivíduo e a sociedade. Enquanto alguns teóricos abordam o problema pelo lado do indivíduo, outros o abordam pelo lado da sociedade. A relação entre o indivíduo e a sociedade também não é inequívoca. Se as estruturas sociais implicam um rígido controle em algumas situações, a liberdade de ação do indivíduo é maior em outras. Apesar de haver diferenças fundamentais entre essas abordagens, diferentes teorias podem ser usadas em diferentes tipos de contextos. No capítulo seguinte, veremos como a teoria sociológica contemporânea representa uma tentativa de conciliar teorias estruturais e teorias orientadas para a ação.

4
A religião na sociologia e análise cultural contemporâneas

Este capítulo oferece uma introdução a algumas perspectivas sobre religião encontradas na sociologia e na análise cultural contemporâneas. Tem sido comum distinguir entre sociologia clássica e contemporânea, embora tal distinção seja frequentemente vaga e fluida. O período que estamos discutindo aqui começa por volta de 1960. Todos os teóricos mobilizados nasceram antes da Segunda Guerra Mundial, ainda que suas teorias se tornassem importantes na década de 1960 e permanecessem como tais até o presente. Procuramos apresentar os teóricos mais importantes, assiduamente discutidos na sociologia e análise cultural contemporâneas. Incluímos a noção de análise cultural porque alguns desses teóricos são importantes em outras áreas que não a sociologia. Por exemplo, Habermas, Bauman e Foucault fizeram importantes contribuições para a filosofia, a ética e a crítica cultural.

Muitos teóricos apresentados aqui não escreveram extensamente sobre religião. Entretanto, decidimos incluí-los por duas razões. Em primeiro lugar, queremos enfatizar o que eles realmente disseram sobre religião, uma vez que isso pode representar novas informações para muitos leitores. Em segundo lugar, queremos mostrar como suas perspectivas gerais podem ser usadas em análises sobre a religião.

Iniciamos este capítulo apresentando os teóricos orientados para análises sistêmicas: Jürgen Habermas e Niklas Luhmann. Em seguida, aparecem as análises microssociológicas de Erving Goffman, Peter L. Berger e Thomas Luckmann. Finalmente, iremos discutir alguns teóricos que focalizam a relação entre estrutura e ação: Pierre Bourdieu, Michel Foucault, Anthony Giddens e Zygmunt Bauman. Cada subseção está estruturada de modo similar. Passamos em revista teorias mais gerais a respeito de sociedade e indivíduo antes de apresentarmos a concepção do teórico sobre a religião, seguida da crítica. Mais para o final do capítulo, esboçaremos alguns temas e problemas comuns.

4.1 Jürgen Habermas: o lugar da religião no diálogo racional

A combinação habermasiana entre análise crítica do trabalho de outrem e a elaboração de sua própria teoria social sistemática tem sido muito influente. Jürgen Habermas (1929-) está associado à escola de teoria crítica de Frankfurt, uma tradição sociológica neomarxista desde meados da década de 1950. E nas décadas de 1960 e 1970, Habermas participa da crítica dirigida por intelectuais à desigualdade e dominação. Habermas lida com um amplo espectro de questões, embora ele tenha enfocado consistentemente a relação entre razão, Modernidade e democracia com o propósito de traçar os contornos de uma sociedade racional, emancipada. Em sua obra, Habermas também discute religião, às vezes de forma direta e ostensiva, outras vezes de forma mais implícita, como por exemplo em *Reason and Racionality*, uma coletânea de artigos publicada em 2002.

Ao longo de sua obra, Habermas busca reconstruir a teoria da racionalização da sociedade de Weber. Em *Mudança estrutural da esfera pública* (1989/1962), ele explora a origem, o potencial e o declínio da esfera pública burguesa que se desenvolveu no século XVIII. Esse fórum público de debate racional era distinto do Estado e da economia, ajudou a tornar possível a democracia parlamentar, promovendo também os ideais iluministas de igualdade, justiça e direitos humanos. Habermas encontrou nessas instituições a origem da esfera pública moderna. Ele argumenta, no entanto, que a esfera pública começou a declinar relativamente rápido devido à crescente industrialização e à expansão dos meios populares de comunicação de massa. Apesar de seu declínio, Habermas defende que essa esfera pública se tornou um exemplo histórico de uma cultura pública guiada pela razão.

Habermas acompanha a teoria de Weber sobre a inevitabilidade da racionalização e secularização de muitas maneiras. Por exemplo, sua teoria da religião está relacionada a seu entendimento da estrutura dual da sociedade, que compreende tanto o sistema quanto o mundo da vida. Ele vê o mundo da vida como uma "província finita de sentido" e como uma esfera pública de ação comunicativa. Sua premissa é a de que os indivíduos precisam de integração pessoal, identidade ou sentido, e de que o sentido depende da integração das normas culturais criadas pela sociedade. Aqui, Habermas se apoia em Émile Durkheim e em Peter L. Berger (HABERMAS, 1980, p. 117-118). Assim, tradições, valores e religião fazem parte do mundo da vida no qual está baseada a competência comunicativa.

Em seu livro sobre a crise de legitimação do capitalismo tardio, publicado em 1973, Habermas (1980) aponta como o "sentido" prometido pela religião mudou ao longo de diferentes estágios da evolução cultural. Em estágios primitivos de desenvolvimento social, o mundo natural fazia parte do mundo mítico. Em sociedades arcaicas, a religião era uma fonte de integração pessoal, propiciando uma compreensão unificada da vida do grupo e do lugar do indivíduo na sociedade. Nessa época, a religião tinha uma dupla função. Por um lado, a religião proporcionava ao indivíduo o conhecimento de que sua existência fazia parte de uma totalidade maior, e, dessa forma, a religião funcionava como uma solução para a dúvida cognitiva. Por outro, a religião proporcionava um consolo quando confrontada com o fato de que a existência é acidental. Habermas concorda com Weber que a modernização teve um efeito profundo sobre a religião tradicional. Com o desenvolvimento social, os seres humanos atingiram um controle maior sobre a natureza, e o conhecimento secular tornou-se uma esfera independente, enquanto a religião limitou-se a questões sobre sentido e propósito. Dessa forma, ciência e religião foram separadas, existindo no interior de duas esferas culturais separadas na sociedade moderna (1980, p. 119-120).

Habermas defende que as ciências sociais influenciaram em grande medida a função da religião moderna. O capitalismo avançado criou uma série de problemas que as ciências sociais procuraram resolver por meio da produção de conhecimento técnico sobre o mundo social. Por isso, as ciências sociais invadiram a esfera da religião, que remete a valores e integração social. Além disso, as ciências sociais minaram a fé na religião tradicional ao apontar o caráter relativo de todos os fenômenos culturais e, portanto, desafiaram a pretensão da religião à verdade absoluta.

Nas sociedades modernas, o mundo da vida está ameaçado pela reificação por conta da invasão dos meios não comunicativos, o dinheiro e o poder. O potencial racional do mundo da vida é realizado quando processos formais de ação comunicativa, *discourses*, são institucionalizados. O objetivo de Habermas é preservar o mundo da vida e trazer à tona seu núcleo comunicativo fundamental, que é servir à autorregulação normativa da sociedade. Para ele, o surgimento da comunicação não distorcida é uma realização do ideal do Iluminismo. A religião é um fenômeno que está fadado a abdicar da força da racionalidade e a se retirar para uma esfera privada, à parte da ciência e da política. Habermas acredita que uma reconstrução das visões tradicionais do mundo religioso não teria nenhum efeito ou sentido convincente nas sociedades modernas (WUTHNOW et al., 1987, p. 231).

Entretanto, há uma exceção em que a religião pode ter uma função, e ela está no processo de comunicação. Habermas argumenta que em algumas discussões teológicas (por exemplo, Wolfgang Pannenberg, Jürgen Moltmann, Dorothea Sölle) a ideia de Deus é transformada em uma abstração que partilha aqueles traços característicos que, segundo Habermas, descrevem a comunicação ideal. O conceito de Deus simboliza o processo que une uma comunidade de indivíduos que luta pela emancipação (HABERMAS, 1980, p. 121).

Em sua *Teoria da ação comunicativa* (1984-1987), Habermas desenvolve ainda mais sua sociologia da religião. Nessa obra, sua visão sobre religião se baseia em uma teoria da "linguistificação do sagrado", um processo de desenvolvimento em que aquilo que foi percebido como um referente apartado, Deus, vem a ser conhecido imanentemente como uma estrutura comunicativa (HABERMAS, 1987, p. 77-111). Habermas acredita que as concepções míticas do mundo envolvem pouca ou nenhuma diferenciação entre cultura e natureza, ou entre linguagem e mundo. Como as visões míticas do mundo dificultam uma demarcação clara de um domínio da subjetividade, a comunicação plena não é possível sob condições de religião (1984, p. 49-52). Habermas parece acreditar que os discursos podem incluir o falar sobre a verdade e a retidão da religião, mas que a religião não irá servir fundamentalmente à ação comunicativa emancipada. Para alcançar a Modernidade cultural, a ciência, a moralidade e a arte devem ser separadas da interpretação tradicional do mundo (HABERMAS, 1982, p. 251). Assim, parece que a religião tem pouca relevância para a competência comunicativa.

Críticas têm sido dirigidas à perspectiva de Habermas sobre o desenvolvimento do debate público e da participação política nas sociedades ocidentais.

Essas críticas tornaram-se particularmente relevantes nas discussões sobre a sociedade multicultural e os direitos das minorias religiosas, como os muçulmanos no mundo ocidental. Em um artigo intitulado "Tradições religiosas na esfera pública: Habermas, MacIntyre e a representação das minorias religiosas", David Herbert (1996) argumenta que a comunidade ideal de fala habermasiana supõe mais uma esfera pública singular do que uma multiplicidade de esferas públicas. Na prática, nem todas as vozes são ouvidas igualmente. Por exemplo, as vozes de vários grupos da sociedade, tais como mulheres, ativistas gays e minorias religiosas e étnicas, têm sido frequentemente excluídas das estruturas políticas formais de discurso e diálogo. Como resultado, o princípio da decisão apenas pela qualidade do argumento fica debilitado. Herbert também argumenta que Habermas enfatiza em demasia a importância do consenso como resultado de uma discussão racional. Em vez disso, Herbert defende uma teoria que inclua a relação entre esferas públicas diferentes e muitas vezes concorrentes.

Ademais, o sociólogo americano Craig Calhoun (1992, p. 34-35) comenta que Habermas parece ignorar fenômenos como nacionalismo, feminismo e os movimentos gay, étnico e juvenil, que geralmente engendram importantes redefinições de questões e identidades, dado o seu envolvimento nas lutas políticas. Habermas trata as identidades e interesses como estabelecidos dentro do mundo privado e depois trazidos já formados para a esfera pública. Todavia, uma das principais mudanças na esfera pública desde a Era Clássica é a crescente proeminência do que pode ser chamada de "política de identidade" (WARNER, 1992). Os movimentos sociais contemporâneos têm se concentrado cada vez mais na formação da identidade pessoal de grupos minoritários e apresentam apelos ao respeito de suas diferenças.

No início dos anos 1990, o filósofo Charles Taylor, conhecido como um teórico multicultural, abordou as reivindicações feitas pelos grupos étnicos para manter uma identidade distintiva e se envolver na "política de reconhecimento" (TAYLOR, 1992, 2003). A ideia é preservar suas identidades étnicas e alcançar o reconhecimento público de sua singularidade. Aqui reside a inspiração para uma "política da diferença", contrária à ideia de assimilação (cf. cap. 10). Habermas tem sido criticado por sua análise inadequada do problema da diferença na sociedade contemporânea. Contudo, ele concedeu que a "política de reconhecimento" se tornou a principal preocupação da cultura pública e oferece uma oportunidade para a discussão de assuntos de interesse universal. A questão que Taylor levanta é: seria possível organizar uma sociedade em torno de uma forte definição coletiva sem limitar os direitos básicos das pessoas que não compartilham tal definição? Por exemplo, seria possível continuar a organizar sociedades liberais em torno da ideia de que a esfera pública é secular e separada da esfera privada, que pode ser religiosa, quando existem minorias muçulmanas acreditando que a política e a religião não podem ser separadas?

A resposta de Habermas a Taylor é que o cimento social em sociedades complexas está relacionado ao consenso sobre procedimentos de legalidade e exercício do poder político. Ele acredita que a integração política exclui ideias fundamentalistas sobre a fusão da religião e política. Segundo Habermas, "tudo o que se espera dos imigrantes é a vontade de ingressar na cultura política de sua nova terra, sem precisar abrir mão da forma de vida cultural de suas origens ao fazê-lo" (HABERMAS, 1994, p. 139). Ele só acredita que isso irá acontecer quando os filhos dos imigrantes tiverem atingido a idade adulta. Para Habermas, o fundamentalismo representa uma falsa resposta. Ele acredita que o fardo dos fiéis seja "passar pela secularização do conhecimento e pelo pluralismo das imagens do mundo, não importa quais verdades religiosas abracem" (HABERMAS, 2002, p. 151).

Em sua introdução à coletânea de trabalhos de Habermas sobre religião, o filósofo Eduardo Mendieta (2002) admite que Habermas é certamente um secularista, mas acredita que é um equívoco considerá-lo antirreligioso. Habermas reconhece o papel que a religião desempenhou para a identidade do Ocidente. Para Habermas, "religião sem filosofia é muda, filosofia sem religião não tem conteúdo; ambas permanecem irredutíveis enquanto for preciso encarar nossa vulnerabilidade antropológica sem consolo e sem garantias definitivas" (MENDIETA, 2002, p. 28).

4.2 Niklas Luhmann: religião como função

Niklas Luhmann (1927-1998) foi um sociólogo alemão que estudou sob a supervisão de Talcott Parsons na década de 1960. Em sua sociologia, ele dialogou com a lógica formal, a cibernética e a biologia. Ao longo de suas numerosas publicações, algumas das quais traduzidas para o inglês, Luhmann desenvolveu uma teoria dos sistemas.

Os interesses teóricos mais importantes de Luhmann concentram-se em duas questões: uma teoria geral dos sistemas sociais e uma teoria da sociedade moderna (LUHMANN, 1982, p. xi-xii). Em sua teoria geral, os sistemas sociais são concebidos sobretudo como redes de comunicação: os sistemas sociais baseiam-se em significados compartilhados e significados compartilhados são sempre o resultado da comunicação. Luhmann segue Durkheim e Parsons ao propor que a sociedade se diferencia em vários sistemas funcionais, como a economia, a ciência, a religião, o sistema jurídico e assim por diante. Entretanto, em contraste com Parsons, que enfatizava a necessidade de compromissos com valores compartilhados na sociedade moderna, Luhmann acredita que a sociedade moderna tem mantido a ordem sem depender do consenso de toda a sociedade (HOLMES; LARMORE, 1982, p. xvii). Assim, ao contrário de Parsons, Luhmann não acredita haver um único sistema abrangente e integrado que busca o equilíbrio.

Em sua análise das sociedades modernas, Luhmann enfatiza dois elementos: a notável gama de complexidades sociais e a diferenciação dos sistemas sociais. O primeiro elemento implica que não há na sociedade uma instituição magna que seja formativa para todas as outras instituições. Se para Marx a instituição econômica afeta todas as outras instituições da sociedade, para Luhmann não há uma instituição central. A diferenciação da sociedade moderna implica a existência de vários sistemas (ADAMS; SYDIE, 2002b, p. 37-38). Todos os sistemas, tanto sociais quanto psíquicos, são entidades auto-organizadas e autorreferenciais ou autoconscientes (autopoiéticas) baseadas no sentido. Isso significa que um sistema observa o comportamento que ocorre em outro sistema, mas só pode interpretar ou compreender esse comportamento a partir de suas próprias definições. Por exemplo, o sistema religioso interpretará o comportamento em outros sistemas em termos da distinção entre sagrado e profano, o sistema jurídico em termos da distinção entre legal e ilegal e o sistema científico em termos da distinção entre verdade e falsidade. Cada sistema observa e reage aos outros com base em suas próprias categorias e interpretações específicas do mundo e não há jamais uma transferência direta de um sistema para outro.

Alguns sociólogos (CALHOUN et al., 2002, p. 136) argumentaram que a teoria de Luhmann tem drásticas implicações sobre como um sistema pode afetar um outro. Uma vez que cada sistema não tem acesso à interpretação dos outros sistemas, ele ignora as maneiras pelas quais os afeta. Luhmann acredita que a sociedade moderna é caracterizada por um alto grau de interdependência. Em comparação com a sociedade pré-industrial e a sociedade industrial incipiente, as sociedades modernas demonstram uma menor solidariedade social e consensual (ADAMS; SYDIE, 2002b, p. 38).

Sob o guarda-chuva da teoria dos sistemas, Luhmann realiza uma análise sobre confiança, risco e poder nas sociedades modernas. As pessoas depositam sua confiança "diariamente na 'natureza' autoevidente e factual do mundo e da natureza humana" (LUHMANN, 1979, p. 4). Por exemplo, confiamos que invenções tecnológicas como o telefone, a internet ou o automóvel funcionarão corretamente. Quanto mais complexa é uma sociedade, mais confiança é necessária. Mas viver na sociedade moderna não só requer confiança, requer também assumir riscos. Todavia, buscamos segurança e proteção e assim procuramos reduzir os riscos (LUHMANN, 1993). Para Luhmann, a vida no mundo moderno implica que confiemos naquelas pessoas ou organizações detentoras de poder para que possamos reduzir o risco (ADAMS; SYDIE, 2002b, p. 41).

Sob essa moldura, Luhmann interpreta a religião, especialmente em um contexto ocidental, concordando com Talcott Parsons, Peter L. Berger e Thomas Luckmann que a sociedade moderna se caracteriza pela diferenciação institucional e por identidades individuais pluralistas. Em *The Differentiation of Society* (1982), uma das muitas formas de diferenciação que ocorre nas sociedades modernas é a privatização da religião. A secularização é a consequência do processo de diferenciação, e foi por meio desse processo que os sistemas na sociedade se tornaram relativos, independentes de normas, valores e legitimações religiosas. A religião não apenas se retira de setores importantes da vida social, ela é pressionada para desenvolver seu próprio sistema especializado.

Luhmann faz uma distinção entre papéis "profissionais" e "complementares", fundamentais para estruturar o relacionamento que os indivíduos entretêm com os grandes domínios institucionais. Em sociedades do passado, os indivíduos pertenciam a grupos de *status* específicos. Essa pertença determinou "a profissão" que uma pessoa iria seguir. As sociedades modernas desenvolveram papéis sociais complementares, pelos quais uma pessoa pode ser um médico e um paciente ou um político e um eleitor ao mesmo tempo. Essa interferência funcional ameaça a relativa independência dos principais sistemas funcionais. Para manter a independência dos sistemas, uma distinção é feita entre o "privado" e o "público". A privatização do processo de tomada de decisão individual em sociedades ocidentais é uma consequência dessa distinção. Portanto, a tomada de decisões relativa a convicções e práticas religiosas também se tornou privada. Uma pessoa pode ou não ir à igreja; elas podem ou não rezar.

Ao mesmo tempo, está ocorrendo uma profissionalização correspondente da ação pública. A ascensão do especialista leva a uma situação em que os profissionais se tornam os representantes públicos dos sistemas sociais. Nessa medida, a privatização da religião implica que as decisões individuais relativas à religião se privatizaram, e, ao mesmo tempo, os representantes do sistema religioso, ou seja, os líderes religiosos, sofrem um declínio na influência pública (BEYER, 1990, p. 374-378). A concepção de Luhmann de religião implica que a religião exerce uma influência mínima sobre os outros sistemas.

Entretanto, a religião tem funções específicas. A religião lida com questões levantadas por outros sistemas. Os sistemas da arte e da ciência produzem questões que são abordadas pela religião. Além disso, a religião reduz a insegurança. Se a religião está se tornando cada vez mais privatizada, uma solução possível para Luhmann está em encontrar formas em que a religião possa ter implicações de longo alcance fora do âmbito estritamente religioso. Um exemplo é o papel público que a religião tem desempenhado na América Latina, onde movimentos religiosos-políticos como a teologia da libertação têm procurado mostrar que as normas e valores religiosos vinculam o coletivo para além de escolhas individuais.

Luhmann (1995) distingue entre a forma como um sistema se relaciona com a sociedade como um todo e a forma como ele se relaciona com outros sistemas. Ele analisa a primeira em termos de função e a segunda em termos de performance. Se a função se refere à comunicação "sagrada" sobre a transcendência e os aspectos que as instituições religiosas reivindicam para si mesmas, a performance remete a situações em que a religião é aplicada a problemas que se originam em outros sistemas (LUHMANN, 1982, p. 238-342). Por meio da performance, a religião demonstra sua importância para outros aspectos seculares da vida. Entretanto, o impacto de preocupações não religiosas sobre a religiosidade pode ser um resultado desse processo, de modo que outras preocupações sociais limitam a autonomia da religião (BEYER, 1990, p. 378-379).

A crítica mais comum a Luhmann incide sobre os aspectos abstratos de sua obra. Ele nunca tentou reduzir a complexidade de seu trabalho a fim de torná-lo mais acessível. No entanto, sua teoria dos sistemas tornou-se tão abstrata que tanto os atores quanto as sociedades são ignorados. De fato, a teoria de Luhmann postula que tudo é sistema. Ele também enfatiza em demasia a fragmentação do indivíduo e da sociedade. Se a sociedade e os indivíduos fossem tão fragmentados como ele sustenta, eles praticamente se desintegrariam. Nesse sentido, o trabalho de Luhmann tem sido percebido como um conjunto de abstrações com pouco lastro na realidade. Apesar de tudo, alguns dos tópicos abordados por Luhmann são encontrados no trabalho de Anthony Giddens, bem como nas teorias do sociólogo canadense Peter Beyer (1994) sobre religião e globalização (cf. cap. 5).

4.3 Erving Goffman: a vida cotidiana como drama e ritual

Erving Goffman (1922-1982) é um dos sociólogos interpretativos mais lidos. Nascido no Canadá, ele trabalhou nos Estados Unidos na Universidade de Chicago, de Berkeley e da Pensilvânia. Goffman estudou ciências naturais e produziu documentários no Canadá antes de se voltar para a sociologia. Seu interesse pelo cinema documentário é evidente em sua sociologia, porquanto seu maior interesse está nas regras e na ordem presentes na interação social cotidiana.

Goffman estudou sociologia na Universidade de Chicago. Ele foi inspirado por Herbert Blumer e outros sociólogos que pertenciam à "Chicago School" de sociologia. O objetivo deles era estudar a interação social em vários contextos. A Escola de Chicago concentrou-se nos processos mentais, interpretativos e criativos dos seres humanos individuais e não nos quadros estruturais da macrossociedade. A seguinte declaração de Blumer é representativa desse paradigma sociológico frequentemente chamado de "interacionismo simbólico": "a ação coletiva ou grupal consiste no alinhamento de ações individuais, que emergem pela interpretação ou consideração dos indivíduos das ações uns dos outros" (BLUMER, 1962, p. 184). Um vívido debate acadêmico colocou em questão se Erving Goffman pode ser considerado um interacionista simbólico. Por um lado, ele compartilha o interesse dessa escola pela microssociologia e pelas interações sociais próximas e diretas. Por outro, sua interpretação da sociedade é mais estruturalista: em seus escritos, Goffman demonstra como a interação social é formada por ordem e regras, podendo ser interpretada como um ritual. Influenciado por Durkheim, também ele vê a interação como algo que nos dá uma sensação de entranhamento social e uma espécie de qualidade sagrada enquanto seres humanos (GOFFMAN, 1967). Embora compartilhe da visão dos interacionistas simbólicos sobre a criatividade humana, ele acredita que a interação social segue regras relativamente bem estabelecidas. Se o indivíduo quebrar essas regras, a sociedade se desintegra.

Goffman escreveu muitos livros, e suas primeiras obras foram excepcionalmente populares. Entre as mais bem conhecidas figuram *A representação do eu na vida cotidiana* (1959), *Manicômios, prisões e conventos* (1961), *Estigma – Notas sobre a manipulação da identidade deteriorada* (1963), *Ritual de interação – Ensaios sobre o comportamento face a face* (1967), e *Quadros da experiência social – Uma perspectiva de análise* (1974). Embora Goffman jamais tenha sistematizado suas ideias sob a forma de uma teoria geral, podemos detectar alguns temas recorrentes. Goffman vê a sociedade como um palco de teatro. As interações sociais possuem uma qualidade dramatúrgica em que os indivíduos agem de acordo com seus papéis. Entretanto, todos os atores têm um "distanciamento do papel", ou seja, não são atores de palco que agem de acordo com um roteiro escrito, mas criam seu próprio roteiro durante a apresentação. Seres humanos têm um ego multifacetado, capaz de exibir ou esconder diferentes partes de si mesmo para causar uma impressão favorável e evitar situações embaraçosas e incômodas. Somos sempre mais do que revelamos em nossos encontros com os outros. Mostramos algo diferente nos "bastidores" do que no "palco". Um exemplo ilustrativo é como os profissionais de saúde tendem a relaxar física e emocionalmente na ausência dos pacientes. Eles podem até se envolver em conversas condescendentes sobre pacientes a fim de criar um senso de unidade entre os profissionais (GOFFMAN, 1961). Muitas observações feitas por Goffman lidam com a "gestão da impressão", criativa mas bastante previsível, de um indivíduo em situações sociais em que as pessoas se encontram sem se conhecerem.

Além das metáforas teatrais, Goffman usa o conceito de ritual, expandindo a descrição dos rituais por Durkheim a fim de incluir encontros cotidianos. Os rituais intensificam os sentimentos comuns, fortalecendo assim um senso de comunidade entre as pessoas. Tópicos de conversas e modos de fala são respeitados por meio de confirmações e respostas rituais. Ocasiões embaraçosas de violação das regras do jogo são polidamente ignoradas o máximo possível, e as pessoas distinguem entre comicidade e seriedade, tudo para que se mantenha "a ordem da interação" (GOFFMAN, 1967).

O entendimento de Goffman sobre papéis não é determinista. As pessoas entram e saem de papéis e lhes dão uma forma particular a fim de obter alguma coisa. Mesmo nas chamadas "instituições totais", como prisões ou asilos tradicionais, os indivíduos têm uma certa liberdade de ação, apesar dos quadros [frames] rígidos dessas instituições. O termo "instituição total" de Goffman é apresentado em *Manicômios, prisões e conventos* (1961), seu estudo de um grande hospital psiquiátrico americano. Uma instituição total é um lugar de moradia e trabalho onde pessoas na mesma situação têm seu contato com a sociedade cortado por um considerável período de tempo. Os habitantes vivem em um ambiente fechado e formalmente administrado. Os gestores têm amplo poder para checar e controlar. Em instituições totais, as marcações simbólicas e rituais existem para garantir, por exemplo, que os habitantes se livrem das identidades que entretinham antes de ingressar na instituição. Esse processo é chamado de "mortificação". As placas de identificação são incomuns, as roupas dos pacientes são substituídas por uniformes. Entretanto, o maior interesse de Goffman é demonstrar, mesmo numa situação tão regulamentada, que as pessoas assumem papéis a fim de garantir a liberdade de ação e de exibir sua própria identidade subjetiva. Transcendendo as exigências da instituição total, pacientes e prisioneiros são bem-sucedidos, pelo menos até certo ponto, em mostrar sua diferença, sua humanidade.

A concepção goffmaniana de ser humano tem sido criticada como extremamente cínica e egoísta. Alguns também apontam sua tendência a generalizar a partir de uma classe média ocidental blasé e polida, com poucos limites e muito espaço para ação (BAERT, 1998, p. 80). No entanto, o modelo de homem de Goffman é notavelmente diferente do "homem econômico" atomístico da teoria da escolha racional (cf. seção 9.3). Como observamos, Goffman tem como principal interesse os padrões e a ordem das interações. Em seu mundo, os indivíduos se ajudam mutuamente através de complicados padrões de interação para sustentar a confiança e um senso de comunidade nas microrrelações.

Assim como muitos sociólogos orientados para o micro, Goffman tem sido criticado por dar pouca atenção às estruturas da sociedade, como os efeitos da classe social sobre as microrrelações. Goffman raramente respondeu às críticas recebidas, embora tenha argumentado que seu objetivo era estudar as interações diretas face a face. Tais relações têm a sua própria ordem, afirmou. Ele não disse que poderia haver macroestruturas que deveriam ser estudadas. Todavia, tais macroestruturas estão apenas frouxamente relacionadas às interações diretas individuais (GOFFMAN, 1983). Foi dito que Goffman considerava a macrossociologia cansativa (STRONG, 1988, p. 245), mas isso não deve ser interpretado como uma indiferença de Goffman a questões sociais normativas. Embora sua prosa seja engraçada, fácil de levar e não moralista, um sentimento de indignação aparece muitas vezes em seus textos. Um exemplo é seu livro *Estigma*, em que descreve como é esperado que pessoas com deficiência enfrentem suas deficiências com senso de humor e evitando reclamações. Espera-se que elas se vejam como um ser humano como qualquer outro, mas também se espera que elas não abusem da sorte participando socialmente em áreas de contato sentidas pelos outros como não sendo o lugar apropriado, como uma pista de dança ou um restaurante.

Mesmo que religião seja um tema muito marginal na obra de Goffman, seu enfoque nas interações ritualizadas cotidianas pode ser visto como uma ponte para a sociologia da religião. Seus conceitos e perspectivas representam possíveis ferramentas para a análise da vida religiosa organizada. Um exemplo é sua distinção entre "palco" e "bastidores". Outro exemplo são suas descrições de regras informais em jogo quando as pessoas se encontram. Finalmente, suas interpretações da luta pela manutenção da distinção, criatividade e dignidade humana, também face a situações difíceis, são importantes numa época de individualismo crescente, incluindo o individualismo religioso.

4.4 Peter L. Berger e Thomas Luckmann: religião como construção social

Peter L. Berger (1929-2017) nasceu em Viena, Áustria. Ele foi professor na Universidade de Boston e escreveu extensamente sobre sociologia e sociologia da religião. Suas obras incluem *O dossel sagrado – Elementos para uma teoria sociológica da religião* (1967), *Rumor de anjos – A sociedade moderna e a redescoberta do sobrenatural* (1969), *Imperativo herético – Possibilidades contemporâneas da afirmação religiosa* (1979), e *The Desecularization of the World* (1999). Berger demonstrou ainda um interesse pelo desenvolvimento econômico em seu livro *A revolução capitalista* (1986). Inspirado por Weber, sustentou que o movimento pentecostal tem sido crucial para o desenvolvimento socioeconômico na América Latina. Em 1966, Berger foi coautor de *A construção social da realidade* com Thomas Luckmann (1927-2016) – professor de sociologia na Universidade de Konstanz na Alemanha –, assim como de *Modernidade, pluralismo e crise de sentido – A orientação do homem moderno* (1995). Além dos livros em coautoria com Berger, Luckmann escreveu vários livros sobre sociologia e sociologia da religião, entre os quais *A religião invisível* (1967) e *Life-world and social realities* (1983). Luckmann também organizou *The changing face of religion* (1989) com o sociólogo da religião britânico James A. Beckford. Berger e Luckmann foram figuras-chave na sociologia da religião das décadas de 1960 e 1970. A seguir, examinaremos os livros que eles escreveram juntos antes de nos ocuparmos com suas obras individuais.

A construção social da realidade (1981/1966) foi escrita em uma época em que o funcionalismo e o estruturalismo dominavam a sociologia. Nesse livro, Berger e Luckmann defendem uma concepção da realidade humana como construção social. Eles acreditam que a realidade cotidiana, entendida como uma realidade ordenada, é percebida como dada. A realidade cotidiana também não é não problematizada, pois é compartilhada com outros numa interação que ocorre de acordo com um padrão específico.

Berger e Luckmann têm uma visão dialética da realidade. Eles afirmam que "a sociedade é um produto humano. A sociedade é uma realidade objetiva. O homem é um produto social" (1981, p. 79). Quando argumentam que a sociedade é um produto humano, eles querem dizer que os seres humanos se expressam continuamente através de várias atividades com as quais criam objetos. Berger e Luckmann denominam esse processo de "externalização". A sociedade é uma realidade objetiva. Quando os seres humanos criam um objeto construindo, por exemplo, uma casa, ou compondo uma música, esses objetos adquirem um caráter independente, existindo independentemente dos seres humanos que os criaram. A casa ou a música se tornam produtos que parecem dados. Berger e Luckmann chamam esse processo de "objetivação". Finalmente, eles afirmam que os seres humanos são um produto da sociedade. As relações objetificadas que os seres humanos criaram constituem quadros para a atividade humana, que por sua vez afetam os seres humanos que os criaram. As pessoas são afetadas pela arquitetura e pela função da casa ou da música. Esse processo ganha o nome de "internalização". Segundo Berger e Luckmann, a externalização, a objetivação e a internalização constituem um processo contínuo. É desde essa perspectiva dialética que eles veem a sociedade como um produto humano e os seres humanos como um produto da sociedade.

O projeto de Berger e Luckmann é fazer a ponte entre a macrossociologia e a microssociologia, ou entre o estruturalismo e o interacionismo. Eles se baseiam em várias tradições teóricas. Uma fonte de inspiração é o filósofo alemão Alfred Schütz (1899-1959), que tenta explicar como os indivíduos constroem o conhecimento de senso comum. Concordando com o estruturalismo, Berger e Luckmann afirmam que a realidade social existe independentemente de e reage aos sujeitos humanos. Há uma realidade social objetiva, reivindicada também por Durkheim. Além de Schütz, Berger e Luckmann são influenciados por George Herbert Mead e outros interacionistas simbólicos, com suas premissas de que a relação subjetiva humana com o mundo dá sentido ao mundo objetivo. *A construção social da realidade* tornou-se influente tanto na sociologia do conhecimento quanto na sociologia da religião. Se a sociologia nas décadas de 1950 e 1960 tinha a tendência de pintar um quadro relativamente reducionista do indivíduo, Berger e Luckmann deram um novo enfoque ao ser humano como ator social (MARTIN, 2001, p. 159).

Modernity, Pluralism and the Crisis of Meaning (1995) de Berger e Luckmann é uma análise dos mecanismos que levam ao que eles acreditam ser uma crise de sentido nas sociedades modernas. O desenvolvimento nas sociedades modernas leva a uma situação em que o compartilhamento de sentido em grandes grupos de indivíduos é difícil de ser mantido. Portanto, os padrões de sentido só podem ser compartilhados e mantidos em grupos menores. Nessa medida, os autores sugerem que instituições intermediárias, tais como grupos ambientais, igrejas locais, organizações de partidos políticos locais e outras organizações voluntárias, podem fazer a mediação entre o indivíduo e a sociedade.

Um tema que aparece tanto nas colaborações de Berger e Luckmann quanto em grande parte do trabalho de Berger é o da ordem e consistência. Para Berger e Luckmann, a sociedade é um empreendimento de construção de mundo. *Nomos* é o oposto de *anomia* ou não ordenamento. Se anomia quer dizer uma quebra da ordem social, *nomos* implica ordem e seus regulamentos normativos. Quando Berger e Luckmann discutem o universo simbólico da sociedade, eles estão preocupados com sua função nômica ou de ordenação. Eles acreditam que o universo simbólico cria legitimação para a ordem institucional, assim como ajuda o indivíduo a colocar as coisas em seu devido lugar e ordenar as diferentes fases de sua própria biografia (BERGER; LUCKMANN, 1981, p. 113). Quando o pluralismo se generaliza, a maioria das pessoas experimenta incertezas e se sente perdida em um mundo confuso (BERGER; LUCKMANN, 1995, p. 40-41).

Pouco depois de seu primeiro livro com Thomas Luckmann, Peter L. Berger publicou, em 1967, *O dossel sagrado*. Nesse livro, ele mobiliza a abordagem da religião desenvolvida com Luckmann. O tema de Berger continua sendo a ordem enquanto a necessidade humana mais básica (DORRIEN, 2001, p. 32). Para ele, as noções culturais importantes em uma sociedade só podem ser mantidas se os membros da sociedade as internalizarem. A esse respeito, Berger identifica a mudança do papel da religião nas sociedades modernas. Nas sociedades pré-modernas, a religião formava um dossel sagrado abrangente que criava uma concepção geral para a sociedade como um todo. Esse dossel protetor providenciou legitimação, sentido e ordem para a frágil construção que a sociedade chama de realidade. À medida que a sociedade foi se diferenciando, várias instituições da sociedade se separaram da religião. Nessa situação, a religião perdeu o que Berger denomina de estrutura de plausibilidade. Para ser plausível para o indivíduo, o conhecimento requer uma estrutura social, uma estrutura de plausibilidade, para apoiá-lo. A diferenciação da sociedade levou a uma situação em que o conhecimento tradicional se dissolveu e não era mais considerado como dado. A consequência desse processo de secularização foi a pluralização do mundo: no lugar de um universo global, haveria agora vários universos limitados e muitas vezes concorrentes (cf. seção 5.8). Além disso, a religião foi empurrada para fora da esfera pública em direção à esfera privada.

Em *O dossel sagrado*, Berger traçou um esquema relativamente unilinear do desenvolvimento crescente da secularização nas sociedades modernas. Mas Berger (1999) admitiu bem-humoradamente que estava errado nesse ponto. Para ele, é impossível que a crença seja a mesma coisa nas sociedades modernas e nas sociedades pré-modernas. No entanto, ele admite que as pessoas são capazes de manter as crenças religiosas, mesmo que elas não sejam mais tidas como dadas. As pessoas continuam a ser religiosas na maioria das sociedades, com exceção talvez da Europa. Mas as pessoas são religiosas de uma nova forma, o que é verdade mesmo em situações em que as pessoas afirmam ter voltado para a antiga religião. Outros sociólogos contestaram a suposição de Berger de que a Europa constitui um caso excepcional de secularização generalizada. A socióloga da religião Grace Davie (2001) afirma que a religião institucional continua a desempenhar um papel importante em muitos países europeus, e a socióloga da religião Danièle Hervieu-Léger (2001) argumenta que, apesar da *laïcité*, ou secularização, o catolicismo continua a ser uma influência pervasiva na cultura francesa contemporânea.

Em *A religião invisível*, Thomas Luckmann concorda com Berger que a estrutura social foi secularizada. Ele argumenta que a religião institucional tradicional está se enfraquecendo nas sociedades industriais modernas. No entanto, outros universos de sentido são criados nessa situação. O jovem Berger afirmara que a secularização deixou um espaço vazio, conclusão de que Luckmann discorda. O argumento de Luckmann é que a secularização facilita o crescimento da religião não institucional fora das instituições religiosas estabelecidas, a chamada "religião invisível". Dentro da religião invisível, o indivíduo constrói sua identidade pessoal e seu próprio sistema de sentido. Com base nessa interpretação, a religião pode consistir em vários fenômenos diferentes, como a celebração de uma data nacional, experiências na natureza, ou experiências de companheirismo em um jogo de futebol ou em um concerto de rock, por exemplo.

A teoria da religião invisível de Luckmann está relacionada a sua compreensão da religião como um fenômeno antropológico. Ele afirma que os seres humanos transcendem sua natureza biológica ao construir sistemas de sentido objetivos, moralmente vinculantes e abrangentes. Quase tudo que é humano é, portanto, religioso. Esse ponto de vista tem sido objeto de críticas. Muitos, entre os quais o próprio Berger, têm argumentado que se tudo o que é humano é religioso, a distinção entre religião e não religião não se sustenta (BERGER, 1967).

Diversos aspectos das teorias de Berger e Luckmann foram criticados. Em primeiro lugar, a ênfase na ordem: Berger reconhece que a ordem social é frágil. Entretanto, ele diz em *Facing up to Modernity* que "a ordem é o principal imperativo na vida social" (1977, p. xv). De modo funcionalista, ele considera as instituições sociais como fenômenos que tendem ao equilíbrio e à ordem. É como se Berger e Luckmann propusessem uma forma de teoria do equilíbrio cognitivo, como se os indivíduos não pudessem viver com contradições e inconsistências entre diferentes formas de conhecimento e tentassem assim criar equilíbrio, sentido, harmonia e integração. Essa perspectiva não leva em conta o fato de que os seres humanos variam quanto à aceitação de inconsistências em suas vidas.

A perspectiva de Berger e Luckmann também tem sido criticada por ser muito intelectualista. Enquanto alguns desejam sistemas de sentido intelectualmente avançados, outros estão satisfeitos com sistemas relativamente simples. Também se argumentou que nem todos necessitam encontrar sentido em todos os aspectos da vida (McGUIRE, 1997, p. 29; cf. tb. a discussão sobre Bauman na seção 4.9). Berger e Luckmann também foram criticados por seu excessivo foco na harmonização, deixando, consequentemente, de analisar como os sistemas de sentido servem a interesses poderosos. Até que ponto o universo simbólico, por exemplo, protege os interesses de grupos e classes sociais específicos? (HORRELL, 2001, p. 150).

Berger caracteriza sua própria orientação teórica como um tipo de "humanismo conservador" (POLOMA, 1979, p. 202). Nesse registro, ele é cético em relação às teorias que promovem mudanças sociais rápidas, pois desconfia fundamentalmente daquelas visões apresentadas como alternativas ao *status quo*. Isso pode sugerir que Berger vê a mudança social como algo negativo. Em muitos aspectos, ele representa um anseio por um passado ordenado.

4.5 Pierre Bourdieu: religião e prática social

Pierre Bourdieu (1930-2002) foi uma figura dominante nas ciências sociais francesas, tendo se tornado influente internacionalmente. Da década de 1950 em diante, ele conduziu vários projetos de pesquisa e escreveu mais de trinta livros. Inicialmente foi treinado como antropólogo numa tradição estruturalista, foi mais tarde associado a Erving Goffman (POSTONE et al., 1993, p. 2). Bourdieu era filho de um carteiro em uma vila do sul da França, e sua criação em uma região caracterizada por divisões agudas entre classes sociais e entre o urbano e o rural tem sido muitas vezes usada para explicar seu desejo de detectar estratégias das classes dominantes para sustentar seu poder e prestígio. Bourdieu estudou a dominação em vários contextos diferentes. Seu projeto era superar as oposições da teoria social clássica entre estruturalismo e fenomenologia. Para ele, a vida social deve ser entendida em termos tanto das estruturas objetivas materiais, sociais e culturais quanto das práticas e experiências constitutivas de grupos e indivíduos.

O tema da religião está integrado no trabalho geral de Bourdieu. Ele também publicou alguns artigos em que analisa a dominação religiosa (cf. DOBBELAERE, 1998a, p. 61), dos quais um está traduzido para o inglês (BOURDIEU, 1987). Em 1979, foi publicada sua obra mais influente, *A Distinção*. Nela, ele analisa as diferenças de gosto entre diversas classes sociais, reveladas nas variadas preferências em relação à arte, música, culinária, mobiliário doméstico – e religião. Por exemplo, Bourdieu afirma nesse livro que indivíduos ou grupos sociais cuja mobilidade social está diminuindo irão adotar uma religião tradicional que põe ênfase na celebração do passado, pois isso contribui para o retorno à antiga ordem social e restabelece seu ser social (BOURDIEU, 1986, p. 111).

Três conceitos são centrais no trabalho de Bourdieu: "*habitus*", "capital" e "campo". A noção de *habitus* se refere a princípios que produzem e reproduzem as práticas de uma classe social ou fração de classe. Bourdieu acredita que as estruturas sociais e o conhecimento corporificado dessas mesmas estruturas produzem orientações duradouras para a ação, que são constitutivas das estruturas sociais (BOURDIEU, 1986, p. 170). O *habitus* não reflete experiências individuais, mas experiências coletivas que funcionam em um plano inconsciente e se tornam importantes determinantes na vida de cada indivíduo.

A noção de capital de Bourdieu está relacionada à capacidade de exercer o controle sobre o próprio futuro e o dos outros. Ele se concentra na interação entre o capital social, cultural e econômico. O capital econômico é a forma mais eficiente de capital, ao passo que o capital simbólico mascara a dominação econômica da classe dominante e a hierarquia socialmente legítima. Uma classe dominante também pode usar seu capital cultural – sua linguagem, cultura e artefatos – para estabelecer uma hegemonia. De acordo com Bourdieu, o sistema escolar é uma instituição chave para a manutenção da ordem social, porque a linguagem, os valores, as premissas e os modelos de sucesso e fracasso adotados na escola pertencem à classe dominante.

Finalmente, o conceito de campo é utilizado para dar conta do espaço multidimensional das posições e dos agentes tomadores de posição. A estrutura social pode ser descrita como composta de diferentes "campos". O processo dentro de cada campo toma a forma de uma competição por posições e avanços. Um exemplo de campo é o da arte. O campo da arte tem suas próprias lutas internas por reconhecimento, poder e capital. Desse modo, cada campo é um lugar de luta. Com base nesses três conceitos, Bourdieu interpreta a prática social em termos da relação entre o capital e o *habitus* de classe correntes que se realiza em um campo específico.

Usando sua noção de campo, Bourdieu analisa a teoria do poder religioso de Max Weber. Ele se concentra na interação entre categorias diferenciadas de leigos e vários agentes religiosos, como profetas e sacerdotes. Segundo Bourdieu, as interações simbólicas que ocorrem no campo religioso são resultado dos interesses religiosos em jogo. Esses interesses consistem, por sua vez, em justificativas da existência de uma pessoa ou de um grupo. A competição pelo poder religioso tem a ver com a competição pela legitimidade religiosa, ou seja, o poder legítimo de modificar a prática e a visão de mundo dos leigos ao lhes impor um *habitus* religioso. A legitimidade religiosa reflete as relações de poder religioso da época e também está relacionada ao grau de controle de um agente sobre o que Bourdieu denomina de "armas materiais e simbólicas de violência religiosa" (BOURDIEU, 1987, p. 128). Um exemplo de tal arma seria a excomunhão de um sacerdote. Para Bourdieu, poder religioso e dominação têm a ver com a dominação das categorias de percepção. Essas percepções sempre favorecem aqueles que estão no poder, o que significa que aqueles que são dominados tendem a diminuir a si mesmos e suas percepções. Essa condição é descrita por Bourdieu como violência simbólica. Nesse sentido, a violência religiosa é uma outra forma de violência simbólica.

De acordo com Bourdieu, o profeta e o sacerdote estão envolvidos em uma competição por seguidores leigos. Entretanto, em uma sociedade dividida em classes, os leigos não formam uma entidade única, mas categorias diferenciadas, que têm interesses religiosos diversos e contraditórios. O sacerdote e o profeta devem ajustar sua pregação e suas atividades pastorais a esses diferentes grupos de interesse, mudando o conteúdo de sua mensagem para se adequar a seu público. Dessa forma, o campo religioso influencia as interações entre o público, o agente religioso e a mensagem do agente. Embora Bourdieu analise o poder religioso, isso não o conduz a uma visão redutora da religião. Porém, ele também acredita que o poder da legitimação religiosa diminui se o poder religioso for revelado.

Como observamos, poder e dominação têm a ver com a dominação das categorias de percepção. Para analisar o poder simbólico, Bourdieu (1994) analisa diferentes formas de exercício do poder por meio de classificações e de atribuição de nomes, que podem ocorrer em rituais mais ou menos formalizados. Ele analisa escolas de elite francesas ricas em rituais relacionados à iniciação de novos alunos. Bourdieu acredita que, ao estudar esses ritos de iniciação, é possível compreender alguns traços característicos compartilhados por toda uma classe de ritos. Os ritos de iniciação são simbolicamente significativos porque têm o poder de afetar a realidade. Por exemplo, os ritos de iniciação "consagram a diferença" entre um homem e uma mulher. Em primeiro lugar, eles transformam as percepções que os outros têm de uma pessoa e o comportamento que adotam em relação a ela. Por exemplo, um novo título é concedido a uma pessoa durante um rito. Em segundo lugar, os ritos transformam a representação que as pessoas têm de si mesmas e o comportamento que elas se sentem obrigadas a adotar para se conformar a essa representação. A pessoa iniciada conquista o direito de falar e agir em nome da categoria que foi pregada ao longo da iniciação. Assim, rituais enfatizam que uma pessoa é realmente o que ela se apresenta como sendo, que a identidade social da pessoa não é baseada apenas na fé pessoal ou falsas pretensões. A concepção de Bourdieu de ritual implica que ele é uma prática social, o que inclui a possibilidade de criar e manter o poder, e sua abordagem tem sido utilizada em estudos sobre rituais religiosos e práticas rituais (BELL, 1992).

As noções bourdianas de *habitus*, capital e campo podem ser úteis em análises sobre dominação religiosa, assim como suas noções de "doxa" e "ortodoxia" (BOURDIEU, 1977). Doxa refere-se a um conhecimento que é tomado como dado sem considerações deliberadas; por exemplo, o poder oculto na linguagem, nas concepções e nas classificações. O conhecimento tradicional e as relações de dominação são mantidos até que alguém comece a questioná-los. Nesse ponto, aqueles que querem manter o conhecimento tradicional e as relações sociais devem defendê-las ou se tornarem ortodoxos. As noções de doxa e de ortodoxia de Bourdieu têm se provado úteis na análise do poder religioso. Sua análise nuançada da classe social, particularmente a distinção entre capital econômico e capital cultural, pode ser proveitosa em uma análise sobre classe social e religião.

Mencionamos que Bourdieu tentou resolver o conflito entre estrutura e agência, que tende a polarizar grande parte da teoria social. Ele parte em busca de um relacionalismo minucioso que apreende tanto a realidade subjetiva quanto a objetiva. Contudo, Bourdieu tem sido criticado por tender a culminar num tipo de estruturalismo em que o conceito de *habitus* se associa a noções mecanicistas de poder e a uma concepção determinista de agência humana (WACQUANT, 1993, p. 238). Ele também tem sido criticado por exagerar o aspecto conflitivo da vida social.

4.6 Michel Foucault: espiritualidade, corporalidades e política

Michel Foucault (1926-1984) é uma figura importante no discurso filosófico francês sobre tópicos como a razão, a linguagem, o saber e o poder. Inspirado em Karl Marx, Sigmund Freud e Friedrich Nietzsche, Foucault é muitas vezes tachado de pós-estruturalista, no sentido de que ele quer descobrir o arcabouço não racional da razão sem se valer de uma ordem subjacente ou de um poder final determinante. Seu programa é o de detectar as diferentes práticas discursivas que exercem poder sobre os corpos humanos. De acordo com Foucault, o saber não necessariamente leva à emancipação. Em vez disso, ele costuma ver o saber como base para novos meios de controle social. A obra de Foucault abrange várias disciplinas, entre as quais a história, a criminologia, a psiquiatria, a filosofia e a sociologia. Seus estudos sobre a loucura, a prisão e a sexualidade têm sido particularmente de grande interesse para os sociólogos.

Foucault era ateu e não examinou sistematicamente temas religiosos. Entretanto, ele considerava o cristianismo como uma importante força modeladora no mundo ocidental. Desde suas referências iniciais das décadas de 1950 e 1960 – que discutiam o papel das instituições religiosas na história da loucura – até suas análises sobre a confissão de 1976 em diante, questões religiosas subjazem a boa parte de sua obra (CARRETTE, 1999).

A crítica de Foucault à religião assume formas variadas. Em seus primeiros trabalhos, nas décadas de 1950 e 1960, ele se concentrou na natureza repressiva da religião. Ele também participou do discurso sobre "a morte de Deus", muito disseminado na época (FOUCAULT, 1999, p. 85-86). Nesse período, ele se empenhou em examinar as "estruturas discursivas" ou os modos como ideias sobre áreas específicas da vida como loucura ou práticas médicas são formadas discursivamente. Essa noção de discurso é importante em sua obra pois demonstra a temporalidade e o caráter construído das ideias. Em *História da loucura na idade clássica* (1967/1961), Foucault mapeia os contornos culturais da loucura, enquanto em *O nascimento da clínica* (1973/1963) ele enfoca a prática médica no final do século XVIII. Embora Foucault não analise a religião com grande detalhe nesses dois livros, ele vê a religião como uma parte da cultura que influencia e determina os modos como a loucura e a medicina são compreendidas no Ocidente.

Em *As palavras e as coisas* (1970/1966), Foucault aborda a mudança cultural ao examinar como o saber é reconstituído em diferentes períodos históricos. Foucault denomina essas formas de saber particulares de *epistemes*, ou seja, conjuntos de premissas que organizam o que conta como saber, realidade e verdade, e que indicam como essas matérias podem ser discutidas. Por exemplo, desde o século XVIII, a moderna *episteme* tem se concentrado na ideia de um sujeito racional, autônomo – o homem – como o sujeito e o objeto de discursos sobre vida e trabalho. A ideia de que o tempo e o espaço determinam os pensamentos e as ações de um indivíduo é prevalente na obra de Foucault. Saberes e mitos são considerados produções de um tempo específico. Desse modo, o valor da religião para os indivíduos e grupos não tem uma função ou um papel definidos, mas varia em relação a tudo mais (WUTHNOW et al., 1987, p. 156, 162).

No início da década de 1970, Foucault começou a explorar como os modos de formação de um discurso. Ele estende sua análise do exame das "condições de possibilidade" de um discurso isolado para o exame de um "dispositivo" de saber. Por essa via, ele contempla tanto práticas discursivas quanto não discursivas. Em *Vigiar e punir* (1977a/1975), ele analisa a transição do uso dos castigos corporais no século XVIII para o encarceramento e a disciplina. Ele examina como o poder e o saber estão vinculados em uma complexa "rede de relações". O castigo tornou-se mais "suave", mas também se tornou mais minucioso, com o objetivo de transformar o prisioneiro em um sujeito obediente. O prisioneiro era sujeito, portanto, a uma estrita disciplina de regras, ordem, hábitos e autoridade continuamente exercida sobre ele e a seu redor. A disciplina era reforçada pelo uso da vigilância que constantemente "via" e monitorava o comportamento do prisioneiro. Todos os prisioneiros estavam conscientes de sua visibilidade permanente, o que assegurava o funcionamento automático do poder. Os prisioneiros sabiam que podiam ser vistos, mas jamais quando estavam sendo vistos. Como resultado, eles mesmo se disciplinavam caso estivessem sendo observados. Esse "olhar" eliminava a necessidade de violência física e de restrições materiais. Todo prisioneiro se tornava seu próprio vigilante. Foucault também mostrou como diferentes modelos de punição tinham uma base religiosa, especialmente no desenvolvimento de uma preocupação com a alma (CARRETTE, 2000, p. 19).

Nos vários volumes da *História da sexualidade* (1976-1984), a crítica de Foucault à religião se concentra na autoridade religiosa sobre a exigência da confissão. Ele se envolveu em uma discussão ostensiva sobre o cristianismo ao examinar a confissão e a ética do eu [*self*]. Foucault teve uma criação católica e essa herança religiosa influenciou sua obra; decerto, quase não se pode imaginar que ele conduziria um estudo da confissão a menos que viesse de uma tradição católica. No primeiro volume, o argumento central de Foucault é o de que a sexualidade não é um dado, mas algo historicamente construído. Nos volumes posteriores, ele mostra, por exemplo, como antigas noções sobre a contenção e a arte de viver relativas ao prazer sexual encontradas no mundo greco-romano foram modificadas com o cristianismo e suas ideias sobre "finitude, a queda e o mal" (FOUCAULT, 1988, p. 239). Ele tenta mostrar como essa transformação aconteceu, argumentando que o discurso sexual nos séculos XVIII e XIX foi estabelecido em grande medida pela prática da confissão no interior do cristianismo. Na confissão, o sexo estava ligado à verdade do indivíduo. Mais tarde, as técnicas de confissão acabaram sendo adotadas pelas práticas da medicina, psiquiatria e pedagogia. Dessa forma, Foucault sugere que a "cura pela fala" de Freud tenha sua origem em técnicas e mecanismos da confissão.

Segundo Jeremy R. Carrette (2000, p. 143-151), professor de estudos religiosos na Escócia que escreveu bastante sobre Foucault e religião, a crítica da religião de Foucault opera a partir de cinco fatores interrelacionados encontrados em sua obra em geral. O primeiro fator mencionado por Carrette é que religião e cultura estão integradas na obra de Foucault. Quando Foucault examina a história da loucura, da medicina, das prisões e da sexualidade no Ocidente, ele analisa suas raízes nos discursos e práticas do cristianismo. Foucault também se interessa pelo budismo (FOUCAULT, 1999, p. 110-114) e o islamismo. Para ele, a religião é um elemento central da cultura e isso inclui diversas tradições religiosas. Em segundo lugar, Foucault acredita que o discurso religioso está enquadrado e localizado no e pelo processo humano de poder/saber.

O terceiro fator tem a ver com a corporificação da crença. Vimos que Foucault concentra-se na sexualidade e no corpo. Para ele, o corpo é marcado pela história. Apesar do fato de que o corpo e a sexualidade fazem parte de processos históricos que são ocultados e negados na religião, Foucault sustenta que a religião tem realmente sempre a ver com a sexualidade e o corpo porque discursos sobre crenças e práticas religiosas orbitam em torno do corpo e estão sempre atentas ao que as pessoas fazem com seus corpos. O quarto fator em que a crítica foucaultiana da religião se baseia tem a ver com a análise de mecanismos de poder. Para Foucault, poder é uma "multiplicidade de relações de força" em um dado contexto. O poder está em todo lugar e vem de todos os lugares. Uma vez que a religião é parte de uma cultura mais ampla, ela existe enquanto uma manifestação do poder. A religião é um sistema de poder, porquanto ordena a vida por meio de um conjunto de relações de força.

O fator final mencionado por Carrette é o governo religioso do *self*. Foucault aponta que há um ato mútuo de revelação e renúncia na prática da confissão. Nesse processo, o *self* é formado e moldado. Através da prática religiosa indivíduos podem transformar e modificar a si mesmos. O discurso religioso não apenas governa o *self* em um nível individual, mas também em um nível institucional, visto que o *self* religioso é sempre parte de uma história que produz e mantém o *self*. A disciplina, que anteriormente era externa e consistia em técnicas de vigilância que monitorava o comportamento de um detento, internalizou-se na sociedade moderna. Nessa sociedade, as pessoas disciplinam a si mesmas enquanto bons cidadãos e trabalhadores diligentes. Foucault não vislumbra um futuro de emancipação crescente; isto é, ele não acredita que se a religião for deixada para trás, um homem emancipado irá emergir. Além disso, a crítica de Foucault à religião implica uma crítica a todos os regimes de saber.

Foucault recebeu críticas por ter se concentrado em uma tradição branca, masculina e ocidental. Ele não estaria preocupado com o efeito que o poder tem sobre grupos dominados, tais como mulheres e minorias étnicas. Além disso, sua análise dos discursos de poder, verdade, sexualidade e religião seria uma análise masculina. Como ele teria operado com uma análise de poder neutra em termos de gênero, o poder exercido sobre as mulheres poderia facilmente não ser percebido. Ademais, a noção de poder em que o poder estaria por toda parte e viria de toda parte tem sido criticada por reduzir tudo ao poder. O fato de o poder não ser possuído por grupos ou indivíduos específicos, mas ser onipresente dispersaria o poder. Isso também tornaria impossível a resistência. Seja como for, o trabalho de Foucault tem sido utilizado em análises da religião e do poder, da religião e da cultura, da religião e do corpo (cf. CARRETTE, 2000). Sua noção de discurso também tem sido usada em conexão com diferentes formas de discurso na sociedade moderna, como o nacionalismo (CALHOUN, 1997).

4.7 Anthony Giddens: religião na Modernidade tardia

Anthony Giddens (1938-) é um proeminente sociólogo britânico que publicou mais de trinta livros e é bem conhecido pela maior parte do mundo acadêmico. Giddens inicialmente se estabeleceu como um intérprete de teorias sociológicas clássicas (1985/1971) e como um contribuidor para a análise moderna de classes sociais e estratificação (GIDDENS, 1989/1973). Com a formulação de sua própria teoria da estruturação, ele se torna um teórico sociológico de pleno direito. Em *A constituição da sociedade* (1984), Giddens desenvolve uma interpretação da estrutura e agência. Suas pesquisas mais recentes enfocam a Modernidade e a política, examinando o impacto da Modernidade sobre a vida pessoal e social. Na década de 1990, Giddens se torna um ator político na Grã-Bretanha e, juntamente com outros, contribuiu para a modernização do Partido Trabalhista britânico, como se pode ver em seu livro *A terceira via – Reflexões sobre o impasse político atual e o futuro da social-democracia* (1998). Apesar de Giddens não ter examinado o tema da religião com grande detalhe, seus trabalhos sobre a Modernidade, como *As consequências da Modernidade* (1990) e *Modernidade e identidade* (1991), são particularmente relevantes para estudos da religião em sociedades modernas ou da Modernidade tardia.

O projeto de Giddens é construir a ponte entre estrutura e agência, um divisor que afetou grande parte da teoria sociológica (GIDDENS, 1984). Em sua teoria da estruturação, ele considera as relações sociais estruturadas no tempo e espaço como o resultado da operação de "dualidade da estrutura". Isso significa que as pessoas fazem a sociedade e, ao mesmo tempo, são constrangidas por ela. Giddens argumenta que, apesar de a ação e a estrutura serem vistas geralmente como conceitos opostos, elas não podem ser analisadas separadamente. Por um lado, ele coloca uma grande ênfase na ação individual ou no ator escolhedor racional. Por outro, enfatiza que um indivíduo não pode agir de modo significativo sem se apoiar sobre esquemas interpretativos coletivos existentes.

Quando Giddens fala de estrutura, ele se refere às "regras e recursos" que atuam como esquemas interpretativos comuns. A linguagem é um exemplo do que Giddens quer dizer por estrutura. A linguagem organiza práticas, mas a linguagem também é reproduzida por práticas. A noção de estrutura de Giddens enfatiza que a estrutura não apenas restringe a ação social, mas também permite a ação. Ao fornecer esquemas interpretativos comuns, a estrutura permite que novas ações aconteçam. A intenção de Giddens é que não haja primazia nem à agência nem à estrutura em sua teoria. Entretanto, alguns questionaram (BRYANT; JARY, 1991) seu sucesso na realização de seu objetivo e se não haveria um viés favorável à agência individual em seus trabalhos.

Em *As consequências da Modernidade* (1990), Giddens está preocupado com os traços característicos de nossa era histórica atual. Ao lidar com essa questão, ele entra em um debate sobre a noção de Pós-modernidade representar ou não um novo fenômeno, se seria ou não apenas uma continuação do modernismo (cf. seção 5.2). Giddens argumenta que existem claras mudanças que marcam a era atual, mas sugere que elas devem ser pensadas mais em termos de uma "modernidade radicalizada" do que de Pós-modernidade, pois essas mudanças são produzidas pelas mesmas forças que engendraram a Era Moderna.

Segundo Giddens, a era atual oferece oportunidades inigualáveis, mas também perigos inesperados. Como os indivíduos nas sociedades modernas tardias têm acesso à informação sobre o mundo e uns sobre os outros, essa informação lhes permite refletir sobre as causas e consequências de suas ações. A reflexividade na vida social moderna consiste no fato de que as práticas sociais são constantemente examinadas e reformuladas à luz de novas informações. Portanto, o caráter dessas práticas muda. Tal revisão das convenções é aplicada a todos os aspectos da vida humana. Dessa forma, o mundo moderno é um mundo que se constitui através do conhecimento reflexivo aplicado, mas ao mesmo tempo não se pode ter certeza de que um dado elemento desse conhecimento não será revisto mais tarde (GIDDENS, 1990, p. 38-39).

Em seu livro sobre identidade (1991), Giddens discute as conexões entre a vida moderna e o indivíduo. O indivíduo existe dentro de uma estrutura, mas também é um agente, o que significa que o eu [*self*] deve ser criado. Giddens afirma que a construção do eu como um projeto reflexivo é uma parte importante da reflexividade da Modernidade. A identidade não é algo dado, mas é conquistada por meio do uso negociado e reflexivo dos recursos que cada vida oferece. A identidade é criada e escolhida pelo indivíduo. Um elemento na autocriação é a autoatualização [*self-actualization*], que é o esforço do indivíduo em fazer de si mesmo o que ele quer ser. O *self* tornou-se um projeto pelo qual cada indivíduo é responsável. Isso tanto pode ser liberador quanto perturbador. Ter o poder de escolher a respeito de sua identidade implica alguma ansiedade sobre decidir seu *self* "real" ou sua identidade "verdadeira". Isso também supõe muito trabalho para monitorar suas ações para que elas sejam consistentes com sua identidade "verdadeira".

Como Luhmann, Giddens se refere aos conceitos de confiança e risco. Ele concorda com Luhmann quanto a existência da necessidade de confiança no mundo moderno, já que sabemos muito pouco sobre os sistemas com os quais temos que lidar. Ao mesmo tempo, estamos diante de perigos porque não conhecemos as consequências não antecipadas de nossas ações. Também estamos diante de perigos porque confiamos nos especialistas de um conhecimento que não temos e dependemos do funcionamento de sistemas que não entendemos.

Giddens faz distinção entre o ambiente de confiança e o de risco nas sociedades pré-modernas e modernas (GIDDENS, 1990, p. 100-111). Ao examinar as sociedades tradicionais, Giddens situa as cosmologias religiosas como modos de crença e prática ritual no ambiente da confiança. A razão é que elas forneceram interpretações morais e práticas da vida pessoal e social e da natureza. A religião também desempenhou um papel no ambiente de risco nas sociedades tradicionais. Ela pode ter sido uma fonte de ansiedade, pois as ameaças de perigos da natureza eram frequentemente vivenciadas por meio de códigos e símbolos religiosos, e ela também pode ter sido uma fonte de ansiedade existencial. Ao examinar as sociedades modernas, Giddens sublinha que a maioria das situações na vida moderna são incompatíveis com a religião enquanto influência difusa na vida cotidiana. Nas sociedades modernas, a cosmologia religiosa é substituída pelo conhecimento governado pelo pensamento lógico e pela observação empírica, cujo foco recai sobre a tecnologia material. Aqui, Giddens apresenta uma visão relativamente tradicional sobre o papel da religião nas sociedades modernas, onde a religião é percebida como tendo uma importância reduzida (sobre a teoria da secularização, cf. seção 5.5). Para Giddens, religião e tradição estão intimamente ligadas, e ele acredita que a vida moderna debilita ambas, embora mais a tradição do que a religião.

Giddens argumenta que a alta Modernidade gera novos problemas morais. A dúvida e a insegurança inerentes ao nosso tempo favorecem a ressurgência da religião (GIDDENS, 1991, p. 185). Essa ressurgência do interesse pela religião ocorre em eventos importantes da vida, tais como nascimento, casamento e morte. Ela não se limita apenas a formas tradicionais de religião, mas resulta na formação de "novas formas de sensibilidade religiosa e empreendimento espiritual" (1991, p. 207). Essa ressurgência tem a ver com traços fundamentais da Modernidade tardia. Giddens argumenta que a alta Modernidade atingiu seu limite, de modo que a religião agora se lança "de volta ao centro do palco" (1991, p. 208). Nesse sentido, a sobrevivência da religião é uma consequência da alta Modernidade.

A perspectiva de Giddens sobre a religião tem sido criticada. Primeiro, examinemos sua noção de perda da tradição. Giddens afirma que "em condições de alta Modernidade, em muitas áreas da vida social – incluindo o domínio do *self* – não há autoridades determinadas" (GIDDENS, 1991, p. 194). Ele também afirma que a "perda de pontos de ancoragem, decorrente do desenvolvimento de sistemas internamente referidos, cria uma inquietação moral que os indivíduos nunca conseguem superar completamente" (GIDDENS, 1990, p. 185). O estudioso da religião britânico Paul Heelas (1999, p. 201, 216) está entre aqueles que acreditam que Giddens exagera a respeito do enfraquecimento da tradição nas sociedades modernas tardias. Heelas acredita também que as tradições mudam; ou seja, que elas constantemente emergem e recuam, são mantidas, construídas e reconstruídas.

Segundo, a avaliação de Giddens sobre a religião na alta Modernidade também tem suas fraquezas. O sociólogo da religião britânico James A. Beckford (1999, p. 36-37) apontou que Giddens parece usar uma explicação de tipo funcionalista. De acordo com sua teoria da alta Modernidade, as chances de sobrevivência da religião são extremamente reduzidas. Ao mesmo tempo, Giddens usa precisamente a alta Modernidade como explicação para a ressurgência da religião. Ademais, Giddens concebe a religião em termos de resposta individual a dilemas morais. Dessa forma, ele apresenta um quadro estritamente individualizado e racionalizado da religião, que não leva em conta seus aspectos coletivos.

4.8 Zygmunt Bauman: Pós-modernidade líquida

O sociólogo Zygmunt Bauman (1925-2017) teve uma vida dramática. Nascido de pais judeus na Polônia, com a invasão hitlerista sua família fugiu para a antiga União Soviética. Como comunista, Bauman participou do lado soviético na batalha de Berlim em 1945. Ele iniciou uma carreira acadêmica como sociólogo em Varsóvia, mas foi se tornando cada vez mais crítico do regime comunista. Imediatamente após sua deserção do Partido Comunista em 1968, ele foi demitido de sua posição de professor. Depois de uma breve estadia em Israel, ele se tornou professor de sociologia em Leeds, na Inglaterra, cidade que funcionou como sua sede, enquanto viajava intensamente para suas palestras (SMITH, 1999).

Seus numerosos livros permitem que tracemos a biografia de Bauman. Ele manteve um forte compromisso com a igualdade social mesmo sendo quase alérgico a qualquer forma de pensamento autoritário e dogmático. Ele se alia àqueles teóricos sociais que combinam sociologia com ética. No entanto, ele tende a enfatizar as ambiguidades de diversas perspectivas. Bauman não é facilmente categorizado nos quadros da sociologia clássica. Ele rejeita a imagem de sociedade de Durkheim e de Parsons como um fenômeno "programado". Sua premissa é a de que o homem é um ser ativo. Ele acredita que os seres humanos são orientados para coletivos enquanto tentam criar ordem e significado. Ao mesmo tempo, ele descreve estruturas sociais asfixiantes, especialmente estruturas econômicas. Ele sempre retrata tais estruturas como feitas pelo homem, pois nos lembra que "as coisas poderiam ter sido diferentes" (VARCOE, 2003, p. 39).

Bauman é conhecido principalmente por sua crítica à Modernidade. Como sociólogo e eticista, ele está aberto às possibilidades que uma cultura pós-moderna e relativista oferece no desenvolvimento de uma consciência ética "a partir de baixo" (para uma discussão geral sobre Modernidade e Pós--modernidade, cf. seção 5.1). Em seus livros mais recentes, tais como *Globalização – As consequências humanas* (1998a) e *Work, consumerism and the new poor* (1998b), o foco, no entanto, recai menos sobre a Pós-modernidade. Em vez disso, ele renova seu antigo interesse pela crítica da desigualdade e injustiça social, política e econômica.

Sua crítica mais incisiva à Modernidade encontra-se em *Modernidade e Holocausto* (1989). Nesse livro, ele afirma que o Holocausto, ou o projeto nazista da extinção dos judeus, não é uma prova da irracionalidade humana. Não se trata de uma demonstração do colapso da Modernidade e de regressão a formas primitivas, pré-modernas, de cultura. Ele argumenta que sentimentos irracionais, agressivos, emocionais não seriam capazes de organizar programas sistemáticos de extinção como o Holocausto: "ódio e raiva são ferramentas muito primitivas e ineficazes para a extinção em massa. Elas geralmente se exaurem antes do término da tarefa" (1989, p. 90). Para Bauman, o Holocausto foi possível porque era uma consequência do projeto moderno, cujos propósitos são a ordem, asseio e controle. A Modernidade é intolerante ao estranho e ao "lodoso" porquanto exige pureza em nome da razão. Um traço comum do moderno, encontrado no comunismo, no nazismo e também no darwinismo social, é a perseguição aos desviantes. Um instrumento importante tem sido a burocracia. Expressão fundamental da Modernidade, a burocracia não é uma ferramenta neutra, mas contém características embutidas que podem levar a formas inumanas de prática. A burocracia implica uma extensa divisão do trabalho e a fragmentação das tarefas: como os burocratas têm responsabilidade técnica apenas em pequenas tarefas, sua responsabilidade moral é pulverizada. Bauman acredita que as consequências da brutalidade tenderão a provocar repulsa particularmente quando forem visíveis e aparecerem de muito perto. Entretanto, há vários graus de separação entre atores de uma burocracia que tomam as iniciativas e os resultados finais de suas ações. Com isso, as vítimas não têm rosto e o compromisso moral é diluído.

De acordo com Bauman, Modernidade e burocracia não levam necessariamente à devastação e ao horror. Ele aponta duas condições que tornaram o Holocausto possível: uma foi a situação de guerra, que implicava exigências de lealdade por parte dos cidadãos alemães; a outra foi a passividade desses cidadãos face as autoridades nazistas no período de implantação do regime. Contudo, a burocracia moderna também era uma importante condição para o processo de engenharia social executado e cujo propósito final era a extinção de todos os judeus.

Em diversos textos em torno de 1990 Bauman admite encontrar opções positivas numa cultura individualista, lúdica, pós-moderna. Em Ética pós-moderna (1993), ele descreve o pós-moderno como um tipo de Modernidade mais modesta e autocrítica, dotada de uma atitude mais flexível com a ordem e a pureza. Alguns desses textos revelam também um quinhão de esperança. Bauman sugere que o comprometimento moral com relacionamentos próximos pode se expandir progressivamente para uma moralidade da compaixão e do cuidado universal e inclusiva. Ele mostra que tem fé nas comunidades espontâneas e nas suas habilidades de suavizar instituições rígidas e poderosas. Mas mesmo seus livros mais antigos criticam a Pós-modernidade, a indiferença e a falta de solidariedade e comunidade. Essa crítica parece ter se intensificado depois, por exemplo, com *Modernidade líquida* (2000) e *Comunidade – A busca por segurança no mundo atual* (2001). A crítica de Bauman à Modernidade e à burocracia tem sido usada na desconstrução do setor público e na concepção romântica de soluções privadas para a seguridade. Trata-se de um mal-entendido. Na verdade, Bauman tem reforçado suas críticas ao capitalismo internacional em seus escritos mais recentes.

A discussão sobre a sociologia do amor em Ética pós-moderna é um bom exemplo de seu senso de complexidade e ambiguidade. Ele argumenta que o amor pode ser afetado por aquilo que é fixo e firmemente estabelecido. Nesse caso, o casal tem um código comum que define os quadros de seu relacionamento. O relacionamento não depende do humor de qualquer momento específico. Ambos sabem que podem curtir o outro sem ter que dar mais e mais. Esse amor líquido é mais dinâmico, mas também mais calculador e frágil. Ambas as partes calculam perdas e ganhos em cada situação. Ninguém irá investir energia ou emoção sem se certificar de que terão alguma coisa em troca. Se a fixação tende a dar em um relacionamento caracterizado pela rotina e obrigação, o amor líquido tende a gerar instabilidade, insegurança e perigo, particularmente para a parte mais fraca. Talvez seja necessário criar uma certa fixação como um bastião para o amor, sugere Bauman (1993, p. 123).

Bauman concentrou-se mais na ética do que na religião. Ele parece subscrever uma concepção bastante comum na sociologia segundo a qual a Modernidade teria enfraquecido o papel da religião na sociedade. As raízes metafísicas da comunidade social teriam desaparecido. Enquanto base para a integração social, a sedução teria substituído a opressão e as referências religiosas comuns. O consumidor feliz satisfez suas necessidades e o sistema é mantido, escreve ele em *Intimations of Postmodernity* (1992).

O homem pós-moderno está orientado para o aqui e agora e é um ardente consumidor de experiências. Entretanto, essa busca pela experiência tem pouco a ver com religião, diz Bauman em seu artigo *Postmodern religion?* (1998b). Ao contrário de certos sociólogos que utilizam uma definição mais ampla de religião, Bauman não encontra qualquer dimensão religiosa na busca do homem pós-moderno pela autorrealização e felicidade. Ele parece usar um conceito substantivo de religião, pois relaciona a religião à visão que as pessoas têm de si mesmas como seres insuficientes que dependem da intervenção e ajuda divinas. Nesse artigo, ele também rejeita a ideia de que os seres humanos teriam uma necessidade fundamental de compreender questões existenciais. Não há nada nas rotinas ocupadas da vida cotidiana que estimulem questões sobre o sentido último da existência: o gado deve ser alimentado, as colheitas estocadas, os impostos pagos, o jantar preparado, os compromissos cumpridos, as máquinas de vídeo reparadas e assim por diante.

Bauman parece chegar a uma conclusão similar à de Foucault, a de que os líderes religiosos produzem seus próprios consumidores. Historicamente, os líderes religiosos têm tido o poder de "infligir" tópicos religiosos às pessoas. A religião tem sido introduzida de cima para baixo mais do que cultivada no interior da natureza humana. Em sociedades pós-modernas, organizações religiosas têm dificuldade em suscitar uma resposta, porque a mentalidade pós-moderna busca felicidade e prazer, não as limitações e sofrimentos humanos que são focalizados pela religião tradicional.

Entretanto, Bauman afirma que uma forma de religião, o fundamentalismo, está relacionado com a sociedade pós-moderna. Para ele, a religião fundamentalista (e o fundamentalismo em geral, inclusive o político) é um produto da ênfase da sociedade pós-moderna sobre o ideal perfeito e o consumidor feliz, que busca incessantemente prazer e experiência. O fundamentalismo é o refúgio oferecido ao consumidor malsucedido, ou seja, alguém que tem medo de todas as escolhas que se deve fazer na vida e do fato de que só se pode confiar em si mesmo. O fundamentalismo não é uma relíquia pré-moderna. Ao contrário, é um porto seguro para aqueles que têm medo em uma cultura em que cada indivíduo deve construir sua própria identidade e defender suas próprias escolhas. A partir dessa premissa, Bauman prevê que a sociedade pós-moderna continuará a ser composta por grandes grupos de indivíduos religiosos.

Vários historiadores e sociólogos têm argumentado que a base da crítica de Bauman à Modernidade está mais relacionada com a situação na Alemanha antes e durante a Segunda Guerra Mundial do que com a Modernidade enquanto tal (VARCOE, 1998). Quando se trata de sua visão sobre religião, é possível afirmar que Bauman tende a identificar a religião com o fundamentalismo. A partir das descrições baumanianas de uma abertura pós-moderna para uma nova e mais calorosa moralidade, alguns sociólogos têm de fato defendido que a sociedade pós-moderna é mais aberta à religião do que teria sido a Modernidade (cf. seção 12.5).

4.9 Alguns temas e problemas comuns

Este capítulo apresentou alguns dos teóricos mais importantes da sociologia e da análise cultural contemporâneas. Agora, a ideia é analisar algumas questões que eles discutiram e considerar as possíveis implicações que suas teorias podem ter para a religião.

Todos os teóricos aqui incluídos se preocuparam com a relação entre indivíduo e sociedade. Vimos no capítulo anterior como a teoria do funcionalismo estrutural de Talcott Parsons dominou a sociologia nos anos de 1950. Erving Goffman era apenas alguns anos mais jovem do que Parsons, mas mudou a compreensão da interação humana na sociologia. Inspirado por G.H. Mead, Goffman considerou o ritual e as estratégias como partes integrantes da interação na vida cotidiana, e sua perspectiva tornou-se importante na década de 1960. Por um lado, ele interpretou a sociedade como um teatro – as pessoas não podem fazer exatamente o que gostam porque têm papéis a desempenhar. Por outro, toda interação é caracterizada por um elemento de improvisação. As pessoas não são apenas governadas pelos papéis que lhes são atribuídos. Como se viu, grande parte da sociologia contemporânea representa diferentes tentativas de combinar teorias orientadas para a estrutura e teorias orientadas para o ator.

Os sociólogos aqui discutidos analisam a relação entre o indivíduo e a sociedade de diferentes maneiras. Muitos se valem da teoria clássica anterior. Um tema comum parece ser a ênfase na tensão entre indivíduo e sociedade. Eles concordam que uma "pura individualidade" não existe fora da sociedade, e que as personalidades são desenvolvidas na interação social. Goffman, Berger e Luckmann claramente adotam essa perspectiva. Ao mesmo tempo, os desejos e preferências do indivíduo não se originam no interior de cada indivíduo, eles são produzidos socialmente. Alguns enfatizam estruturas a ponto de os atores desaparecerem. Essa crítica tem sido particularmente dirigida a Luhmann. Muitos também apresentam uma concepção sobre a relação entre indivíduo e sociedade caracterizada pela ausência de harmonia. A maioria sublinha que as pessoas muitas vezes experimentam as estruturas como fatores limitantes para o indivíduo. Isso fica evidente nos trabalhos de Bourdieu e de Foucault. Nessa área, Giddens procurou mostrar que as estruturas também facilitam a ação ao providenciar recursos e poder para agir. O debate sobre a relação entre indivíduo e sociedade está ultimamente ligado ao debate sobre o desenvolvimento da identidade. Se todos os teóricos argumentam que a identidade individual é construída socialmente, Giddens é o teórico que mais se distanciou desse ponto ao sustentar que a identidade é criada e escolhida pelo indivíduo. Por sua vez, Bourdieu sinalizou em seu conceito de *habitus* que os indivíduos tendem a carregar uma bagagem cultural da qual não estão conscientes.

As ideias dos teóricos sobre o indivíduo e a sociedade têm consequências para suas concepções sobre a religião. De acordo com Berger e Luckmann, a religião é um fenômeno que é produzido na interação diária. Giddens argumenta que os atores sociais criam a religião, mas que essa produção está relacionada a um desenvolvimento social mais amplo. Em Habermas, Luhmann, Bourdieu e Foucault, a religião é, em grande medida, um produto de estruturas.

O segundo tema compartilhado por diversos teóricos é a construção social e cultural do conhecimento. Em sua análise sobre a construção social do conhecimento, Berger e Luckmann se concentrava sobre a interação cotidiana. Eles se baseiam em Mead, cuja abordagem representava uma alternativa ao funcionalismo então dominante. Mead enfatiza que todo conhecimento está baseado na comunicação e na experiência prática, não sendo apenas um espelho da realidade objetiva. Isso implica uma noção de que as percepções de religião e realidade irão variar conforme os diversos indivíduos e grupos. O resultado é a ideia de que diversas culturas e períodos históricos desenvolvem diferentes formas religiosas.

A questão da construção social do conhecimento tem sido um dos principais temas na sociologia e na análise cultural desde a década de 1960. Diversos teóricos buscaram entender a história e a diversidade multicultural de novas formas. Muitos teóricos discutidos neste capítulo focalizaram as mudanças no interior da cultura ocidental. Berger mostrou como as mudanças nas estruturas de plausibilidade conduziram à fragmentação do dossel religioso tradicional em sociedades modernas. Se anteriormente a religião fornecia legitimidade, sentido e ordem à realidade social, em sociedades pluralistas, em que diferentes visões de mundo competem entre si, a religião só teria tal função em um universo limitado. Michel Foucault busca desvelar diferentes abordagens ao saber em vários períodos históricos. Ele é um dos mais importantes teóricos do chamado "estruturalismo" e mais tarde "pós-estruturalismo". O estruturalismo tem suas raízes na sociologia de Durkheim, especialmente sua ênfase nas raízes sociais do conhecimento. A preocupação de Foucault é compreender como o poder e a mudança histórica formam o conhecimento. De acordo com ele, a religião é puramente um produto de um período específico. Ela não tem um papel ou função social *a priori*. Outro sociólogo pós-estruturalista, Bourdieu, coloca em relevo a luta de classificações e a violência simbólica. Ele argumenta que a cultura e a religião de uma dada sociedade não são fatores que unificam as pessoas, como argumentam Berger e Luckmann. Para ele, a cultura as domina. Segundo Bourdieu, o uso de classificações como raça, gênero, classe social, orientação sexual, gosto e orientação religiosa são meios pelos quais hierarquias sociais são mantidas.

Isso nos leva ao terceiro tema a respeito da desigualdade, poder e diferença. Na década de 1950, a teoria sociológica estava preocupada com a integração social, consenso e outros fatores cujo propósito era manter unida a sociedade. Isso muda na década de 1960. O foco foi dirigido a questões como classe social, raça, etnia, gênero e orientação sexual. Os teóricos clássicos da sociologia tinham se preocupado com a desigualdade social e a diferença social, mas quando uma nova geração de sociólogos passa a recorrer a Marx, começam a enfatizar a desigualdade e a diferença. Dentro dessa tradição, os temas comuns são conflito e luta, o consenso sendo visto como resultado das relações de poder e do uso do poder. Habermas, por exemplo, discute a ideologia hegemônica para explicar por que os oprimidos aceitam a desigualdade. Para ele, a secularidade, e não a religião, representa a emancipação. Berger e Luckmann também analisam como a religião legitima o poder político e as relações sociais existentes. Já Foucault mostra como a prática confessional no interior da igreja representa uma disciplina do *self* e do corpo. Bourdieu vê o poder religioso como poder sobre a percepção. Por isso, a religião é um aspecto da violência simbólica. Luhmann, por sua vez, explica o poder como sistema e como traço pessoal. O que une Luhmann, Habermas e Foucault é a ideia de que o poder requer comunicação.

O último tema a ser tratado aqui é a visão desses teóricos sobre a Modernidade e suas consequências para a religião. Em sua maioria, as teorias sociológicas da modernização têm se baseado nas condições sociais existentes no mundo ocidental. A partir dessa base, modelos do processo de modernização foram formulados na expectativa de que o resto do mundo acabaria por segui-los. Nessa área, vários sociólogos se basearam mais ou menos automaticamente em teorias de secularização propostas, entre outros, por Weber. Um deles previu que era apenas uma questão de tempo até que o resto do mundo siga o padrão encontrado na Europa ocidental, ou seja, um desenvolvimento unilinear rumo à desintegração e à privatização religiosa. Essa perspectiva é evidente nos primeiros trabalhos de Berger e Habermas. Foucault também argumenta que o cristianismo havia desempenhado um papel significativo na cultura ocidental, mas que a religião não seria mais importante. Giddens afirma, por um lado, que um alto grau de Modernidade expele a religião e, por outro, que um alto grau de Modernidade facilita a ressurgência religiosa. Bauman é o teórico com a visão mais crítica da Modernidade. Ele parece ter uma visão positiva de vários movimentos de reforma social, embora a religião não desempenhe um papel importante neles. Ele também parece relacionar a religião com o fundamentalismo.

Na década de 1960, foram feitas críticas às teorias de modernização, críticas que rejeitaram concepções unilineares de mudança social. Atualmente, alguns teóricos argumentam que pode haver várias versões da Modernidade e muitos projetos de modernização. Veremos as críticas dirigidas às teorias unilineares da secularização. São tópicos que discutiremos mais tarde. Examinaremos diversas interpretações dos novos movimentos religiosos e do chamado fundamentalismo. Todos os conservadores religiosos são antimodernos ou representam versões alternativas de Modernidade? O mundo é caracterizado pela globalização, pela expansão do mercado econômico e por uma crescente migração internacional. Este livro tenta discutir o significado desse desenvolvimento para a religião.

5
As grandes narrativas: Modernidade, Pós-modernidade, globalização e secularização

Grande parte do debate sociológico concentra-se em como devemos caracterizar os principais traços da sociedade contemporânea. Para sociólogos de orientação empírica, esses debates podem se tornar grandes e chegar longe *demais*. Muitos sociólogos são céticos de que termos como Modernidade ou Pós-modernidade consigam captar o "espírito do tempo". Ao tentar captar toda uma época em um conceito total, não temos escolha senão encobrir grandes diferenças entre e dentro de sociedades. Este capítulo irá traçar os contornos dos debates sobre Modernidade, Pós-modernidade e a relação entre essas duas noções. Nós também discutiremos brevemente o tema da globalização. Esses debates não se limitam à sociologia da religião, mas estão presentes na sociologia geral, na história e em vários outros campos acadêmicos. Um elemento mais específico na sociologia da religião é o debate sobre a secularização. Iremos apresentar algumas das principais características das teorias da secularização, isto é, de teorias para as quais a religião tem diminuído em importância. Encerraremos capítulo, abordando as críticas a essas teorias.

5.1 Os traços característicos da Modernidade

Para fins de simplificação, pode-se dizer que sociedades modernas e projetos modernos têm sido dominados por cinco ideias fundamentais (SCHAANNING, 1992):
- crença na verdade e no método;
- crença em fundamentos últimos;
- crença em estratégias de revelação;

- crença no progresso;
- crença na liberdade.

A crença de que existem certas verdades fundamentais, desnecessário dizer, é mais antiga do que a Modernidade. O que caracteriza o projeto moderno são os métodos científicos desenvolvidos para alcançar a verdade. A verdade produzida usando a metodologia científica é chamada de verdade em última instância, isto é, alguns elementos fundamentais sobre os quais a verdade repousa. Em sociedades pré-modernas, normalmente a verdade repousa em última instância sobre elementos transcendentais fora do campo da experiência humana. A verdade fundamental muitas vezes é localizada no campo religioso. A Modernidade aproxima as instâncias últimas do homem ao afirmar que a razão e/ou experiência humanas constituem a base da verdade.

A crença nas estratégias de transparência aponta para a importância da revelação e remoção de preconceitos e superstições. Marx, Nietzsche e Freud interpretaram ideologias e religiões contemporâneas com suspeita. Entretanto, para revelar a verdade, eles precisaram determinar suas próprias premissas finais, fossem elas crenças nos desenvolvimentos tecnológicos e econômicos ou instintos subconscientes. Munidos de estratégias de revelação e métodos científicos, os proponentes da Modernidade tentaram expandir a liberdade do homem.

O termo em latim *modernus* remete ao século V d.C., quando era usado para distinguir entre a antiga época pagã e a nova época cristã. Assim, linguisticamente, "moderno" não significa nada além de "novo tempo", em contraste com o antigo (SMART, 1990). Quando, então, a Modernidade começa como uma era? Alguns datam o nascimento da Modernidade no final do século XIX. Muitos estudiosos remontam ainda mais longe, até mesmo ao individualismo e à filosofia do progresso de Agostinho (KROKER; COOK, 1988). Diversos estudiosos parecem seguir o historiador Arnold Toynbee (1954), que coloca o início da "época moderna na história do Ocidente" no final do século XV, em sociedades da costa atlântica europeia, marco inicial da conquista tecnológica dos sete mares. Pode-se dizer que Max Weber é um sociólogo da Modernidade. Através da análise do protestantismo e de seus efeitos sobre o surgimento de uma atitude instrumental disciplinada (WEBER, 2001/1904-1905), ele localiza o início da Modernidade no século XVI. Vários estudiosos também ligam o surgimento da Modernidade – sua crítica à tradição, a crença na razão e o desejo de liberdade – à Era do Iluminismo no século XVIII e à Revolução Francesa. Não é possível dar uma resposta definitiva à questão do começo da Modernidade. Talvez essa pergunta não seja de interesse para um sociólogo. Os sociólogos estão geralmente mais preocupados com a distribuição e o papel social de ideias e práticas do que com quem as engendrou. Também é provável que a crítica da tradição que caracteriza a Modernidade no início só tenha sido importante para a elite intelectual, e só aceita pela população em geral bem mais tarde.

Inspirado por Weber, o sociólogo Bryan S. Turner (1990) formulou uma caracterização da sociedade moderna. De acordo com ele, suas características são:

- disciplina ascética;
- secularização;
- crença na validade universal da razão instrumental;
- diferenciação das várias esferas do mundo da vida;
- burocratização das práticas militares, políticas e econômicas;
- crescente monetarização de valores.

Deveremos retornar a muitas dessas características quando examinarmos as teorias da secularização. No momento, apenas assinalamos que Turner realça alguns marcos geográficos e históricos importantes no desenvolvimento inicial da Modernidade. Em particular, o imperialismo ocidental no século XVI, o domínio do capitalismo na Grã-Bretanha, Países Baixos e Flandres a partir do século XVII, os novos métodos de pesquisa nas ciências naturais desenvolvidos no século XVII e a institucionalização de atitudes e práticas inspiradas nos calvinistas no norte da Europa nos séculos que se seguiram à Reforma são expressões da Modernidade. No século XIX, os processos de modernização podem ser vistos na separação entre família e parentesco, entre núcleo familiar e economia e no estabelecimento da maternidade como instituição. Para Turner, mesmo que a ideia do cidadão individual possa ser rastreada até a Grécia antiga passando pelas cidades-estado autônomas italianas, a ideia de cidadão como um portador abstrato de direitos universais é uma noção claramente moderna.

É comum entre os estudiosos estabelecer uma relação entre a modernização e a emergência de uma forma racional de pensamento. Alguns acham que isso é muito simplista e que a época moderna é permeada por numerosas tensões entre a razão, por um lado, e o Romantismo, por outro (GUNERIUSSEN, 1999). Essa tensão pode ser detectada nos trabalhos de sociólogos clássicos, pelo menos em seu interesse por formas desaparecidas de comunidade – por exemplo, as raízes românticas das ideias de Durkheim sobre comunidade e solidariedade. Com efeito, a crítica pós-moderna da Modernidade que examinaremos a seguir pode ser vista como uma radicalização das tendências românticas no interior da Modernidade.

5.2 Da Modernidade à Pós-modernidade?

Na sociedade contemporânea, muitas das ideias fundamentais da Modernidade baseada na razão são objeto de suspeita e de dúvida. A confiança na verdade científica era mais forte há um século do que hoje. Houve uma perda de fé na busca "pura" pela verdade quando se percebeu que os contextos históricos e as relações de poder em uma sociedade afetam a ciência. Vários fatores, tais como a consciência do meio, da linguagem, do poder e dos contextos históricos, corroeram a confiança na razão e na experiência como fundamentos últimos que constituem a base da verdade. Aqueles que expuseram preconceitos e superstições foram eles próprios expostos, e as normas da Modernidade foram criticadas. A crítica tem sido dirigida tanto à teoria científica quanto às premissas éticas.

O conhecimento científico tem sido acusado de promover uma desumana tirania da normalidade. A crença no progresso e na busca incessante da liberdade passou também por um escrutínio – assim como a noção moderna do sujeito integrado e relativamente autônomo. O sujeito deixa de ser uma entidade estável e unificada. Com efeito, esse é um tema sempre presente na sociologia – que sustenta que os seres humanos são afetados por seus contextos sociais. A problematização do sujeito humano tende a estar ligada a uma crescente conscientização de que a linguagem é um meio. Para o pensamento contemporâneo, a linguagem tanto usa o homem quanto o homem usa a linguagem. A ideia de que a linguagem representa a realidade de forma direta tornou-se altamente problemática em vários campos acadêmicos. Um dos primeiros exploradores e apresentadores do pensamento pós-moderno, Jean Baudrillard (1983), argumenta que, com as novas tecnologias de mídia, com os meios de comunicação de massa agressivos e com o crescimento da indústria recreativa, testemunhamos inúmeras simulações da realidade. Todos os signos ao nosso redor contribuem para minar nosso senso de realidade.

Com o conceito de Modernidade sob ataque, intelectuais responderam utilizando o conceito de Pós-modernidade para descrever a sociedade e a cultura contemporâneas. Antes de visitarmos esse debate, vejamos brevemente alguns outros termos frequentemente usados pelos sociólogos. Na década de 1970, os sociólogos debateram se estávamos indo em direção a uma sociedade pós-industrial. Em seu livro *O advento da sociedade pós-industrial – Uma tentativa de previsão social* (1973), o sociólogo estadunidense Daniel Bell examinou o padrão de vida emergente no mundo ocidental na sequência da Segunda Guerra Mundial. Como as pessoas não mais precisam gastar seu dinheiro em necessidades básicas como alimentação, moradia e vestuário, novas necessidades emergem na educação, pesquisa, saúde, lazer, negócios, finanças e transportes. Essas novas necessidades são geralmente satisfeitas por um setor de serviços emergente. A ciência se tornou uma força produtiva importante. A sociedade pós-industrial é em grande medida uma sociedade da informação e do conhecimento. Bell sublinhou que tanto as sociedades capitalistas quanto as não capitalistas podem ser pós-industriais.

Na sociologia, Bell contribuiu para o enfraquecimento da ideia funcionalista de que as sociedades com o tempo irão se desenvolver em direção a uma unidade harmoniosa, na qual cada parte contribui de diferentes maneiras. Em seu livro *The Cultural Contradictions of Capitalism* (1976), Bell desenvolveu uma teoria inspirada em Weber, baseada na ideia de que as tensões e os conflitos entre cultura, economia e política são intrínsecos à sociedade. Enquanto a política regula a divisão de poder e interesses, a economia cria e oferta bens e a cultura estabelece sentido por meio de experiências, símbolos e expressões. Cada área é controlada por seu princípio básico: autorrealização na cultura, equidade na política e eficiência e racionalidade na economia. Bell afirma que um conflito aparece entre cultura e economia se a cultura der as costas à eficiência da economia em favor de uma rejeição hedonista e irracional das tradições e instituições estabelecidas. Bell prevê uma tendência em direção a uma cultura de consumo baseada em jogos, exibicionismo e crítica da autoridade. Ao mesmo tempo, ele parece acreditar que a ordem da sociedade pós-industrial será preservada porque os especialistas constituirão uma "classe do conhecimento" poderosa e socialmente responsável.

"Pós-materialismo" é outro termo usado, sobretudo pelo cientista social Ronald Inglehart, para caracterizar os novos aspectos da sociedade moderna. Em diversas publicações (1977, 1990), ele afirma que grandes mudanças de valor estão acontecendo no mundo ocidental. Como as pessoas atingiram um nível razoável de segurança financeira e afluência, elas se voltam para o que Inglehart chama de "valores pós-materialistas" – como a estética, a autorrealização e a consciência ambiental. No campo religioso, Inglehart acredita que essa mudança geral de valores leva a um menor interesse nas tradições religiosas organizadas e convencionais, mas renova o interesse na espiritualidade e no "sagrado".

Termos como "pós-moderno" e "Pós-modernidade" são populares, embora tendam a carecer de precisão. Eles derivam da teoria da arte e da arquitetura, e nas últimas duas décadas têm sido adotados pelas humanidades e ciências sociais. O sociólogo da religião James Beckford (1992, p. 19) captou algumas características frequentemente ligadas à Pós-modernidade:

1. uma recusa em considerar critérios positivistas, racionalistas e instrumentais como os únicos ou exclusivos padrões de conhecimento válido;

2. uma disposição a combinar símbolos de códigos ou quadros de sentido diferentes, mesmo à custa de disjunções e do ecletismo;

3. uma celebração da espontaneidade, fragmentação, superficialidade, ironia e ludicidade;

4. uma disposição a abandonar a busca de mitos, narrativas ou quadros de conhecimento abrangentes ou triunfalistas.

Aqui, a Pós-modernidade é contrastada com a Modernidade e sua crença no conhecimento cientificamente fundamentado, segundo a qual a aplicação rigorosa de métodos revela como o mundo realmente é e como ele funciona. Claramente, a crença do Iluminismo no progresso e no otimismo científicos são atacados pelo pensamento pós-moderno. "A chamada Pós-modernidade nada mais é do que a 'desmistificação' da santidade que o Iluminismo conferiu à razão. É a secularização do secularismo", afirmam os sociólogos William H. Swatos Jr. e Kevin Christiano (1999, p. 225), aludindo conscientemente à afirmação de Max Weber de que a modernização implica *die Entzauberung der Welt* (o desencantamento do mundo).

Alguns estudiosos traçam contrastes profundos entre Modernidade e Pós-modernidade. Outros chamam a atenção para a continuidade entre Modernidade e Pós-modernidade: também o projeto moderno encarna o ceticismo das tradições e noções inerentes. Em *The Persistence of Modernity* (1991), o alemão Albrecht Wellmer escreve sobre essa continuidade: a Pós-modernidade é uma forma mais sábia e modesta de Modernidade, caracterizada por experiências de guerra, nacionalismo e movimentos totalitários. A Pós-modernidade seria uma continuação da herança do Iluminismo, mas com menos utopia e crença na ciência.

Esse debate, escusado dizer, é extremamente relevante para as discussões sobre o destino da religião na sociedade contemporânea. Na Pós-modernidade, a crítica incide não apenas sobre o absolutismo religioso, mas também sobre as novas "verdades" cientificamente fundamentadas – e as aspas são importantes. Nas palavras de Peter L. Berger: os relativizadores serão eles próprios relativizados (1969).

A ideia de pós-modernismo como uma característica especial de nosso tempo também foi, é claro, criticada. Alguns estudiosos têm apontado limitações geográficas e sociais. Uma mentalidade pós-moderna pode ser considerada um fenômeno de elite limitado a certas classes sociais, e talvez mais proeminente nos estratos sociais possuidores, para usar a noção bourdiana, de capital cultural. É provável que a Pós-modernidade esteja mais disseminada entre jornalistas e artistas do que entre agricultores e aposentados. Outro argumento é que a caracterização de épocas ou sociedades inteiras tende a negligenciar diferenças e conflitos sociais. Steve Bruce (2002) sustenta que as instituições sociais predominantes – política, economia e tecnologia – continuam a ser em grande medida controladas pela lógica e racionalidade modernas, e não pela lógica e racionalidade pós-modernas. É improvável que a racionalidade burocrática tenha perdido seu poder como fator social desde os escritos de Weber sobre a burocracia e a racionalização. Não é por acaso que o conceito de Pós-modernidade tenha mais popularidade entre sociólogos da cultura e da mídia do que entre sociólogos econômicos e políticos. A maioria das pessoas no mundo ocidental ainda está envolvida em inúmeros subprojetos da Modernidade. Ainda que o "eu" e a personalidade do indivíduo tenham sido teoricamente "descentrados" ou dissolvidos por alguns, ainda é parte de nosso conhecimento operativo cotidiano atuarmos como atores individuais. E isso pode ser verdade até para muitos pós-modernos quando deixam o auditório ou vão para casa depois da cafeteria. Em geral, as pessoas têm uma relação um pouco menos problemática com a linguagem e o sujeito do que a ciência literária. Muitas legitimações sociais e técnicas da Modernidade continuam sendo úteis na vida cotidiana, incluindo a percepção do ser humano como controlador, mestre e criador da natureza e a busca humana por riqueza e bem-estar. Assim, se for para usar rótulos claros para nossa época, preferimos Modernidade tardia à Pós-modernidade.

5.3 Globalização

A globalização tem a ver com os processos que levaram o mundo a se tornar um único sistema sociocultural mundial ou uma ordem mundial institucionalizada (ROBERTSON, 1991, p. 51). Tradicionalmente, para a sociologia, a modernização é um processo unilinear que ocorre dentro dos limites do Estado-nação. Na década de 1960, emerge a consciência de que as sociedades estavam se tornando altamente interdependentes. Muitos sociólogos perceberam que os processos e problemas que os interessavam tinham uma dimensão inerentemente global. Os sociólogos J.P. Nettl e Roland Robertson (1968) afirmaram que a modernização não era um processo que acontecia de maneira semelhante em todo o mundo, mas que a modernização era resultado das tentativas das elites sociais de posicionar sua sociedade na hierarquia global. Immanuel Wallerstein (1974) argumentou que essa hierarquia – que dividia econômica e politicamente o mundo em países dominantes, industriais, capitalistas e países mais frágeis do Terceiro Mundo –, era resultado de transformações de longa duração na economia mundial capitalista. Ele acreditava que esse desenvolvimento havia trazido uma divisão global do trabalho e uma cultura dominante mundial. Mike Featherstone (1990) interessou-se por essa cultura mundial ou "cultura global" perpassada por processos culturais transocietários que dão origem a processos de comunicação com alguma autonomia em nível global.

Na sociologia da religião, as teorias da globalização remetem com frequência a Roland Robertson. Na década de 1990, Robertson começou a analisar o aspecto religioso da mudança global. Ele desafiou a visão convencional de que o sistema mundial era causado por forças econômicas e composto por estruturas econômicas. Em vez disso, para ele, a religião é parte integrante do processo de globalização e um domínio crucial perpassado por conflitos sobre alternativas a esse processo. De acordo com Robertson (1991), os processos de globalização começaram e foram colocados em intensa circulação no período entre 1880 e 1925. Quatro grandes pontos de referência foram estabelecidos no que diz respeito à "sociedade internacional": sociedades, indivíduos, relações internacionais e a condição humana. A segunda fase da globalização, iniciada na década de 1960, envolve a reconstrução e a problematização desses quatro pontos de referência. Assim, os seguintes aspectos caracterizam o final do século XX: as culturas nacionais e a necessidade de se declarar a própria identidade são colocadas em questão. Como um grande número de organizações e movimentos religiosos são multinacionais, muitas vezes se veem em uma relação tensa com governos nacionais. Tensões generalizadas entre Estado e Igreja ao redor do mundo ilustram esse fenômeno, diz Robertson (1987). Além disso, como a globalização questiona as identidades de sociedades e de indivíduos e traz diferentes civilizações para a praça pública, as tradições religiosas podem se tornar fontes poderosas para novas imagens da ordem mundial. Como resposta a inquietantes mudanças globais, Robertson (1991) detectou uma nostalgia ou um apetite por imagens do passado. Isso levou a um retorno aos fundamentos por parte de grupos e movimentos religiosos, como uma forma de enraizar o indivíduo na cultura religiosa de uma nação e de remodelar a ordem mundial. Líderes religiosos também se tornaram atores globais, engajados em debates globais (ROBERTSON, 1992). Embora não determine a direção da globalização, Robertson argumenta que a religião ajuda a influenciar a definição da situação global.

Robertson chama a atenção para a importância da reação religiosa ao processo de globalização, provocada pelas tensões que este produziu. Peter L. Beyer (1994) também analisou a reação religiosa à globalização. Ele distingue entre movimentos religiosos que reagem à globalização e movimentos religiosos que celebram a diversidade. A primeira categoria inclui várias formas de movimentos fundamentalistas que reagem contra tendências globais que ameaçam antigas identidades. A segunda categoria abarca movimentos liberais, como o ambientalismo religioso, que procuram dar à cultura mundial um sentido último. De acordo com Beyer (1990), a globalização da sociedade pode ser um terreno fértil para a renovada influência pública da religião. No entanto, ele acredita que atores e crenças religiosas terão um papel mais proeminente no discurso sobre a situação global do que nas instituições que moldam as relações globais.

Outros sociólogos da religião também analisaram a reação religiosa à globalização. Frank J. Lechner (1993, p. 27-28) observou que a cultura global se tornou o alvo de vários movimentos fundamentalistas (cf. cap. 9). Para ele, a explicação passa pelo fato de a Modernidade não ser apenas um fenômeno social, mas implicar uma visão de mundo no sentido literal de defender uma visão diferente "do mundo". Os movimentos religiosos que se veem como defensores de Deus ou de Alá querem trazer o Reino de Deus para a terra. Eles representam uma tentativa de restaurar uma tradição sagrada como base para uma ordem social dotada de sentido – esforço entre outros para preservar ou alcançar uma certa autenticidade cultural diante de uma cultura global universalizante. Os participantes de tais movimentos também se tornam atores importantes na cena global; nesse sentido, uma reação contra a Modernidade tem implicações globais. Dessa forma, a condição global cambiante não é apenas um contexto e o alvo do fundamentalismo; ela também serve como seu principal fator precipitador.

Enquanto vários sociólogos da religião têm destacado a reação religiosa à globalização, outros têm se concentrado mais empiricamente nos aspectos globais de muitas tradições religiosas. Alguns têm observado que várias religiões antigas, como o cristianismo, o islamismo e o budismo, sempre formaram culturas globais. Um exemplo é a Igreja Católica Romana. Desde o início, seu objetivo era ser a única, a Igreja universal. No entanto, até o século XX, ela foi sobretudo uma instituição europeia, uma instituição europeia ultramarina de exportação. Durante o papado de João Paulo II, a Igreja Católica abraçou a globalização no sentido de tornar-se uma voz para os direitos humanos em todo o mundo, havendo um drástico crescimento das redes e intercâmbios católicos transnacionais ao redor do mundo (CAVA, 2001; CASANOVA, 2001; ROMERO, 2001). Outras tradições religiosas também foram se tornando cada vez mais globais, como o pentecostalismo, o cristianismo carismático e o sufismo. Além disso, a disposição global tem sido uma característica distinta de várias novas religiões e novos movimentos religiosos, bem como dos proponentes da "Nova Era" (HEXHAM; POWE, 1997; ROTHSTEIN, 2001).

A teoria da globalização já tem sua fortuna crítica. De acordo com David Lehmann (2002), uma fraqueza fundamental nos relatos teóricos contemporâneos sobre religião e globalização é a suposição de que a difusão do capitalismo global é o modelo para toda globalização. Isso tem como consequência uma concepção de globalização adotada por diversos estudiosos como a difusão de uma cultura "moderna" racionalizada, homogênea e padronizada. Além disso, eles tendem a supor que a afirmação de identidades religiosas locais seria uma reação a tal globalização. Lehmann afirma que essas percepções sobre a globalização tendem a ser simplistas, pois se baseiam em uma concepção limitada de religião. Em vez de ver a religião como um sistema simbólico que confere identidade e marca as fronteiras sociais, étnicas e outras, eles supõem que a religião moderna é uma religião racional. Lehmann pondera que diversas formas de religião, tanto racionais quanto populares, existem ao mesmo tempo. Para ele, a globalização não conforma tudo em uma totalidade única e homogênea, mas pode criar identidades locais e diversidade, mesmo que semelhanças entre distâncias sociais e espaciais possam também se tornar mais evidentes.

5.4 Secularização – um conceito multidimensional

Modernização da sociedade não significa necessariamente sua secularização. O sociólogo francês Yves Lambert (1999) acredita que a emergência da Modernidade pode ter quatro efeitos sobre a religião: declínio, adaptação e nova interpretação, reação conservadora e inovação. Pode-se dizer que apenas o primeiro efeito envolve categoricamente a secularização.

A noção de secularização tem várias interpretações, tantas que alguns sociólogos propuseram que o termo fosse expiado da terminologia sociológica. No entanto, a secularização é um conceito que tende a irromper em vários contextos. Daí a necessidade de incluí-la nos debates nas ciências sociais, mas enquanto o fazemos, devemos ter em mente que é preciso estabelecer uma definição.

Historicamente, a secularização foi utilizada pela primeira vez na análise do caso de transferência de posses eclesiásticas para propriedade estatal em países que passaram pela reforma protestante (DOBBELAERE, 2002, p. 22). O conceito não foi usado em sociologia até a primeira década do século XX. Na sociologia da religião, o termo é usado para indicar os diversos modos de marginalização e enfraquecimento da religião. Vamos examinar como esse termo foi compreendido na sociologia, mas primeiro é necessário mencionar que há religiosos, como certos teólogos, que categoricamente não entendem a secularização como um fenômeno negativo. Desnecessário dizer que muitas pessoas religiosas lamentam a posição decadente de sua religião na sociedade; já outras veem tal mudança como uma libertação da religião. Essas pessoas argumentam que agora que a religião não está mais associada a um entrelaçamento comprometedor do interesse religioso e do poder político secular, é possível se ater ao âmago da religião. O sociólogo Talcott Parsons (1966) apoia esse ponto de vista. Com a diferenciação funcional na sociedade moderna, a religião perdeu várias funções; mas com isso se tornou mais capaz de desempenhar melhor suas funções primárias. Podemos interpretar a posição de Niklas Luhmann também no mesmo sentido. A religião perdeu uma grande influência sobre outros sistemas, mas continua a ocupar uma posição importante quando se trata de reduzir a incerteza na vida (cf. seção 4.2, sobre Luhmann). Examinando esses exemplos, vemos que concepções sobre a secularização variam conforme as definições de religião. Mencionamos no capítulo 2 que alguns sociólogos mobilizam uma definição de religião tão ampla que a secularização, por definição, justamente, torna-se quase impossível. Thomas Luckmann (1967) define religião como a busca da própria identidade em um contexto mais amplo. Assim, a religião se torna, por assim dizer, uma constante humana, e Luckmann argumenta que a religião organizada está fragilizada e marginalizada. Os debates sobre teorias de secularização foram baseados, entretanto, em definições substantivas de religião, conectando a religião a algo supraempírico.

O sociólogo Larry Shiner (1966) realizou uma revisão clássica de vários conceitos de secularização. Ele identificou seis grandes interpretações da secularização:

- a religião é enfraquecida porque símbolos, dogmas e instituições religiosos anteriormente aceitos perderam seu prestígio e importância;
- a religião tem seu conteúdo transformado porque a atenção se desvia do sobrenatural e do além-mundo para questões "seculares", de modo que, em seu conteúdo, o compromisso religioso se torna mais parecido com outros compromissos sociais;
- a sociedade se torna menos religiosa quando a religião se volta mais para dentro, dedicando-se a questões puramente espirituais, deixando de afetar a vida social para além da própria religião;
- a fé e as instituições religiosas perdem sua natureza religiosa e se transformam em ideias não religiosas e instituições sociais. Instituições que

antes eram vistas como instituições religiosas de criação tornam-se instituições humanas seculares;

• o mundo está dessacralizado. A vida humana, a natureza e a sociedade são explicadas e discutidas a partir da premissa da razão, e não como resultado de ações dos poderes divinos. Isso é o que Max Weber chamou de "desencantamento" do mundo;

• a obrigação baseada em valores e ações tradicionais é substituída por uma lógica utilitária e razoável para todas as escolhas e ações.

É fácil ver que as seis interpretações se sobrepõem parcialmente. Vemos também que a secularização às vezes possui sentidos conflitantes. A secularização pode significar que a religião se torna mais secularizada, mas também que ela se retira para uma esfera espiritual-religiosa mais "pura".

O sociólogo belga Karel Dobbelaere (1981, 2002) tentou sistematizar o uso do conceito de secularização. Ele recomenda uma distinção entre secularização societária, secularização organizacional e secularização individual – isso também é chamado de secularização nos níveis macro, meso e micro. A discussão a seguir é baseada em Dobbelaere. O nível organizacional refere-se a como as instituições religiosas podem se transformar na direção da secularização interior. A categorização de Dobbelaere é útil porque leva a um uso mais preciso do conceito, e sua abordagem também abre caminho para perguntas sobre possíveis relações entre vários níveis de secularização. A sociedade e as instituições sociais podem ser bastante secularizadas mesmo que a maioria dos indivíduos não sejam necessariamente ateus. A seguir, examinaremos inicialmente a secularização societária para em seguida nos voltarmos para a secularização organizacional e a individual.

5.5 Teorias da secularização moderadas e extremas

As teorias sociais do século XIX tendiam a ser racionalistas e otimistas em favor da ciência. Eram muitas vezes evolucionárias, isto é, supunham que a sociedade se desenvolveria por meio de etapas. Uma teoria de secularização representativa de sua época é a de Auguste Comte, filósofo francês que introduziu o conceito de sociologia no início daquele século. Ele formulou uma lei sobre a passagem histórica das ideias sociais por três estágios. Durante o estágio teológico, os eventos seriam explicados como resultado das atividades de deuses e espíritos. O mundo então se desenvolve em um estágio transitório, o metafísico, em que os princípios filosóficos substituem as explicações religiosas. Um exemplo de uma explicação válida durante a era metafísica é o propósito inerente da natureza. Comte acreditava que estava testemunhando o aparecimento do estágio positivo, quando as explicações se tornam mundanas e estritamente empíricas-científicas. Com essa época, teólogos e filósofos devem ceder lugar aos homens da ciência. Comte, otimista do desenvolvimento, vislumbrou o futuro papel dos sociólogos. Ele acreditava que os sociólogos atuariam como engenheiros sociais e teriam um efeito importante no desenvolvimento social. As leis sociais seriam gradualmente expostas e a sociedade poderia assim ser governada a partir do conhecimento verdadeiro (THOMPSON, 1976).

Essa forma extrema de teoria da secularização é muitas vezes combinada com uma crença otimista no progresso científico e com visões de mundo individuais proporcionadas por esse progresso. Hoje, poucos sociólogos vislumbram o desaparecimento da religião. As mais rígidas teorias de secularização são pouco relevantes na sociologia da religião contemporânea. O debate agora reside entre o que podemos chamar de teorias moderadas da secularização da religião que diminuem sua importância na sociedade e as teorias que questionam essas previsões.

5.6 A secularização da sociedade e suas forças fundamentais

É difícil distinguir claramente entre as forças fundamentais da secularização, a secularização ela mesma e os efeitos da secularização. Para diversos aderentes das teorias moderadas da secularização, secularização significa primordialmente que a religião tem uma importância cada vez menor para o desenvolvimento da sociedade. O jovem Peter L. Berger definiu a secularização como um fenômeno societário: "o processo pelo qual setores da sociedade e da cultura escapam do domínio de instituições e símbolos religiosos" (1967, p. 107). Outro defensor da teoria da secularização, Bryan Wilson (1992), enfatiza repetidamente que sua teoria diz respeito a estruturas sociais e esquemas sociais, não à fé individual. De acordo com Wilson, a secularização significa o enfraquecimento das funções sociais da religião. Parece razoável falar de secularização quando a religião não legitima mais o poder político e a legislação da mesma maneira que outrora, desempenhando um papel menor na socialização das crianças, exercendo menos domínio sobre a vida cultural, não sendo mais usada para interpretar eventos mundiais. Em resumo, a secularização significa que a religião se torna menos importante para o funcionamento do sistema social.

Deve-se admitir que a religião no mundo ocidental perdeu poder e influência sobre as instituições sociais. Em vários países, o sistema de bem-estar assumiu as funções do diaconato da Igreja. Essa é a principal tendência, mesmo que as políticas liberais mais recentes tenham levado a uma maior necessidade de previdência privada. Escolas públicas eliminaram o ensino religioso ou mudaram seu foco para o conhecimento e o diálogo interreligiosos. A influência da religião e da Igreja também se retirou dos tribunais, das instituições militares e penais. Mesmo que ainda possam ser encontrados capelães no exército e em prisões publicamente financiadas em alguns países ocidentais, eles normalmente não participam da formulação de estratégias de guerra ou na consecução de veredictos. O fato de que eles ainda podem legitimar o sistema político é outra questão.

Em vários campos, explicações e legitimações científicas têm substituído as explicações religiosas. Durante séculos, a arte e a literatura seguiam a deixa da religião, mas hoje em dia referências a tradições religiosas são relativamente raras. Os líderes religiosos também têm muito menos oportunidades do que tiveram outrora de exercer autoridade sobre outras áreas da sociedade.

O jovem Peter L. Berger e Bryan Wilson têm sido mencionados como apoiadores das teorias moderadas da secularização. Ambos têm uma grande dívida com Max Weber, para quem o declínio da religião estava relacionado a um processo geral de racionalização na sociedade moderna. Segundo Weber, as atitudes informadas pela religião e por valores foram substituídas por atitudes informadas pela racionalidade e orientadas para fins. Ele relacionou essa mudança de atitude à emergência do capitalismo e da industrialização e ao desenvolvimento de uma burocracia baseada na razão e nos regulamentos, que estava se tornando uma forma de governo em todas as instituições sociais.

Weber não saudou o "desencanto do mundo". Ele estava preocupado quando descreveu os burocratas como "especialistas sem espírito" e a racionalidade como uma "gaiola de ferro". No entanto, ele descreveu a racionalização da sociedade como um processo francamente inexorável, mesmo ele deixando aberta a possibilidade de a religião ter algum efeito em tempos de instabilidade e de ocorrência de contrarreações irracionais (EKSTRAND, 2000). Weber não via nenhuma possibilidade de a religião ter um papel central na sociedade moderna, papel que ele atribuíra ao protestantismo nos começos do capitalismo.

O delineamento weberiano da dominação da racionalidade na sociedade moderna é, estritamente falando, apenas uma descrição. Weber não fornece uma análise sistemática de por que prevaleceram a razão e a instrumentalidade. Entretanto, não há dúvida de que a explicação se encontra no crescimento da industrialização e da burocracia. A economia é o primeiro setor a perder seu *ethos* religioso. Entre os teóricos da secularização que seguem Weber, muitos destacam fatores explicativos semelhantes, como a industrialização, o capitalismo, a diferenciação, a urbanização e a emergência da ciência. Esses fatores participam de explicações mais materialistas da secularização da sociedade do que aqueles mobilizados com frequência por grupos religiosos. Eles tendem a realçar os conflitos espirituais e ideais que aparecem nos debates públicos e no sistema escolar, e muitas vezes acusam autores seculares e meios de comunicação social de atacarem a religião. As explicações sociológicas argumentam que mudanças nas condições materiais e sociais alteram as experiências individuais, as quais, eventualmente, afetarão suas visões de mundo.

Em sua teoria da secularização, Thomas Luckmann (1967) enfoca a diferenciação da sociedade. Trata-se de uma questão importante também para Berger (1967). Essa semelhança não é uma surpresa, pois os dois sociólogos trabalharam em estreita colaboração na década de 1960 (cf. seção 4.4). A ideia é o distanciamento gradual do controle religioso por parte de vários setores da sociedade. A vida econômica adquire suas próprias leis, em que estratégias e cálculos racionais governam as ações. Um signo desse desenvolvimento é a proibição ético-religiosa católica e luterana da usura, cedendo lugar à ideia econômica-funcional de que o dinheiro também pode ser negociado a um preço. As ciências desenvolvem suas próprias ideias e estratégias de pesquisa, em que Deus afinal não tem lugar. Esse desenvolvimento se reflete no fato de que a teologia deixa de ter uma posição dominante nas universidades europeias. São estabelecidas faculdades separadas para medicina, direito e várias ciências naturais. Com o tempo, a política também é secularizada, a política do dia a dia pelo menos, ao passo que as guerras continuavam envoltas em muita retórica religiosa. Na sociedade moderna, cada instituição social funciona de acordo com sua própria lógica. No campo econômico, a renda deve ser ganha, na política, o poder deve ser conquistado, nos tribunais, a verdade deve ser encontrada – e essa lógica não deixa espaço para poderes divinos.

Peter Berger desenha contornos de perspectivas semelhantes, pelo menos em seu livro *O dossel sagrado* (1967). O dossel é o véu de uma cama de quatro postes, e a metáfora de Berger explica como as pessoas na cultura cristã holista da época medieval viviam no interior de uma moldura religiosa que as envolvia virtualmente do nascimento ao túmulo. Qualquer que seja sua religiosidade pessoal e sua retidão moral, se você escolheu estar fora do círculo religioso, para todos os efeitos, você também estará fora da sociedade. Berger então descreve como esse dossel se rasga e se desfaz, de modo que hoje em muitas sociedades a religião é algo que você pode adotar ou rejeitar.

A inspiração vinda de Weber fica clara quando Bryan Wilson fala da societarização como uma força importante subjacente à secularização. A sociedade tornou-se mais impessoal. Laços pessoais de lealdade, confiança e dependência foram em grande medida substituídos por relações indiretas e contatos limitados entre pessoas que funcionam de acordo com papéis relativamente restritos. Os laços pessoais cederam lugar a sistemas especialistas abstratos. Esse desenvolvimento tem, ele próprio, um efeito secularizador, pois a religião tradicionalmente tem suas bases em pequenas confrarias e laços de lealdade entre pessoas. O conteúdo da religião também é influenciado por essa societarização. É difícil manter a fé em um Deus pessoal em uma sociedade com tão poucos laços pessoais. A religião se torna um assunto privado. A área de validade e relevância religiosa como diretrizes morais e visões de mundo é restrita ao terreno privado e a preferências recreativas, e a ideia de que a política, o governo e a religião devem permanecer separados torna-se uma crença generalizada. A religião também se torna um assunto privado no sentido de que as crenças de um indivíduo devem ser matéria de foro íntimo, e qualquer tentativa de outros indivíduos, grupos ou instituições sociais de influenciar a religiosidade individual será considerada uma intervenção na vida privada do indivíduo.

A urbanização também tem sido às vezes mencionada como uma força independente por trás da secularização. A ideia de que as cidades têm um efeito secularizador se baseia na noção de que as pessoas escapam do controle social mantenedor da tradição de seu distrito rural. Também tem sido afirmado que o morador da cidade é cercado de criações feitas pelo homem. Isso coloca o indivíduo no centro como criador, fechando a porta para visões de mundo que concebem o homem como uma criatura de Deus ao sabor de forças que ultrapassam o poder humano. Todavia, a vida urbana também oferece vantagens práticas para comunidades religiosas, pela população ser maior e seus membros viverem muito próximos. Nesse sentido, a urbanização poderia estimular a formação de organizações religiosas.

Na sociologia da religião parece que o tipo de força fundamental selecionada para dar conta da secularização está relacionada com a teoria usada para explicar o envolvimento religioso. Isso pode ser observado no uso da teoria da privação para explicar por que os indivíduos se tornam religiosos; isto é, a teoria sustenta que os indivíduos procuram conforto e consolo na religião quando estão em uma situação de privação (cf. seção 7.1). De acordo com essa ideia, a secularização ocorrerá se a situação de privação for remediada. Quando a situação financeira ou a integração social na sociedade melhorar, a pobreza e a solidão se tornarão menos problemáticas e os motivos para buscar um sentido religioso irão assim diminuir.

Para Bryan Wilson (1982), a ciência moderna tem um efeito secularizador. Por meio de um longo processo, as explicações ateístas substituíram as religiosas. Mas esse argumento pode levantar objeções. A religião tem lidado frequentemente com tópicos outros que a ciência. Uma explicação biológica exaustiva sobre o que acontece com o corpo quando a pessoa morre não necessariamente quer dizer que nós aceitamos a realidade da morte. Ademais, tem havido numerosas tentativas ao longo dos séculos de harmonizar religião e ciência. Entretanto, é difícil ignorar o fato de que explicações científicas têm reduzido o campo de aplicação da religião – desde a cosmologia até a psicologia, para tomarmos de empréstimo uma formulação precisa de Peter Berger (1967).

5.7 O debate sobre teorias moderadas da secularização

O debate sobre a antiga teoria da secularização teve um grande impacto na sociologia da religião. A antropóloga Mary Douglas foi uma crítica pioneira da ideia de que a modernização leva necessariamente à secularização. Inspirada por Durkheim, ela acreditava que, enquanto existirem um *ethos* coletivo e relações sociais, haverá religião, rituais e mitos, pois a religião é criada em relações sociais. A religião sofrerá mudanças, mas não irá desaparecer através da modernização. Ela se opõs firmemente à ideia de que a ciência teria reduzido os poderes explicativos da religião. Em vez disso, para ela, as pessoas entendem que religião e ciência remetem a diferentes questões e, portanto, não configuram uma ameaça mútua (DOUGLAS, 1982a, p. 8).

Mary Douglas também rejeitou a ideia de que as pessoas teriam um menor contato com a natureza e que por isso se tornaram menos religiosas. Sua posição é a de que nossas questões relativas à natureza foram mais fortalecidas do que o contrário pelas descobertas científicas de nosso tempo (DOUGLAS, 1982b). Outra questão na crítica de Douglas corresponde à tendência dos teóricos da secularização a pintar um quadro religioso exagerado do passado; eles sofreriam de uma "nostalgia acrítica". Não há evidências que sustentem a ideia de que as massas nos tempos antigos estivessem completamente imersas no espiritual ou que a vida emocional e intelectual das pessoas estivesse plenamente integrada nos quadros religiosos (DOUGLAS, 1982a, p. 5).

Outros estudiosos levaram adiante muitas das objeções de Mary Douglas à teoria da secularização. A teoria da secularização tornou-se o centro do debate entre sociólogos da religião nos anos 1980, em parte devido a *The Sacred in a Secular Age*, coletânea de artigos organizada pelo sociólogo americano Phillip E. Hammond (1985). A emergência de muitos novos movimentos religiosos incessantemente colocados em evidência pela mídia nas décadas de 1970 e 1980 levou a um questionamento quanto à validade da teoria da secularização.

Os representantes da antiga teoria expressaram diferentes respostas a essas objeções, apontando várias restrições geográficas relativas à validade da teoria. Peter L. Berger fez uma autocrítica substancial e bem-humorada de seus primeiros trabalhos, e restringiu a validade da teoria moderada da secularização à Europa, que parece ser uma ilha secular em um vívido oceano religioso (BERGER, 1999). O sociólogo britânico David Martin (1996) também sugeriu que a Europa é uma exceção no mundo, sobretudo quando consideramos os estudos da religiosidade carismática em uma América Latina que passa por uma modernização. Uma das alunas de Martin, Grace Davie, desenvolve a mesma ideia em seu livro cujo título, descritivo, é *Europe. The Excepcional Case* (2002). No entanto, ela acrescenta que na Europa ainda há muito respeito pelas instituições religiosas estabelecidas, mesmo que a atividade religiosa organizada seja pequena e em declínio.

Yves Lambert (1999) oferece uma observação interessante ao distinguir entre dois "limiares" de secularização: (1) a independência em relação à autoridade religiosa, e (2) o potencial de que todos os símbolos religiosos se tornem obsoletos. Lambert afirma que geralmente o primeiro limiar é ultrapassado, mas não o segundo, com exceção de alguns campos (ciência e economia) e em uma minoria da população. Ao explicar por que a secularização não cruzou o segundo limiar, Lambert sustenta que as religiões se adaptaram à Modernidade, experimentaram reações fundamentalistas e desenvolveram novas formas.

Escusado dizer que muitos estudiosos têm apontado que os regimes islâmicos fora da Europa e da América não dão credibilidade alguma a uma teoria geral de secularização. Em resposta, Steve Bruce afirmou que sua defesa da teoria da secularização não se aplica a todo o globo, mas sim a certas regiões do mundo – geralmente países ocidentais – que passaram por processos históricos de pluralização e igualitarismo. No entanto, assim como outros defensores de teorias moderadas da secularização, ele tem um problema quando se trata de explicar a situação dos Estados Unidos. Na década de 1960, Thomas Luckmann (1967) resolveu o "problema EUA" talvez de forma superficial demais. Confrontado com o argumento de que, pelas premissas da modernização e das teorias de secularização, os Estados Unidos deveriam estar muito mais secularizados, ele retorquiu argumentando que teria ocorrido uma forma de "secularização interna" em muitas comunidades religiosas nos Estados Unidos. Ser um membro de tal comunidade religiosa satisfazia a mais funções e *status* sociais do que a reais funções religiosas, alegou Luckmann; ideia similar à de basquetebolização da vida na Igreja nos Estados Unidos, criada por Peter L. Berger (1967). Esse argumento pode não ser inteiramente legítimo, no sentido de que introduz demandas de um alto nível de sinceridade e profundidade do compromisso religioso. O argumento de Berger não é fácil de ser testado empiricamente, e também ficamos imaginando se as comunidades religiosas europeias estariam assim sempre repletas de gravidade existencial.

A abordagem de Steve Bruce à religião americana é ligeiramente diferente. Ele admite que a vida religiosa americana é vigorosa, mesmo que haja um excesso de relatos de atividades religiosas em estudos baseados em questionários (BRUCE, 2002). Ele também aponta a importância da etnicidade para a vitalidade religiosa nos Estados Unidos, um país de imigração por mais de dois séculos e que continua a sê-lo. Em uma nação em grande medida composta por minorias étnicas, não deve ser surpresa que grupos étnicos se reúnam para manter tradições de base étnica que incluem suas heranças religiosas. No século XIX e início do século XX, imigrantes europeus mantiveram vivas suas tradições religiosas, e isso continua atualmente a ser feito em outros grupos de imigrantes. Assim, Bruce argumenta que os Estados Unidos constituem uma exceção à tendência geral de secularização no mundo ocidental, uma exceção explicada pelo papel desempenhado pela etnicidade em uma nação de imigrantes. Mas é possível delimitar esse raciocínio: a imigração europeia ocorreu há várias gerações, e a importância da etnicidade entre os euro-americanos é insignificante nos Estados Unidos contemporâneos (ALBA, 1990).

Quando se trata da validade das teorias da secularização fora das regiões ocidentais e liberais, encontramos diferentes perspectivas. Foram feitas algumas tentativas de controlar teocraticamente sociedades inteiras de acordo com princípios muçulmanos, como se viu no Irã e no Afeganistão durante o regime talibã. Entretanto, esses exemplos ofuscam o processo mais comum de uma liberalização e privatização gradual e silenciosa do Islã que ocorre em vários países muçulmanos. A imagem do islamismo como uma religião teocrática é certamente um grande exagero.

Em um nível mais teórico, Steve Bruce (2002) e outros criticaram a imagem racionalista e individualista do homem que serve de base às teorias da religião inspiradas pela escolha racional (cf. seção 7.3). Afirmar que os indivíduos sempre procuram o que é mais vantajoso para eles, como se estivessem em uma onda selvagem, contínua e comparativa de compras religiosas, é subestimar as limitações sociais e culturais que existem para a escolha da religião. De acordo com Bruce, somente uma sociedade em que a religião não tem mais importância pode achar que essa teoria de mudança religiosa seja verdadeira. Seja qual for o caso, a religião certamente tem mais implicações para a identidade e a cultura do que a marca da geladeira que compramos. Essas limitações sociais e culturais se aplicam tanto àqueles que demandam religião quanto àqueles que a ofertam. A Ford Motor Company abandonou seu modelo de carro Edsel quando as pessoas passaram a não querer mais comprá-lo. A Igreja cristã não pode simplesmente abandonar o Espírito Santo porque Ele não foi bem numa pesquisa de opinião.

5.8 Diversidade religiosa, competição e secularização

Peter L. Berger acredita que a secularização ela própria se consolide autonomamente com o esgarçamento do "dossel sagrado" holista e com a convivência de visões de mundo em disputa. Quando diversos profetas pregam ao mesmo tempo, cada um alegando representar a verdade, emergem dúvidas sobre o valor da verdade de todos eles.

Essa é a ideia central dos trabalhos do sociólogo do conhecimento Karl Mannheim, especialmente de sua obra maior *Ideologia e utopia* (1936). Nela, Mannheim descreve como a dúvida da validade da fé e do pensamento começa a se instalar depois que o clero perde seu monopólio intelectual. Intelectuais que vivem em comunidades distintas podem ter ideias diferentes e estar completamente convencidos de sua verdade. Entretanto, quando competem no mesmo mercado e estão cientes uns dos outros, surgirão dúvidas e críticas de si mesmos, e o resultado será um interesse crescente pela teoria do conhecimento e interpretação. Como sabemos que sabemos? Para Mannheim, após a ruína do sistema holístico medieval, a crítica entre disciplinas conflitantes demoliu a confiança das pessoas na crença e no pensamento humanos. Embora um dos resultados tenha sido a tolerância e o diálogo, o outro produto, sugere Mannheim, foi o fascismo (cuja emergência se deu por volta da época em que ele escreveu esse livro), considerado por ele como resultado da confusão e passividade individuais.

Peter L. Berger (1967) pensa de maneira semelhante: quando há várias verdades que exigem atenção, as pessoas se tornam relativistas e estão menos dispostas a se comprometer com visões de mundo holistas. A pluralidade tem um efeito secularizador em e por si mesma. Em uma situação em que várias visões de mundo alternativas estão disponíveis, emerge a ideia desconfortável de que escolhemos Deus em vez de Ele nos escolher.

Além do fato de que a diversidade causa dúvidas e corrói a certeza, a diversidade também pode ter um efeito secularizador de um modo mais indireto. Diversos países alcançaram a liberdade religiosa e a tolerância não como resultado da luta pela reforma secular liberal, mas como resultado da competição entre grupos religiosos que estavam cada um convencido de que detinham a posse exclusiva da verdade. Quando vários grupos religiosos competem e nenhum deles tem qualquer perspectiva realista de alcançar o domínio em uma determinada sociedade, uma estratégia comum é lutar pela livre-competição ou enfraquecer o vínculo entre as autoridades estatais e a liderança religiosa. (Esse processo foi descrito por Finke (1990) para o início da história americana, e para vários países por Bruce (1990)). Assim, é introduzida uma tolerância religiosa estatutária. Com o tempo, a mesma tolerância irá resultar em uma privatização da religião, já que a religião deve ser mantida separada da instituição política. Uma tolerância legalmente imposta também tenderá a levar a uma trivialização da escolha religiosa individual. As pessoas se acostumam à ideia de que só se pode lutar pelas próprias visões religiosas dentro de certos constrangimentos legais, e somente determinados meios são aceitáveis nessa luta. Dessa forma, a religião não é mais uma questão de vida ou morte. Assim, a intensidade do envolvimento religioso é enfraquecida, especialmente a tendência ao proselitismo.

O sociólogo da religião escocês Steve Bruce é hoje um dos mais ardentes defensores da teoria clássica da secularização. Nesse aspecto, ele segue Weber, o jovem Berger e Wilson. Ele enfatiza o efeito secularizador da diversidade quando a sociedade é liberal e igualitária. Em uma sociedade anti-hierárquica, tolerante, orientada para a igualdade e democrática é difícil impor de cima para baixo uma disciplina religiosa. A vida religiosa deve ser escolhida, e muitas vezes simplesmente ela não o é (BRUCE, 2002).

Alguns sociólogos americanos propuseram uma concepção oposta. Eles afirmaram que a diversidade religiosa e a competição entre visões do mundo não levam à secularização, mas à vitalidade religiosa e a uma maior mobilização religiosa. A religião organizada prospera e floresce melhor em um sistema de mercado aberto caracterizado pela concorrência (cf. tb. seção 7.3). Dois dos principais promotores dessa visão, Roger Finke e Rodney Stark (1988), sustentam que quanto mais pluralismo, maior a mobilização religiosa na população.

Os conceitos de diversidade, competição e crescimento religioso estão ligados de maneiras ligeiramente diferentes. Primeiro, a crença econômica liberal de que a concorrência aumenta o nível de atividade e qualidade se aplica, enquanto monopólios e subsídios são vistos como tendo o efeito oposto. Essa escola de pensamento é relativamente nova na sociologia da religião, mas tem raízes clássicas. É mais do que uma curiosidade a citação por Rodney Stark e James McCann do próprio Adam Smith, que em 1776 escrevera em *A riqueza das nações* que os adeptos de crenças dominantes financiadas pelo Estado carecem de entusiasmo e industriosidade. Em tal situação, o clero assenta-se sobre seus privilégios e, por causa de sua própria indolência, deixa de alimentar o calor da crença na maioria das pessoas (SMITH, 1937/1776). As Igrejas estatais nórdicas têm servido muitas vezes como exemplos educacionais dissuasivos entre sociólogos que favorecem a diversidade. Nos países nórdicos, as grandes Igrejas nacionais recebem financiamento e privilégios do Estado, embora poucas pessoas realmente frequentem a igreja regularmente. Finke e Stark argumentam que o incentivo para trabalhar duro é muito mais forte para os fornecedores religiosos quando eles não podem contar com o financiamento do Estado e operam livremente em um mercado sem obstáculos legais. O argumento de que a concorrência leva a um esforço mais concertado é aplicado tanto aos líderes religiosos quanto aos membros regulares da Igreja.

Os teóricos que combinam diversidade com crescimento religioso entretêm uma linha de raciocínio diferente: quando a demanda é variada, uma ampla gama de produtos leva a um maior consumo total. Os grupos-alvo do *marketing* são divididos de acordo com a idade, etnia, gênero, classe e talvez até gosto musical e nível de intelectualidade. Diversidade e competição proporcionam uma especialização tal que há algo para cada gosto. O apoio à religião em uma comunidade local será maior se houver maior liberdade de escolha. Dessa forma, o conservador, o descolado, o intelectual e o informal encontrarão algo que lhe convém. A escolha não é entre um perfil religioso particular e a passividade. Ao contrário, a ideia é que quanto mais alternativas religiosas forem oferecidas, maior o consumo de religião.

Como observamos, certos sociólogos americanos apresentam esses argumentos (FINKE; STARK, 1988; FINKE, 1990). Tem sido dedicada pouca atenção à ligação entre a teoria sociológica do conflito e a teoria de que a diversidade leva ao crescimento religioso. Em uma situação pluralista, os movimentos religiosos podem tornar-se mais orientados para o conflito, no sentido de que se definem em oposição e à diferença de outros movimentos. Essa abordagem pode produzir vitalidade, pois motiva os participantes a lutarem pela causa. Essa linha de raciocínio é apoiada por um estudo sobre os cristãos evangélicos conservadores americanos. Christian Smith e seus colaboradores (1998) atacam a chamada teoria do enclave, segundo a qual a religião conservadora nos Estados Unidos só sobrevive porque se isola e busca refúgio em comunidades contraculturais, apartadas da sociedade mais ampla. Esses movimentos florescem precisamente porque são visíveis na esfera pública e desafiam o pluralismo religioso e cultural. Eles apelam para aqueles que ligam o pluralismo à decadência moral e a uma sociedade mais hostil.

Considerando a argumentação teórica e as pesquisas empíricas existentes, ainda é difícil concluir com absoluta certeza a favor das antigas ou das novas teorias da diversidade religiosa. Um maior nível de precisão pode aumentar a utilidade de ambas as teorias. Em caso de oposição entre diferentes grupos religiosos, a frustração e a dúvida podem aumentar, já situações de competição entre grupos religiosos semelhantes podem levar a um crescimento religioso geral. Neste último caso, os grupos religiosos se unirão em torno de algumas ideias (as crenças cristãs, fundamentalistas), reforçando-as. Os sociólogos da religião suecos Eva Hamberg e Thorleif Pettersson (1994) apontam outra condição em que a diversidade religiosa gera crescimento. Eles argumentam que a diversidade leva ao crescimento somente em situações em que há uma demanda religiosa complexa que se dissemina por diferentes direções. Nesse sentido, a diversidade deve estar presente tanto no lado da oferta quanto no lado da demanda para estimular o crescimento religioso.

Peter L. Berger fez ajustes em sua antiga teoria. Ele manteve a ideia de que o pluralismo moderno faz com que a percepção individual da realidade perca seu *status* autoevidente, tornando-se uma questão de escolha. No entanto, ele agora afirma que isso não leva necessariamente à secularização: "dizer que as crenças religiosas são escolhidas em vez de tomadas como dadas não é o mesmo que dizer que essas crenças não encontrem mais adeptos. Em termos simples, eu proporia que o pluralismo afeta o 'como' e não o 'o que' das crenças e práticas religiosas – e isso é algo bem diferente de secularização" (BERGER, 2001, p. 449).

Berger tem sido criticado por sua antiga ideia de que a diversidade leva ao relativismo e à dúvida. Seus críticos argumentam que sua visão se baseia em uma compreensão demasiadamente intelectual e cognitiva da religião. Para Berger, a religião é um quebra-cabeça que confere sentido à existência de uma forma intelectualmente satisfatória. No entanto, pode-se apontar que a religião também diz respeito a questões morais e ao desejo de comunidade e pertença.

5.9 A secularização e suas limitações

A proposição da antiga teoria da secularização segundo a qual o mundo ocidental vem sendo fundamentalmente secularizado nos últimos três séculos tem sido criticada. Essas críticas têm questionado sua imagem da história e do período contemporâneo por implicar um retrato romântico e sem lastro empírico de uma idade de ouro. Contra tal imagem, argumenta-se que a era medieval europeia não foi apenas um período de cultura religiosa florescente, mas também de muita indiferença religiosa. As pessoas frequentavam a igreja muitas vezes porque eram obrigadas a fazê-lo. A era medieval, diz Lawrence Iannaccone (1997, p. 41), foi mais uma era de apatia religiosa do que uma era da fé. Stark e seus colegas criticaram a imagem de uma América fortemente religiosa de duzentos anos atrás seguida de um declínio religioso (FINKE; STARK, 1992). Propositores do que tem sido chamado às vezes de "o novo paradigma" (WARNER, 1993) indicam o fato empírico que a antiga teoria da secularização não foi capaz de explicar: os Estados Unidos contemporâneos são a sociedade tecnologicamente mais avançada do mundo, e, no entanto, ali a religião ainda é vital. O novo paradigma traça um retrato dos movimentos religiosos contemporâneos como ativos, influentes, visíveis, agressivos, modernos e expansivos (FINKE; STARK, 1992).

Rodney Stark e William Sims Bainbridge (1987) formularam a chamada teoria dialética da religião, cuja ideia-chave é a da secularização como processo autolimitante. No coração de sua teoria da secularização está uma teoria geral da religião baseada na teoria da "escolha racional". De acordo com Stark e Bainbrige, os indivíduos buscam recompensas ou soluções vantajosas e se esforçam para evitar custos ao fazê-lo. Contudo, em alguns casos, eles precisam se satisfazer com uma compensação por recompensas uma vez que estas nem sempre estão disponíveis. As pessoas sempre irão ver a morte como um problema e desejar a vida eterna, embora esta seja uma recompensa inalcançável. Todavia, as comunidades religiosas podem oferecer uma compensação através da *promessa* de vida eterna. Em áreas em que recompensas estão disponíveis, atores individuais irão buscar soluções onde as recompensas são maiores do que os custos. Em áreas em que as recompensas são inatingíveis, aqueles que podem oferecer a melhor compensação (promessas, garantias) ganham mais adeptos.

Stark e seus colegas se opuseram à ideia de que o interesse pela religião esteja em declínio nas sociedades ocidentais. No entanto, eles admitem que os defensores da secularização estão certos sobre uma questão. As grandes denominações dominantes estão em declínio nos Estados Unidos e na Europa. A explicação de Stark e Bainbridge é que as principais comunidades religiosas perderam membros não porque não conseguiram acompanhar a Modernidade, mas porque se adaptaram demais à sociedade moderna e, por isso, perderam seu apelo como fornecedoras de promessas transcendentes. Com o declínio dessas comunidades religiosas, o mercado se abre para movimentos religiosos que ofereçam garantias mais específicas, ou para grupos que ofereçam compensações religiosas. Enquanto a morte for uma realidade inescapável, as pessoas sempre irão demandar uma compensação religiosa. Quando as Igrejas convencionais não satisfazem mais as expectativas, as pessoas procuram outro lugar. O declínio das Igrejas alimenta a revivescência religiosa e dá origem a diferentes formas de experimentação religiosa em um mercado religioso estimulado. O desenvolvimento religioso é um processo cíclico ou dialético. Dessa forma, a secularização é um processo autolimitante cujo horizonte é muito mais curto do que o reivindicado pelas teorias de secularização inspiradas em Weber.

Há um aspecto válido da crítica às teorias moderadas da secularização. As teorias da secularização mais deterministas não separam praticamente nenhum espaço para o "lado da oferta" do campo religioso. Seu foco está apenas no enfraquecimento da demanda por religião causado pelo processo de modernização. As novas teorias enfatizam como as estratégias e organizações religiosas fazem a diferença. Essa não é apenas uma ideia reconfortante para pessoas que se debatem com a religião, mas também contribui para as teorias sociológicas da religião. Como ela remete à teoria dialética da secularização, isso pode facilmente dar em determinismo, como é o caso de todas as teorias de fases, quer descrevam um desenvolvimento cíclico ou linear. A aritmética da religião dificilmente é constante, e parece muito simples e mecânico dizer que aqueles que anunciam as maiores promessas ganham o maior número de adeptos.

Outra teoria afim propõe que o caminho se abre para o estabelecimento de novas tradições com a dissolução de tradições religiosas estabelecidas. O individualismo e a reflexividade podem ameaçar as tradições, pelo menos se a tradição for definida como algo que é obedecido de forma bastante automática. No entanto, as tradições também podem ser consideradas como um objeto de escolha. Como vimos, novas tradições também podem ser criadas. O acendimento de velas em cemitérios e concertos profissionais em igrejas são exemplos de tradições relativamente novas nos países nórdicos, tradições com laços fortes ou fracos com a vida na igreja. Essa abordagem não transmite necessariamente a ideia de que haveria uma constante necessidade humana de tradição. O estudioso da religião Ninian Smart (1998) sustenta que o homem criou e transformou as tradições ao longo da história. "A única coisa que talvez possamos mudar é o passado e o fazemos o tempo todo", escreve ele (1998, p. 79), enfatizando que os intelectuais com acesso à documentação histórica tendem a superestimar a antiguidade e a durabilidade das tradições. Muitas tradições são bastante novas. O público em geral acredita facilmente na revivescência de certas tradições e reconstruções do passado, pois as pessoas geralmente não se lembram de algo tão distante, nem leram tanta história: "se é possível supor que se esquece o que é passado pelas gerações, isso pode ser moldado à vontade". Segundo Smart, não estamos vivendo em uma época particularmente dominada pela destradicionalização: pelo contrário, "estamos tão ocupados como sempre em retradicionalizar" (SMART, 1998, p. 86).

5.10 Secularização no nível organizacional: religião como fonte de secularização

Mencionamos anteriormente que Karel Dobbelaere (1981, 2002) estrutura a discussão situando a secularização em três níveis: da sociedade, da organização e do indivíduo. Quando discute o nível organizacional, ele se concentra na questão de saber se a fonte de secularização se encontra no interior das próprias tradições religiosas. Richard Fenn (2001) argumenta que a religião é desmistificadora em si mesma porque organiza e reduz a incerteza experimentada pelos seres humanos. Portanto, diz ele, a religião constitui a primeira etapa de um processo de secularização. As pessoas declaram que algo é sagrado e, assim, ganham uma forma de controle de uma realidade que, de outra forma, seria caótica, fluida e ameaçadora. Nesse sentido, a secularização e a sacralização tornam-se dois lados da mesma moeda.

Encontramos uma perspectiva semelhante nos escritos de Peter L. Berger. Inspirado por Weber, ele aponta que a secularização no mundo ocidental cresce, em parte, a partir da própria religião, ou seja, de características específicas encontradas na tradição judaico-cristã (1967). Berger retorna aos profetas e a suas críticas aos israelitas encontradas no Antigo Testamento. Profetas como Amós e Isaías repreendem as religiões locais da fertilidade e tentam formar um monoteísmo ético em que Deus se eleva acima do mundo. Nessa religião profética judaica, Deus é o criador do mundo, mas o mundo ele próprio é secularizado – não é divino. O Deus altivo e elevado dos profetas gostaria que os indivíduos agissem de acordo com noções morais de justiça e não se envolvessem com prostituição no templo e sacrifícios. O homem é destinado ao mundo como um *playground* ético. Berger vê nisso as sementes da secularização, porque os humanos podem continuar a agir com foco no mundo sem manter contato com Deus.

Em uma caracterização histórica simplificada, Berger menciona o dogma da encarnação no cristianismo como um novo elo pelo qual Deus e o homem se aproximam um do outro novamente. A forma de cristianismo que se desenvolve até o século XVI é caracterizada por contatos contínuos entre os assuntos humanos e divinos. Santos locais e histórias de milagres, anjos, devoção a Maria, deveres religiosos regulares – todos esses fatores criam canais abertos entre a vida cotidiana do indivíduo e o divino. Na história simplificada da Igreja traçada por Berger, a reforma se torna uma nova revivescência de profetas. A vida cotidiana é purificada: de novo, o protestantismo considera os milagres católicos, a magia e o misticismo como superstições e heresias. Mais uma vez, o monoteísmo é promovido, agora com *slogans* como "somente pelas Escrituras". Existe apenas um vínculo entre Deus e o homem, a saber: a Palavra de Deus; mas esse vínculo pode ser quebrado. Martinho Lutero distinguiu entre um regimento sagrado e um regimento secular, sendo o regimento secular uma província da razão. Segundo Lutero, Deus também governa o regimento secular, mas Ele só usa os senhores seculares para garantir a ordem, a justiça e a segurança. Na vida cotidiana, Deus está afastado desse reino. Berger caracteriza o protestantismo em termos de uma "imensa redução do âmbito do sagrado na realidade" (BERGER, 1967, p. 111). Para ele, essa análise explica por que os países dominados pelo catolicismo parecem estar menos secularizados do que os países protestantes.

Steve Bruce (1990) complementa e avança a análise de Berger sobre o protestantismo. Desde a reforma, as disciplinas protestantes têm enfatizado a correção dogmática, o que criou disputas irreconciliáveis entre diferentes ramos. De acordo com a teoria de Berger sobre diversidade e secularização, esse processo, por si só, tem minado a credibilidade das comunidades religiosas perante o público em geral. Nesse contexto, pode-se mencionar também a ambiguidade da revivescência religiosa. Os reavivamentos tendem a estimular uma fé intensa e um alto nível de atividade entre aqueles que participam; mas também podem levar as pessoas à direção oposta. Aqueles que anteriormente se viam como religiosos sem um escrutínio mais profundo talvez comecem a reconsiderar seu próprio *status*. Quando virem que os participantes da revivescência introduzem demandas mais rigorosas sobre o estilo de vida e sobre a fé, eles podem rejeitar essas noções e se afastar da religião. Nesse sentido, a revivescência e a secularização também se tornam dois lados da mesma moeda.

Essa abordagem contrasta com a teoria de Stark e Bainbridge (1987). Eles defendem que movimentos com um perfil definido atraem mais as pessoas do que comunidades religiosas vagas e liberais. Estas últimas tendem a perder seu apelo porque suas características individuais desapareceram em suas tentativas de adaptação à sociedade contemporânea. Christian Smith e seus colegas (1998) raciocinam na mesma linha em seu estudo sobre o *American Evangelicalism*. Eles argumentam que a ortodoxia religiosa prospera – e não se enfraquece – quando seus proponentes são claros e comprometidos. Quando indivíduos ortodoxos lutam juntos em um contexto urbano e pluralista, eles tendem a desenvolver fortes laços internos de lealdade. Com referências claras à obra de Berger, esses autores afirmam que ao invés de "se esconderem sob um amplo *dossel sagrado*, os evangélicos portam 'guarda-chuvas sagrados' – pequenos mundos de relacionamentos que lhes permitem estar envolvidos no pluralismo da Modernidade enquanto permanecem ortodoxos" (SMITH et al., 1998, p. 89).

Steve Bruce (1996) esboça um dilema quase insolúvel para as organizações religiosas na sociedade liberal moderna contemporânea. Uma alternativa é adotar uma abordagem rigorosa e fundamental. Essa estratégia pode ser atraente para alguns, enquanto outros a abominarão e tornarão o grupo objeto de ridículo. Por exemplo, pregar sobre os sofrimentos do inferno pode ter sido uma estratégia para a manutenção da religião na antiga sociedade autoritária, mas na sociedade antiautoritária atual tal estratégia afastará da religião a grande maioria. A outra estratégia é adotar uma abordagem mais liberal. Mas se a identidade religiosa de um grupo for extremamente difusa, poucos verão razões para aderir. Se uma pessoa quiser se envolver em questões ambientais ou políticas, existem excelentes organizações com pouco ou nenhum vínculo religioso às quais ela pode aderir. Bruce argumenta que os movimentos religiosos também estão perdendo gradualmente a batalha pela atenção para o mercado de entretenimento. Além disso, Bruce aponta que as igrejas liberais estão perdendo uma importante fonte de recrutamento: muitas pessoas que cresceram em uma tradição cristã mais sectária procuraram refúgio nas igrejas convencionais mais tolerantes e liberais. Mas como menos pessoas são recrutadas pelo cristianismo sectário, ele acredita que esse afluxo de cristãos revivescentes desiludidos irá diminuir gradativamente (BRUCE, 2002).

Bruce indica alguns dilemas que os líderes religiosos enfrentam, embora as alternativas que aponta talvez sejam um tanto extremas. As pessoas não demandam apenas dogma, compromisso social ou entretenimento; elas também se interessam por outros tipos de sentido, notavelmente o pertencimento e a união. Entre o fundamentalismo e um liberalismo tímido, talvez existam outras alternativas para a religião além das que Bruce apresenta.

A afirmação de Peter Berger de que o Deus altivo do monoteísmo ético é vulnerável à secularização pode nos levar a refletir sobre outras tradições religiosas que não a fé cristã. Como uma religião monoteísta, o islamismo também é vulnerável à secularização. Entretanto, o islamismo é também uma religião de estilo de vida, em que costumes e rituais religiosos tendem a dominar a vida cotidiana dos fiéis. Essa conexão entre religião e vida cotidiana pode deixar o islamismo mais protegido da secularização do que o cristianismo.

Um argumento contra essas diversas teorias sobre as forças subjacentes à secularização é o de que elas seriam religiosamente muito míopes e não considerariam os fatores sociais. A dinâmica da secularização ocorre em um encontro entre tradições de fé e o desenvolvimento social. Nesse sentido, as explicações da secularização dificilmente são suficientes elas mesmas.

5.11 Secularização em um nível individual?

Vimos uma série de estudiosos afirmar que a secularização nos diz algo sobre a tração que a religião tem sobre a sociedade, o que não significa necessariamente que os indivíduos não sejam mais religiosos. A principal questão levantada por eles é que a religião está perdendo seu poder e significado na sociedade e que a religião tem um papel mais limitado na vida privada dos indivíduos.

É possível propor uma teoria de secularização que inclua os três níveis – a sociedade, as organizações e os indivíduos. Tal teoria proporia que a sociedade é menos dominada pela religião, que as instituições religiosas têm uma orientação muito fraca para o transcendente e que a religião tem pouco significado para os indivíduos. No entanto, nosso argumento acima foi o de que a relação entre secularização individual e social não é necessariamente tão íntima. Alguns estudiosos afirmam que a secularização societária pode levar à secularização individual, especialmente numa situação em que as instituições de socialização não promovem a religião. Outros estudiosos argumentam que um mercado religioso emerge e acrescenta maior vitalidade à vida religiosa organizacional e individual quando o Estado se retira da esfera religiosa.

Aqui, parece útil distinguir entre um enfraquecimento da religião em nível organizacional e em nível individual. Pode-se concordar que a religião perdeu em grande medida o poder na sociedade e que as organizações religiosas são menos populares do que eram antes. Pode-se também afirmar que a religiosidade individual está vigorosa como sempre, mesmo que esteja mais separada da autoridade das Igrejas e dos líderes religiosos. Discutiremos a religiosidade individual com mais detalhes no capítulo 7. Ali, discutiremos também como a religiosidade individual se destaca das tradições estabelecidas.

5.12 Diversas grandes narrativas

Em 1979, o teórico social francês Jean-François Lyotard publicou seu livro *A condição pós-moderna* (1984). Uma proposição frequentemente citada desse livro é a de que as grandes narrativas estão mortas. Essa afirmação remete a uma noção de que as interpretações totalizantes e holistas da sociedade e da existência não têm mais vitalidade e credibilidade em um mundo cada vez mais fragmentado. Neste capítulo, apresentamos uma série de grandes narrativas, no sentido de que elas pintam quadros bastante ambiciosos de desenvolvimentos sociais e históricos enfatizando apenas alguns traços característicos. Talvez possamos afirmar que as grandes narrativas ainda continuem por aqui, mas que elas estão competindo por credibilidade. Talvez também possamos afirmar, apenas para harmonizar um pouco, que elas descrevem vários aspectos da realidade, em que um ou mais traços podem ocorrer ao mesmo tempo. Para os sociólogos orientados para o empírico, não é aconselhável escolher uma história favorita e agarrar-se a ela a todo custo. Em vez disso, as grandes narrativas devem fornecer uma base para análises mais empíricas que ajudarão a desenvolver ainda mais essas teorias.

6
Religião na esfera pública

Desde a fundação da sociologia como disciplina, foram feitas tentativas de compreender a relação entre religião e o mundo secular. Vimos que muitos clássicos da sociologia tomaram como certo que processos de industrialização e de modernização acabariam levando à secularização ou à privatização, ao declínio e à diferenciação religiosa (cf. cap. 5). Houve um consenso relativamente generalizado dentro da sociologia da religião sobre a tese da privatização até o final da década de 1970 e início dos anos 1980, quando ocorre uma súbita erupção da religião na esfera pública, não apenas na Europa, mas na América Latina, Ásia e Oriente Médio. Só então muitos perceberam que a diferenciação não significava necessariamente que a religião permaneceria no lugar a ela reservado na esfera privada e não entraria na esfera pública.

Há um consenso generalizado na sociologia de que a religião assume um papel importante nas sociedades tradicionais. É na análise da religião na esfera pública nas sociedades modernas que surgem desacordos. A tradição teórica aqui representada por Max Weber, o primeiro Peter L. Berger, Jürgen Habermas e Steve Bruce afirma que, com a disseminação da modernização, as instituições religiosas tradicionais irão declinar ou desaparecer, e a religião se tornará um assunto privado para o indivíduo. Berger, entretanto, mudou sua posição a respeito dessa questão e apoia uma perspectiva mais próxima da outra tradição, aqui representada por Robert N. Bellah e José Casanova. Bellah e Casanova argumentam que a religião pode ser uma força de ação coletiva, unidade social e mobilização política, mesmo em sociedades modernas.

As noções das esferas "pública" e "privada" remetem aqui ao tradicional modelo dicotômico de relações sociais que postula uma separação entre a esfera doméstica do indivíduo, da família e do lazer e a esfera das instituições dominantes, como a econômica, a jurídica e a política. Quando este capítulo discute a religião na esfera pública, o foco incide principalmente sobre a esfera política, e inclui coletivos que operam em diferentes níveis, como a nação, o Estado e a sociedade civil.

Abaixo, apresentamos cinco formas de expressão da religião na esfera pública, a saber: como religião oficial do Estado, como religião civil, como nacionalismo religioso, como religião pública e como legitimação religiosa do poder político. Mas antes, veremos como alguns sociólogos analisaram a relação entre religião e política em sociedades modernas e tradicionais.

6.1 O papel decrescente da religião na esfera pública

Tradições liberais e marxistas na sociologia tendem a concordar que, com a disseminação da modernização, a religião se ausenta da esfera pública e essa experiência ocidental acaba sendo replicada em outras regiões do mundo. Essas noções, que descrevem tendências históricas relativamente unilineares, encontram-se em Marx, mas também em Weber, que as desenvolveu mais detalhadamente.

Em *Economia e Sociedade*, Weber discute a relação entre religião e política ao levantar o problema da legitimidade do Estado. Ele entende que cada esfera social é influenciada por estruturas de dominação, definidas por ele como "a probabilidade de certas ordens específicas (ou todas as ordens) serem obedecidas por determinado grupo de pessoas" (1968/1922, I, p. 212). De acordo com Weber, todas as formas de dominação requerem legitimação ou autojustificação, por meio das quais os governantes sustentam com sucesso a reivindicação de que governam por direito, de acordo com a lei, a tradição ou alguma instância semelhante. Ele propõe três tipos de dominação legítima: a tradicional, a carismática e a racional-legal (cf. seção 8.7). Para Weber, haveria uma tendência histórica que vai do tipo de autoridade tradicional ao racional. Ele argumenta que o Estado moderno despojado de qualquer legitimidade metafísica ou religiosa é consequência da racionalização e da secularização. Segundo ele, a legitimidade secular está em crise, pois a sociedade moderna é deixada em um vácuo que a lei racional formal não pode preencher (TURNER, 1991, p. 193).

Seguindo os passos de Weber, Peter L. Berger, em seus primeiros trabalhos, analisa a relação entre religião e política nas sociedades tradicionais e modernas nos termos do problema da legitimação. Para ele, a legitimação tem a ver com a tarefa de justificar a ordem social de forma a tornar os arranjos institucionais significativos ou plausíveis para o indivíduo. Em seu livro *O dossel sagrado* (1967), Berger argumenta que a religião tem sido historicamente o instrumento de legitimação mais difundido e eficaz. Nessa análise da Modernidade, ele se concentra na desinstitucionalização do sentido que acompanha a modernização. As sociedades ocidentais modernas são caracterizadas por um processo em que a religião se retirou completamente da esfera pública, recolhendo-se para a esfera privada. Vimos que se em *O dossel sagrado* Berger oferece uma visão da secularização mais ou menos difusa e historicamente inevitável, posteriormente ele irá sugerir que a Modernidade pode até mesmo criar condições favoráveis à ressurgência religiosa ou à contrassecularização (BERGER, 1999, p. 6).

Jürgen Habermas também acompanha de diversas maneiras a teoria de Weber sobre a inevitabilidade da racionalização e da secularização (cf. seção 4.1). Para Habermas, o surgimento da comunicação não distorcida é uma realização do ideal do Iluminismo. Embora os discursos também possam falar sobre a verdade e a legitimidade da religião, a religião não serve à ação comunicativa emancipada (HABERMAS, 1984, p. 49-52). Para alcançar a Modernidade cultural, a ciência, a moralidade e a arte devem ser separadas da interpretação tradicional do mundo (HABERMAS, 1982, p. 251). Assim, a religião parece ser algo relativamente sem importância para a competência comunicativa.

Em *Politics and Religion* (2003), Steve Bruce argumenta que a religião continua sendo uma força autônoma na política contemporânea. Entretanto, ele tenta mostrar que isso não é muito válido para os países modernos e industrializados do Ocidente, em grande parte seculares, servindo mais para outras partes do mundo e para tradições religiosas diferentes do cristianismo moderno e ocidental. Ao invés de generalizar sobre todas as religiões, Bruce tenta demonstrar que a relação entre política e religião difere de acordo com a tradição religiosa em questão. Ele compara várias tradições religiosas e mostra que ao menos quatro fatores são importantes para as consequências políticas das religiões.

O primeiro fator analisado por Bruce é a natureza do divino. Segundo ele, religiões monoteístas, como o cristianismo, o judaísmo e o islamismo, são mais rígidas do que religiões politeístas, como o hinduísmo, o siquismo e o budismo, que são mais tolerantes. O segundo fator tem a ver com o alcance da religião. Para Bruce, as religiões que reivindicam aplicações universais, como o cristianismo e o islamismo, muitas vezes têm vínculos imediatos com ambições imperiais. No entanto, se o cristianismo se fragmentou em Estados-nação, com os cidadãos desenvolvendo lealdades a seus respectivos Estados-nação, essas lealdades são mais fracas na maioria dos países muçulmanos. Por essa e por outras razões, o islamismo tem sustentado uma consistência global que falta ao cristianismo. O terceiro fator discutido por Bruce é a forma como as religiões lidam com a diversidade religiosa (especialmente a prática religiosa). Segundo ele, as religiões que controlam o comportamento religioso, como o islamismo, tendem a ser mais conservadoras, rigorosas e também mais desumanas do que as religiões que não impõem tal controle, como o cristianismo, por exemplo. O fator final que Bruce analisa tem a ver com a relação da religião com o Estado: tem havido uma relação mais estreita entre o islamismo e o Estado do que entre o cristianismo e o Estado porque o cristianismo reconhece uma esfera secular separada da esfera religiosa e o mesmo não ocorre no islamismo.

Bruce acredita que a maioria das religiões convencionais são incompatíveis com a democracia liberal. O traço específico das sociedades industriais modernas do Ocidente é que elas são em grande medida laicas. Ele argumenta que a reforma protestante foi um elemento vital na ascensão da democracia liberal porque desempenhou um papel importante na ascensão do capitalismo, encorajou o individualismo e o igualitarismo e criou um contexto de diversidade religiosa. Isso enfraqueceu a religião e permitiu o crescimento das sociedades e culturas seculares. Bruce conclui que, embora as culturas religiosas tenham contribuído muito para a política moderna, existem diferenças importantes nas consequências políticas das principais religiões mundiais. No entanto, essas relações causais repousam sobre consequências não intencionais: por exemplo, contribuir para a formação de democracias liberais e seculares não era a intenção dos reformadores protestantes. Nessa medida, não se pode culpar ou homenagear nenhum representante de qualquer tradição religiosa por eventos passados.

Weber, o primeiro Berger, Habermas e Bruce veem a religião no Ocidente como votada a abdicar da força da racionalidade e a recuar bastante para uma esfera privada, separada da ciência e da política. Enquanto Weber, Berger e Bruce estão preocupados com o desenvolvimento que descrevem, a tarefa de

Habermas é proteger a cultura iluminista não apenas da colonização pelas instituições do dinheiro e do poder, mas também das tradições conservadoras. Nesse sentido, Habermas celebra o papel cada vez menor da religião na esfera pública nas sociedades ocidentais.

6.2 O papel contínuo da religião na esfera pública

Robert N. Bellah e José Casanova, em contraste com Weber, o primeiro Berger, Habermas e Bruce, afirmam que a religião tem e continuará a ter um papel público nas sociedades modernas. Bellah pertence a uma tradição que vai de Durkheim a Parsons, tradição cujo objetivo é explicar a unidade social nas sociedades modernas, especializadas. Ele desenvolveu uma teoria de evolução religiosa baseada na diferenciação, postulando que a religião se desenvolveu em cinco etapas históricas: a etapa primitiva, a arcaica, a histórica, a da primeira Modernidade, a moderna (BELLAH, 1964). Uma das suposições de Bellah é a de que a sociedade repousa sobre uma compreensão religiosa moral (BELLAH, 1975, p. ix). Ele considera a sociedade como uma totalidade, e a função da religião fornecendo sentido e motivação ao sistema total. Por essa razão, a religião seria um fenômeno universal. Mesmo onde sistemas de símbolos religiosos predominantes são rejeitados, as soluções de indivíduos e grupos para os problemas fundamentais de orientação e identidade podem ser vistas como religiosas (BELLAH, 1972). Assim, ele considera a não crença impossível (BELLAH, 1971).

Bellah discute a relação entre religião e política em termos do problema da legitimação, que ele define como "a questão de se saber se a autoridade política existente é moral e correta ou se ela viola deveres religiosos mais elevados" (BELLAH, 1980, p. viii). Ele postula que em sociedades da primeira Modernidade ou modernas a religião na esfera pública assume a forma de religião civil. A religião civil é um fator religioso compartilhado que se diferencia da Igreja e do Estado. Segundo Bellah, ela consiste em um conjunto de ideais transcendentes pelos quais a sociedade é julgada, integrada e legitimada (BELLAH, 1967). Na religião civil existem alguns ideais societais, por exemplo os direitos de cada indivíduo, que todos os membros da sociedade apoiam. Esses ideais legitimam a instituição política e também podem ser usados para criticar líderes políticos. Bellah afirma que a religião civil ofereceu legitimação para as instituições políticas no início da história americana e carrega o potencial de renovação dessa função nos Estados Unidos modernos. Ele também sustenta que a religião civil é um fenômeno universal, de modo que toda sociedade possui alguma forma de religião civil (BELLAH, 1975, p. 3).

Um estudo mais recente sobre a religião na esfera pública é o de José Casanova (1994). Ele inicia seu livro *Public Religions in the Modern World* com uma crítica das teorias da secularização postuladas por Weber e pelo primeiro Berger. Ele concorda com a ideia de que um processo histórico irreversível de diferenciação religiosa ocorreu no Ocidente, mas questiona se a diferenciação institucional deve necessariamente resultar na marginalização e privatização da religião. Em vez disso, ele argumenta que somente estudos empíricos demonstrarão se isso ocorreu. A partir de estudos sociológicos históricos sobre religião pública na Espanha, Polônia, Brasil e Estados Unidos, ele argumenta que, desde a década de 1980, tem ocorrido em todo o mundo um amplo processo de "desprivatização" da religião moderna.

Casanova enxerga a fusão entre o religioso e o político como incompatível com o princípio moderno da cidadania. Para ele, as igrejas estabelecidas também são incompatíveis com os Estados diferenciados modernos. Baseando-se em duas tradições diferentes em sociologia, a sociologia comparativa da religião e as teorias da esfera pública e da sociedade civil, ele procura desenvolver um novo arcabouço analítico. Ele usa a divisão tripartite da moderna política democrática – Estado, sociedade política e sociedade civil. Como cada um desses níveis corresponde a uma forma diferente de esfera pública, ele pondera que pode haver, em princípio, religiões públicas em todos os três níveis. Ele conclui que somente as religiões públicas no nível da sociedade civil são consistentes com os princípios universalistas e com as estruturas diferenciadas modernas (CASANOVA, 1994, p. 219). Casanova afirma que as intervenções públicas da religião na esfera pública nas sociedades civis modernas não podem mais ser consideradas como críticas religiosas antimodernas da Modernidade. Ao contrário, elas representam novos tipos de crítica normativa de formas específicas de institucionalização da Modernidade. Dessa forma, Casanova argumenta que o potencial da religião levanta questões para a teoria secularista da Modernidade de Habermas.

Os sociólogos aqui discutidos diferem fundamentalmente em pelo menos duas questões. Em relação à questão do papel público da religião em sociedades modernas, Weber, o primeiro Berger, Habermas e Bruce, por um lado, sustentam que a religião não pode oferecer legitimação para uma sociedade total (como afirma Bellah) devido à diferenciação avançada nas sociedades modernas. Por outro lado, Casanova e o último Berger questionam se a diferenciação institucional deve necessariamente ter como resultado a privatização da religião. Para eles, essa questão deve ser objeto de estudos empíricos, e não um pressuposto teórico *a priori*. A segunda questão está relacionada com a abordagem normativa adotada por alguns desses sociólogos. Se Weber, o primeiro Berger e Bruce descrevem um desenvolvimento que eles não consideram necessariamente como desejável, Habermas, por sua vez, acredita que a diminuição do papel da religião na esfera pública beneficia as sociedades modernas. Em contraste, Bellah apela para os aspectos normativos da religião civil. Além disso, Casanova quer avançar as formas de religião pública que existem no nível da sociedade civil. Ele acredita que essas formas de religião pública moderna irão incentivar o desenvolvimento do "bem comum".

A seguir, veremos que o diagnóstico de que a religião estava desaparecendo da esfera pública diverge do desenvolvimento que ocorreu nas últimas duas décadas. O papel da religião na esfera pública é um fenômeno complexo que pode ser expresso de diversas maneiras. Abaixo, ofereceremos uma visão geral dessa variedade e examinaremos as diferentes formas em que a religião aparece na esfera pública – como religião oficial do Estado, religião civil, nacionalismo religioso, religião pública e legitimação religiosa do poder político.

6.3 A religião oficial do Estado

As interações entre o Estado e as organizações religiosas majoritárias estabelecidas são comumente discutidas em termos de relações "Igreja-Estado". O conceito de Igreja é derivado do contexto de religiões cristãs estabelecidas na Europa. A compreensão moderna de Estado como um Estado-nação deita suas raízes na história europeia pós-reforma. Nas discussões sobre as relações Igreja-Estado, há frequentemente a suposição implícita de que existe uma única relação entre duas entidades unitárias, mas separadas. Entretanto, as premissas cristãs nessa dicotomia criam problemas quando se discute contextos não cristãos. Na tradição muçulmana, por exemplo, uma mesquita não é uma igreja. Enquanto uma Igreja é uma organização religiosa com membros registrados, uma mesquita é principalmente um lugar de oração e ensino. O termo mais aproximado a "Estado" é a palavra *dawla*, que significa dinastia de um governante ou sua administração (HAYNES, 1998, p. 9; NORCLIFFE, 1999, p. 157-8). Ademais, algumas religiões, como o hinduísmo, não possuem estruturas eclesiásticas e, portanto, não podem representar uma ameaça clerical ao Estado laico da Índia. Apesar disso, o hinduísmo ainda tem influenciado eleições, partidos políticos e movimentos na Índia (FRYKENBERG, 1993; SMITH, 1990, p. 39-42). Por essas razões, é difícil aplicar a moldura conceitual tradicional da relação Igreja-Estado em vários países africanos e asiáticos (HAYNES, 1998, p. 8-9).

Com essas dificuldades conceituais em mente, podemos dizer que há uma série de relações Igreja-Estado no mundo contemporâneo. Nesta seção, vamos nos concentrar na situação em que existe uma religião oficial do Estado, seja na forma de um Estado confessional ou de uma religião de Estado. No caso do Estado confessional, uma religião dominante tem autoridade eclesiástica sobre o poder secular e os líderes religiosos procuram moldar o mundo de acordo com sua interpretação do plano de Deus. Embora os Estados confessionais tenham sido relativamente raros no século XX, líderes religiosos em alguns países muçulmanos tentaram construir tais Estados, por exemplo, na Arábia Saudita (ESPOSITO, 1999, p. 75), no Sudão (HAYNES, 1998, p. 112-14; MAYER, 1993), no Irã, e no Afeganistão durante o regime talibã (ESPOSITO, 1999, p. 264-265). No Irã, a revolução islâmica de 1979 levou à reconstrução da ordem política sob a forma de uma teocracia xiita. Desde 1906, o país tem uma Constituição e um Parlamento, e os pahlavis haviam implantado uma burocracia no modelo ocidental, com divisão das funções governamentais e separação de poderes. Após a insurreição, o Irã foi declarado uma República Islâmica. A Lei Fundamental de 1979 estabeleceu explicitamente uma teocracia ao fazer da soberania e da legislação a posse exclusiva do Deus Único e ao rejeitar firmemente a separação da religião e da ordem política (ARJOMAND, 1993). Enquanto alguns países muçulmanos conseguiram formar Estados confessionais, outros optaram por um Estado secular, como no caso da Turquia (DEMERATH, 2001). A maioria, porém, encontra-se em alguma posição intermediária.

Uma fé estabelecida oficialmente em um Estado de outro modo secular é a situação da Grã-Bretanha e dos países nórdicos. Examinemos mais de perto a Noruega. As relações Igreja-Estado foram estabelecidas pela primeira vez durante a reforma como um ditame de um decreto real. No século XVII, a fusão dos poderes político e clerical foi fortalecida, pois o Estado e o rei eram percebidos como "da graça de Deus" e a Igreja estava sob o poder do rei. A nova constituição democrática, de 1814, mudou as relações entre o povo e a coroa, mas não introduziu mudanças nas relações Igreja-Estado. Com efeito, ela afirmava que "a fé evangélica luterana é a religião do Estado" e que a coroa era a cabeça da Igreja.

Uma liberalização religiosa ocorreu durante os séculos XIX e XX, o que aumentou a independência da Igreja e transferiu o poder do clero para conselhos nomeados ou conselhos eleitos pelos membros da Igreja (REPSTAD, 2002). Recentemente, questões relativas à integração e aos direitos de minorias não cristãs, especialmente de uma minoria muçulmana em rápido crescimento, surgiram na Noruega assim como em vários outros países europeus. Em 1969, uma nova lei garantiu para todas as comunidades religiosas registradas um montante igual de financiamento público, a partir do número de membros. Dessa forma, as comunidades muçulmanas recebem tanto apoio público por membro quanto as paróquias das Igrejas de Estado. Com base no argumento de que todos os cidadãos da Noruega devem ter igualdade de oportunidades e direitos para praticar a religião, foram feitas sugestões para separar Igreja e Estado. Essas questões não são exclusivas da Noruega: recentemente, Igreja e Estado foram separados na Suécia (DEMERATH, 2001). Os desafios colocados pelas minorias religiosas que reivindicam a igualdade de oportunidades também são pertinentes em outros países europeus com uma religião de Estado, como a Grã-Bretanha (BECKFORD; GILLIAT, 1998).

Se a Igreja e o Estado fossem separados, pode-se supor, as relações Igreja-Estado seriam relativamente menos problemáticas. Entretanto, o sociólogo da religião estadunidense Nicholas Jay Demerath (2001, p. 36-37) aponta que recentemente tem aumentado as tensões Igreja-Estado nos Estados Unidos. Intervenções do Estado em assuntos de grupos religiosos e uma tendência crescente entre alguns grupos religiosos para apresentar reivindicações na esfera pública geraram controvérsia (ROBBINS, 1989). Assim, em sociedades seculares com uma religião de Estado como a Noruega, a Igreja nacional está longe de ser a dominante. Nos Estados Unidos, onde a Igreja e o Estado estão separados, a separação Igreja-Estado está longe de ser absoluta. Em ambos os casos, a Igreja e o Estado continuam a se desafiar reciprocamente.

6.4 Religião civil

O conceito de religião civil tem sua origem no século XVIII, quando foi enunciado pela primeira vez pelo filósofo francês Jean Jacques Rousseau (1981/1762), para quem toda sociedade necessita de uma "profissão de fé que seja puramente civil" para integrar os membros numa sociedade. O debate sociológico sobre a religião civil surgiu no final da década de 1960, quando Robert N. Bellah (1967) sugeriu que havia uma religião civil americana, ou um fator religioso comum que existia independentemente da Igreja e do Estado nos Estados Unidos. Houve nas décadas de 1970 e 1980 um intenso debate sobre o tema entre os sociólogos da religião.

A dimensão religiosa na esfera pública nos Estados Unidos havia sido descrita por vários estudiosos americanos, mas Bellah foi o primeiro a desenvolver uma teoria sociológica da religião civil. Ele propôs que a religião civil surge como uma forma alternativa de dotar as sociedades modernas de identidade e sentido, já que os processos de modernização implicam que os setores sociais e culturais não são mais dominados pela religião tradicional. Ele define a religião civil como "um conjunto de crenças religiosas, símbolos e rituais que vicejam a partir da experiência histórica americana interpretada na dimensão da transcendência" (BELLAH, 1968, p. 389). Em suas pesquisas de documentos históricos, como a Declaração da Independência e a Constituição dos Estados Unidos, ele cita várias referências à religião e aponta o uso frequente da analogia de Deus, que havia conduzido seu povo a uma nova terra. Referências a uma divindade também são feitas nos discursos de posse dos presidentes americanos. Por exemplo, George Washington falou de um "Grande Autor de todo bem público e privado", John Adams usou expressões como "Fonte de justiça", e Jefferson falou sobre "aquele Ser em cujas mãos estamos". Bellah interpreta essas referências como indicadores das crenças e valores da religião civil americana (1972, p. 171-188).

Bellah argumenta que a religião civil tem várias funções: ela proporcionou legitimação no início da história americana e carrega o potencial de renovação dessa função hoje (BELLAH, 1980). A religião civil também tem potencial tanto para integração quanto para a divisão (BELLAH, 1976), e tem a função de profecia, o que remete a seus aspectos normativos. Segundo Bellah, há um entendimento na religião civil americana de que a sociedade é responsável por uma ordem moral mais elevada. Seguindo essa noção, Martin E. Marty (1974) distingue entre uma versão "profética" da religião civil, que chama a atenção da nação para suas ofensas contra as idealizações representadas por ela, e uma versão "sacerdotal", que glorifica a nação e é uma forma de nacionalismo religioso (cf. abaixo).

Bellah (1975, p. 3) sustenta que a religião civil é um fenômeno universal. Nessa chave, foram realizados vários estudos comparativos (BELLAH; HAMMOND, 1980; HARMATI, 1984, 1985; LIEBMAN; DON-YEHIYA, 1983). Alguns estudiosos encontraram legitimações para o Estado ou para a nação pela referência a uma realidade transcendente (BAILY, 1986; LAYENDECKER, 1986), enquanto outros concluíram que não encontraram tais legitimações (HAMMOND, 1980). Nos países nórdicos, com suas Igrejas de Estado ou nacionais que abarcam a maioria da população, alguns afirmaram que se a religião civil existe, ela está mais conectada com essas Igrejas do que o contrário (FURSETH, 1994; REPSTAD, 1995a; SUNDBACK, 1984).

A teoria da religião civil de Bellah produziu uma controvérsia acadêmica. Sua teoria colocou problemas para estudos empíricos, relativos à caracterização da religião civil como um fenômeno social e sua distinção de outros fenômenos similares. Diversos participantes do debate se concentraram nessa questão e tentaram encontrar uma definição satisfatória para o conceito (GEHRIG, 1981a, 1981b; RICHEY; JONES, 1974). Além disso, sua hipótese levou a controvérsias sobre operacionalizações (THOMAS; FLIPPEN, 1972; WIMBERLEY, 1979). Além disso, sua teoria foi contestada. Os críticos, muitos deles pertencentes ao flanco weberiano, eram céticos quanto às premissas teóricas de Bellah. O sociólogo da religião americano Richard Fenn foi um dos críticos mais severos. Primeiro, Fenn atacou a premissa durkheimiana de Bellah de que a ordem moral é a base para a sociedade. Ele ponderou que as sociedades modernas são caracterizadas pela diferenciação. Por conseguinte, não há uma base religiosa comum para a ordem moral na sociedade, mas uma pluralidade de sistemas de significação (FENN, 1970). Em segundo lugar, Fenn critica a análise de Bellah sobre as funções da religião civil em diferentes níveis, ou seja, em um nível individual e em um nível societal. Fenn argumenta que a religião não pode ter uma função macrocultural, mas pode ter funções para cada indivíduo (FENN, 1972). Finalmente, Fenn discorda de Bellah de que a religião civil forneceria a base para a integração social. Ele acredita que não pode existir uma ideologia total nas sociedades modernas apoiada pela totalidade da população. Portanto, não existe uma religião civil normativa que influenciaria toda uma nação (FENN, 1976). O sociólogo americano Michael Hughey (1983) também aponta que os valores religiosos civis não podem alcançar a transcendência e ficar à parte e acima da própria nação e de suas instituições. Apesar das controvérsias, a teoria gerou numerosos estudos históricos e empíricos sobre a religião civil (cf. MATHISEN, 1989).

6.5 O nacionalismo religioso

Em contraste com o conceito de religião civil de Bellah como uma religião da nação transcendente universal, que legitima mas que também critica a nação, o nacionalismo religioso representa uma visão de mundo na qual a nação é glorificada e idolatrada. Nesse sentido, o nacionalismo religioso é semelhante ao que Marty (1974) denominou de "a forma sacerdotal de religião civil", que celebra as realizações, a grandeza e a superioridade de uma nação.

Como observamos, o sentido moderno de "nação" surgiu na Europa dos séculos XVII e XVIII, e foram propostas várias teorias do nacionalismo moderno (CALHOUN, 1997; SMITH, 1983). Uma importante distinção teórica em uma definição do conceito de nação é aquela entre essencialismo e construtivismo (distinção também importante nas discussões sobre etnicidade e gênero, cf. cap. 10 e 11). O essencialismo reduz a diversidade de uma população a algum critério único considerado como sua "essência" ou seu caráter mais crucial. A linguagem, a etnia e a religião podem consistir em tais critérios. Isso muitas vezes se combina com a alegação de que a essência é inevitável ou dada pela natureza. Presumiu-se, por exemplo, que as pessoas nascem com alguns traços inerentes que as tornam parte de uma determinada nação. O construtivismo enfatiza a capacidade das pessoas de definir o mundo a partir de seu ponto de vista. No caso do nacionalismo, o construtivismo se concentra nos processos históricos e sociológicos pelos quais as nações são criadas.

Segundo o sociólogo americano Craig Calhoun (1997, p. 3), o nacionalismo também pode ser chamado, entre outras coisas, de "formação discursiva" (FOUCAULT, 1972, 1977b), uma maneira de falar que forma a consciência. O nacionalismo é uma forma de pensar sobre questões como identidade coletiva, solidariedade social e legitimidade política, que ajuda a produzir uma autocompreensão nacionalista e o reconhecimento de reivindicações nacionalistas. Nesse sentido, as nações são "comunidades imaginadas" (ANDERSON, 1983, p. 16), e o nacionalismo é uma forma distinta de "imaginar" a identidade coletiva e a solidariedade social.

Embora muitas nações não formem grupos homogêneos, mas consistam em vários grupos religiosos, culturais, linguísticos e étnicos, a retórica da nacionalidade tende a tratar a nação como uma unidade integral ou um tipo de grupo. Pertencer a um grupo tem uma definição externa, ou uma marca que identifica "nós" e "eles". Pertencer a um grupo envolve o reconhecimento dessa marca. No caso de um grupo nacional, tal marca pode ser, entre outras coisas, um território comum, a nação como uma unidade integral, uma história e um descendente comuns. A religião pode ser claramente um elemento em muitas dessas características (RAMET, 1984, p. 149).

O território é usualmente um dos aspectos mais importantes do nacionalismo. O Estado-nação proporcionou a seus cidadãos um modo especial de olhar para a terra, que em alguns casos se torna uma espécie de lugar sagrado. O caso do nacionalismo judaico pode servir de exemplo ilustrativo aqui. Na forma pré-moderna do nacionalismo judaico havia uma estreita conexão entre religião e nacionalismo. Sua reivindicação à terra deriva da ideia de que Deus deu permissão ao Profeta Samuel para estabelecer uma monarquia entre os israelitas. Entretanto, o movimento político que levou à formação do Estado de Israel, o sionismo, era inteiramente secular e representava uma revolta contra a religião judaica. O sionismo estava intimamente ligado ao socialismo, e seu objetivo era estabelecer em Israel uma sociedade ideal baseada na igualdade social, justiça social e trabalho produtivo. Em meados dos anos 1950, surgiu uma nova ênfase no judaísmo e na tradição judaica como base para a identidade coletiva, e a combinação entre religião e etnicidade tornou-se cada vez mais importante. A partir da Guerra dos Seis Dias de 1967, houve uma ascensão de grupos religiosos militantes que associavam uma teoria messiânica com uma política nacionalista. Um desses grupos eram os ultranacionalistas religiosos, Gush Emunim ou "bloco de fiéis", cuja estratégia foi a criação de assentamentos ilegais nos Territórios Ocupados. Ao revitalizar noções sobre o vínculo entre a nação judaica e a terra, que também foi predominante no sionismo secular, eles dão legitimidade religiosa a políticas expansionistas (BIALE, 1983; JUERGENSMEYER, 1993; LIEBMAN e DON-YEHIYA, 1983).

O nacionalismo também se apoia em seu passado e em seu futuro. A importância da história pode ser vista claramente na formação de vários Estados-nação europeus, em que a escrita da história tornou-se parte do processo de formação da nação. No curso de uma luta pela independência e liberdade, há também um forte interesse no futuro. Um exemplo é o Afeganistão – ali, o islamismo tornou-se um ingrediente significativo nas lutas nacionalistas e movimentos de resistência na década de 1980 (ESPOSITO, 1999, p. 264-265). Os mujahidin foram considerados defensores da liberdade que declararam guerra santa (*jihad*) contra as forças de ocupação soviéticas, e seu programa era substituir as humilhações do domínio russo por uma nova ordem islâmica.

Segundo o professor de religião britânico Ninian Smart (1983, p. 18-19), outro elemento importante no nacionalismo é o herói nacional, que pode ser uma figura histórica ou uma pessoa viva, e que deve realizar algum ato ou atos que se supõe positivos para a nação. Houve um ressurgimento da religião e do nacionalismo na antiga Iugoslávia (cf. IGNATIEFF, 1993; RAMET, 1984), e na Sérvia; por exemplo, o papel do "Imperador" Lazar é um exemplo ilustrativo de um herói nacional. Os sérvios afirmam descender dos soldados que Lazar levou para a batalha em Kosovo em 1389. Essa área tinha sido parte da fronteira contestada entre a Europa cristã e a expansão do Islã e do domínio otomano. Em 1389, Lazar foi morto em uma batalha com os turcos, e Lazar e seus homens tornaram-se heróis simbólicos da batalha do cristianismo contra o islamismo em solo europeu. No século XIX, essa batalha tornou-se o mito fundador do projeto expansionista sérvio e foi um elemento significativo no nacionalismo sérvio nas décadas de 1980 e 1990. Mesmo antes do colapso da Federação Iugoslava, a Igreja Ortodoxa sérvia marcou o que eles consideravam o território da "Grande Sérvia" ao carregar os restos mortais de Lázaro pela "terra sérvia". Depois de ser ativamente alimentada por líderes sérvios, a memória desses heróis tornou-se um elemento agitador usado para legitimar ataques contra bósnios muçulmanos seiscentos anos depois (IVEKOVIC, 2002, p. 524).

Embora a religião possa ser um elemento do nacionalismo, a religião também pode representar uma ameaça ao nacionalismo. Para muitos nacionalistas, outros grupos como a família e grupos religiosos, competem com a nação por lealdade. Essa foi uma das razões pelas quais Hitler tinha como objetivo final abandonar a Igreja Católica (LEASE, 1983, p. 81). Além disso, o nacionalismo não é uma religião universal, mas talvez possa ser visto como portador de mais afinidades com uma religião tribal (SMART, 1983, p. 27). Por essa razão, aqueles que pertencem a religiões universais, como o cristianismo, o budismo ou o islamismo, continuarão céticos quanto ao nacionalismo. Duas organizações islâmicas radicais, a Irmandade Muçulmana do Egito e a Jamaat-i-Islami (Sociedade Islâmica) no subcontinente indiano, surgidas nas décadas de 1930 e 1940, são um exemplo. Elas eram hostis ao nacionalismo árabe como ideologia secular e o consideravam incompatível com a missão universalista do islamismo (ESPOSITO, 1999, p. 67). Embora as religiões possam ser usadas como reforços do nacionalismo, elas também podem ser uma fonte de oposição ao nacionalismo.

6.6 Religião pública

Enquanto a noção de religião civil soou para alguns como representativa de um desenvolvimento governamental "de cima para baixo", o conceito de "religião pública" tem sido visto como uma proposta "de baixo para cima" (MARTY, 1998, p. 393). Na literatura, há principalmente dois sentidos diferentes para o conceito: primeiro, como uma forma de fé cívica, e segundo, como expressão da religião na esfera pública.

O termo "fé cívica" deriva de uma frase formulada por um dos pais fundadores dos Estados Unidos, Benjamin Franklin. Em 1749, Franklin desejava formar uma academia na Filadélfia, Pensilvânia. Durante uma discussão sobre história, ele afirmou que estudos de história eram bons porque eles propiciariam "muitas oportunidades de mostrar a necessidade de uma Religião Pública". Franklin quis dizer que uma religião pública seria útil "para o Público" e que isso criaria "Vantagens de Caráter Religioso entre Pessoas privadas" (WILSON, 1979, p. 7). De acordo com o historiador americano John F. Wilson (1979), a afirmação de Franklin de que havia a necessidade de uma religião pública para influenciar o reino da vida pública se devia ao papel da religião na formação da vida pública da nação. Franklin e os demais pais fundadores acreditavam que a Constituição seria ineficaz se os valores morais não estivessem presentes na sociedade. Eles olhavam para as treze colônias com suas várias denominações: embora essas denominações fossem diferentes, todas estavam preocupadas com o bem comum. Esse bem comum devia fazer parte da religião pública, o que devia ser demonstrado no sistema educacional e nas ações voluntárias dos cidadãos (MARTY, 1998, p. 393-394). O papel da religião era então ajudar a formar bons cidadãos e moldar a vida comum.

O segundo sentido do termo "religião pública" refere-se a um dos lados da distinção tradicional entre "público" e "privado" na análise social. A religião pública tem a ver com expressões de fé ou comportamento religioso na esfera pública feitas por indivíduos, comunidades, associações voluntárias ou agências governamentais (o Estado). Uma pesquisa importante nesse sentido é o estudo empírico comparativo de Casanova (1994) de cinco casos de religião pública: o catolicismo na Espanha, na Polônia, no Brasil e nos Estados Unidos, e o protestantismo evangélico nos Estados Unidos. Nesse estudo, Casanova analisa diferentes padrões de separação entre a Igreja e o Estado. Ele divide cada sociedade em três níveis – o Estado, a sociedade política e a sociedade civil. Como mencionamos mais cedo, para Casanova, como existe uma religião pública em cada nível, em princípio podem existir religiões públicas em todos os três níveis, embora isso não venha necessariamente ao caso para todas as sociedades. Em sua análise, ele dá exemplos de religiões públicas em todos os três níveis. Mencionaremos aqui alguns desses exemplos.

Um exemplo de religião pública em nível estatal é a Igreja Católica espanhola. Durante a Segunda República espanhola (1930-1936), a Igreja esteve separada do Estado liberal, ao qual resistiu violentamente. Durante o regime franquista que derrubou a República, a Igreja usou de violência para reafirmar seu *status* de Igreja estabelecida de um Estado católico. A ruptura final entre Igreja e Estado na Espanha veio na década de 1970. Casanova pensa que a religião pública em nível estatal tende a ser opressiva, tal como o era a Igreja Católica espanhola. Ele não acredita que esse tipo de religião pública sobreviva em sociedades democráticas modernas.

Casanova encontrou várias formas de religião pública na sociedade política. Algumas religiões públicas nesse nível eram movimentos religiosos que resistiam ao desestabelecimento [*disestablishment*], por exemplo, a supracitada mobilização do catolicismo espanhol contra a revolução liberal nos anos 1920 e 1930. Outras religiões públicas na sociedade política eram grupos religiosos que se mobilizaram contra outros partidos políticos (como partidos democratas-cristãos). Casanova também argumenta que a mobilização de grupos religiosos em defesa da liberdade religiosa (como na Polônia) é outra forma de religião pública; também o são algumas instituições religiosas que exigiram a proteção de direitos civis (Igrejas Católicas no Brasil).

Se estamos examinando as religiões públicas no nível da sociedade civil, Casanova faz distinção entre dois tipos. Um é a religião civil – por exemplo, o Protestantismo na América do século XIX. Esse tipo representa uma compreensão unificada da sociedade e é hegemônico. Outro tipo de religião pública no nível da sociedade civil é a intervenção pública de grupos religiosos, tais como o movimento antiaborto ou as Cartas Pastorais dos bispos católicos. As Cartas Pastorais, que falaram sobre questões como paz, justiça econômica e guerra nuclear, foram apresentadas como a contribuição dos bispos para o debate público dessas questões. Esse tipo de religião pública equivale a um dos vários pontos de vista sobre o que é e o que deve ser a boa sociedade. Ela contribui na esfera pública com afirmações normativas e contribui para o debate público. Como não são hegemônicas, as religiões públicas no nível da sociedade civil são coerentes com sociedades democráticas modernas (CASANOVA, 1994, p. 219). Enquanto vários estudos de religião pública têm a tendência de supor que existe apenas uma religião pública em cada sociedade, a força do estudo de Casanova está na identificação de várias religiões públicas em diferentes níveis. Ademais, ele não supõe que cada religião pública tenha a mesma função em todas as sociedades, mas analisa como as várias religiões públicas funcionam de maneiras extremamente diferentes.

6.7 Religião e poder político

Se o poder da religião para legitimar a esfera política pode ser mais ou menos indireto e implícito, como nas formas discutidas acima, há situações em que as instituições religiosas reconhecidas oferecem legitimações explícitas do aparato do poder político.

Um exemplo disso é o papel desempenhado pela Igreja Ortodoxa na Sérvia na década de 1990. Mencionamos anteriormente que a Igreja Ortodoxa sérvia apoiou o projeto expansionista sérvio mesmo antes do colapso da Federação Iugoslava. Com efeito, a Igreja veio a desempenhar um papel importante na legitimação do regime de Milosevic, pois membros da hierarquia da Igreja e vários padres participaram ativamente das guerras na Croácia e na Bósnia (IVEKOVIC, 2002, p. 525-526). Por exemplo, o Patriarca Pavle e vários bispos percorreram os territórios controlados pelas forças sérvias e encorajaram outros sérvios a defenderem "suas terras ancestrais". Os padres também justificaram a explosão de mesquitas e abençoaram líderes de guerra conhecidos publicamente como criminosos de guerra. Um bispo, Filaret, usava até mesmo um uniforme militar e carregava uma Kalashnikov. Quando Milosevic assinou o Acordo de Paz de Dayton, em novembro de 1995, ocorreu uma cisão na Igreja. A facção militante do clero denunciou Milosevic como "um traidor da causa nacional" e se tornou mais nacionalista do que o próprio regime. Eles também exigiram a renúncia do Patriarca Pavle, porque ele não os apoiou. Uma facção mais moderada, liderada por Pavle, procurou uma espécie de acomodação com o regime de Milosevic. Como as políticas do regime de Milosevic levaram a uma série de desastres, a Igreja Ortodoxa sérvia continuou a discordar quanto a qual líder político apoiar. Enquanto alguns continuaram a apoiar Milosevic, outros apoiaram o candidato vitorioso das eleições de 2000, Vojislav Kostunica, um conhecido adepto ortodoxo (IVEKOVIC, 2002, p. 525-526). Nesse caso, a Igreja Ortodoxa sérvia tornou-se altamente politizada e dividida quanto a quem apoiar politicamente.

6.8 Sugestões de pesquisa

As últimas três décadas do século XX testemunharam uma revitalização política das religiões tradicionais em várias partes do mundo. Esse ressurgimento da religião na esfera pública desafiou muitas das suposições da literatura sociológica sobre religião e modernização presentes no trabalho de Weber, no primeiro Berger, em Habermas e em Bruce. Embora Bellah tenha proposto que a religião continuaria a desempenhar um papel público nas sociedades modernas e especializadas, o maior problema de sua teoria são suas premissas funcionalistas, o que o levou a pressupor que a religião seria uma necessidade nas sociedades modernas. Uma abordagem mais frutífera vem de Casanova e do último Berger, para quem a questão do papel da religião na esfera pública deve ser um assunto para estudos empíricos, e não suposições teóricas *a priori*.

Temos visto que o papel da religião na esfera pública pode assumir várias formas: como parte do aparato estatal, como uma religião civil independente do Estado e das instituições religiosas estabelecidas, como parte integrante do nacionalismo, como parte do discurso público, ou como uma legitimação explícita do poder político. O papel da religião na esfera pública é um fenômeno complexo. Portanto, é questionável a pretensão de uma única teoria ou abordagem de explicá-lo plenamente. Em vez disso, é importante investigar em que casos e sob quais formas a religião aparece na esfera pública, e quais condições são propícias à sua presença ou ausência. Outra questão importante é analisar os efeitos da fusão entre política e religião. Se em alguns casos parece que a religião promove a unidade, em outros ela se torna parte dos conflitos fundamentais de uma sociedade (cf. cap. 9).

Outro problema de grande parte da sociologia da religião ao discutir religião e esfera pública é sua tendência a ser centrada no Ocidente. Isso é problemático para as análises do papel da religião em países não ocidentais. Isso também apresenta dificuldades porque tradições religiosas não ocidentais, como o islamismo, têm crescido no Ocidente e desafiado noções aceitas de que a religião não pertence mais à esfera pública. No conjunto, parece haver uma necessidade de melhores teorias sobre a imbricação das esferas pública e privada, como argumenta Casanova (1994, p. 7). Precisamos reconsiderar as fronteiras cambiantes entre as várias esferas, os possíveis papéis que a religião pode ter dentro dessas esferas e o papel que a religião pode ter no desafio dessas fronteiras.

7
Religiosidade individual

A sociologia não está apenas envolvida em tentativas de explicar dinâmicas de grupo, estruturas sociais e mudanças sociais; ela também se concentra sobre o indivíduo. A questão fundamental da sociologia é: Por que atores sociais agem da forma como agem? Outro tópico frequentemente encontrado na teoria sociológica recente é a visão do indivíduo sobre si mesmo e como essa visão é formada, mantida e transformada. O estudo sociológico do indivíduo enfatiza que as ideias, as imagens do *self* e as ações são afetadas pelo contexto social. Por exemplo, a sociologia argumenta que a visão do indivíduo sobre o *self* é baseada em sua interação com os outros. Um teórico clássico nesse aspecto é George Herbert Mead (cf. seção 3.6).

Uma questão-chave na sociologia da religião é: Por que as pessoas se tornam religiosas? Quatro teorias diferentes têm tentado dar uma resposta a essa questão:

- a teoria da privação;
- a teoria da socialização;
- a teoria da escolha racional;
- a teoria da busca de sentido e pertencimento.

Ao apresentarmos e discutirmos essas teorias, não faremos uma distinção clara entre os compromissos religiosos individuais expressos em contextos organizados e a religiosidade mais privada e individual. O tema de nossa discussão será as várias formas de compromisso religioso individual. Examinaremos como diferentes experiências sociais reforçam ou enfraquecem o compromisso religioso. Ao fazê-lo, nos concentraremos na relação e tensão entre religião organizada e religiosidade individual. Na sociologia mais recente, alguns têm argumentado que a escolha individual está aumentando na sociedade contemporânea, particularmente na área das ideias e ações culturais e religiosas. Essas ideias também se encontram na sociologia da religião e tendem a interpretar o indivíduo como um agente livre e inquiridor que escolhe sua identidade e sua visão de mundo. Sem dúvida, vários fatores sugerem um individualismo crescente na sociedade contemporânea. Vamos tentar diversificar esse quadro e apontar que ainda existem fatores sociais que afetam a religiosidade individual, até mesmo a religiosidade individualista. No final do capítulo, iremos nos concentrar em indivíduos comprometidos com a religiosidade e discutir brevemente a secularização em nível individual.

7.1 A teoria da privação: aflições criam uma necessidade de religião

A teoria da privação sustenta que o comprometimento religioso é resultado da compensação que a religião proporciona em situações em que os indivíduos encontram obstáculos na vida e buscam objetivos alternativos. O conceito de privação nos estudos da religião pode ser traçado até Karl Marx. Como já observamos, Marx alegou que a religião satisfaria as necessidades daqueles próximos à base da hierarquia social; ou seja, a religião serviria de fonte de consolo e tomaria a forma de protesto e reação contra a injustiça e a miséria (cf. seção 3.1). Essa ideia, que passou para uma sociologia mais atual quase intacta, encontrou apoio e foi desenvolvida por numerosos sociólogos da religião durante o século XX, sendo o mais notável o sociólogo americano Charles Glock (GLOCK; STARK, 1965).

Glock distingue entre cinco formas de privação: econômica, social, organísmica, ética e psíquica. A privação econômica ocorre quando se passa por uma situação financeira difícil ou quando se é pobre. A privação social implica que se tem pouco acesso aos tipos de bens e qualidades que são muito apreciados na sociedade. Se ser homem, branco, jovem e academicamente bem-sucedido traz poder e prestígio, os desfavorecidos são as mulheres, os não brancos, os idosos e os academicamente malsucedidos. A solidão e o isolamento social também constituem, em nossa interpretação de Glock, formas de privação social.

A privação organísmica significa que alguns estão em situação pior do que outros devido a doenças ou deficiências físicas. A privação ética é a experiência individual de conflito entre seu sistema de valores pessoais e o sistema de valores da sociedade, e a descoberta de que o sistema de valores pessoais não é aceito pela sociedade – por exemplo, quando um indivíduo ou grupo de pessoas sente, diretamente ou através da mídia, que está numa situação de decadência moral ameaçadora. A última forma de privação é, de acordo com a lista de Glock, a privação psíquica, que ocorre quando os indivíduos não possuem um sistema de interpretação apropriado para se orientar no mundo.

Para o sociólogo da religião norueguês Jon P. Knudsen (1994), um sexto tipo de privação deve ser acrescentado: a privação existencial. Ele argumenta que um indivíduo pode ser rico, poderoso, bem-sucedido, popular e contar com boa saúde física e mental e ainda assim se sentir infeliz quando se trata de questões existenciais sobre o sentido da vida. Alguns afirmam que a privação psíquica de Glock já contempla a proposta de Knudsen. No entanto, se a privação mental for interpretada mais em termos de saúde mental, pode ser justificável incluir a privação existencial como uma forma distinta de privação. Contudo, se o fizermos, devemos estar cientes de que usamos uma compreensão de religião fundamentalmente diferente da de Glock, uma concepção em que a religião não é vista como uma resposta à privação, mas como uma busca de sentido. Retornaremos a essa concepção de religião mais tarde.

Costuma-se distinguir entre a privação absoluta e a relativa. A privação absoluta também é chamada de privação objetiva, o que significa que padrões absolutos, tais como renda, são usados para fazer avaliações sobre a privação de um grupo ou de uma pessoa. Estritamente falando, a privação não pode ser absoluta, no sentido de que é autoevidente para todos os indivíduos de uma determinada sociedade. Deve-se chegar a algumas formas de acordo entre os estudiosos sobre como mensurar a privação e por onde passa a distinção entre aqueles em estado de privação e aqueles que não estão. A privação relativa refere-se a sentimentos e a avaliações subjetivas que um indivíduo ou membros de um grupo têm quando comparam a si mesmos ou a sua situação social com a de outros e chegam à conclusão de que sua situação é pior. A ideia é que as pessoas não utilizam padrões absolutos quando fazem tais avaliações, mas padrões relativos ou quadros de referência. Em uma sociedade afluente, por exemplo, pode parecer um fardo ter um padrão de vida visivelmente inferior à média, mesmo que não haja necessidade aguda de alimentação, vestuário e moradia.

Uma ideia-chave da teoria da privação é a de que as pessoas que encontram obstáculos em suas vidas ou estão em situações insatisfatórias buscarão objetivos alternativos como forma de compensação, e a religião oferece tal compensação. A compensação pode ser religiosa em um sentido estrito, ou mais "terrena", no sentido de que a participação em uma comunidade religiosa proporciona uma forma de gratificação ou recompensa. Muitas vezes essas duas fontes de compensação estão imbricadas. Uma pessoa deficiente pode ter esperança religiosa de ressurreição com um novo corpo e, ao mesmo tempo, experimentar o cuidado oferecido por seus companheiros de fé. Uma pessoa enlutada, pobre ou desesperada pode buscar conforto na promessa religiosa de que encontrará pessoas queridas no além e, ao mesmo tempo, sentir que sua dor se torna mais fácil de suportar através da partilha da dor e da perda em um ambiente de grupo. Da mesma forma, uma pessoa de fora pode encontrar apoio em uma comunidade religiosa que prega a igualdade de todos perante Deus, uma comunidade em que eles são vistos e incluídos. Talvez alguns possam até entreter o sentimento complacente de ter aderido a um movimento que tem Deus do seu lado, o que proporciona um contraste com os mandatários deste mundo.

Na década de 1970, houve uma recepção bastante crítica à teoria da privação. Essas críticas eram de duas ordens, uma empírica e a outra teórica. A afirmação de Glock de que "os menos afortunados, os idosos, as mulheres e aqueles que não levam uma vida familiar normal são aqueles mais envolvidos com a igreja" (GLOCK; STARK, 1965, p. 256) foi contrariada por inúmeros estudos empíricos. Esses estudos mostraram que os estratos econômicos inferiores não são dominantes em comunidades religiosas estabelecidas e que as classes médias constituem a maioria dos membros das igrejas estabelecidas e dos novos movimentos religiosos (BARKER, 1995; HOGE; ROOZEN, 1979; ROOF; HOGE, 1980). Essa crítica é relevante, embora se deva ter em mente que Glock opera com várias formas diferentes de privação, não apenas a pobreza financeira. Alguns estudos empíricos também fornecem apoio à teoria da privação. Um estudo sueco sobre pessoas que aumentaram sua frequência à igreja mostrou que elas relataram mais problemas do que outros frequentadores da igreja quando se trata de motivação, casamento e dinheiro (PETTERSSON et al., 1994). Entretanto, é importante ter em mente o fato de que a tendência a dificuldades pessoais levar pessoas a se envolverem com a religião é maior se esses indivíduos passaram por uma socialização religiosa relativamente vigorosa quando crianças. A religião deve estar presente na mente de uma pessoa como uma possibilidade, algo a que retornar em tempos difíceis. Assim, a teoria da socialização pode ser a verdadeira explicação para o aumento da atividade religiosa nesse caso – uma teoria que discutiremos mais detalhadamente a seguir.

A crítica teórica da teoria da privação argumenta que esta não oferece uma explicação adequada do porquê algumas pessoas em privação se valem da religião, enquanto outras não o fazem. Grandes grupos de pessoas têm alguma privação, mas estão longe de ser maioria aqueles que optam pela religião. Uma segunda crítica sustenta que a teoria tende a se concentrar apenas em fatores que criam demanda por religião e a ignorar as atividades iniciadas por comunidades religiosas a fim de atrair novos adeptos. Um terceiro argumento é o de que o comprometimento religioso, tal como outras formas de comprometimento, é resultado dos recursos de um indivíduo, não da falta de recursos. As necessidades mais básicas de uma pessoa devem estar atendidas para que essa pessoa possa levantar questões sobre a existência, e, mais ainda, para que ela possa se envolver em atividades organizacionais (BIBBY; BRINKERHOFF, 1974).

Religião é um fenômeno complexo e multifacetado. Seria ingênuo supor que um só fator explicaria todas as formas de religiosidade. Com efeito, as razões que levam um indivíduo a ingressar em um movimento religioso podem não ser as mesmas que encorajam o mesmo indivíduo a manter seu compromisso ao longo do tempo (BECKFORD, 1975). Além disso, existem diversas formas de comunidade religiosa. Algumas realçam suas diferenças com a sociedade e protestam contra o que elas consideram a decadência contemporânea. Outras comunidades religiosas entretêm uma relação mais harmoniosa com a sociedade. A teoria da privação pode ser mais útil em explicações de movimentos de revivescência, que requerem mudança individual ou social, do que em explicações sobre comunidades de fé estabelecidas. Todavia, como apontamos acima, as pessoas em privação não são a principal fonte de recrutas mesmo para os novos movimentos religiosos.

7.2 Teoria da socialização: treinamento de longa duração ensina indivíduos a serem religiosos

A ideia fundamental em qualquer teoria da socialização é que pensamos ou agimos da maneira como agimos porque fomos criados para fazê-lo durante nossa formação. Falamos aqui de educação em um sentido amplo, já que se refere a mais do que o ensino verbal dado por pais e professores. As crianças também aprendem observando o que os outros fazem, não apenas o que dizem. Os pais, professores e outros adultos em suas vidas são modelos importantes. Em sociologia, o conceito de papel implica a soma das expectativas dirigidas a uma pessoa em uma determinada posição. Hoje, esse conceito faz parte da linguagem cotidiana. Falamos de papéis de gênero, papéis de professor, e assim por diante. A socialização é muitas vezes definida como o processo pelo qual os indivíduos progridem gradualmente em papéis sociais e aprendem a cumprir as expectativas dirigidas a esses papéis. Os papéis podem ser mais ou menos determinantes para o comportamento. Eles prescrevem as várias tarefas que um indivíduo deve realizar e, muitas vezes, as maneiras pelas quais cada uma delas deve ser feita. Os papéis oferecem alguma margem de manobra em relação ao comportamento do papel; por exemplo, no islamismo, diferentes imãs irão cumprir seu papel de várias maneiras, desde que cumpram as tarefas prescritas mais básicas. Entretanto, em toda teoria sociológica de papéis e teoria da socialização há a premissa de que o indivíduo geralmente pensa e age em modos controlados pelas expectativas dos outros, as quais eles eventualmente internalizam e fazem suas. A socialização bem-sucedida terá como resultado indivíduos que formam uma identidade social criadora de compromissos com normas e visões de mundo específicas, visões de mundo religiosas, por exemplo.

Uma distinção entre socialização formal e informal é comum. O fator decisivo é se as *sanções* são formais ou informais. As sanções podem ser positivas ou negativas, e são dadas como recompensa ou punição por um comportamento, dependendo do cumprimento ou não das normas prescritas. Em situações em que as normas prescritas são adotadas e internalizadas pela grande maioria, um sistema de sanções dificilmente é necessário. Entretanto, é muito mais comum que agentes de socialização, como pais e escolas, empreguem sanções para tornar a socialização mais eficiente. O Estado e seus representantes têm à sua disposição rigorosas sanções formais ou penalidades; por exemplo, as pessoas podem ser presas, embora não arbitrariamente em sociedades liberais e democráticas. Em algumas situações, o Estado tem o direito de tirar dos pais a custódia dos filhos. O Estado também recompensa certas iniciativas e ações por meio de estímulos monetários, ou de boas notas, ou de elogios públicos de autoridades. Em uma família, a socialização usualmente ocorre por meio de sanções mais informais, desde o aceno de cabeça amigável de uma mãe para o filho astuto à resposta imediata do irmão mais velho para o irmãozinho em apuros. O uso de sanções *negativas* é muitas vezes chamado de "disciplinamento", enquanto, se discutimos opiniões políticas, o uso de sanções estritas nesse caso é frequentemente chamado de "doutrinação".

A teoria da socialização é relevante em um debate sobre o crescimento da religião. Diversos estudos empíricos mostram que pais religiosos têm uma chance muito mais elevada de ter filhos religiosos do que pais não religiosos. É claro, não é difícil encontrar exemplos contrários, em que os filhos se opõem e deixam a fé e a prática religiosa de seus pais. Todavia, isso parece ser mais prevalente na história da literatura do que na estatística. As exceções servem para nos lembrar, no entanto, que o ser humano não é uma máquina. Uma série de sanções negativas muitas vezes não irão levar ao comportamento desejado, mas à rebelião, à resistência ou ao despeito.

Até agora, os exemplos têm se centrado nos pais que estão ensinando seus filhos. A literatura sobre socialização muitas vezes faz distinção entre socialização primária e secundária. A socialização primária ocorre normalmente durante os primeiros anos de vida de uma criança. Esse processo aponta para a adaptação da criança à vida social, em que a criança se desenvolve de um ser instintivo para um ator social competente e disciplinado que aprendeu a levar em consideração as expectativas dos outros. A socialização primária inclui, por exemplo, o aprendizado da língua, o aprendizado de um comportamento relativamente controlado e o aprendizado da capacidade de oferecer e receber confiança. Essa forma de socialização ocorre em grupos primários, a família, por exemplo. Um grupo primário é definido como um grupo com relações próximas e difusas. Os membros do grupo se conhecem como pessoas plenas, e seus relacionamentos são próximos e emocionais, embora não necessariamente livres de conflitos. A noção de socialização secundária é usada para descrever grupos caracterizados por relações sociais mais direcionadas e limitadas, por exemplo, em escolas, no local de trabalho e em organizações de voluntários. A socialização secundária muitas vezes ocorre em grupos secundários, que oferecem conhecimentos e habilidades mais limitados, usados para cumprir papéis sociais específicos. Nesses grupos, a socialização é geralmente mais formal, mesmo que os grupos secundários também propiciem muita aprendizagem informal. Além de receber instruções sobre como cumprir sua função de acordo com a descrição do trabalho, o recém-chegado ao escritório também deve aprender, por exemplo, onde se sentar durante o intervalo do almoço a fim de acompanhar o papel que lhe foi atribuído.

Nessa área, há uma diferença entre sociologia e ao menos algumas disciplinas da psicologia. Algumas escolas de psicologia têm enfatizado os efeitos da socialização primária para nossas escolhas posteriores na vida. Parte da teoria da religião de Sigmund Freud pode servir como um bom exemplo (cf. seção 3.5). Vários sociólogos irão argumentar que a socialização durante a fase adulta tem um grande efeito. Essa concepção nos permitirá propor que não apenas os pais socializam seus filhos, mas também que os filhos socializam seus pais. Por exemplo, muitos pais religiosos mudaram suas opiniões sobre questões como casamento e moralidade, especialmente coabitação e homossexualidade, e os agentes da socialização têm sido muitas vezes seus próprios filhos.

Na história da sociologia, a socialização e as teorias de papéis tendem a estar relacionadas ao funcionalismo. A teoria funcionalista argumenta que, para que a sociedade alcance e mantenha a ordem e harmonia, novos membros devem ser socializados em certos papéis (cf. a discussão sobre Talcott Parsons na seção 3.7). Com o tempo, os conceitos de papéis e de socialização ganharam apoio para além do funcionalismo e foram adotados na psicologia social geral e na sociologia. (A teoria da socialização é citada na maioria das introduções à teoria sociológica – uma boa introdução geral à teoria da socialização pode ser encontrada em Giddens, 1989). Entretanto, as teorias de socialização continuam a causar controvérsias. Uma crítica frequentemente citada é a do sociólogo Dennis Wrong (1961), que se opôs "à imagem excessivamente socializada da humanidade" presente na teoria da socialização. Ele observou que as descrições de internalização das normas eram muito harmoniosas. Elas desconsideravam o fato de que uma pessoa poderia ter conflitos internos durante o processo de socialização. Além disso, o indivíduo seria mais calculador e orientado a fins do que sugere a teoria da socialização, que traça um retrato do indivíduo como um ser sem força de vontade. Wrong também criticou a teoria da socialização por interpretar a conformidade como internalização de normas e por recusar-se a admitir que a conformidade pode ser o resultado de coerção ou força. Ele também sustentou que a teoria da socialização tende a exagerar a ideia de que o indivíduo busca a aceitação dos outros, considerando assim unilateralmente a ação humana como um resultado das expectativas dos outros. Mesmo que uma noção fundamental na sociologia seja a de que o indivíduo pensa e age no contexto de outras pessoas, é determinista supor que as ideias e ações individuais seriam totalmente determinadas pelas expectativas de outros indivíduos. Uma fraqueza geral da teoria da socialização seria prestar-se muito melhor a explicar a continuidade do que a mudança.

A teoria da socialização pode ainda ser relevante como explicação de algumas formas de religiosidade. Ela é particularmente útil na situação em que indivíduos se formaram no interior de quadros religiosos naturalizados e estabelecidos. Em alguns casos, esses quadros correspondem a sociedades inteiras, como numa cultura religiosa unificada. Em outros casos, eles se baseiam em redes e relacionamentos próximos que ocorrem em uma subcultura religiosa, muitas vezes isolada da sociedade secular. Neste último caso, é razoável explicar a religiosidade individual como uma forma de adaptação e de aprendizagem.

Algumas teorias suplementam e expandem a teoria da socialização. Estudiosos da etnicidade, nacionalismo e religião irão tender a afirmar que se todos esses elementos apoiam uma visão de mundo similar, eles constituem um fator de socialização extremamente poderoso (cf. os capítulos 9 e 10). Outro fator de socialização é a comunidade local. O sociólogo da religião americano Wade Clark Roof realizou um estudo, *Commitment and Community* (1978), que mostrou que as pessoas com fortes laços com suas comunidades locais têm um maior compromisso religioso do que aquelas pessoas com menos laços comunitários e uma orientação internacional e nacional mais forte. Para ser válida, tal "teoria do localismo", como foi chamada, supõe que a comunidade local seja relativamente dominada pela religião. Contudo, há exemplos de membros de pequenas minorias religiosas que precisam virtualmente dar as costas para suas comunidades locais para manter seu compromisso religioso, e que, ao contrário, buscam apoio em conjuntos maiores que reúnem pessoas de várias áreas.

Em tempos modernos, a sociedade já não oferece mais uma visão de mundo totalmente religiosa. Algumas comunidades locais são capazes de estimular a socialização religiosa, conforme mostra o estudo de Roof (1978). Todavia, a família parece constituir o veículo mais importante de socialização. Pais, avós e irmãos são, em alguns casos, modelos religiosos a serem seguidos. Membros da família próximos tendem a manter contato, particularmente quando vivem perto uns dos outros, embora isso continue muitas vezes a ser válido mesmo quando estão relativamente distantes. Desse modo, a família de origem parece continuar a ser importante para o desenvolvimento do comprometimento religioso, mesmo que a mobilidade social e geográfica tenda a enfraquecer tal influência. Ademais, a escolha de esposos parece afetar o comprometimento religioso. Por exemplo, casamentos entre pessoas de religião diferentes tendem a gerar passividade religiosa. A religião parece também ser um fator que tem menos importância na escolha de esposos do que costumava ter (McGUIRE, 1997). Esse fato pode ser tanto uma causa quanto uma expressão da secularização.

A validade da teoria da socialização tende a ser questionada em uma sociedade com uma diversidade de religiões. Diversidade implica a visibilidade de várias formas de fé e de visões de mundo na mídia e na vida cotidiana. Alguns sociólogos ponderam que a diversidade aumenta a reflexão individual e a consciência da escolha (cf. GIDDENS, seção 4.7). Assim, a diversidade cria dificuldades para a sustentação de uma teoria em que o indivíduo age sem refletir, mas segundo papéis e socialização. Apresentaremos na sequência uma teoria em que os indivíduos são orientados para fins e agem de acordo com seus cálculos de riscos e recompensas potenciais. Essa teoria é aplicada ao compromisso religioso. Mais tarde, iremos introduzir uma perspectiva mais inclusiva sobre o compromisso religioso que retém a premissa segundo a qual o indivíduo é orientado para fins, mas expande a noção de tipos de fins que o indivíduo pode entreter.

7.3 Teoria da escolha racional: benefícios calculados levam à religião

A teoria da escolha racional foi anunciada como um novo paradigma na sociologia da religião (WARNER, 1993). Inspirada pela teoria econômica sobre o comportamento dos indivíduos em uma economia de mercado, ela expande essa concepção para todos os aspectos da vida, tais como amizade, amor e religião. De acordo com a teoria da escolha racional, atores sociais sempre irão tentar alcançar seus objetivos com o mínimo de risco e de custo possíveis. Eles irão avaliar a situação de um modo racional e tentarão chegar ao melhor panorama possível de ações alternativas. Eles tenderão a escolher o que maximiza suas recompensas e minimizam seus custos. A teoria da escolha racional conta com um apoio crescente na sociologia da religião nos últimos vinte anos, e o estudioso mais influente nessa tradição é o sociólogo americano Rodney Stark.

A teoria da escolha racional defende que os indivíduos se voltam para a religião porque veem que ela lhes proporciona algum tipo de benefício ou recompensa. Eles irão entrar para grupos e movimentos religiosos que deem a eles mais recompensas. Como consequência, movimentos religiosos que têm um perfil definido e oferecem mais recompensas irão conseguir mais apoios do que movimentos religiosos com um perfil mais difuso e com recompensas menores (IANNACCONE, 1994). A introdução da teoria da escolha racional na sociologia da religião levou a debates acalorados, em que o raciocínio sociológico tendeu a se conjugar com opiniões sobre a política da Igreja. Sociólogos com vínculos com as comunidades cristãs conservadoras e evangélicas tendem a afirmar que as comunidades de fé rígidas e conservadoras terão mais apelo, enquanto sociólogos que apoiam Igrejas mais liberais tendem a afirmar que movimentos religiosos rígidos irão repelir grandes grupos de pessoas em sociedades modernas e religiosamente diversificadas (KELLEY, 1978).

Rodney Stark e seus colaboradores, enquanto propositores da teoria da escolha racional, sustentam que todos os seres humanos querem a vida eterna. Os movimentos religiosos que oferecerem as promessas mais convincentes de vida eterna ganharão, consequentemente, a maior quantidade de adeptos (STARK; BAINBRIDGE, 1987). No entanto, a noção de que os indivíduos projetam sua religiosidade com base nas recompensas que ganham também pode ser usada para argumentar contra a ideia de que quem promete mais tem maior apelo. Se a ação racional for atingir um fim com um mínimo de custo, pode-se argumentar que os indivíduos tenderão a viver uma vida decente e boa sem envolvimento religioso, pois supõem que Deus os aceitará como são e não lhes pedirá muito mais. Assim, a teoria da escolha racional também pode ser usada para explicar o fato de que existem grandes grupos de pessoas ao redor do mundo que demonstram um nível relativamente baixo de envolvimento religioso. Contudo, os proponentes da teoria da escolha racional apontaram como mais atraentes as opções religiosas rigorosas e conservadoras. Quando tentam explicar por que os participantes de movimentos que exigem um alto nível de compromisso religioso dedicam tanto esforço a suas práticas religiosas e aceitam a disciplina rigorosa que tais movimentos impõem, eles argumentam que os participantes pagaram uma taxa de admissão tão alta que querem colher os benefícios que seu envolvimento oferece. Investimentos altos proporcionam fortes compromissos. Para eles, é racional que os movimentos estabeleçam altos padrões de envolvimento e aceitem menos participantes, pois não se beneficiam dos caroneiros (IANNACCONE, 1994).

Os argumentos contra a teoria da escolha racional na sociologia da religião são os mesmos da sociologia geral (YOUNG, 1997). Steve Bruce ofereceu um resumo dessas críticas em seu livro *Choice and religion* (1999). Os críticos duvidam que os indivíduos sempre tenham preferências estáveis e claramente definidas. Eles ponderam que as preferências e os objetivos dos indivíduos mudam com o tempo e que tendem a abrigar uma grande ambivalência. O campo da religião é, por si só, uma arena em que a comparação de alternativas pode conter um grande número de dificuldades.

Muitos estudiosos questionam a ideia de que os atores sociais são orientados para seus interesses próprios tanto quanto supõe a teoria. Um argumento genuinamente sociológico é o de que a teoria seria muito individualista por supor que os atores sociais estariam desconectados dos contextos sociais e culturais. É também difícil explicar toda a estrutura social a partir da premissa de escolhas individuais feitas por milhões de pessoas. Não é preciso defender uma visão determinista das estruturas sociais mesmo que se admita que os papéis sociais, tradições, estruturas de poder e instituições políticas possam agir como fatores independentes. Embora esses fatores possam ser mudados, essas mudanças são difíceis, pelo menos em uma perspectiva de curto prazo.

Alguns críticos também se perguntam se os atores sociais seriam sempre tão calculadores como a teoria supõe. Os defensores da teoria da socialização argumentam que, se sua teoria tem uma imagem super-socializada de um ser humano, a imagem da teoria da escolha racional – a do humano econômico – é sub-socializada. Alguns sociólogos também afirmam que os indivíduos não objetivam necessariamente maximizar seus próprios benefícios, mas muitas vezes se contentam com uma sensação de satisfação: se houver uma alternativa que seja boa o suficiente, os indivíduos tenderão a se contentar com isso (PERROW, 1986).

Apesar de tal crítica, os teóricos da escolha racional deram uma contribuição valiosa para a sociologia da religião, trazendo a dimensão da oferta para o debate acadêmico sobre os motivos que levam as pessoas a se tornarem religiosas. Vimos que a teoria da privação trata apenas das formas pelas quais surgem demandas ou necessidades religiosas. A teoria da socialização também tenta explicar como as pessoas – de um modo relativamente inconsciente – demandam religião. Em contraste, a teoria da escolha racional argumenta que o uso e a gestão de recursos pelos fornecedores de religião fazem a diferença. É claro que esse argumento pode ser levado longe demais, a ponto de supor que um alto nível de atividade levará automaticamente ao sucesso. Talvez não seja uma coincidência que essa teoria tenha encontrado apoio em grupos evangélicos favoráveis ao crescimento da igreja. Tal teoria é claramente mais encorajadora para um ativista religioso do que uma teoria da secularização mais determinista. Uma série de estudos empíricos recentes também confirmam a existência de uma relação entre esforço e resultado. Um estudo sueco mostra, por exemplo, que as congregações que oferecem uma maior variedade e quantidade de cultos religiosos também testemunham um aumento na frequência da igreja (PETTERSSON, 1994).

A teoria da escolha racional pode, em muitos casos, lançar luz sobre assuntos importantes que os envolvidos em uma atividade têm relutado em examinar. Por exemplo, em contextos religiosos, as pessoas com poder religioso frequentemente expressam ideais e raciocínios altruístas. Pode então ser revelador e libertador lembrá-las de que a retórica altruísta não significa necessariamente que existem razões genuinamente nobres para suas ações. Entretanto, usada como uma chave de interpretação geralmente válida e completa, a perspectiva da escolha racional torna-se muito fixada e restritiva em relação à prática humana. A perspectiva parece ser mais relevante para a venda e a compra do que para a vida religiosa individual. Nós ainda não escolhemos nossa religião com o mesmo tipo de racionalidade que usamos para escolher detergentes. Como afirma Steve Bruce (1999), as explicações de escolha racional da religião só serão válidas em uma sociedade onde a escolha da religião tornou-se trivial e sem importância. Não chegamos ao estágio em que as pessoas mudam de religião tão facilmente quanto mudam para uma nova marca de automóvel. Somos também tentados a acrescentar que até a marca de carro é ocasionalmente escolhida de acordo com normas encontradas no contexto social e cultural.

Parece razoável argumentar que a perspectiva da escolha racional descreve o mundo dos homens melhor do que o mundo das mulheres. Vários estudos concluem que as mulheres tendem a estar mais concentradas na responsabilidade e no cuidado com os outros do que os homens. Um sociólogo acrescentaria possivelmente que essas diferenças de gênero derivam de tradições sociais e culturais e relações de poder em vez de diferenças biológicas inerentes. Certamente também as mulheres podem agir de forma instrumental motivadas por interesse próprio.

Não é por acaso que essa teoria tenha surgido principalmente nos Estados Unidos, embora também seja controversa ali. Os Estados Unidos tendem a ser ideologicamente mais dominados pelo individualismo, liberalismo e competição do que outras regiões do mundo; eles nunca tiveram o tipo de poder do Estado central forte e dominante como é possível encontrar em vários países europeus. Esses fatos históricos se refletem no campo da religião. Os Estados Unidos nunca tiveram uma Igreja estatal forte que se imiscuísse com o poder político, e sua história eclesiástica se caracteriza pela competição entre várias denominações. Portanto, é mais fácil encontrar apoio para a teoria da escolha racional em estudos americanos do que em estudos europeus.

A explicação da ação individual como uma escolha calculada para maximizar benefícios ou recompensas parece ser mais relevante em sociedades urbanas e individualistas do que em sociedades tradicionais e estáveis. Um possível ponto forte dessa perspectiva é que ela descreve um tipo de ação que tem se tornado cada vez mais comum nas sociedades capitalistas. Aqui, chegamos a um ponto em que a sociologia deve dar um passo atrás e refletir moralmente sobre as possíveis consequências sociais de suas análises. Se explicarmos todas as ações como resultados do egoísmo, poderemos promover uma profecia que cumprirá a si própria.

7.4 Religião como busca por sentido e pertencimento

Um importante aspecto da teoria da escolha racional é manter a ideia de que o ator social é racional, o que contrasta com teorias sociais deterministas e sua tendência em afirmar que os atores são seres irracionais e passivos. Contudo, nós indicamos uma das limitações dessa abordagem, a saber, sua concepção bastante restrita sobre os tipos de fins entretidos pelos atores. Enquanto continuamos a apresentar as diferentes tentativas de responder a questão sobre as razões que levam uma pessoa a se tornar religiosa, nós iremos sustentar a ideia de que o indivíduo é razoavelmente racional e orientado para fins, mas queremos expandir as noções de fins individuais e racionalidade intencional. A partir dessa base, a religiosidade individual pode ser vista como uma expressão da busca por sentido e pertencimento. Inicialmente, iremos nos concentrar na busca por sentido.

Esta seção trata do campo da sociologia que tem sido chamado de sociologia fenomenológica, interpretativa ou hermenêutica. Qualquer que seja o termo, esse campo da sociologia apresenta a ideia de que o indivíduo possui a capacidade e a consciência de estabelecer fins dotados de sentido. O indivíduo não responde automaticamente aos impulsos do ambiente; ele é um ser consciente. Para compreender a ação humana, o cientista social deve compreender os motivos, os fins e as intenções do ator. Os indivíduos agem a partir do contexto social em que se encontram. Suas ações se baseiam em percepções e em interpretações do contexto, a partir de quadros de sentido construídos por eles. Se examinarmos a teoria da ação de Max Weber (1968/1922), descobriremos que, para ele, há quatro tipos de ação. A ação tradicional é controlada pelo hábito e pela tradição e é mais ou menos automática. Esse tipo de ação é facilmente associado à teoria da socialização. A ação afetiva é controlada por emoções. A vingança é um exemplo de uma força afetiva, não necessariamente admitida pelo ator. O terceiro tipo de ação é a ação racional com relação a valores, que é a ação motivada por valores ou ideais morais. O quarto tipo de ação é a ação racional com relação a fins. Nesse caso, o ator social escolhe meios e fins a partir da premissa de cálculos racionais intencionais sobre aquilo que deve levar ao fim desejado. A teoria de Weber implica que os fins racionais e intencionais não sejam necessariamente egoístas. Para esclarecer ainda mais a diferença entre racional com relação a valores e ação racional com relação a fins: algumas ações podem parecer racionais com base na racionalidade relativa a fins, mas são rejeitadas por razões morais. Por exemplo, um cientista nota que o teste de um novo medicamento pode ajudar a humanidade a longo prazo, mas rejeita os experimentos porque são prejudiciais aos objetos de pesquisa. Nesse sentido, a ação de racional com relação a valores tende abranger mais a ética do dever do que a ética da consequência.

Max Weber é um sociólogo clássico no campo da sociologia interpretativa. Alguns sociólogos contemporâneos deram prosseguimento a sua concepção de ação social na área da teoria geral da ação e da sociologia da religião. É particularmente importante explorar o que tomamos como dado cotidianamente em nossa interpretação da realidade. Nossas percepções da realidade dependem geralmente do que Peter L. Berger (1967) chama de estrutura de plausibilidade, em que percepções comuns são desenvolvidas em um processo contínuo de negociação sobre a realidade através da interação social e da conversação. Grande parcela das percepções da realidade são tomadas como dadas e não são topicalizadas ou negociadas. Durante a maior parte da história humana, a religião tem sido um importante ofertante de sentido e de ordem para as interpretações de mundo. O indivíduo é um ser que sai em busca de sentido e de ordem. Todavia, às vezes, experiências sociais novas e diferentes trazem crises de credibilidade a antigas e herdadas percepções da realidade, religiosas e seculares.

A concepção de religiosidade individual enquanto busca por sentido tem sido atacada pelo argumento de que sua base é uma concepção intelectual e cognitiva da religião (HAMILTON, 2001). No entanto, para Weber, a necessidade de sentido é tanto intelectual quanto emocional. Ele afirma, e Berger o acompanha aqui, que a necessidade de sentido é ainda mais importante quando o indivíduo enfrenta o sofrimento e o mal. A religião tem sido tradicionalmente uma importante ofertante de teodiceias. O termo "teodiceia" deriva da teologia cristã, mas Weber – e mais tarde Berger (1967) – confere-lhe um sentido mais amplo. Teodiceia é uma explicação religiosa e uma legitimação de experiências que ameaçam a ordem do sentido. Acidentes, sofrimento, maldade, injustiça e morte são exemplos de tais experiências. Uma forma de legitimação é, por exemplo, a ideia de que pessoas inocentes e boas serão recompensadas por seu sofrimento mais tarde nesta vida, ou na próxima. Outra forma de legitimação é a ideia de que os poderosos e injustos receberão sua punição no devido tempo.

A teoria da secularização (cf. seção 5.5) trata sobretudo da importância cada vez menor da religião enquanto ofertante de sentido na sociedade moderna. Podemos encontrar um exemplo ilustrativo em uma pesquisa entre membros da igreja da Noruega (HØEG et al., 2000): quando se perguntou aos entrevistados se o cristianismo dá sentido a suas vidas, a resposta mais popular foi que "o cristianismo me diz alguma coisa que dá sentido em algumas situações".

O foco sociológico no sentido e na interpretação como ferramenta para entender a vida social tornou-se relativamente popular durante os últimos trinta anos mais ou menos. Isso é parte de uma tendência geral nas ciências sociais e humanas que enfatiza a linguagem, a interpretação e o sentido. Esse desenvolvimento pode ser visto como uma reação a análises marxistas e outras análises estruturalmente orientadas que tendem a enfatizar as estruturas sociais como fatores estáveis e determinantes que controlam a vida das pessoas. Entretanto, o foco unilateral no sentido e na interpretação representa um idealismo científico problemático. Quando palavras-chave como classe social, tecnologia, trabalho e produção são substituídas por identidade, sentido e símbolo, há uma chance de que estruturas materiais e econômicas fundamentais, assim como estruturas de poder, sejam ignoradas. Talvez seja banal, mas não menos importante, o argumento de que existem barreiras e hierarquias muito reais no mundo que não podem ser simplesmente interpretadas exaustivamente com o aumento da consciência individual.

Mencionamos que a perspectiva do sentido tem sido criticada por sua concepção intelectualista da religião. Como resultado, um argumento comum é o de que a religião deve ser compreendida como uma busca tanto por sentido quanto por pertencimento. Na introdução à sociologia da religião de Meredith McGuire (1997), ela propõe que nós devamos ver o sentido e o pertencimento como fatores iguais em nossas tentativas de compreender por que as pessoas se tornam religiosas. As pessoas não buscam apenas o que tem sentido, elas também buscam comunidade e pertencimento. Escusado dizer, uma pessoa pode querer ficar sozinha e encontrar Deus, ao passo que outra pode querer usufruir a comunidade religiosa sem pensar tanto sobre seu conteúdo ideológico – embora esses dois aspectos tendam a estar intimamente imbricados e a reforçar um ao outro. Se as pessoas compartilham uma fé, elas acharão atraente a ideia de ficarem próximas de pessoas com a mesma opinião, e esse sentimento de pertença tenderá a fortalecer a credibilidade do universo religioso.

7.5 Quão incorporado? Quão individualizado?

Um tema central na sociologia e na teoria social contemporâneas é a desconexão do indivíduo de estruturas sociais e culturais. Essa tendência se expressa de várias maneiras. Por um lado, o indivíduo moderno experimenta mais liberdade do que as gerações anteriores quando se trata de escolher práticas e crenças. Por outro, o indivíduo moderno estima a escolha individual como valor mais do que as antigas gerações. A antropóloga Marianne Gullestad (1996) descobriu em sua análise de autobiografias de pessoas ordinárias que há uma transição geracional entre "ser útil" e "ser si mesmo".

Sociedades ocidentais contemporâneas testemunham uma ampla diversidade de interpretações e formas de vida. Mesmo indivíduos conservadores e tradicionais precisam escolher sua perspectiva entre várias alternativas. De acordo com Peter L. Berger (1979), seres humanos foram do "destino para a escolha". O sociólogo Robert Wuthnow (1998) descreve a religiosidade americana como a passagem da *morada* para a *busca*. Essa mudança implica que as lealdades a comunidades religiosas se enfraqueceram. Robert Bellah e seus colegas também descrevem essa tendência em seu livro *Habits of the Heart* (1996). Nele, conta-se a história de uma jovem enfermeira californiana, Sheila Larson, que descreve sua própria religião, hiperindividual: "é o sheilismo. Apenas minha própria voz". É quase impossível ser mais individualizado do que Sheila no que se refere à religião. Ela criou suas próprias tradições religiosas enquanto escolhia livremente alguns elementos encontrados na cultura e religião contemporâneas e rejeitava outros.

Outro aspecto do individualismo religioso é a subjetificação da religião. Essa tendência abarca um forte ceticismo quanto à autoridade. Os sentimentos do próprio indivíduo constituem o critério da verdade, não uma autoridade religiosa externa. Portanto, é considerado mais valioso estar "no caminho em direção à verdade" do que ter encontrado todas as respostas certas. Essa abordagem rejeita o direito dos líderes religiosos de ditar o conteúdo da fé de alguém, e também tende a considerar toda admoestação religiosa e moral como fanatismo.

A transição do dogma administrado de cima para baixo para a busca individual da verdade não é exclusiva da religião. Encontramos um ceticismo em relação à autoridade na arte, na cultura e na política contemporânea. O individualismo religioso também pode ser acompanhado no interior de certas tradições religiosas elas próprias, como o protestantismo. Martinho Lutero tem sido descrito como um pioneiro do individualismo cristão, com sua crítica à autoridade hierárquica papal. Isso pode ser verdade, mesmo que tenha havido uma tendência de modernizar Lutero por um protestantismo liberal. Peter L. Berger (1967) argumenta que a era do Iluminismo, juntamente com o pietismo, constituem as raízes históricas do individualismo e do subjetivismo religiosos. Reconhecidamente, o pietismo dos séculos XVII e XVIII foi muitas vezes combinado com a ortodoxia dogmática. No entanto, tendo colocado grande ênfase na experiência subjetiva como critério da verdadeira religiosidade, ele lançou as bases para o individualismo religioso e a crítica às autoridades. As experiências religiosas não se prestam facilmente à regulamentação e padronização – mesmo que um sociólogo fosse tentado a afirmar que as percepções e as emoções não provêm de um espaço social vazio.

É importante ressaltar que mesmo as tradições religiosas conservadoras passam por mudanças. Os movimentos de revivescência cristãos do século XIX expressaram uma crítica às sociedades e culturas contemporâneas. Ao mesmo tempo, eles foram expressões da individualização religiosa que caracterizou esse período. Vários sociólogos da religião contemporâneos afirmam que essa tendência é levada ainda mais longe atualmente, pois detecta-se uma propensão a mudar de um foco na autoridade para um foco na autenticidade.

A demanda por autenticidade ou sinceridade em relação à visão do mundo tem sido importante em diferentes tradições. Ela aparece nos movimentos revivalistas e sua ênfase na conversão individual, bem como nos círculos esquerdistas e seu ideal de honestidade e coragem. No islamismo contemporâneo praticado no Ocidente, há também uma busca por uma forma "verdadeira", desprovida de bagagem cultural. É possível que hoje, no que alguns chamam de era pós-moderna, essas demandas de sinceridade não sejam mais tão severas como eram antes. Talvez hoje seja mais legítimo entrar em várias comunidades religiosas, e até mesmo participar de seus rituais, sem abraçar totalmente o dogma oficial ou mesmo ter uma fé definitiva nele. Parece que algumas pessoas participam de rituais com uma atitude lúdica e experimental, com um olho para a estética e com senso de humor, e que a ausência de dedicação total não é considerada superficial ou hipócrita. Em certa medida, as atitudes estéticas parecem caracterizar a religiosidade privada contemporânea, e também parecem afetar a religião organizada.

As seguintes descrições podem ser hipóteses úteis em estudos sobre a mudança religiosa no mundo ocidental contemporâneo:

- uma ênfase cada vez menor no poder e força de Deus, e uma ênfase crescente no amor e presença de Deus;
- uma transição de imagens pessoais para imagens impessoais de Deus, com um foco no poder e na energia do divino;
- argumentos antropológicos e funcionais para se tornar religioso. Uma passagem de dogmas de redenção e condenação para o bem-estar mental;

- uma visão mais otimista do ser humano, com uma mudança da autonegação para a autorrealização;
- uma visão mais otimista do mundo, com uma mudança do mundo como pecaminoso para o mundo como uma dádiva do divino para a humanidade;
- uma maior ênfase em narrativas, ações simbólicas e metáforas, com ênfase decrescente em declarações verbais cognitivas e dogmáticas;
- uma transição de reivindicações cognitivas para expressões e experiências.

Essas questões são relevantes nos estudos de pessoas que pertencem a tradições religiosas muito diferentes, como cristãos, muçulmanos, budistas e hindus. Elas são ainda mais relevantes nos estudos dos movimentos religiosos da Nova Era. O estudioso da religião britânico Paul Heelas (1996) chama de Nova Era, por exemplo, uma religião autocelebrante que santifica a vida moderna.

Até agora temos argumentado que a religião praticada pela grande maioria das pessoas no Ocidente tende a ser crítica à tradição, crítica à autoridade, subjetiva, eclética e focada na identidade e na autorrealização. A imagem da pessoa religiosa contemporânea encontrada na mídia retrata uma pessoa que está em seu próprio caminho, buscando livremente o sentido e a espiritualidade. Talvez essa imagem exagere no individualismo religioso. Os pesquisadores que estudam religião também fazem parte da sociedade contemporânea e são afetados por ela. Pelo fato de pertencerem a grupos sociais que tendem a enfatizar a individualidade e a espiritualidade, a imagem por eles produzida pode estar matizada. Essa imagem também pode ocasionalmente corresponder a suas próprias simpatias em relação à diversidade religiosa. Portanto, vamos apresentar quatro objeções ao uso de uma tese geral sobre a individualização religiosa:

- tal tese tende a negligenciar o fato de que a religiosidade individual é frequentemente transmitida por meio de interações sociais. A religiosidade individual deve ser entendida com base em seu contexto social;
- tal tese tende a ocultar a variedade de expressões da religião no interior de diferentes estratos sociais e grupos na sociedade;
- tal tese não capta o fato de que o universo religioso do indivíduo é continuamente construído em diálogo com tradições religiosas estabelecidas;
- tal tese esconde o fato de que grandes grupos de pessoas continuam muito envolvidas em comunidades religiosas estabelecidas.

Abaixo, iremos continuar a elaborar essas questões, particularmente a relação e tensão entre a religiosidade individual e a religião organizada.

7.6 A base social da religiosidade individual

Conforme observamos, devemos ter em mente que mesmo a religiosidade individual é transmitida por interações sociais. Os indivíduos simplesmente não inventam sua própria visão de mundo em um vazio. A religiosidade privada e o individualismo religioso são construídos com base em experiências sociais. A capacidade de valorizar a liberdade de escolha e a autorrealização não surge do nada – ela é aprendida. É razoável supor que o ideal de busca individual por sua própria visão de mundo encontrará apoio em sociedades que se caracterizam por um grau relativamente alto de individualismo. Alguns sociólogos levam esse argumento mais longe e descrevem o individualismo contemporâneo como resultado do sistema econômico que domina cada vez mais o mundo, ou seja, a economia capitalista de mercado. Como consumidores, somos solicitados a escolher livremente entre bens e serviços levados ao mercado, e somos encorajados pela publicidade e pela mídia a escolher o item certo porque simplesmente "o merecemos". Seria estranho se essa atitude "escolha à vontade" perante a vida não afetasse a área da cultura e da religião (LYON, 2000).

Como as pessoas vivem em diferentes contextos sociais e têm uma grande variedade de experiências, a sociologia pondera que as interpretações da vida feitas por elas são matizadas por essas experiências. Essa não é uma ideia nova. Max Weber (1964/1922) traçou os contornos da variedade da religião em diferentes classes sociais, o que torna sua leitura fascinante. Sua teoria é algo simplista, mas devemos ter em mente que ele não propõe uma relação determinista entre classe social e religião. De acordo com Weber, as necessidades religiosas de um grupo são afetadas pela natureza da situação de seu interesse e sua posição na estrutura social. Uma sociedade que sofre de uma luta aguda para sobreviver terá uma religião que servirá principalmente como apoio para a sobrevivência, e será orientada para questões práticas. Grupos econômica e politicamente favorecidos atribuem à religião a função primária de legitimar seu próprio padrão de vida e sua situação no mundo. Grupos desfavorecidos estão mais inclinados a ideias religiosas que prometem uma compensação futura para a infelicidade presente. Além disso, Weber acredita que os camponeses têm uma tendência geral a acreditar na magia, na magia animista ou animismo, porque eles dependem das forças incontroláveis da natureza. A classe média está propensa a abraçar ideias religiosas racionais, éticas e ordinárias. Alguns grupos não são muito religiosos. Guerreiros são muito orgulhosos para se submeterem a um Deus. Burocratas não são muito dados à emoção, por isso geralmente abraçam uma forma racional de religião. Empresários são materialistas, e a classe trabalhadora é caracterizada pela indiferença a ou rejeição das religiões comuns a grandes grupos da burguesia moderna. Especialistas religiosos, sacerdotes, são mais intelectuais do que os magos, e, portanto, tendem a desenvolver uma fé mais ética em Deus.

Weber não sugeriu que as ideias seriam simples reflexos de interesses de classe social. Em vez disso, ele argumentou que as ideias precisam estar disponíveis no contexto religioso e social. Um fator adicional são os intelectuais religiosos, como os profetas carismáticos, que desempenham um importante papel no processo de difusão de ideias específicas. Uma vez estabelecidas e aceitas, essas ideias tendem a se tornar fatores sociais importantes em e por si mesmos. Para Weber, as ideias são capazes de desempenhar um importante papel em tempos de incerteza e instabilidade. Entretanto, a difusão de novas ideias éticas e religiosas dependem de uma base social.

A antropóloga Mary Douglas (1982b) produziu uma interessante, mas controversa teoria sobre a relação entre visão de mundo e posição social. Seu argumento é o de que a visão de mundo de uma pessoa é muito afetada por suas experiências. Portanto, é relativamente fácil para os indivíduos que vivem em contextos hierárquicos submeterem-se a sistemas religiosos hierárquicos estáveis. Indivíduos que são impotentes e rejeitados pela maioria terão a tendência a se tornar fatalistas e a acreditar que suas vidas são controladas por poderes desconhecidos. Pessoas que vivem em uma economia de mercado se tornarão individualistas religiosos, preocupados com a autorrealização, críticos da autoridade e sem fidelidade a tradições. Finalmente, aqueles que crescem e vivem em contextos conflitivos irão gastar sua energia discutindo o que é aceito e o que não é.

Trata-se de uma teoria extremamente esquemática. Douglas foi criticada por seu quadro determinista da religião. Para ela, a religião é um reflexo passivo da sociedade. No entanto, ela discute quatro categorias de posições sociais e formas religiosas correspondentes na sociedade contemporânea, não apenas o individualismo religioso. Desse modo, ela apresenta um quadro mais matizado do que o retrato de uma individualização religiosa massiva e sem ambiguidade desenhado por vários outros estudiosos.

Além da classe social, o gênero também é um importante fator de diferenciação na religião. Especificamente, análises empíricas mostram que as mulheres tendem a ter notas mais altas na maioria das medidas de religiosidade do que os homens. Discutiremos gênero e religião com mais detalhe no capítulo 11.

7.7 Religiosidade popular: um discurso continuado com tradições religiosas estabelecidas

Surveys sociológicos sobre religião têm sido frequentemente criticados porque tendem a medir a religiosidade individual como crença nas doutrinas oficiais de tradições religiosas particulares. Questionários listam padrões institucionais estabelecidos de comportamento (como orações) e doutrinas religiosas estabelecidas (como a crença em Deus) como opções. Além disso, os perfis religiosos dos respondentes foram medidos com base na distância entre suas respostas e a doutrina oficial ou forma estabelecida de comportamento religioso adequado. Essa crítica é absolutamente relevante. Se a religiosidade individual for medida com base em categorias fornecidas por instituições religiosas estabelecidas o retrato da religiosidade de um indivíduo será incompleto e enganador. O que é particularmente verdadeiro nos tempos modernos, quando a religiosidade individual muitas vezes existe fora e independentemente das instituições estabelecidas.

Entretanto, é fácil ir longe demais na direção oposta, ignorando o fato de que a religiosidade individual tende a se desenvolver como um discurso com tradições e instituições estabelecidas. Para não dizer que várias sociedades revelam padrões diferentes. Nos países nórdicos, estudos empíricos sugerem que a tradição luterana teve um impacto maior na Finlândia, Noruega e Islândia do que na Suécia e Dinamarca (BOTVAR, 1993). Por outro lado, dinamarqueses e suecos têm pontuação mais alta em medidas de religiosidade alternativa do que os habitantes dos outros países.

Esse é um campo difícil por causa de problemas de mensuração. Em que momento é razoável concluir que um respondente "acredita" na reencarnação ou na astrologia? As formas pelas quais as perguntas são feitas têm um grande impacto sobre o resultado. Também é enganoso se concentrar em novas tendências e descobertas e desconsiderar tendências de longo prazo. Num contexto ocidental, um crescente apoio à religiosidade alternativa ou a religiões minoritárias relativamente novas, como o islamismo, o hinduísmo ou o budismo, pode levar um estudioso a exagerar a adesão a essas tradições e a ignorar o fato de que a grande maioria ainda professa a tradição cristã. O que significa "acreditar", afinal? Em alguns contextos, acreditar em algo implica um compromisso forte e dedicado. No que diz respeito às religiões alternativas ou religiões da Nova Era, parece que as atitudes das pessoas caracterizam-se mais pela abertura e curiosidade do que pela descoberta de uma fé pessoal profunda. Pode ser animador ler o horóscopo desta semana em uma revista, mas poucos escolherão um namorado ou uma faculdade com base na posição das estrelas. Além disso, é possível que a mídia exagere a adesão a religiões alternativas e a novos movimentos religiosos no mundo ocidental. A imprensa é geralmente negativa a tais movimentos, e as notícias sobre eles fornecem um material exótico apreciado pela mídia.

Mesmo que a maioria das pessoas no Ocidente continue a recorrer ao cristianismo quando constrói sua própria fé, é improvável que elas aceitem ou engulam todos os elementos da tradição. Algo particularmente verdadeiro no que diz respeito ao dogma. Vários levantamentos europeus mostram que a crença no paraíso recebe uma pontuação muito mais alta do que a crença no inferno, e que o nítido dualismo entre redenção e perdição está se enfraquecendo (BARKER et al., 1992). A ideia de que o cristianismo é a única religião verdadeira vem se enfraquecendo consideravelmente. Com efeito, mesmo para membros ativos da igreja, é bastante comum a afirmação de que o cristianismo é verdadeiro para eles mesmos, acompanhada por uma observação de que outras religiões também possuem elementos de verdade. Mais uma vez, vemos a tendência para a validação subjetiva e funcional da religião. Naturalmente, há também vários exemplos de pessoas que se afastam da religião. Entretanto, estudos mostram que sua negação e seu discurso sobre religião continuam a ser tingidos pela tradição religiosa dominante (FURSETH, 2006).

Um padrão europeu comum parece ser o de que a maioria da população pertence a uma ou duas igrejas dominantes e as utiliza para ritos de passagem, enquanto apenas uma fração realmente frequenta regularmente os cultos religiosos – padrão descrito pela socióloga da religião britânica Grace Davie em *Religion in Modern Europe* (2000). Inspirada pela socióloga da religião francesa Danièle Hervieu-Léger (2000), Davie considera a religião uma forma de memória coletiva. Especificamente, pense em todas as igrejas e cemitérios com símbolos cristãos que podem ser encontrados por toda a Europa. Mesmo que as igrejas estejam longe de estar cheias, elas também não desapareceram. Com base nessa situação, Davie introduz o conceito de "religião vicária" para descrever a Europa, argumentando que os europeus são tão religiosos quanto outros grupos de pessoas, só que de uma forma diferente. Os europeus têm uma memória coletiva das igrejas dominantes, muitas vezes ligadas ao poder político. Portanto, as igrejas são vistas como um bem público. É bom que elas existam, mas elas não devem ser muito intrusivas na vida cotidiana. A maioria dos europeus se contenta com o fato de que as igrejas cuidam de assuntos religiosos em prol da população e se conecta com a "cadeia de memórias" religiosas em situações críticas ou solenes. É impressionante como as igrejas dominantes assumem o controle da dor pública em caso de grandes acidentes ou desastres, mesmo em países que parecem ser muito seculares.

Vários europeus veem a igreja como uma âncora em suas vidas, mesmo que não frequentem cultos com regularidade. O sociólogo sueco Per Pettersson (2000) realizou entrevistas que apoiam o argumento de Davie. Ele descobriu que a filiação à igreja proporciona uma sensação de segurança e identidade, pois cria um sentimento de pertencer à cultura sueca. Os membros da igreja também demonstram uma combinação de orientações individualistas e coletivas. Na sociologia da religião contemporânea, a orientação individualista e a orientação ritualista são frequentemente apresentadas como opostas. Pettersson tenta explicar a relação entre as duas. Ele afirma que as pessoas tendem a usar diferentes escalas de tempo quando procuram, por um lado, a religião privada e individual, e, por outro, rituais coletivos. No caso da religião individual e privada, elas utilizam uma escala de tempo curta, e descobrem que as igrejas estabelecidas estão relativamente distantes quando tentam satisfazer suas necessidades religiosas. No caso da religião ritual coletiva, as pessoas usam uma escala de tempo dilatada, que abrange toda a sua vida. Elas revelam o desejo de um senso de continuidade que transcenda suas próprias vidas. Pettersson conclui que a dimensão coletiva tem sido subestimada nos estudos sobre a individualização da religião contemporânea.

7.8 Rituais e música como portadores de religiosidade

Rituais religiosos desempenham uma variedade de funções. Em alguns casos, eles funcionam como indicadores de hierarquia e exclusividade. Podemos encontrar um exemplo disso nos serviços da Igreja Ortodoxa grega, em que o sacerdote é a única pessoa que pode andar pela parte de trás da iconóstase. Pierre Bourdieu tende a interpretar rituais desse modo, como um meio de afirmar diferenças de poder (cf. seção 4.5). Em outros casos, os rituais são inclusivos, no sentido de que preservam intactos elementos de tradições religiosas coletivas, mesmo em situações em que as pessoas criam suas próprias visões de mundo.

Rituais são feixes de interação padronizados com conteúdo simbólico que são executados em situações específicas. A função dos rituais é muitas vezes criar ordem e preservar o sentido e o pertencimento. Contudo, rituais são fenômenos multifacetados. Um símbolo é algo que representa alguma outra coisa, e a relação entre símbolo e realidade tende a ser ambígua. Participar de ou observar um ritual é, em alguns casos, uma experiência emocional, porque rituais implicam um envolvimento corporal. Ao mesmo tempo, a ambiguidade inerente aos rituais abre a possibilidade para múltiplas interpretações que não necessariamente correspondem à definição oficial do ritual. Por exemplo, diversos rituais cristãos são compatíveis com uma série de diferentes credos denominacionais. Alimentar-se de uma refeição simbólica enquanto se está ajoelhado em um semicírculo, andar em procissão, jogar terra sobre um caixão no ato de enterrá-lo – nenhum desses rituais contém apenas uma interpretação. Esse fato pode ser um motivo para a consistência do apoio popular a ritos de passagem, mesmo em países relativamente seculares. A combinação da ambiguidade pessoal e ao mesmo tempo não comprometida provê de amplo apelo o batismo, a confirmação, casamentos e funerais. A crescente popularidade de peregrinações e visitas turísticas a igrejas pode ser analisada da mesma maneira. Uma mistura de turismo, interesse pela história cultural e reflexão espiritual parece funcionar como um ato de devoção com um baixo grau de comprometimento que apela para um número cada vez maior de pessoas no Ocidente.

Todos os rituais mencionados acima são chamados de ritos de passagem, porquanto simbolizam e ocasionam uma transição no *status* social ou fase da vida. O folclorista francês Arnold van Gennep (1960/1908) foi um dos primeiros a analisar os ritos de passagem – e Victor Turner (1969) levou adiante a perspectiva vangennepiana. Esses estudiosos acreditavam que haviam detectado uma sequência tripartite característica dos ritos de passagem em toda cultura: a separação preliminar, a transição liminar e a reintegração pós-liminar na sociedade. Van Gennep adotou o termo "liminar" do latim *limen*, que significa limite ou borda. Não é difícil encontrar exemplos dessas três fases – um deles sendo os ritos funerários. Outros estudiosos criticaram a teoria de van Gennep e de Turner argumentando que tudo é muito mecânico, no sentido de que não seriam todos os rituais que seguem o padrão traçado por esses pesquisadores. Uma abordagem alternativa à análise de papéis e rituais religiosos pode ser encontrada na sociologia de Erving Goffman (cf. seção 4.3). Na sociedade moderna existem diversos exemplos de antigos rituais mobilizados regularmente. Entretanto, os participantes podem se sentir distantes de diferentes aspectos do ritual. Em um exemplo, o dos funerais, os participantes cantam salmos diligentemente e com grande entusiasmo. Contudo, ao mesmo tempo, os mesmos salmos possuem um efeito "de distância em relação ao papel" [*role-distancing*], para usarmos um termo de Goffman, no sentido de que criam uma distância em relação ao que está realmente acontecendo.

A música tem um efeito semelhante ao dos rituais, ou seja, a construção de uma ponte entre uma tradição religiosa e os participantes. A música compartilha alguns dos mesmos traços dos rituais. A música apela para as emoções, muitas vezes também para o corpo. No entanto, a música contém ambiguidade. Ela nos move, mesmo que a direção seja de difícil previsão. O sociólogo americano Andrew Greeley (1975) procurou detectar o que despertou experiências religiosas em indivíduos. Em seu estudo, ouvir música recebeu a pontuação mais alta. São "gatilhos" mencionados por mais de 40% dos entrevistados: ouvir música, rezar, contemplar a natureza, momentos de reflexão, assistir a um serviço religioso e escutar uma prédica. Trata-se de um estudo antigo, o que nos faz imaginar que ouvir música poderia receber uma pontuação ainda mais alta hoje. Meredith McGuire (1997) afirma que várias formas de música, entre elas os hinos religiosos, servem como importante meio de manutenção da religiosidade, e que a importância da música tende a ser subestimada por estudiosos um tanto infensos à emoção cuja abordagem é muito intelectualizada.

7.9 Quando a religião se torna importante: sobre indivíduos comprometidos com a religião

Mesmo que os tempos modernos sejam caracterizados pelo individualismo religioso e pelo ceticismo em relação às instituições, devemos não esquecer que uma grande quantidade de pessoas busca uma comunidade religiosa regularmente e que essa participação é importante para elas. Trataremos o comprometimento com movimentos fundamentalistas em outro momento do livro (cf. seção 9.3). Aqui, iremos discutir o compromisso religioso ao apresentar algumas perspectivas sobre conversão religiosa.

Em contraste com a noção de recrutamento, que tende a estar associada com atividades organizadas, a noção de conversão sugere que mudanças "internas" ocorrem na identidade e no sistema de sentido de uma pessoa. Uma conversão é muitas vezes acompanhada de um novo estilo de vida e contexto social. O convertido típico irá deixar para trás sua "vida antiga" e seus "velhos amigos" e buscar uma nova comunidade.

Mesmo que a conversão de uma pessoa se expresse muitas vezes em um evento único – por exemplo, uma confissão em um ambiente de grupo –, sociólogos têm argumentado que é frutífero conceber a conversão como um processo. Isso é particularmente evidente na situação dos regressados, ou adultos que retornam à comunidade ou tradição religiosa em que foram criados. Alguns indivíduos que receberam uma socialização religiosa na infância deixaram essa tradição quando se tornaram adolescentes ou no início da idade adulta, mas decidiram retornar num momento posterior da vida. Nesse caso, a conversão tem o caráter de uma consolidação não dramática – uma "volta para casa".

Conversão é uma noção que se encontra tanto no discurso acadêmico quanto no religioso. Como Meredith McGuire (1997) apontou, há diferentes discursos ou receitas retóricas para a conversão disponíveis e que são usadas pelo convertido e por outros atores participantes. Uma forma de retórica é a retórica da escolha, que assinala a dor da escolha e o júbilo de ter sido escolhido. Outra retórica é a da mudança, que realça a ruptura com o passado (frequentemente pintado com cores opacas) e o começo de uma vida completamente nova. Uma terceira forma de retórica é a da continuidade, exemplificada na afirmação "eu sempre estive aflito" ou "o anseio sempre esteve aqui".

Em psicologia social e em sociologia existem duas abordagens dominantes para a explicação da conversão. Até a década de 1970, uma abordagem comum era conceber a conversão como um fenômeno patológico. As explicações tendiam a focar em várias formas de crise e tensão internas da pessoa convertida, ou a argumentar que o convertido era objeto passivo e irracional de uma pressão e manipulação massivas, ou ainda uma combinação dessas duas. Essa abordagem psicopatológica pode ser vista como uma expressão do desejo da maioria de monopolizar a definição de racionalidade. Em sintonia com a tendência geral de uma sociologia mais orientada para o ator, a pesquisa contemporânea revela como os recrutas estão se *convertendo* ativamente, agindo por sua própria vontade e tomando suas próprias decisões (RICHARDSON, 1985).

Algumas conversões são socialmente invisíveis, no sentido de que acontecem como um autoexame silencioso. Outras conversões são socialmente visíveis, pelo menos para familiares e amigos próximos. Às vezes, uma conversão religiosa implica uma ruptura com a família e os amigos. Entretanto, o padrão muito mais comum é o do encorajamento e estímulo à conversão por parte de redes sociais pré-existentes, tais como família, vizinhos e amigos. Com efeito, pesquisas têm mostrado que as conexões com redes sociais que têm vínculos com o grupo religioso são cruciais no processo de conversão (BARKER, 1984; BECKFORD, 1975; BROMLEY; SHUPE, 1979). Tais redes proporcionam a credibilidade da ideologia religiosa e o apoio social para a adesão.

Uma parte do processo de conversão é a reestruturação da definição de identidade do convertido. A reestruturação interna da identidade ("já fui cego, mas agora vejo...") é frequentemente acompanhada de sinais externos, visíveis e rituais da nova identidade: o uso de um *hijab*, comparecer às orações na mesquita, falar em línguas e dar testemunhos. A perspectiva de Erving Goffman (cf. seção 4.3) sobre os aspectos dramatúrgicos da interação social é relevante aqui. Várias comunidades religiosas operam com roteiros mais ou menos declarados que prescrevem um comportamento adequado para os novos convertidos. Espera-se muitas vezes que eles criem uma distância de suas vidas anteriores, que estejam visivelmente alegres com sua conversão e que mudem seu comportamento em campos simbolicamente importantes. Também vimos que, para Goffman, os papéis prescritos podem ser usados para obter certas vantagens. Ao mesmo tempo, espera-se que os participantes da interação social se comportem de maneiras específicas para evitar situações embaraçosas. Essa compreensão "suave" do papel pode ser útil em uma análise do novo convertido: espera-se que ele ou ela se comporte de um modo mais ou menos prescrito, mas se o comportamento for *muito* extrovertido e visivelmente falso é provável que o grupo fique desapontado.

A comunidade em que a pessoa convertida ingressa também deve jogar com certas regras implícitas. Durante a fase inicial, na sequência da adesão do convertido, espera-se que os companheiros de fé ofereçam carinho e amor. Espera-se também que eles provejam um treinamento na ideologia formal do grupo e nas regras informais de comportamento. Alguns convertidos descobrem que o processo de reinterpretação de suas experiências à luz de uma narrativa religiosa é como entrar em uma nova e fascinante paisagem, onde grandes e pequenas questões da vida são vistas sob uma nova luz.

A capacidade de manter um compromisso religioso profundo durante um longo período de tempo coloca dificuldades. Algo particularmente verdadeiro se o grupo espera que os participantes levem uma vida caracterizada por experiências religiosas extraordinárias e poucos problemas ou questões pessoais. A taxa de rotatividade em novos movimentos religiosos e campanhas revivalistas é normalmente elevada. Há a adesão de vários recém-chegados, mas eles tendem a desistir depois de um tempo. Aqueles que são "profissionais da religião" constituem uma categoria especial: eles têm a religião como profissão. Em muitos casos, eles enfrentarão dificuldades se quiserem se retirar das atividades religiosas organizadas. Prestígio, expectativas de papel, interesses financeiros e falta de oportunidades comparáveis disponíveis no mundo secular são fatores que tendem a mantê-los em seu papel religioso. Os participantes ordinários geralmente não enfrentam esse tipo de fatores.

Alguns grupos religiosos mais fechados tendem a se retirar da sociedade em geral. Essa estratégia é empregada principalmente por grupos caracterizados por uma interação restrita com "este mundo" e uma tendência a misturar trabalho e piedade de tal forma que a vida se torna altamente regulamentada e ritualizada. Entretanto, alguns movimentos cujos participantes trabalham e participam da sociedade também colocam restrições normativas a seus participantes para limitar sua interação com pessoas de fora, seu uso dos meios de comunicação de massa, e assim por diante. O "mundo lá fora" é muitas vezes descrito em termos depreciativos. No entanto, pintar um quadro sombrio do mundo a fim de se manter é uma estratégia arriscada para um grupo. Se os líderes dizem aos participantes que indivíduos fora do rebanho são dissolutos e infelizes, e eles descobrem que isso dificilmente é o caso, a credibilidade desses líderes religiosos fica ameaçada.

Vários movimentos religiosos tentam manter um alto nível de comprometimento entre os participantes publicando panoramas ideológicos e apologias em livros, revistas, vídeos, DVDs etc. O compromisso também é mantido por meio de contato social direto, em encontros e convenções. Em alguns casos, mantém-se um alto nível de comprometimento mobilizando o crescimento do movimento e o sucesso no recrutamento. A identidade de um participante se fortalece quando outros buscadores escolhem o mesmo caminho. Todavia, a estratégia de focalizar agudamente o crescimento quantitativo pode ser arriscada, especialmente se os líderes não fornecerem uma explicação conveniente sobre a razão pela qual o grupo experimenta um declínio em vez de crescimento. Isso também é verdade quando se trata de atividades do movimento. Por um lado, elas tenderão a ter um efeito positivo, mantendo vivo o compromisso. Por outro, podem causar atrito e esgotamento.

Meredith McGuire (1997) aponta três fatores que muitas vezes causam enfraquecimento em comprometimentos religiosos muito fortes. Um primeiro fator é o crescente contato com o mundo exterior; o segundo é a experiência de discrepâncias entre a ideologia e a prática dos líderes do movimento; o terceiro fator é o fiasco do movimento. No que diz respeito ao primeiro fator, a mobilidade geográfica tem um potencial de redefinição religiosa. Quando os indivíduos se deslocam de uma área para outra, eles experimentam um afrouxamento de antigos laços e lealdades e a formação de novos laços. Se a conexão com uma igreja ou grupo religioso for fraca ou problemática, a mudança tenderá a resultar no desligamento.

O processo de saída de um movimento religioso ou o desligamento de um forte compromisso religioso implica uma reestruturação da identidade e da visão de mundo, e, em alguns casos, uma mudança de comunidade social. Quanto mais importante o papel desempenhado pela religião na vida de um indivíduo, mais difícil é o processo de desvinculação. Ex-participantes ou ex-membros tendem a relatar emoções conflitantes em relação a sua saída. Por um lado, eles relatam um sentimento de alívio das pressões para se conformar com os padrões e pontos de vista do grupo. Por outro, eles falam de perda e solidão, particularmente se a maior parte de suas vidas sociais ocorreu dentro do movimento (REPSTAD, 1984).

7.10 Secularização em nível individual?

Mesmo que haja grupos de pessoas que experimentem conversões dramáticas e pratiquem formas de religiosidade intensas nas sociedades ocidentais contemporâneas, a grande maioria parece ter um grau muito menor de compromisso e talvez uma maior atitude de busca. Nesse sentido, seria razoável propor que há uma tendência geral de secularização a nível individual? Será que a religião é menos importante do que costumava ser e para um grupo menor de pessoas? Diversos indicadores sugerem que a participação em atividades religiosas institucionais diminuiu, ao menos na Europa. Em vários países europeus os gráficos que descrevem participação religiosa traçam uma curva descendente desde a década de 1970 (DOBBELAERE, 1993). Um estudo sobre a geração *boomer* revelou que a maioria parece ter adotado uma forma privada de religião, mesmo que alguns tenham retornado à religião organizada (ROOF, 1993). Entretanto, é muito enganoso falar de uma secularização inconteste quando se trata de atitudes individuais em relação à religião institucionalizada. Na Europa, grandes grupos entretêm uma forma de cristianismo cultural (DAVIE, 2000), que muitas vezes pode ser visto na utilização dos rituais da igreja. Visto de uma perspectiva de longo prazo, é difícil escapar da ideia de que a secularização individual é a tendência dominante no caso europeu, pelo menos se a atividade religiosa for usada como indicador.

Inversamente, se dermos uma olhada da religiosidade individual em geral, é difícil chegar a conclusões claras. Mesmo que a maioria dos europeus pareçam estar mais distantes da religiosidade organizada do que antes, isso não quer dizer necessariamente que eles sejam menos religiosos do que seus pais. Aqui, é relevante perguntarmos o quão importante a religião é para a maior parte das pessoas. Para uma minoria de indivíduos profundamente religiosos, a religião constitui um quadro de referência importante para a interpretação de sua realidade e sua prática, e para a compreensão deles próprios. Para a grande maioria, a religião é um recurso do qual se vale e se usa quando necessário. Alguns sociólogos, a partir da ideia de que as identidades individuais estão relacionadas à esfera privada, tal como família, religião e lazer, argumentam que a religião contribui, portanto, para uma compreensão do *self* e da identidade. Contudo, trata-se de uma posição discutível. Outros sociólogos defendem que a família tem perdido gradualmente suas funções, e que indivíduos em sociedades contemporâneas baseiam suas identidades em posições na esfera do trabalho. E aqui a religião tende a ser bem marginal.

Podemos concluir que existe secularização em nível individual? Diferentes estudiosos fornecem variadas respostas a essa pergunta. Se considerarmos a religiosidade individual em geral, tudo o que podemos dizer é que ela está mudando. Não conseguiremos definir com precisão qual é a tendência entre essas mudanças.

8
Organizações e movimentos religiosos

8.1 Um interesse em tipologias

O compromisso religioso pode ser fortemente individual e privado, especialmente nos tempos modernos. No entanto, ele experimenta um crescimento em um diálogo crítico com organizações religiosas estabelecidas. Em sociologia, uma organização se define como um grupo com um ou mais objetivos e um mínimo de estrutura formal. A clareza dos objetivos e a formalidade das estruturas organizacionais variam. Um tema central na história da sociologia da religião tem sido a distinção entre várias formas de organização religiosa. Dois gigantes intelectuais alemães, o teólogo Ernst Troeltsch e o sociólogo Max Weber, propuseram uma tipologia clássica de organizações há cerca de cem anos, que foi desenvolvida e refinada depois por pessoas como o teólogo americano H. Richard Niebuhr, por exemplo. Suas tipologias serão apresentadas abaixo com maior detalhe. Logo em seguida, examinaremos os diferentes usos de uma tipologia – como em tentativas de compreender a mudança em organizações religiosas, por exemplo. Também observaremos com maior detalhe como o poder e a autoridade são exercidos em organizações religiosas, dessa vez baseados em ainda outra tipologia, desenvolvida por Max Weber.

A última seção deste capítulo apresenta algumas teorias sociológicas sobre movimentos religiosos, incluindo novos movimentos religiosos. Em particular, examinaremos teorias sobre o recrutamento e a socialização de participantes desses movimentos. Por fim, abordaremos algumas questões metodológicas relevantes nos estudos de movimentos religiosos e de minorias religiosas.

8.2 Igreja, seita e misticismo

É importante ter em mente que os termos "igreja" e "seita" nem sempre significam a mesma coisa em um contexto sociológico e na linguagem cotidiana. Nem todas as igrejas que se autodenominam "igrejas" são Igreja no sentido sociológico. Seita é um termo que foi usado inicialmente por sociólogos para captar as várias formas de organização religiosa fora da igreja. Mesmo que o termo se destinasse inicialmente a ser descritivo, ele incluía certas premissas ocultas sobre esses grupos e seus participantes. O termo também chegou a ter tal conotação negativa na linguagem ordinária que os sociólogos falam agora de organizações e movimentos religiosos, e não mais de seitas. Contudo, iremos utilizar o termo em nosso sobrevoo das teorias tradicionais sobre "seita" e "igreja".

O teólogo alemão Ernst Troeltsch foi uma figura de monta na teologia alemã do começo do século XX. Além de sua contribuição para a teologia sistemática e para a filosofia da religião, ele é conhecido por sua contribuição para a história da Igreja, particularmente sua obra maior *The Social Teachings of the Christian Churches* (1960/1912). Foi sobretudo ali que ele descreveu os traços característicos de "igrejas" e de "seitas". Troeltsch desenvolveu seu entendimento da relação entre Igreja e sociedade em colaboração com Max Weber, que durante certo tempo foi seu colega e vizinho em Heldelberg. Weber já havia traçado os contornos de sua distinção entre igreja e seita quando Troeltsch publicou seu livro. Para Weber, a distinção estava relacionada à adesão individual, seja por nascimento, seja por escolha individual, respectivamente.

De acordo com Ernst Troeltsch, a distinção entre "igreja" e "seita" tinha a ver com a organização da comunidade religiosa. Troeltsch pertencia a uma tradição teológica liberal e considerava a mensagem de Jesus e dos primeiros cristãos como centrada na devoção pessoal e não na organização religiosa. Porém, nos primórdios da história do cristianismo a questão da organização da comunidade religiosa logo veio à tona:

> Desde o princípio, três tipos principais vieram à tona no desenvolvimento sociológico da ideia cristã: a "igreja", a "seita" e o "misticismo". A Igreja é uma instituição que foi dotada pela graça e redenção. [...] Ela pode aceitar as massas e adaptar-se ao mundo porque até certo ponto pode permitir-se ignorar a necessidade de santidade subjetiva (TROELTSCH, 1960/1912, p. 993).

A Igreja é, assim, uma instituição que controla objetivamente os meios de redenção que todos precisam. Portanto, ela reivindica validade e verdade incondicionais, ao mesmo tempo que se permite tolerante e adaptável. Troeltsch argumenta que a Igreja precisa ser capaz de se adaptar se é para formar um quadro de referência em torno das vidas de todos os indivíduos em uma sociedade. Aqui, ele formula um paradoxo familiar: a Igreja quer controlar o mundo, e, portanto, é controlada pelo mundo.

De muitas maneiras, a seita é a contrapartida da Igreja. Ela compartilha uma característica com a Igreja por reivindicar a posse da verdade, mas em contraste com a ambição inclusiva da Igreja, a seita entretém uma autocompreensão exclusiva. Para a seita, a posse da verdade nesse mundo pecaminoso é uma ideia admitida apenas para uns poucos:

> A seita é uma associação voluntária, composta por fiéis estrita e decididamente cristãos, reunidos pelo fato de que todos experimentaram o "renascimento". Esses fiéis vivem separados do mundo, limitam-se a grupos pequenos, enfatizam a lei mais do que a graça e no interior de seus próprios círculos reúnem-se em graus variados em torno de uma ordem cristã baseada no amor. Tudo isso é feito em preparação e expectativa para a chegada do Reino de Deus. (TROELTSCH, 1960/1912, p. 993).

Esses conceitos de "igreja" e de "seita" permaneceram mais ou menos intactos ao longo da história da sociologia da religião, mesmo se redefinidos e suplementados. O teólogo norte-americano H. Richard Niebuhr examinou a distinção troeltschiana entre "igreja" e "seita" em seu livro *The Social Sources of Denominationalism* e concluiu que tal distinção não parece compatível com a situação americana. Nos Estados Unidos, uma série de denominações convivem lado a lado em um estado relativamente pacífico de competição. Nenhuma delas domina a sociedade como um todo, e elas estão longe de ser aquelas comunidades fechadas e exclusivas muitas vezes associadas à noção de seita. Niebuhr argumenta que "igreja" e "seita" podem ser consideradas como dois extremos de um *continuum*, e introduz uma terceira categoria, a denominação. Trata-se de uma forma intermediária entre igreja e seita, mais ecumênica do que ambas no sentido de que aceita que outras comunidades religiosas também portem importantes elementos da verdade. Em termos de tamanho, a denominação ocupa normalmente uma posição intermediária, entre a "igreja" e a "seita". Não abarca a "sociedade inteira", mas tem um escopo mais amplo do que o de um pequeno grupo. A denominação também representa uma categoria intermediária no que se refere ao compromisso do membro. Baseia-se menos em sacramentos do que a igreja no sentido troeltschiano e concentra-se fortemente na atividade dos membros durante eventos religiosos. A denominação é também muito mais moderada do que a seita no que diz respeito à devoção e à obediência do filiado.

Uma grande questão no livro de Niebuhr está revelada em seu título, *The Social Sources of Denominationalism*. Niebuhr era um teólogo que esteve engajado na agenda social de seu tempo, e não lhe agradava o fato de que as denominações americanas tendessem a se desenvolver ao longo de estratos socioeconômicos. Ele escreveu que a formação de denominações

> representa a acomodação do cristianismo a um sistema de castas da sociedade humana. Ela traz para a organização do princípio cristão da fraternidade o orgulho e os preconceitos, os privilégios e o prestígio, assim como as humilhações e degradações, as injustiças e desigualdades daquela ordem especial de altos e baixos na qual homens encontram a satisfação de seu anseio pela glória vã. A divisão das Igrejas segue de perto a divisão dos homens em castas de grupos nacionais, raciais e econômicos. Ela traça a linha de cor na Igreja de Deus; fomenta os desentendimentos, a autoexaltação, os ódios do nacionalismo chauvinista, dando prosseguimento no corpo de Cristo as diferenças espúrias de lealdades provinciais; assenta os ricos e os pobres em separado na mesa do Senhor, onde os fortunados podem desfrutar da recompensa que providenciaram, enquanto os outros se alimentam das migalhas que sua pobreza lhes proporciona. (1975, p. 3)

Decidimos por essa longa citação para mostrar que textos sociológicos clássicos frequentemente são uma parte do debate político e social contemporâneo.

A noção de culto, outra forma de organização religiosa, foi introduzida em 1932 pelo sociólogo Howard Paul Becker. Segundo ele, o culto é uma associação bem flexível de indivíduos com uma religiosidade eclética e privada (BECKER, 1932). Essa descrição é compatível com uma nova religiosidade alternativa e informal, e, nessa medida, essa categoria tem ganhado uma crescente relevância acadêmica. Devemos ter em mente mais uma vez que o uso dos termos pode variar entre a linguagem cotidiana e a acadêmica. Culto religioso é às vezes usado para *cultus* ou adoração divina. Na década de 1970, tinha o mesmo significado que seita.

Muitos sociólogos da religião têm tentado desenvolver ainda mais as tipologias de organizações religiosas. A fim de organizar uma ampla realidade social, alguns elaboraram tipologias quadripartidas. Tais tipologias tendem a simplificar a realidade de tal modo que fatores relevantes ficam excluídos de seus quadros. Isso ficará claro ao apresentarmos algumas categorias de organizações religiosas a seguir. Um traço comum nessas tipologias são suas tentativas de enfocar dimensões importantes para a sociedade.

A tipologia das organizações religiosas do sociólogo Roland Robertson (1970) dispõe-se em duas dimensões (cf. Tabela 8.1). A primeira dimensão refere-se à legitimidade da organização. Aqui, ele faz a distinção entre organizações que reivindicam ser as únicas representantes da verdade, de modo que todas as demais estão fundamentalmente erradas (legitimidade única) e organizações que admitem que outros grupos detenham a verdade (legitimidade pluralista). A segunda dimensão distingue o princípio de filiação inclusivo do princípio de filiação exclusivo. Reconhecemos a questão troeltschiana de quão exigente uma organização é em relação a seus membros quando se trata de cumprir normas específicas, sejam elas do domínio da moral, dos dogmas ou da ação.

Tabela 8.1
Tipologia das organizações religiosas de Robertson

	Legitimidade única	Legitimidade pluralista
Princípio de filiação exclusivo	Seita	Seita institucionalizada
Princípio de filiação inclusivo	Igreja	Denominação

Aqui, Robertson introduz um novo conceito, o de seita institucionalizada. Ele menciona o Exército da Salvação como exemplo. Seitas institucionalizadas são organizações com uma atitude mais aberta do que normalmente as seitas quando se trata da cooperação com outras organizações religiosas, ao menos com organizações que não se diferenciam totalmente delas em relação a sua fé religiosa. Ao mesmo tempo, a seita institucionalizada exige um alto grau de comprometimento e atividade por parte de seus membros.

Uma perspectiva semelhante é encontrada nos trabalhos do sociólogo britânico Roy Wallis (1976). Ele também mobiliza a dimensão da legitimidade e pergunta se uma organização se considera única ou uma entre muitas que detêm a verdade (cf. Tabela 8.2). A segunda dimensão de sua tipologia remete às percepções da sociedade mais ampla sobre o grupo religioso.

Tabela 8.2
Tipologia de organizações religiosas de Wallis

	Legitimidade única	Legitimidade pluralista
Desviante	Seita	Culto
Respeitadora	Igreja	Denominação

Wallis inclui o culto como uma forma de organização religiosa. Ele considera o culto como um movimento que está aberto a várias visões de mundo, incluindo aquelas que são diferentes da sua própria. Ao mesmo tempo, ele é desviante em relação às normas predominantes da sociedade. Como se vê, os sociólogos mobilizam diferentes definições de culto. Se fôssemos usar a noção de Wallis de culto para descrever novos movimentos religiosos na sociedade contemporânea, diríamos que eles compartilham alguns dos valores dominantes na sociedade, mas que eles usam métodos alternativos. Por exemplo, saúde e bem-estar usualmente são importantes valores em cultos, assim como o são na sociedade mais ampla. O aspecto desviante estava no fato de que cultos são críticos da religião estabelecida e da medicina acadêmica, de que eles buscam vias alternativas de obter os mesmos fins através da cura, medicina alternativa, meditação, astrologia e desenvolvimento pessoal.

Não iremos tentar contrastar essas tipologias quadripartidas. Em vez disso, proporemos que elas representam suplementos mútuos. Para resumir, as noções de "igreja", "seita", denominação e culto têm sido usadas na sociologia dos seguintes modos: uma *Igreja* é uma organização religiosa que representa exclusivamente a verdade. A proposição clássica é "fora da igreja não há salvação". A Igreja engloba a todos, ou virtualmente a todos numa sociedade. O recrutamento ocorre desde o nascimento: novas gerações nascem dentro da Igreja. Ela se adapta em certa medida ao fato de que ela deve abarcar todos. Portanto, ela tende a fazer concessões em relação à cultura dominante e à esfera política. Daí a Igreja ser relativamente moderada em suas demandas sobre seus membros. A maioria das pessoas consideram a Igreja uma organização respeitável.

A *seita* também se percebe como a única detentora da verdade. Contudo, ela constitui uma minoria em uma dada sociedade. O recrutamento decorre de uma escolha individual consciente. Uma vez ingressado, do indivíduo é exigido um alto grau de comprometimento e atividade. Espera-se que os membros apoiem os ensinamentos da seita e ajam em conformidade com seu modo de vida, que pode ser restrito e ascético. A vida de um membro de uma seita contrasta enormemente com as vidas das demais pessoas na sociedade. Portanto, a seita e a sociedade mais ampla nutrem suspeitas mútuas. As seitas tendem a caracterizar a sociedade como um lugar cheio de perigos e de decadência moral e religiosa. Qualquer concessão a uma sociedade como essa não é uma opção. Por sua vez, a sociedade, muitas vezes representada pela mídia, caracteriza as seitas como muito problemáticas e desviantes.

O termo "seita institucionalizada", proposta por Robertson, refere-se a um grupo que mantém a expectativa do apoio ativo de seus membros, mas que abdicou de seu autoentendimento como única portadora da verdade religiosa. Por trás desse conceito jaz a ideia de que tendo sido estabelecida e experimentado um crescimento por alguns anos a seita tenderá a desenvolver uma atitude mais flexível em relação a seu entorno.

A *denominação* representa ainda outro passo de afastamento da seita. Em contraste com a "igreja" e a "seita", a denominação é orientada para a cooperação, ao menos no que se refere a outras denominações similares. As pessoas aderem por meio de uma escolha voluntária e individual, embora a forma mais importante de recrutamento em denominações estabelecidas seja o nascimento. As exigências de atividade e conformidade são moderadas, e existe um relacionamento mútuo relativamente harmonioso entre a denominação e a sociedade mais ampla.

Em contraste com a "igreja", a "seita" e a denominação, o *culto* caracteriza-se por uma legitimidade pluralista. Muitos cultos sublinham que as perguntas são mais importantes do que as respostas, que a busca é mais significativa do que o que é encontrado, e que cada indivíduo deve encontrar o seu próprio caminho. Daí ser legítimo ingressar em diferentes cultos, cuja taxa de rotatividade tende a ser alta. A estrutura e a exigência sobre os filiados são mais frouxas em comparação com outros tipos de organização; talvez seja mais acurado falar de clientes, consumidores e fregueses do que de membros. Cursos, seminários e consultas são importantes veículos de socialização, e livrarias e revistas fornecem arenas de contato. Críticos dos cultos têm argumentado que eles tendem a ter um caráter comercial. O que pode ser verdade, embora a diferença nessa área em relação a outras organizações religiosas não deva ser exagerada. Igrejas, seitas e denominações também entretêm interesses financeiros.

Ao enfatizar a característica individual e frouxa dos cultos, aproximamos uma outra vez da terceira forma de comunidade religiosa encontrada nos trabalhos de Troeltsch, a saber, o misticismo:

> O misticismo implica que o mundo de ideias que se petrificaram em dogmas e adorações formais está sendo transformado em pura experiência pessoal e interior. Isso leva à formação de grupos a partir de uma base puramente privada, sem qualquer forma permanente, que também contribui para a redução da importância das formas de serviço religioso, dos dogmas e do elemento histórico (TROELTSCH, 1960/1912, p. 993).

É interessante que Troeltsch defina o misticismo como "um refúgio de vida religiosa para as classes educadas" pelo curso da história. Aqui, ele deixa revelar sua teologia liberal acadêmica ligeiramente elitista. Para ele, quando o misticismo passa a arrebanhar seções da população que são "intocadas pela ciência", isso leva a "formas de piedade emocionais e extravagantes". Troeltsch assinala que o misticismo facilmente se decanta em individualismo puramente religioso, o que pode terminar em resignação. A partir de uma premissa normativa, Troeltsch também crítica as seitas por terem perdido a perspectiva ética geral que a Igreja deteve durante a era medieval. De acordo com ele, as seitas se tornaram "ignorantes e insignificantes" (TROELTSCH, 1960/1902, p. 993). Novamente, vemos que as tipologias clássicas contêm valores implícitos derivados do contexto político e social no qual se formaram.

8.3 Algumas especificações e notas críticas

Qual é o propósito dessas e de outras tipologias de organizações religiosas? A tipologia igreja-seita foi criticada por muitos campos, e diversos argumentos foram mobilizados contra ela. Uma das objeções é a de que ela tende a traçar um retrato estático e essencialista da religião, no sentido de que a religião se organiza ou desse ou daquele modo. Levando em consideração esse argumento, é importante ter em mente que Weber considerava tais tipologias como sendo tipos ideais, o que quer dizer que elas seriam úteis para a análise da religião mesmo se não existissem nessa forma pura no mundo real. Nesse sentido, as tipologias seriam mapas úteis que não devem ser confundidos com o próprio território. Ao mesmo tempo, se o mapa é patentemente imperfeito, seu uso deve ser questionado. As revisões das tipologias de Weber e de Troeltsch que ocorreram ao longo do século XX podem ser vistas como tentativas de garantir contato com o território. Talvez os estudiosos devessem ter traçado eixos cruzados em vez de células em uma tabela quadripartida para assinalar que as tipologias correspondem a pontas de linhas contínuas e não a entidades separadas. As várias formas organizacionais também se tornam mais interessantes quando as usamos de forma dinâmica e examinamos como organizações religiosas específicas se movem entre diferentes formas ao longo do tempo. Retornaremos a essa questão abaixo.

Como observamos, o termo seita tem uma conotação negativa na linguagem ordinária, abarcando comportamentos irracionais, mentalidades estreitas, visões de mundo estranhas e lavagens cerebrais. Um argumento contrário ao uso dessa noção é o de que os especialistas devem se abster de usar termos aos quais o público geral atribui um sentido distinto, evitando assim mal-entendidos. Alguns sociólogos da religião se opõem a essa posição argumentando que o termo seita é uma noção acadêmica bem-estabelecida e que os especialistas não devem ceder para um público não informado. Entretanto, a maioria dos sociólogos da religião evita o uso do termo e fala de minorias e movimentos religiosos. James A. Beckford (1975) também procurou mostrar que o termo seita foi frequentemente usado em contextos acadêmicos para descrever organizações de uma forma diagnóstica, sugerindo que elas eram, em alguns aspectos, desviantes e bizarras.

A tipologia igreja-seita também é criticada de um ponto de vista teórico. Argumenta-se de que se trata de uma noção puramente descritiva, em si mesma desprovida de qualquer poder explicativo. Há algo de verdadeiro nessa avaliação, mesmo que boas tipologias possam se provar úteis. Elas são úteis ao organizar e sistematizar o que do contrário seria uma grande e caótica massa de informações. Portanto, algumas tipologias podem contribuir para o desenvolvimento de hipóteses. A tipologia igreja-seita pode, por exemplo, mostrar-se útil em uma análise do poder e da socialização dominantes nas formas organizacionais, ou em um estudo sobre as possibilidades de cada forma de sobreviver em contextos sociais diversos. Apesar de não substituírem as explicações nas ciências sociais, as tipologias podem ser um útil passo no caminho.

Outra crítica ao uso de tipologias de organizações religiosas aponta que elas se assentam sobre um etnocentrismo cristão ou ocidental. Com efeito, as noções de "igreja" e "seita" derivam da tradição cristã. Seria possível conceber Igrejas fora de um contexto cristão? Se vamos tentar fazê-lo, é necessário manter em mente as características sociológicas que constituem a base desses conceitos. A partir dessa premissa, pode ser significativo em um contexto muçulmano descrever como as fronteiras políticas, culturais e religiosas coincidem e são mais ou menos as mesmas, a ponto de a "deserção" do islamismo também significar desertar-se da sociedade. Em alguns países muçulmanos, como a Arábia Saudita, a religião talvez possa ser caracterizada pelo termo "Igreja" no sentido sociológico, mesmo que o termo seja desesperadoramente etnocêntrico, e mesmo que a mesquita tenha em parte outras funções que a Igreja.

Outra leitura crítica é a de que essas tipologias estão ultrapassadas, mesmo nas sociedades ocidentais. Essa crítica visa sobretudo a "igreja" e a "seita". Parece que esses termos são mais úteis numa cultura holista cristã em que insurgentes emergem e experimentam um crescimento, isto é, no período do Iluminismo até o século XIX. Atualmente, é bastante apropriado questionar se ainda existem Igrejas no sentido sociológico, por exemplo, na Europa. A unidade mais íntima entre Igreja e nação na Europa contemporânea parece estar na Grécia. A Igreja Ortodoxa grega continua a contar virtualmente com todos os gregos como membros, e exerce uma forte influência sobre diversas instituições, inclusive escolas públicas. Na maior parte dos países europeus, essa é uma situação do passado – o que é válido também para os países nórdicos. Nesses países, as Igrejas luteranas dominantes compreendem a grande maioria da população, que continua usando a igreja para seus ritos de passagem. Em momentos de crise e desastres, as Igrejas tomam a iniciativa de organizar rituais nacionais. O fato de que muitos membros foram batizados quando crianças, combinado com o papel religioso civil das Igrejas, nos levaria a acreditar que essas Igrejas de maioria são Igrejas no sentido sociológico. Essa ideia também se apoia sobre o fato de que essas Igrejas exigem pouco de seus membros no que diz respeito à participação. Entretanto, essas Igrejas se relacionam com outras comunidades religiosas de um modo tão ecumênico e pacífico para serem classificadas sociologicamente como Igrejas. É mais razoável propor que praticamente toda grande comunidade religiosa na Europa contemporânea se assemelhe mais à denominação como tipo, inclusive as Igrejas nacionais da Grã-Bretanha e dos países nórdicos.

Outra objeção à tipologia "igreja-seita" é relativa à sua relevância limitada. A tipologia tem um foco muito restrito nas organizações *religiosas* e tende a exagerar a diferença entre organizações religiosas e outras formas de organização. Como resultado, há uma separação entre o estudo das organizações religiosas e o estudo sociológico das organizações. Se a sociologia da religião for longe demais no desenvolvimento de sua própria linguagem e estratégias analíticas, ela irá se isolar da sociologia geral. Um tal desenvolvimento seria de se lamentar, pois reforçaria a tendência de que a sociologia geral tem pouco interesse na religião contemporânea, mesmo que os teóricos da sociologia clássica tenham demonstrado tal interesse. Uma abordagem mais frutífera envolve, portanto, um intercâmbio entre sociologia da religião e sociologia geral. No estudo das organizações religiosas, a sociologia da religião tem muito a ganhar ao se utilizar das teorias organizacionais encontradas na sociologia geral.

Um possível argumento contrário a essa objeção seria o de que conflitos entre tendências inclusivas e exclusivas em organizações não se limitam apenas a organizações religiosas. Tendências similares também podem ser encontradas em organizações políticas, e também foram feitas tentativas de usar os termos "igreja" e "seita" em estudos de instituições médicas. Por exemplo, um estudo afirma que o sistema dominante de faculdades médicas tem características similares às de Igreja, em contraste com movimentos mais sectários encontrados na medicina alternativa (FREUND; McGUIRE, 1995).

Não obstante, é um fato inescapável que a tipologia das organizações religiosas deriva de e é dominado por um contexto religioso. Essa utilidade da tipologia depende da percepção de quão distintivas são as organizações religiosas. Pode-se dizer que elas são mais incomuns do que pensam alguns teóricos da organização geral, e menos do que reivindicam muitos líderes religiosos. Um argumento a favor do uso da tipologia igreja-seita pode ser o de que organizações religiosas são organizações baseadas em valores, em que a verdade é uma questão de princípio importante para muitos membros. Isso explica por que a questão do monopólio sobre a verdade é um fator diferenciador fundamental entre essas formas de organização religiosa. Contudo, é importante que classificações sociológicas gerais relevantes para as organizações sejam utilizadas no estudo da religião. Retornaremos a algumas delas, mas antes examinaremos como as Igrejas, seitas e outras organizações religiosas se desenvolvem ao longo do tempo.

8.4 A dinâmica das organizações religiosas

Max Weber concentrou-se na questão da sobrevivência de movimentos religiosos e sociais depois do desaparecimento da primeira geração de dedicados entusiastas. Ele chegou à conclusão de que os movimentos iriam se desenvolver com o tempo em organizações estruturadas, ou seriam institucionalizados. Seguindo os passos de Weber, H. Richard Niebuhr traça os contornos do desenvolvimento de seitas. De acordo com ele, as seitas eventualmente se tornarão mais parecidas com Igrejas, e assim se tornarão denominações. "Por sua própria natureza, o tipo sectário de organização é válido apenas por uma geração", escreve ele (1975/1929, p. 19). Sua ideia é a de que a geração seguinte já nasce na seita e, portanto, não deverá manter o mesmo nível alto de comprometimento que a primeira geração. Niebuhr também se baseia na teoria de Weber de que o cristianismo ascético leva à afluência financeira. Para ele, uma maior mobilidade social entre os membros da seita resulta em uma maior ênfase na prosperidade econômica e na respeitabilidade social. Consequentemente, a seita tenderá a diminuir seus conflitos com a sociedade e a aumentar sua disposição para se adaptar ao mundo. O mundo também terá uma atitude de maior aceitação para com os membros da seita. O resultado é uma integração social mais forte da seita na sociedade em geral. Finalmente, Niebuhr entende que toda organização que tenta sobreviver ao longo do tempo deve desenvolver alguma divisão de trabalho. A burocratização eventualmente acontecerá, e esse desenvolvimento é uma consequência do contato contagioso da seita com a sociedade em geral. Especialistas da comunidade religiosa, entre outras coisas, começarão a comparar suas condições com as de especialistas de fora da comunidade religiosa.

Não é difícil encontrar casos empíricos em que seitas se tornam mais adaptadas ao seu entorno e se transformaram em denominações – por exemplo, os quacres e o Exército da Salvação. Apesar disso, o sociólogo britânico Alan Aldridge (2000) criticou Niebuhr por conceber a passagem da seita à denominação como um processo determinista e mecânico. Aldridge argumenta que uma forte socialização no interior da seita pode acarretar um alto grau de comprometimento por diversas gerações, e menciona as Testemunhas de Jeová como exemplo. Ele utiliza o mesmo exemplo quando afirma que mesmo a seita contratando empregados com dedicação exclusiva, isso não torna automaticamente mais harmoniosa sua relação com a sociedade como um todo. Ao contrário, empregados das Testemunhas de Jeová ajudam a mantê-la viva ao prover os membros de um fluxo de informações sobre a ideologia e atividades do grupo. Além disso, Aldridge assinala que nem todas as seitas ascendem na hierarquia social e financeira. O povo amish nos Estados Unidos constituem um exemplo. Eles mantiveram sua tecnologia agrícola antimoderna, o que não faz deles um grupo particularmente rico (2000, p. 36-37).

Muitos exemplos mencionados por Aldrige lidam com seitas que tendem a se isolar da sociedade. Contudo, a maioria das seitas em sociedades modernas tendem a ser muito mais integradas na sociedade. As crianças frequentam escolas públicas, onde encontram e convivem com outras crianças, e os adultos interagem com pessoas de fora na esfera do trabalho. O prognóstico de Niebuhr é talvez mais apropriado para seitas que tenham um grau de interação com a sociedade geral relativamente elevado. Seja como for, a concepção de Niebuhr de uma lei social sobre seitas que pretensamente deveria ter uma validade geral guarda semelhanças com uma sociologia determinista.

A abordagem do sociólogo da religião americano Thomas O'Dea é um pouco mais aberta do que a de Niebuhr. Ele apontou uma série de dilemas que movimentos religiosos enfrentam ao longo do tempo. Em primeiro lugar, O'Dea acredita que, uma vez estabelecido o movimento religioso, os motivos de seus participantes para o envolvimento se diversificam mais. Mesmo o devoto mais empedernido começa a desejar prestígio, estabilidade financeira e uma oportunidade de mostrar suas habilidades. Isso irá causar com conflito com aqueles participantes que são "puros de coração", aqueles que querem se apegar aos ideais originais. Ademais, os símbolos do movimento tendem a mudar, acarretando ainda mais conflitos. Os mesmos símbolos que expressaram as experiências religiosas dos participantes no começo acedem muitas vezes a um *status* fixo. Por exemplo, em alguns movimentos, falar em línguas se torna uma forma de prática religiosa que granjeia um alto prestígio entre os participantes. Com o tempo, a mesma prática pode representar um problema para aqueles participantes que não conseguem falar em línguas. O'Dea também observa que soluções práticas e efetivas tendem a ser desenvolvidas à medida que o movimento se formaliza, entre elas uma forma de burocratização. No entanto, esse desenvolvimento resulta muitas vezes na erosão da forte irmandade do movimento, baseada inicialmente no compartilhamento da experiência religiosa. Se o número de filiados crescer muito, alguns desses problemas e dilemas também tenderão a se intensificar.

O'Dea também acrescenta que mudanças ideológicas tendem a ocorrer. Com o aparecimento da necessidade de se ensinar a ideologia, a própria ideologia irá se tornar mais estruturada e, em certos casos, mais legalista. Esse processo pode gerar consequências catastróficas para um movimento que se baseia na compaixão e em cuidados frementes. Com o abalo dessas importantes características, o que resta é um conformismo ascético bem acanhado.

Finalmente, O'Dea argumenta que a institucionalização do poder apresenta um dilema. A introdução de uma autoridade organizacional e de estruturas hierárquicas colocam problemas para movimentos que eram igualitários. Esse é particularmente o caso quando a liderança desenvolve interesses próprios que são conflitivos com o *ethos* e os propósitos originais do movimento.

Até o momento, o leitor pode estar com a impressão de que a direção da dinâmica dos movimentos religiosos vai da seita para a Igreja. Todavia, trata-se de uma imagem demasiadamente unidimensional. Diversos casos históricos mostram Igrejas se transformando em seitas porque um ou mais membros da Igreja sentiram que ela havia se distanciado muito de seus ideais originais. Os sociólogos americanos Rodney Stark e William Bainbridge (1987) traçaram os contornos do que é quase uma teoria geral, que postula uma relação dialética. Para eles, Igrejas e denominações tenderão a se orientar para compromissos, o que cria um solo fértil para a formação de novos cultos e seitas.

Apesar de ser possível que denominações se desenvolvam numa direção sectária, é bem mais comum que as denominações produzam grupos sectários dissidentes. Em diversos contextos, Steve Bruce (1990) descreveu o modo como comunidades conservadoras protestantes tendem a enfrentar o risco da dissidência. O foco intenso sobre o dogma apropriado, combinado com líderes fortes, resulta numa situação em que soluções de compromisso unificantes são difíceis de lograr.

Todas essas teorias sobre as mudanças organizacionais ao longo do tempo são interessantes e inspiradoras. Não obstante, mais do que percebê-las como teorias com poderes preditivos absolutos, uma abordagem útil aqui, assim como em outros momentos na sociologia, é considerá-las como "teorias-às--vezes-corretas".

8.5 Organizações religiosas como entidades ativas: teoria da mobilização de recursos

A abordagem tradicional das seitas religiosas pressupõe que as pessoas que aderem às seitas têm algum tipo de problema, ou que foram manipuladas para aderir ao movimento. A abordagem contemporânea considera os participantes dos movimentos religiosos como indivíduos ativos e racionais que têm objetivos e estratégias específicas. Uma mudança de abordagem ocorreu paralelamente no estudo da conversão, agora considerado um processo ativo (cf. seção 7.9).

A nova abordagem, amiúde chamada de "teoria da mobilização de recursos", surgiu nos anos 1960 e 1970 nos estudos de movimentos sociais (ZALD; ASH, 1966) e foi adotada mais tarde por sociólogos da religião e utilizada nos estudos de movimentos religiosos (BROMLEY; SHUPE, 1979). A teoria da mobilização de recursos desloca o foco do estado mental dos participantes, voltando-se para o acesso dos movimentos aos recursos e sua capacidade de capitalizar sobre eles. Essa teoria analisa a situação dos recursos dos movimentos e os vários fatores contextuais que criam barreiras ou oportunidades para a mobilização. Os fatores contextuais podem ser oportunidades legais e políticas para formar organizações em uma determinada sociedade. Os recursos relevantes são dinheiro, pessoas, redes sociais pré-existentes, redes de comunicação e acesso à mídia. Enquanto as teorias tradicionais sobre seitas tendem a focalizar a motivação individual para a adesão a um movimento religioso, a teoria da mobilização de recursos realça as estratégias de recrutamento que um movimento religioso utiliza para conquistar novos membros e os processos de socialização que utiliza para mantê-los. Em um estudo comparativo de vários movimentos religiosos e políticos na Noruega no século XIX, um fator de sucesso a longo prazo que se mostrou importante foi a capacidade do movimento de oferecer papéis para toda a família (FURSETH, 2002).

A transição que vai de considerar os participantes dos movimentos religiosos como pessoas passivas, manipuladas e sobrecarregadas de problemas para a presença de participantes ativos e orientados para fins talvez não tenha representado apenas uma mudança na teoria, mas uma mudança na composição social real de vários movimentos religiosos no mundo ocidental. Enquanto os grandes movimentos revivalistas no século XIX e início do século XX arrebanharam a maior parte de sua popularidade na classe média baixa e na classe trabalhadora, uma característica marcante dos novos movimentos religiosos tem sido a ausência de membros da classe trabalhadora, sendo a maioria de uma classe média relativamente instruída (BARKER, 1985; HANNIGAN, 1991). Talvez a mudança de abordagem esteja também relacionada à distância entre os sociólogos da religião e seu objeto de estudo. É mais fácil diagnosticar os participantes que estão social e culturalmente distantes do sociólogo como indivíduos passivos e manipulados do que fazê-lo com participantes elevado nível de instrução.

A tradicional teoria da privação e a teoria da mobilização de recursos tratam em parte de diferentes questões. A primeira pergunta "por que" as pessoas procuram os movimentos religiosos; a segunda questiona "como" os movimentos acessam as oportunidades disponíveis e mobilizam seguidores. No entanto, essas abordagens não apenas se suplementam. Elas também se contradizem em questões importantes, por exemplo em suas concepções sobre os papéis ativos e passivos dos participantes e na relação que as organizações de movimentos religiosos têm com o contexto.

8.6 Organizações caracterizadas pela coerção, utilitarismo e comprometimento normativo

Como em toda organização, as estruturas das organizações religiosas vão desde rígidas hierarquias a redes frouxas. Algumas são democráticas, outras, autoritárias. Algumas são estritamente hierárquicas e outras são igualitárias, ou mudam de estrutura conforme os projetos em que estão envolvidas em determinado momento. Algumas organizações se utilizam de profissionais ou burocratas para cumprir determinados papéis, enquanto outras adotam uma divisão de trabalho *ad hoc*. Como em toda organização, a correspondência entre a estrutura formal de autoridade e a informal pode ser forte ou fraca. Como em toda organização, o gênero é uma dimensão importante. Certas posições são formal ou informalmente reservadas para homens, ao passo que outras são reservadas para mulheres.

Poderíamos continuar na mesma linha. Claramente, a sociologia das organizações em geral é relevante para o estudo das organizações religiosas. Na sequência, apresentaremos duas tipologias frequentemente usadas no estudo de organizações em geral, que podem ser particularmente úteis para o estudo de organizações religiosas. A primeira tipologia foi desenvolvida pelo sociólogo americano Amitai Etzioni. A segunda nos leva de volta ao sociólogo clássico Max Weber.

Amitai Etzioni (1964) formulou uma útil tipologia de organizações que lida com a relação entre os membros e a organização. Ele distingue entre organizações normativas, utilitárias e coercitivas. Nas organizações coercitivas o termo "membro" deve estar entre aspas: os participantes estão na organização porque eles precisam estar ali. Usando uma força coercitiva mais ou menos legítima, os líderes coagem os membros a obedecer. A prisão é o exemplo clássico de uma organização cujo uso da coerção é legítimo. As forças armadas também parecem possuir muitas características de uma organização coercitiva, ao menos do ponto de vista do recruta alistado.

Em organizações utilitárias, a filiação baseia-se em um sistema de recompensas e punições. A base mais importante para a relação é o interesse próprio, que é muitas vezes financeiro. Na esfera do trabalho, provemos nossa força de trabalho e em troca recebemos um pagamento. Nessa forma de organização, os líderes irão se utilizar de recompensas materiais e financeiras como meio de controle e motivação de seus membros.

Em organizações normativas, os membros participam porque eles possuem o mesmo comprometimento normativo que a organização. A organização é, assim, capaz de dominar seus membros simplesmente ao criar e manter um compromisso. Os membros continuarão a se envolver na organização enquanto a atividade e o propósito continuarem a ser significativos para eles.

As categorias de Etzioni são tipos ideais. A maior parte das organizações da vida real correspondem a formas intermediárias. Por exemplo, algumas interações numa prisão são caracterizadas por uma camaradagem voluntária, não apenas pela coerção. E muitas pessoas se motivam no trabalho porque gostam de seus afazeres e o consideram significativo, não apenas porque são pagas por ele. Algumas organizações religiosas extremistas de fato exercem força sobre seus membros. Entretanto, a maioria das organizações religiosas modernas possuem traços de utilitarismo. Elas frequentemente contratam pessoas para trabalhar em suas organizações, e esses empregados estão tão interessados pelo montante que recebem quanto qualquer outro empregado.

Todavia, a maioria das organizações tendem a variar entre essas diferentes formas. Em sociedades modernas, pluralistas e liberais, por exemplo, a maior parte das religiões são sobremaneira organizações normativas. Raramente os membros são coagidos – ao menos não os adultos – porque reagiriam saindo da organização. Embora alguns empregados que alimentam dúvidas sobre a organização permaneçam nela apenas para garantir um meio de subsistência, a grande maioria participa porque considera significativos os objetivos e as atividades da organização. Nesse sentido, os líderes geralmente têm a sua disposição meios normativos de controlar os membros. Esses líderes inspiram seus membros ou, ao menos, oferecem-lhes um mínimo de sentido e pertencimento social, e eles assim optam por permanecer.

Esse fato tem implicações para o poder exercido pelos líderes em organizações normativas. Os meios normativos de controle são relativamente fracos em uma sociedade liberal e pluralista. Se os líderes de uma organização religiosa fizerem vigorar uma disciplina rigorosa e direcionarem a organização para uma via sectária, eles podem reter alguns membros apelando para sua lealdade. Contudo, uma tal organização religiosa terá claramente menos apelo para seu ambiente. Em sociedades caracterizadas por um ceticismo generalizado em relação à autoridade, a mídia tenderá a ser sarcástica e a ridicularizar organizações religiosas rígidas, o que é nada favorável a organizações que tentam recrutar novos membros (REPSTAD, 2003b).

A tipologia de Etzioni pode ser útil para as análises de organizações religiosas. Como em outros tipos-ideais, ela é útil na detecção de características distintivas de organizações específicas, incluindo aspectos ocultos pela fachada e pela imagem pública. Num contexto religioso, estes últimos poderiam ser, por exemplo, os interesses financeiros da organização ou o uso da força na manutenção do comprometimento e da lealdade de seus membros.

8.7 Formas de dominação em organizações religiosas

Vários conceitos de Max Weber ainda são operativos na sociologia contemporânea – por exemplo, sua sociologia da dominação legítima, em que ele distingue entre domínio tradicional, carismático e racional-legal (WEBER, 1968/1922). Weber usa o termo alemão *Herrschaft*, muitas vezes traduzido por "dominação legítima" ou "autoridade", e que significa o uso do poder percebido como justificado e aceitável por aqueles sujeitos a esse poder. Assim, a autoridade se distingue do exercício do poder baseado em coerção, ameaça e força e do uso do poder baseado no controle monopolístico dos recursos econômicos no mercado. Weber usa esses conceitos para organizações em geral, não apenas para organizações religiosas.

A autoridade tradicional baseia-se no hábito e na ausência de reflexão sobre formas alternativas de dominação. Em sociedades estáveis, a fonte de autoridade tende a ser a tradição. Herda-se, por exemplo, de pai para filho, a autoridade para governar. Tem sido "sempre" assim, e ninguém imagina que poderia ser de outra forma. Nas sociedades modernas, a autoridade do clero também se baseia, em certa medida, na tradição. O clero simplesmente "faz parte" em certas ocasiões. No entanto, Weber assinala que são poucos os que contam com uma tal fonte de dominação em uma sociedade moderna e diferenciada. Nessa forma de sociedade, a autoridade provém geralmente de uma fonte diferente.

A autoridade carismática constitui uma fonte pessoal de dominação. Ao portador de autoridade carismática são atribuídos poderes especiais e um mandato especial por seus seguidores. Em um contexto religioso, o aspecto carismático é frequentemente caracterizado por um chamado e uma missão divinos. O líder carismático possui um magnetismo inaudito, mas, de uma perspectiva sociológica, a autoridade carismática não se baseia apenas em qualidades pessoais. Ainda mais importante é a relação entre o líder e os seguidores que atribuem a esse líder tal autoridade. Portanto, líderes carismáticos têm mais procura em algumas situações do que em outras. Em tempos de mudanças rápidas e inquietantes, a demanda por um líder forte pode crescer. Em tais situações, personalidades bem insignificantes podem ser elevadas à condição de líderes carismáticos pela criação de mitos e idealizações.

De acordo com Weber, a modernização produz um mundo continuamente mais racional e "desmitificado" (cf. seção 3.3). Ele descreve o desconforto da sociedade moderna como uma "gaiola de ferro de racionalidade" e acredita que, em tempos de rápida mudança, esse desconforto acarretará a formação de movimentos sociais controlados por líderes carismáticos. Os meios de comunicação de massa modernos podem tornar ainda mais populares esses líderes, mesmo que a mídia tenda muitas vezes a ter uma perspectiva sarcástica de líderes que cultivam uma autoimagem pomposa.

A forma de dominação que Weber relaciona primariamente com o surgimento da Modernidade é a autoridade racional-legal. Esse conceito é duplo e engloba diferentes formas de autoridade. O aspecto legal remete ao fato de que a dominação repousa sobre uma base legal, enquanto o aspecto racional se refere ao conhecimento. No conjunto, a autoridade racional-legal baseia-se no fato de que a figura da autoridade tem um mandato e pode invocar a ideia de que a atribuição desse mandato decorreu de um procedimento amplamente aceito. Aprofundando um pouco mais no pensamento de Weber, há três categorias de autoridade no interior do conceito de racional-legal. A primeira é a autoridade burocrática, em que o poder do burocrata é delegado de acordo com leis e autorizações. Os burocratas interpretam primariamente regras dadas por outros, e sua autoridade se baseia nas interpretações de determinadas diretrizes em casos individuais. As decisões do burocrata são aceitas como legítimas se houver um acordo de que as decisões foram tomadas com base em uma interpretação razoável do conjunto de regras. A segunda categoria relaciona-se à autoridade profissional baseada no conhecimento especializado. Ouvimos os conselhos de um médico ou de um encanador porque acreditamos que eles agem com autoridade em suas áreas específicas de atuação. Uma terceira categoria é a autoridade democrática, que também possui base legal, no sentido de que é derivada de uma constituição. Em alguns casos, uma autoridade democrática representa uma correção para outras formas de dominação. Por exemplo, em um contexto político, decisões majoritárias podem ser transformadas em lei contra o conselho de burocratas e especialistas se as regras do jogo constitucionais indicarem que este é um caso que deve ser decidido por maioria de votos. Às vezes, a autoridade democrática representa uma vantagem ideológica decisiva tanto em relação aos burocratas quanto aos especialistas. Isso acontece quando o bom-senso das pessoas entra em conflito com uma mentalidade estreita e um pensamento setorial.

Como observamos, Max Weber analisou como os movimentos foram capazes de sobreviver após a primeira geração. Esse é particularmente o caso dos movimentos controlados por líderes carismáticos. Em sua análise, Weber introduziu a noção de rotinização da autoridade carismática. Um termo sociológico mais utilizado para o mesmo fenômeno é o da institucionalização da autoridade carismática. Um movimento aumenta a sua chance de sobrevivência se for bem-sucedido em tornar a autoridade carismática pessoal do fundador em uma posição de liderança mais formal, ou talvez em um cargo. O exemplo clássico, também oferecido por Weber, é a transferência da autoridade pessoal de Pedro, o apóstolo, para o posto de papa. De acordo com o Novo Testamento, Pedro recebeu sua autoridade como líder da Igreja diretamente de Jesus, e a Igreja Católica atribuiu mais tarde grande importância à chamada sucessão apostólica – o fato de que os papas se sucedem em uma linha ininterrupta desde o mestre da Igreja. Assim, a autoridade está ligada à posição do líder, não estando ameaçada mesmo que seja eleito um papa que tenha pouco carisma pessoal.

O modelo de diferentes formas de dominação de Weber tem sido criticado por ser muito intelectual e labiríntico. Pierre Bourdieu (1987) acusa Weber de ter se envolvido em debates abstratos sobre legitimidade. A concepção de poder de Bourdieu atribui mais importância à ideia de que as pessoas tendem inconscientemente a internalizar ideias e comportamentos baseados em seu contexto e suas experiências sociais. Portanto, argumenta Bourdieu, relações de dominação não precisam ser justificadas com referência a formas de razão legítimas ou racionais. Um modo comum e eficiente de exercer o poder ocorre sem reflexão e sem a compreensão de que ele tem a ver com algum uso do poder. Quando algo é considerado (ou negligenciado) como uma coisa natural e evidente, o poder está em seu auge (cf. seção 4.5). Nos últimos trinta anos, a teoria sociológica sobre o poder expandiu o conceito a tal ponto que ele pode ser invisível e não ligado a atores com intenções específicas. Poder discursivo, poder de definição e poder anônimo são termos frequentemente utilizados em conexão com uma compreensão ampla do poder. Esses conceitos amplos de poder sem dúvida apontam para fenômenos importantes na vida social, mas se forem muito amplos, os conceitos de poder podem turvar o fato de que alguns atores realmente têm mais poder do que outros. Teorias que defendem a presença de um poder invisível tornam a mudança virtualmente impossível. São demasiado deterministas e podem facilmente se tornar profecias que cumprem a si mesmas, como em "se as mudanças são impossíveis, de que adianta tentar?"

Uma crítica da teoria weberiana da autoridade intimamente ligada ao argumento de Bourdieu é a de que Weber traça um retrato muito harmonioso das organizações. Com sua ênfase na importância da dominação legítima, a análise de Weber encobre formas de poder subjacentes mais tangíveis e cruas. Por exemplo, quando regras burocráticas não são respeitadas, a polícia e os tribunais irão aplicar um uso legítimo de coerção. Entretanto, a foco weberiano na dominação legítima ainda é útil. Um exemplo pode ser encontrado nos contextos religiosos que abarcam ideais éticos de liberdade e igualdade, em que existem demandas bem definidas por justificação do uso do poder.

Todos os conceitos de dominação são categorias intelectuais ou tipos ideais. Nessa área, a realidade usualmente oferece uma mistura de formas. A autoridade do pároco ou do imame tem sua fonte em qualidades pessoais, em um posto com carisma rotinizado, em alguma autorização legal ou no respeito tradicional herdado? Talvez o pároco e o imame também disponham de meios de persuasão mais duros deixados à mão e sejam capazes de tornar a vida mais difícil para os outros. O poder do pároco e do imame usualmente consiste de uma mistura desses elementos, os quais também tendem a variar de acordo com diferentes contextos. O mundo não é tão ordenado e bem definido como parecem sugerir as categorias. Contudo, as tipologias podem nos ajudar a organizar o que seria de outro modo uma realidade relativamente caótica.

A tipologia da autoridade pode ser usada para distinguir entre diferentes tipos de organização religiosa de acordo com sua forma de dominação prevalecente. Pode ser usada para se obter uma melhor compreensão das tensões e conflitos em tais organizações. Um contraste clássico, também descrito por Weber, é aquele entre carisma pessoal e institucionalizado, isto é, entre o profeta que traz novas revelações e o sacerdote que provê antigas. Tensões podem também emergir entre aqueles que desejam formas democráticas de liderança numa comunidade religiosa e teólogos e outros que querem enfatizar a ideia de que as verdades religiosas não podem ser mudadas pela via do voto majoritário. As interpretações sociológicas de tais desacordos variam bastante.

Alguns sociólogos veem no argumento dos líderes religiosos de que a religião não pode ser gerida democraticamente como uma defesa subjetivamente honesta. Sociólogos mais críticos verão aqui o interesse próprio profissional por trás dessa preocupação com a verdade (da parte dos teólogos, por exemplo).

8.8 Estudos sociológicos de movimentos e minorias religiosas

Existem muitas análises sociológicas de movimentos de minorias religiosas. As pesquisas consistem em grande parte de diversos estudos de caso. Quando se trata de suas conclusões, no entanto, desacordos emergem. O fato de que as pesquisas podem fornecer respostas muito diferentes e em parte mutuamente excludentes é um fator recorrente na pesquisa social científica sobre minorias religiosas – e admitir isso, de um ponto de vista acadêmico, é um tanto deprimente. Isso é particularmente verdade em relação aos estudos sobre novos movimentos religiosos. As conclusões díspares remetem a recrutamento, questões internas e importância social.

No que diz respeito ao recrutamento, alguns estudiosos acham que participantes de seitas e de cultos são marginais e desprivilegiados, ao passo que outros consideram que eles acessam diversos tipos de recursos. Charles Glock é um dos mais ardorosos porta-vozes da teoria da privação na sociologia da religião, e ele acredita que as pessoas são atraídas para movimentos sectários porque elas têm um sentimento de que há algo faltando em suas vidas. Se a pessoa for pobre, solitária ou desvalorizada neste mundo, a seita irá providenciar uma compensação prometendo recompensas na vida após a morte e acolher o recém-chegado em uma comunidade segura e encastelada onde ele se tornará importante (GLOCK; STARK, 1965, p. 256). Bryan Wilson observa em sua crítica à teoria da privação que se pode encontrar com facilidade pessoas que têm uma vida miserável mas que não entram para nenhuma seita, assim como existem exemplos de pessoas habilidosas e com recursos que ingressam em seitas. Para Wilson, os vários tipos de seitas possuem bases de recrutamento diferentes. Seitas que tentam mudar a vida dos indivíduos, por exemplo, tendem a se expandir em sociedades modernas, individualistas e parcialmente secularizadas. Seitas revolucionárias e promitentes de milagres que preveem mudanças dramáticas por todo o mundo num futuro próximo tendem a se expandir em sociedades tradicionais em processos dolorosos de transição pelo encontro com a Modernidade. Wilson também nos adverte da suposição de que se pode encontrar explicações simples para o fenômeno de adesão a seitas (WILSON, 1970, 1990, p. 47).

O sociólogo britânico James A. Beckford (1975) realizou um estudo empírico abrangente sobre as Testemunhas de Jeová na Grã-Bretanha. Ele descobriu que muitos recrutas cresceram num ambiente cristão, mas depois se desligaram da religião – o fato de eles abraçarem as Testemunhas de Jeová pode ser interpretado como uma revivescência de antigos anseios. Algumas das descobertas de Beckford servem de apoio à teoria da privação. De acordo com seu estudo, diversos recrutas vivem de algum modo em isolamento social. Em particular, pequenas famílias nucleares que vivem relativamente longe de redes familiares maiores e que se preocupam com os ambientes de seus filhos.

O estudo de Beckford concentrou-se sobre uma minoria religiosa estabelecida e foi realizado há algumas décadas. Estudos mais recentes de novos movimentos religiosos mostram que seus participantes tendem a ser jovens e de classe média (BARKER, 1985; HANNIGAN, 1991).

Quando se trata do papel social dos novos movimentos religiosos, os estudiosos apresentam pontos de vista diferentes. A maioria enfatiza a impotência social desses movimentos (BECKFORD; LEVASSEUR, 1986; WILSON, 1990), enquanto uma pequena minoria os considera como a ponta de lança de uma nova era de ouro religiosa. A emergência de novos movimentos religiosos tem sido descrita como o resultado do apetite contemporâneo pela experimentação em uma época de afluência, e um renascimento da magia em tempos de expectativas econômicas decrescentes (ROBBINS, 1988). Alguns aplaudiram os novos movimentos religiosos como uma prova praticamente definitiva de que a teoria da secularização havia fracassado. Outros os enxergaram como um signo da secularização, já que a religião foi empurrada para as margens da sociedade (TURNER, 1991; WILSON, 1990). Esses movimentos têm sido descritos ou como um fenômeno em expansão ou como em estagnação e fenecimento.

O estudo de novos movimentos religiosos caracteriza-se, portanto, por um grau relativamente alto de desacordo acadêmico. Parece improvável que a pesquisa empírica, por si só, acabe com todas as discordâncias de interpretação. Entretanto, os debates sobre a interpretação teriam uma base mais firme se fossem realizados mais estudos comparativos que analisassem vários movimentos religiosos em diferentes contextos sociais. Há uma tendência nesse campo a falar de conclusões abrangentes quando se tem apenas alguns estudos de caso como base empírica. De fato, estudos de casos de movimentos ou de comunidades individuais são úteis, mas o perigo nessa abordagem reside no exagero de algumas características individuais desses casos particulares e na desconsideração de outros fatores que poderiam ser igualmente significativos ou interessantes.

Vários estudiosos optaram, por razões práticas, por realizar uma análise de estudo de caso baseada na observação. Estudos de comunidades individuais são mais manejáveis e econômicos do que estudos comparativos maiores de várias comunidades. No entanto, é possível que a observação participante em comunidades individuais perca um pouco de sua dominância na pesquisa futura. Essa forma de pesquisa parece ter uma tendência romântica sub-reptícia de exagerar a ideia de que os movimentos religiosos são comunidades isoladas, localmente delimitadas, pequenas comunidades em grandes sociedades modernas. Como Bryan Wilson (1990) apontou, os movimentos religiosos modernos são frequentemente integrados a grandes redes nacionais e internacionais que têm suas próprias burocracias religiosas e programas de carreira. Em alguns casos, *surveys* sobre os membros podem ser uma estratégia de pesquisa mais apropriada do que os estudos de caso baseados em observação participante.

Além disso, as pesquisas parecem sugerir que o recrutamento para novos movimentos religiosos institucionalizados encontrou seu ápice no final dos anos 1980 e que as ideias da Nova Era são hoje comunicadas mais por meio de livros e prospectos do que de organizações fortes (MELTON, 1998). Estudiosos da religião noruegueses utilizaram a expressão "religião espalhada como uma fina camada" para descrever esse desenvolvimento (ALVER et al., 1999, p. 8). A expressão sugere que várias ideias religiosas diferentes aparecem em contextos tradicionalmente não associados à religião, tais como cultura popular, moda, publicidade, terapia e turismo. Se os papéis de cliente ou freguês se tornaram mais importantes do que o de membro em algumas partes da vida religiosa, devem ser aplicados métodos relevantes para selecionar os informantes e falar com eles sobre a importância da religião em suas vidas. Se o campo religioso não estiver mais claramente demarcado, a observação participante não é um método útil de estudo. E se é verdade que várias ideias religiosas existem principalmente como opiniões particulares de indivíduos, uma estratégia de pesquisa mais apropriada seria o uso de *surveys*, mesmo que esse método possa resultar numa forma um tanto superficial de conhecimento. Pelo menos será útil se quisermos obter conhecimento sobre a prevalência de tais concepções na população.

Não é surpreendente que sociólogos e antropólogos sociais tenham uma tendência de entreter uma visão negativa sobre explicações correntes não sociológicas sobre conversões para seitas religiosas, ou seja, a chamada lavagem cerebral. Esses modelos explicam a adesão dos membros argumentando que técnicas de propaganda eficazes seduziram os potenciais seguidores, que perdem o controle de suas próprias vidas. Sociólogos rejeitaram amplamente essa forma de explicação, apontando em parte para as condições ideológicas em que elas foram formuladas, a saber, como teorias americanas sobre a doutrinação comunista durante a Guerra Fria.

De um ponto de vista acadêmico, é mais interessante analisar quais grupos de atores poderiam se beneficiar do uso do modelo da lavagem cerebral (REPSTAD, 1995c; RICHARDSON, 1993). Primeiro, esses modelos satisfizeram a necessidade insaciável da mídia de cobrir o excepcional e o sensacional no interior do quadro de uma batalha entre o bem e o mal. A história da lavagem cerebral é uma história sobre pessoas más que atacam vítimas inocentes e insuspeitas. Para ex-membros de movimentos religiosos, assim como para seus amigos e parentes próximos, culpar as ações de alguém pela lavagem cerebral é uma forma de todos os atores evitarem a humilhação. Como a participação em um movimento religioso em alguns casos implica em uma ruptura com a família e amigos, essa explicação desvia a atenção de possíveis problemas familiares que poderiam ser vistos como motivos para a ruptura familiar. A ideia é a de que a ordem familiar se restabelece uma vez enxaguada a lavagem cerebral.

Para ajudantes mais ou menos profissionais, modelos de doutrinação pela força abriram e legitimaram novos mercados terapêuticos, em que várias formas de desprogramação são oferecidas. Finalmente, algumas organizações religiosas concorrentes têm sua própria versão religiosa de um discurso de lavagem cerebral: um discurso sobre possessão por demônios ou similares. Por exemplo, grupos cristãos evangélicos conservadores muitas vezes atacam os novos movimentos religiosos por serem instrumentos de forças demoníacas ou satânicas. Os movimentos concorrentes também oferecem frequentemente uma mistura de explicações espirituais e psicológicas, sugerindo que é perigoso se dedicar a tais forças porque é fácil perder o autocontrole.

A maioria se voltará prontamente para as explicações intencionais quando olharem para fenômenos familiares, mas muitas vezes usarão descrições estereotipadas do comportamento irracional (ou lavagem cerebral) quando observarem movimentos minoritários desviantes. Nos casos em que os movimentos são exóticos, a maioria pode ser tentada a afirmar que os líderes têm uma moral pífia e poderes manipuladores extremos. Nenhuma dessas explicações parece muito honrosa quer alguém seja programado apaticamente por uma cultura de seita, quer planeje conscientemente uma estratégia em benefício próprio. Frequentemente são atribuídos a líderes de movimentos religiosos toda sorte de motivos ignóbeis – desejos pessoais de poder misturados com motivos sexuais ou econômicos, por exemplo. Acreditamos que isso ocorre, mas é importante ter em mente que nossas explicações padrão, nossos estereótipos, são facilmente mobilizados quando se trata de quem é diferente e exótico.

Os estudiosos podem cair facilmente na armadilha metodológica e antiética de fazer malabarismos entre várias formas de explicação e tratar declarações de certos informantes de uma forma diagnóstica enquanto aceitam sem questionamento declarações de outros. Com efeito, as explicações da pesquisa social devem se apoiar em dados empíricos, se possível. Quão autoritárias são as estruturas de poder em um determinado movimento é uma questão empírica, mesmo em movimentos por cuja ideologia não temos apreço.

9
Religião, unidade social e conflito

Este capítulo discute os modos pelos quais a religião contribui para a unidade social e também para o conflito social. Enquanto muitos sociólogos debruçaram-se sobre o papel que a religião desempenha na criação de integração social, a contribuição da religião para o conflito tem sido percebida como mais problemática. As décadas de 1970 e 1980 testemunharam um aumento no conflito e controvérsia à medida que grupos religiosos cresceram nos Estados Unidos, Europa, América Latina e Oriente Médio. Essa ressurgência religiosa é usualmente chamada de "fundamentalismo". Embora a maior parte dos fundamentalismos seja pacífica, há os que se envolvem com violência religiosa e terror.

Neste capítulo, iremos inicialmente analisar como a religião contribui para a unidade social para em seguida examinarmos seu papel no conflito social. Continuaremos a enfocar de forma mais específica o fundamentalismo, a definição desse conceito, seus traços comuns e os modos pelos quais esse fenômeno tem sido explicado na literatura sociológica. Então, examinaremos a violência religiosa e, finalmente, analisaremos se as fontes de conflito religioso são puramente sociais ou relativas à natureza da religião.

9.1 Religião e unidade social

Um tópico importante na teoria sociológica é o laço dos indivíduos com a sociedade. Desde antes dos primórdios da sociologia, filósofos têm se perguntado o que torna possível a sociedade. O que unifica a sociedade como uma totalidade? O que integra diferentes grupos em diversos níveis da sociedade? Que forças mantêm em interação os membros de um grupo durante um certo período de tempo?

Nas chamadas teorias da integração, representadas por Émile Durkheim, Talcott Parsons e Robert Bellah, a coesão social é assegurada pela presença de instituições específicas (família, religião, economia, o sistema jurídico) que promovem a atividade coordenada e complementar de outros subsistemas da sociedade. Durkheim, Parsons e Bellah enfatizam que a religião auxilia o sistema social a manter a estabilidade e o equilíbrio. Dado que se considera a religião como uma instituição de integração, ela é vista por esses sociólogos como um pré-requisito para a sobrevivência de toda a sociedade.

A religião pode ser evidentemente um importante fator contribuinte para a coesão social. Já vimos que a religião pode ser uma peça em um nacionalismo unificador, e Bellah acreditava que a religião civil promoveu integração em vários períodos da história americana (cf. seção 6.4). Há também exemplos tirados da história moderna, em que a religião desempenhou um papel contribuidor para a criação da coesão social – por exemplo, na Polônia antes do colapso do comunismo no final de 1989. Historicamente, o catolicismo cumpriu um papel complexo, mas importante, na preservação da identidade nacional polonesa e na evitação da assimilação da nação pelas sociedades vizinhas. No início da década de 1970, a Igreja Católica na Polônia foi criticada por sua prudência em relação ao regime comunista. Em meados dos anos 1970, houve uma mudança quando a Igreja começou a reverberar a defesa dos direitos humanos e a cooperar com várias forças da oposição. A entronização do papa polonês João Paulo II em 1978 tornou ainda mais importante essa cooperação. Na década de 1980, quase noventa por cento da população fazia parte da Igreja e a prática religiosa era relativamente difundida. Embora tenha ocorrido uma secularização das crenças – e que seja notório que grande parte da população ignorava as posições da Igreja sobre assuntos morais como o aborto –, a influência da Igreja sobre a população polonesa permaneceu bem forte. Encontrou-se uma explicação para isso no papel da Igreja como guardiã de valores nacionais.

A partir do início da década de 1980, o movimento Solidariedade, o maior movimento de oposição, apoiou-se nessa tradição extraindo dela sentimentos nacionais e simbolismo religioso. O líder do Solidariedade, Lech Walesa, decorou seu casaco com a imagem da Madona Negra de Czestochowa, um monumento católico e objeto de peregrinação dos católicos poloneses (KENNEDY; SIMON, 1983). A relação entre o Solidariedade e a Igreja mudou com o tempo, pois o Solidariedade se tornou cada vez mais secular e deixou para trás suas raízes na Igreja. Após o colapso do regime comunista em 1989, o poder sociopolítico da Igreja também diminuiu (HAYNES, 1998, p. 93-94). Hoje, a Igreja luta para encontrar seu lugar em uma democracia moderna, sendo que a principal batalha ideológica se dá entre o catolicismo e o liberalismo (CASANOVA, 1994, p. 109-113). Embora a religião indubitavelmente tenha contribuído para a integração social durante um período da história polonesa, seu papel ainda não está bem definido, já que outros fatores também contribuíram para tal coesão.

Devido à complexidade das sociedades modernas, a maioria não tem uma única religião, mas religiões concorrentes; ou há grandes grupos que não participam de nenhuma comunidade religiosa. Nesses casos, a religião pode proporcionar coesão social em setores da estrutura social. O caso do judaísmo nos Estados Unidos pode servir de exemplo aqui. Os judeus não formam um único grupo racial ou étnico – portanto, o judaísmo não é a religião de um único povo. Há também muitas formas de judaísmo, tais como o reformador, o ortodoxo, o reconstrucionista e o conservador, e dentro do judaísmo ortodoxo há também muitas subdivisões. Ademais, há muitos judeus americanos que não fazem coincidir ser judeu com ser religioso. No entanto, o professor de religião e teologia norte-americano Jacob Neusner assegura que ainda é preciso afirmar que "os judeus são um povo com uma única religião" (NEUSNER, 2000, p. 108). A razão é que entre os quase 6 milhões de judeus nos Estados Unidos, cerca de 4,5 milhões definem ser judeu por uma questão religiosa. Embora a religião tenha contribuído para algum tipo de coesão social entre os judeus americanos, as diferenças entre as várias formas de judaísmo também criaram conflitos. Além disso, sociólogos judeus americanos têm debatido o futuro do judaísmo americano e sua capacidade de preservar sua cultura religiosa judaica distintiva. Alguns, chamados muitas vezes de "assimilacionistas", têm uma visão pessimista e afirmam que o judaísmo americano está sendo assimilado culturalmente e declinando numericamente. Eles veem a modernização como incompatível com a manutenção de fortes lealdades étnicas e religiosas. Outros, chamados de "transformacionistas", reconhecem que os Estados Unidos modificaram a vida judaica, mas argumentam que isso não ameaça sua continuidade. Para eles, o processo de modernização transformou, mas não atenuou a identidade judaica (SHAPIRO, 1997, p. 152-154).

Além disso, a religião pode ser um importante fator de coesão em uma sociedade caracterizada pela chamada "pilarização". A noção de "pilarização" descreve a estruturação da sociedade em unidades organizacionais, podendo ser políticas ou religiosas, que proporcionam funções e atividades sociais para seus membros (DOBBELAERE, 1998b). Um exemplo conhecido de tais unidades organizacionais é o movimento trabalhista do início do século XIX, que forneceu a seus membros uma série de serviços, tais como sindicatos, seguros, bancos, jornais, atividades de lazer, escolas, e assim por diante. Como esses subsistemas lutam pela autossuficiência, os problemas surgem quando se tenta criar uma integração geral em que pese esses diferentes pilares ou subsistemas. Em alguns casos, uma tradição religiosa compartilhada pode ser uma fonte de coesão apesar desses fatores diferenciadores, podendo contribuir assim para limitar conflitos em uma determinada sociedade – uma comunidade religiosa que consegue contar com o apoio de diferentes classes sociais e grupos étnicos, por exemplo.

Há também situações em que a religião aparentemente proporciona integração, em que líderes autoritários, no entanto, impõem uma aparente coesão social aos membros da sociedade. Um exemplo é o Afeganistão, onde a vitória dos mujahidin sobre as forças ocupacionais soviéticas levou à guerra civil. Aparentemente do nada, um grupo de estudantes (*talibã*) apareceu em 1994 e no decorrer de dois anos impôs um novo regime muçulmano de estrita moralidade e ordem. Inicialmente, eles foram retratados como jovens estudantes envolvidos em uma guerra de libertação bem-sucedida, que teria criado paz e unidade social. Entretanto, a verdade é que eles instauraram um regime totalitário (ESPOSITO, 1999, p. 264-265). Devido a uma interpretação extremamente conservadora do islamismo, eles baniram da esfera pública todas as mulheres. Impuseram uma opressão cruel a qualquer pessoa que se desviasse de sua interpretação do Islã e à minoria xiita, considerada por eles como herege (BENARD, 2002). Esse tipo de coesão religiosa, imposta pela opressão generalizada, é relativamente incomum na história recente.

9.2 Religião e conflito social

Mencionamos que há uma tendência entre os sociólogos da religião a enfatizar o papel da religião na criação de coesão social e de conceber o conflito como um desvio. Entretanto, outros sociólogos argumentam que tanto a coesão social quanto o conflito são partes integrantes da vida social.

Embora haja diversas teorias do conflito na sociologia, iremos nos concentrar em duas tradições. Uma tradição, de extração marxista, concebe o conflito como a força elementar da mudança social (cf. seção 3.1). Segundo Marx, a luta de classes é a luta fundamental da sociedade, e o conflito religioso é apenas a expressão da luta subjacente entre classes sociais. Como a religião é compreendida como parte da superestrutura, essa abordagem tende a dar pouco valor ao papel independente que a religião poderia desempenhar na produção de conflitos.

A outra tradição remonta aos trabalhos de Georg Simmel (1971, p. 70-95) sobre conflito social. Ele concebe o conflito como uma forma de interação humana e uma forma de associação. Simmel acredita que alguns conflitos são positivos e construtivos, ao passo que outros são custosos e trágicos. O sociólogo americano Lewis Coser (1956), um funcionalista estrutural, apoia-se em Simmel e sublinha que os conflitos sociais podem desempenhar a função negativa de enfraquecer a sociedade; contudo, eles também podem ter as funções positivas de unir grupos e manter a estrutura social. De acordo com essa tradição, alguns conflitos têm efeitos estabilizadores enquanto outros geram efeitos disruptivos. Meredith McGuire (1997, p. 198-199) afirma que o "conflito é a contraparte da coesão". Isso significa que a coesão em um determinado nível pode produzir conflito em outro, e o conflito externo pode contribuir para a coesão interna. Revisitando a literatura sobre religião e conflito, descobrimos que existem numerosos exemplos de conflitos tanto entre quanto dentro de grupos religiosos e conexões entre religião e conflito social.

Conflitos entre grupos religiosos podem ocorrer em diferentes níveis, em um continente ou região, em uma nação ou comunidade local. Iremos aqui examinar um conflito mais recente que surgiu na Europa e no mundo ocidental, a saber, o conflito entre a crescente minoria muçulmana e a maioria cristã. Atualmente, o islamismo é a segunda maior religião em vários países europeus e a terceira maior comunidade na Grã-Bretanha e nos Estados Unidos (ESPOSITO, 2000, p. 180). Esse crescimento do islamismo é resultado sobretudo da migração vinda do Oriente Médio, Ásia e África para o Ocidente, por muitos anos tão insignificante que passava despercebida até o final da década de 1960 e 1970. Nos Estados Unidos, a presença muçulmana é menos visível do que na

Europa, isso porque muitos muçulmanos adotaram um comportamento discreto e procuraram se misturar. Na Europa, tensões entre identidades religiosas, secularização e privatização têm aumentado. Essas tensões vieram à tona nos anos 1980 por causa de dois eventos: o "caso Salman Rushdie" e o "caso dos véus de cabeça" na França. Este último continua a gerar conflito.

A publicação do romance de Salman Rushdie, *Versos satânicos*, em 1988, resultou na decretação de uma *fatwa* pelo Aiatolá Khomeini em fevereiro de 1989, segundo a qual Rushdie teria insultado o Profeta e o Islã e que por isso ele deveria ser assassinado. Foram feitas demonstrações em diversas cidades europeias, acompanhadas por repercussões internacionais. O segundo ocorrido, a "caso dos véus de cabeça" na França, começou um 1989, quando três garotas muçulmanas secundaristas, em transgressão a um novo regulamento, insistiram em usar véus de cabeça durante o horário das aulas. Desde a separação entre a Igreja e o Estado em 1905 estavam banidas expressões abertas de prática religiosa em escolas públicas na França (ESPOSITO, 1999, p. 249-252; KEPEL, 1997, p. 126-146, 184-195; NIELSEN, 1995, p. 158-166). Em 2004, a Assembleia francesa sancionou uma lei banindo véus de cabeça islâmicos em escolas públicas. O banimento de vestimentas religiosas em salas de aulas, que abarca o solidéu judaico e as cruzes cristãs, gerou protestos em muitas cidades europeias.

Quando esses eventos começaram a suscitar conflitos, a imigração estava se tornando um problema político mais evidente em vários países europeus. Nas décadas de 1980 e 1990, um caloroso debate sobre os limites da liberdade religiosa estava em curso. Aqueles que eram a favor de políticas mais rígidas de imigração e de assimilação de imigrantes mobilizavam o "caso Rushdie" como uma tática de amedrontamento, evocando um cenário assustador de futuros eventos e desenvolvimentos se aos muçulmanos fosse permitida a livre-prática de sua religião. A questão para as comunidades muçulmanas, por sua vez, era a de que o mesmo *status* e respeito público devesse ser concedido à sua religião e às Igrejas cristãs. A presença do islamismo continua a desafiar grande parte dos países ocidentais no que diz respeito aos direitos de minorias religiosas e a presença da religião na esfera pública (ESPOSITO, 2000; SHADID e van KONINGSVELD, 1991, 1996; VERTOVEC; PEACH, 1997).

Em situações de sacralização de instituições políticas ou sociais, a religião pode contribuir para o conflito social. Sacralização é aqui definida como o "processo pelo qual o secular se torna sagrado ou outras novas formas do sagrado emergem" (DEMERATH, 2003, p. 214). Embora a sacralização possa assumir muitas formas, estamos falando aqui de situações em que as instituições políticas e/ou sociais são consideradas sagradas ou vistas como resultado da vontade divina. Em situações em que grandes grupos de pessoas acreditam que suas instituições políticas e sociais são sagradas, tal crença pode fortalecer seu apoio às instituições em questão. Nessas situações, muitas vezes é difícil encontrar soluções de compromisso. Líderes embaraçados por sua própria retórica absoluta pode ser uma das razões para tanto: não é fácil encontrar um meio termo com o oponente se se tiver caracterizado o oponente como um instrumento de satanás. Também pode ser difícil mudar de opinião sobre questões que foram descritas como a ordem de criação de Deus. Em casos extremos, a violência é usada baseada na crença de que ela levará à bênção eterna ou a outras recompensas religiosas.

Embora a religião sem dúvida possa levar ao conflito, seu papel é complicado, pois outros fatores muitas vezes também contribuem para o conflito. Em alguns casos, a reivindicação de uma prioridade para a identidade religiosa pode entrar em conflito com outros tipos de identidade, como a nacional, a racial, a de classe, a de gênero, e assim resultar em conflito. O subcontinente indiano constitui um exemplo, dado que ali o conflito religioso entre as comunidades hindu e muçulmana dividiu a nação, tornando-se base para nacionalismos concorrentes (JUERGENSMEYER, 1993). Outro exemplo semelhante pode ser encontrado na Irlanda do Norte, onde a etnia, a religião e a política estão tão unidas em identidades totais cujo resultado é a segregação (IGNATIEFF, 1993, p. 216).

Além desses conflitos intergrupais, há também várias lutas intragrupais. O protestantismo tem frequentemente vivenciado conflitos entre suas muitas Igrejas e denominações. Por exemplo, nas décadas de 1970 e 1980, surgiu nos Estados Unidos a chamada "Nova Direita Cristã", que defendia um tradicionalismo moral nas políticas públicas. Esse movimento confrontou o que eles consideravam ser um "humanismo secular" e posicionou-se contra a pornografia, a mudança de papéis sexuais, o aborto e os direitos de gays. Várias dessas questões deram e continuam a dar lugar a conflitos com cristãos mais moderados e liberais (AMMERMAN, 1987, 1991; WALD, 1990).

Dentro das Igrejas ortodoxas, após o colapso da União Soviética e da independência da Ucrânia, surgiram conflitos entre a Igreja ortodoxa russa e a Igreja Ortodoxa ucraniana. O embate se dá pelo monastério de Kiev, que é portador de diferentes significados simbólicos para russos e ucranianos. Kiev é a fonte da ortodoxia russa. Em 987, o Príncipe de Kiev, Vladimir, casou-se com a filha do imperador de Bizâncio em Constantinopla e converteu-se ao cristianismo. Os restos mortais dos monges que viveram no monastério antes da conversão de Vladimir estão ali embalsamados em tumbas, sendo o monastério um lugar de peregrinação para fiéis ortodoxos. Tendo a Ucrânia se tornado independente, a Igreja Ortodoxa ucraniana reivindicou jurisdição exclusiva sobre o monastério. Para os ucranianos, o lugar simboliza as origens da consciência nacional ucraniana. Para os russos, a perda da Ucrânia representa também a perda de suas próprias origens simbólicas (IGNATIEFF, 1993, p. 116). Esse exemplo mostra que, mesmo em situações em que há uma tradição religiosa em comum, pode haver conflitos entre os adeptos da mesma tradição.

Finalmente, conflitos sociais também podem transbordar e atingir comunidades religiosas, levando a conflitos no interior das comunidades, por exemplo, o efeito dos movimentos femininos das décadas de 1960 e 1970, que geraram debates sobre o papel das mulheres nas Igrejas. A presença das mulheres no clero aumentou em diversas partes do mundo. O clero feminino é hoje comum nas Igrejas luteranas dos países nórdicos, com a exceção de algumas poucas Igrejas independentes, e o clero feminino vem sendo ordenado em quase todas as organizações religiosas dominantes nos Estados Unidos (CARROLL et al., 1983). Bispos do sexo feminino também vêm sendo ordenadas em vários países ocidentais. Ademais, o movimento das mulheres tem repercutido no islamismo, e o papel da mulher agora é frequentemente debatido ali (MIR-HOSSEINI, 2000; ROALD, 2001).

Mais recentemente, o movimento de *gays* e lésbicas tem levado a divisões e conflitos no interior de Igrejas. Na Noruega, assim como em diversos outros países, o debate concentrou-se na questão do direito ao ordenamento de gays e lésbicas. A Igreja da Noruega faz a distinção entre orientação e prática homossexual, e tem concedido o direito ao ordenamento àqueles e àquelas que abdicaram das práticas sexuais. Uma minoria de bispos tem, entretanto, concedido o direito de ordenamento a clérigos gays e lésbicas que vivem relacionamentos estáveis e registrados. Todavia, o público em geral não está mais preocupado com a distinção entre orientação e prática, o que distanciou a liderança eclesiástica de um campo conservador da maioria da população (REPSTAD, 2002, p. 70-71).

Como vimos, a religião pode ser fonte de conflitos. A seguir, iremos examinar como comunidades religiosas colocam em funcionamento agendas que produzem conflitos. Chegamos a mencionar que nas décadas de 1970 e 1980 ocorreu uma ressurgência religiosa frequentemente chamada de "fundamentalismo". Durante os anos 1990 e no início do século XXI o mundo testemunhou o crescimento da violência religiosa. É sobre essas questões que iremos nos voltar agora.

9.3 Fundamentalismo

O termo "fundamentalismo" originou-se nos Estados Unidos na década de 1920, época em que uma série de publicações sobre "Os Fundamentos" da fé cristã serviu de ponto de referência para grupos de protestantes conservadores americanos. O propósito era o de proteger o que eles consideravam o núcleo da verdade protestante contra as concepções liberais daquele tempo. Mais tarde, o sentido do termo "fundamentalismo" foi ampliado e passa a referir-se à expressão mais conservadora de um bloco religioso – por exemplo, os católicos conservadores. Nas décadas de 1970 e 1980, o termo foi usado amiúde para descrever qualquer grupo que levasse a sério sua religião ou que reivindicasse políticas públicas que refletissem suas posições. Naquela altura, o termo já carregava muitas vezes uma conotação negativa, dando a entender que os "fundamentalistas" eram extremistas irracionais e emotivos, ou que o fundamentalismo representava uma forma arcaica de religiosidade daqueles de cultura atrasada (BRUCE, 2000, p. 10-12). Isso levou alguns a rejeitar completamente o termo. Outros estudiosos, como os historiadores da Igreja americanos Martin E. Marty e R. Scott Appleby (1991, p. viii-x), que conduziram um grande projeto de pesquisa chamado *The Fundamentalism Project* em meados dos anos 1990, detectaram características comuns entre os muitos fundamentalismos, o suficiente para a manutenção do uso do termo.

Apesar das numerosas concepções de fundamentalismo, o sociólogo da religião escocês Steve Bruce (2000, p. 13-15), em uma recente recensão dos temas essenciais e do pano de fundo desse fenômeno, apontou no mínimo cinco características que muitos estudiosos consideram comuns entre os diversos grupos fundamentalistas. A primeira é que fundamentalistas tendem a pretender que uma ou mais fontes de ideias, como um texto religioso, estão completas e isentas de erros – por exemplo, os cristãos protestantes que consideram a Bíblia como "a palavra de Deus" no sentido de que sua revelação é completa e que está correta em cada detalhe. Outro exemplo são os muçulmanos que consideram o Alcorão como "a palavra literal e eterna de Deus". Um conjunto de textos islâmicos suplementares são os Hadith ou "tradições", narrativas ou relatos preservados sobre as palavras e ações do Profeta. Cada Hadith deve ser avaliado de acordo com sua autenticidade, uma vez que as fontes originais devem prover um guia perfeito.

A segunda característica comum é a tendência dos fundamentalistas a mobilizar o passado real ou presumido e reivindicar a existência de condições religiosas originais. Embora apresentem sua concepção do passado como completo e puro, eles tendem a ser seletivos em sua visão de seu passado, empregando aquelas características que são compatíveis com sua agenda atual. Como essa agenda está muitas vezes voltada para a reivindicação do retorno do passado, isso significa para os cristãos o retorno ao cristianismo primitivo ou a versões mais antigas do cristianismo.

A terceira característica mencionada por Bruce é a de que os fundamentalistas emergem em culturas tradicionais, mas não se pode dizer que eles sejam simplesmente tradicionais. Fundamentalistas não apenas aderem à tradição que sobreviveu, mas tentam deliberadamente regenerar a tradição e torná-la socialmente significante mais uma vez. Isso quer dizer que os fundamentalistas não representam apenas a continuação do passado, mas também que eles são provocados a mudar e retrabalhar o passado de acordo com propósitos do presente. A criação de revisões radicais do passado e os esforços para transformar o presente é uma característica do mundo moderno. Nesse sentido, os fundamentalistas são afetados pelas ameaças à tradição e seus esforços de resistir a e de combater essas ameaças.

A quarta característica dos fundamentalistas é sua tendência a apelar para grupos marginalizados da sociedade, tais como grupos com *status* socioeconômico ambivalente ou ameaçado. Esses grupos ou estão excluídos do poder ou são grupos ascendentes que encontram obstáculos para a realização de suas novas aspirações (cf. "teoria da privação" na seção 7.1). Entretanto, a esta altura, a ideia de Bruce parece oferecer um quadro como que simplificado. O historiador da religião, o francês Gilles Kepel, que estudou o fundamentalismo religioso por um longo período de tempo, também sublinhou em seus primeiros trabalhos que o apoio a movimentos fundamentalistas cristãos e islâmicos encontrava-se sobretudo entre grupos marginais e a juventude educada, majoritariamente em ciências aplicadas, cujos pais haviam migrado de distritos rurais para as cidades (KEPEL, 1994, p. 137-138). Em seus trabalhos mais recentes, Kepel (2002) continuou a apontar que o apoio ao islamismo político radical advém de uma juventude educada e pobres urbanos marginalizados. Todavia, para ele, em muitos casos, movimentos islâmicos fundamentalistas se espalham por uma classe média devota. Líderes políticos também usam sua base social mais ampla para prover legitimidade. Isso indica que a relação entre fundamentalismo e classe social é mais complexa do que a sugerida por Bruce.

Finalmente, Bruce indica que muitos fundamentalistas tendem a adotar e a usar a tecnologia moderna. Por exemplo, a Direita Cristã americana fez amplo uso do tele-evangelismo e implantou redes cristãs de televisão a cabo. Eles também usaram o envio em massa de e-mails para vender seus produtos. No Irã, o Aiatolá Khomeini espalhou sua mensagem por meio de fitas, e já vimos que a rede de comunicação dentro da Al Qaeda assentava-se primariamente sobre um uso extensivo da internet, máquinas de fax e telefones celulares.

É claro, outros estudiosos traçaram os contornos de aspectos adicionais do fundamentalismo. Martin E. Marty (1992) assinala que os fundamentalistas almejam autoridade, ofendem e causam escândalo, resistem à ambiguidade, criam claras divisões entre "nós" e "eles" e são de fato ou em potência agressivos. Outros sublinharam os aspectos míticos de ideologias fundamentalistas, uma delas sendo a espera de uma era de ouro utópica (NIELSEN, 1993). Os sociólogos da religião americanos Anson Shupe e Jeffrey K. Hadden (1989, p. 111) indicaram que um traço em comum entre muitos movimentos sociopolíticos encontra-se na sua resistência ao processo global de diferenciação institucional. Isso coloca as instituições religiosas e os sistemas de crença à margem da cultura, e esses movimentos desejam tornar a religião um fator novamente importante para as políticas públicas. Esse aspecto também é importante para o *Fundamentalism Project* (cf. MARTY; APPLEBY, 1991, 1993a, 1993b, 1994, 1995). Apesar de a literatura sobre fundamentalismo ser extensa e de haver diversas maneiras de definir o fenômeno, parece que a maior parte das análises acadêmicas encampam várias das características sumariadas por Bruce.

A maioria das análises do fundamentalismo concentrou-se em um número limitado de manifestações fundamentalistas encontradas no cristianismo, no islamismo (KRAMER, 1993; SIVAN, 1992) e no judaísmo (FRIEDMAN, 1992; HERTZBERG, 1992). Além disso, foram feitos estudos sobre fundamentalismo no hinduísmo (FRYKENBERG, 1993), no budismo (TAMBIAH, 1993) e no siquismo (OBEROI, 1993). Um exemplo de um movimento fundamentalista frequentemente estudado é a Nova Direita Cristã, que surgiu nos Estados Unidos na década de 1970. Esse movimento considerava os Estados Unidos como uma nação moralmente decadente, pois teria virado as costas aos valores religiosos que haviam feito dela um grande país (cf., entre outros, HADDEN, 1989; JOHNSON; SHIBLEY, 1989; WILCOX, 1996). O movimento pretendia retornar à tradição ou à ortodoxia, de acordo com suas concepções de família "tradicional", música de igreja "tradicional", modos "tradicionais" de organizar a religião. Contudo, sua visão do passado baseava-se em ideias, imagens e práticas que eram dominantes no fim do século XIX (AMMERMAN, 1991). No fim dos anos 1970, o pastor batista independente Jerry Falwell, líder de uma organização chamada "Maioria Moral", começou a mobilizar pessoas que estavam preocupadas com o declínio moral dos Estados Unidos. Já na década seguinte, a Maioria Moral conseguiu mobilizar eleitores conservadores, de modo que foram eleitos seus representantes. O maior feito da Direita Cristã na década de 1980 foi sua contribuição para a eleição de Ronald Reagan para presidente do país. No entanto, à medida que a direita religiosa se tornava ativa na arena política, ela se expunha às regras que governavam aquela arena. Seus políticos tiveram que participar do debate público, e muitas vezes não se saíam muito bem. O resultado foi um declínio no apoio ao movimento nos anos 1990, também não conseguindo alcançar nenhuma vitória significativa. Entretanto, a direita cristã experimentou um crescimento e vitalidade renovados com a eleição e a reeleição de George W. Bush, e existe uma forte aliança política entre a direita cristã e o Partido Republicano.

Examinando as explicações sociológicas do ressurgimento do fundamentalismo durante as últimas três décadas do século XX, descobrimos que elas podem ser agrupadas principalmente em duas grandes categorias: teoria da crise e teoria da mobilização de recursos (SAHLIYEH, 1990, p. 3-16). Nas chamadas teorias da crise, o ressurgimento religioso é visto como um resultado da crise da modernização. Várias teorias da crise enfatizam diferentes aspectos da modernização que, a seu ver, levarão ao ressurgimento religioso. Entre eles, temos a erosão da moralidade e valores tradicionais, questões de identidade, problemas de legitimidade e opressão política em diversos países, e injustiças socioeconômicas generalizadas. A essa categoria, pertencem vários estudiosos que têm analisado o fundamentalismo. Algumas teorias da crise também enfocam os decepcionantes esforços de modernização. Um exemplo é um estudo sobre a Índia que chega à conclusão de que a privação econômica, a exclusão social e a sub-representação política dos siques estimulou a emergência de um movimento religioso militante (SINGH, 1990).

Outros estudiosos colocam suas ênfases nas crises de legitimidade e de identidade. Estudos sobre o fundamentalismo islâmico apontam frequentemente que vários líderes árabes adotaram ideologias socialistas ocidentais nas décadas de 1960 e 1970 e as utilizaram para controlar o Estado e suprimir a oposição política e religiosa. A crise de liderança em muitos Estados árabes foi ainda mais agravada pela corrupção e pela incapacidade de resolver os problemas da pobreza e do desemprego. Além disso, veio a derrota na guerra contra Israel em 1967, vista por Deus como um castigo pela negligência dos árabes em relação ao Islã. No conjunto, o ressurgimento religioso é explicado como uma reação às políticas de governo conduzidas por líderes de vários países (AN-NA'IM, 1999; ESPOSITO, 2002; KEPEL, 2002). As consequências negativas da modernização também foram ressaltadas por alguns estudiosos. Bruce (2000) e Hertzke (1990) argumentam que o crescimento da Nova Direita religiosa nos Estados Unidos estava relacionado com a resposta conservadora de protestantes tradicionais contrários às práticas liberais em seu país (por exemplo, a permissividade sexual). Muitos ressentimentos desse tipo também são encontrados entre os muçulmanos do Oriente Médio, onde vários grupos islâmicos afirmam que a integridade de seus valores e instituições sociais está ameaçada pela cultura ocidental (ESPOSITO, 2002; KEPEL, 1994, 2002).

De acordo com esses tipos de teoria da crise, a religião provê um tipo de mecanismo de defesa e assimilação, ajudando os prejudicados a lidarem com as complexidades da vida, já que a religião proporciona um sentimento de refúgio, orientação, conforto e disciplina. No entanto, um grande problema com esse tipo de teoria é tornar o ressurgimento religioso um fenômeno reativo, no sentido de que se presume que as pessoas agem como agem devido a pressões de fatores externos. Esses fatores externos ou crises relacionadas a processos de modernização não podem, por si só, explicar o ressurgimento religioso. É, portanto, necessário explicar como os movimentos religiosos mobilizam de fato as pessoas para a ação coletiva.

Em contraste com a teoria da crise, a teoria da mobilização de recursos argumenta que a ação coletiva não é possível sem a presença de oportunidades para formar organizações e agir (cf. teoria da mobilização de recursos, seção 8.5). A vitalidade do movimento também depende da presença de uma variedade de recursos, tais como pessoas, dinheiro, ideologia, liderança, estruturas organizacionais e redes de comunicação (OBERSCHALL, 1973; TILLY, 1978). Dessa forma, a teoria da mobilização de recursos contempla fatores internos em suas análises sobre o crescimento do movimento. Apesar de Kepel (2002), em sua abrangente análise do islamismo político, não mencionar a teoria da mobilização de recursos, ele aponta vários fatores que acredita ser necessários para a mobilização desse movimento, fatores esses frequentemente mencionados pelos teóricos da mobilização de recursos. A fim de explicar o recrudescimento do islamismo nos anos 1970, Kepel identifica vários fatores, tais como as redes de comunicação, a ideologia, as organizações que participaram e as alianças que se formaram, assim como as oportunidades políticas para os grupos agirem. Ele analisa ainda as mudanças demográficas que produziram um grande *pool* de recrutamento e as estratégias de recrutamento empregadas. A análise de Kepel também compreende os recursos financeiros disponibilizados aos grupos islâmicos pela indústria petrolífera e pelo complexo sistema financeiro islâmico, que ajudaram a erigir o "Petro-Islamismo" (KEPEL, 2002, p. 62).

Apesar dessas diferenças entre a teoria da crise e a teoria da mobilização de recursos, muitos estudiosos usam uma combinação das duas, por exemplo, Kepel (2002). As contribuições teóricas ao *Fundamentalism Project* (MARTY; APPLEBY, 1991-1995) também são representativas de uma variedade de abordagens, conectando a dinâmica e a ideologia dos movimentos a seus contextos. Dada a complexidade desse fenômeno, uma explicação abrangente do ressurgimento dos fundamentalismos requer o emprego de diversas perspectivas.

9.4 Violência religiosa

No decorrer deste capítulo, examinamos vários tipos de fundamentalismo, a maioria dos quais pacífica. No entanto, a distância entre civilidade e violência é curta e muitas vezes percorrida com rapidez, e são vários os movimentos fundamentalistas que mobilizam a violência. A história fornece numerosos exemplos de grupos ou membros invocando o sobrenatural para legitimar a violência. Mais recentemente, o mundo testemunhou como uma rede extremista islâmica, a Al Qaeda, usou a noção de *jihad* (guerra santa) do islamismo como motivo de seus atos violentos. Os ataques ao World Trade Center em Nova York em 11 de setembro de 2001, às estações de trem em Madri em 2004, a ônibus e trens em Londres em 2005 e em vários outros lugares do mundo foram justificados com referência à ideia de guerra santa.

A sociologia dispõe de várias definições de violência, algumas das quais são relativamente amplas. Um exemplo é a de Pierre Bourdieu, que define a dominação social como violência simbólica. A dominação social implica a dominação das categorias de percepção – o modo como alguém avalia, distingue e percebe fenômenos no mundo, como a alimentação, a arte e a música. Essas percepções sempre favorecem aqueles que estão no poder, e os dominados tendem a se diminuir e a suas percepções. Bourdieu caracteriza como violência simbólica essa condição (cf. seção 4.5). Johan Galtung (1969) usa o conceito de violência estrutural para se referir a toda limitação do potencial humano causado pelas estruturas econômicas e políticas. A violência estrutural é, portanto, uma forma invisível de violência embutida na estrutura da sociedade mundial. Neste capítulo, utilizamos uma definição mais restrita de violência. Descrevemos a violência direta, no sentido de que a violência é intentada por um ou mais atores específicos, que usam o poder físico com a ajuda seja de seus corpos seja de armas para infligir danos físicos ao corpo humano ou à propriedade.

A violência religiosa pode tomar diferentes formas. Ela pode ocorrer nas relações entre nações (Índia e Paquistão), entre grupos e a sociedade envolvente (o movimento antiaborto nos Estados Unidos), entre grupos de uma sociedade (judeus e palestinos em Israel e nos Territórios Ocupados) e entre membros de um grupo (opressão de mulheres do grupo por homens membros do grupo). Na sequência, examinaremos algumas dessas formas.

Atentados a bomba a clínicas de aborto ocorridas nos Estados Unidos nos anos 1980 são um exemplo de violência religiosa. Em meados da década de 1980, houve uma drástica escalada de incidentes violentos contra clínicas de aborto, incluindo invasões, vandalismo, ameaças de morte, atentados a bomba, agressões, tentativas de incêndio, incêndios, sequestros. Em 1985, o Reverendo Michael Bray e outros dois réus foram declarados culpados pela destruição de sete instalações de aborto. Alguns anos mais tarde, um membro da rede de associados de Bray, Rachelle Shannon, confessou ter participado de uma série de atentados a bomba a clínicas de aborto. Ela também foi declarada culpada de tentativa de assassinato por atirar e ferir o médico George Tiller no momento em que saía da clínica. Em 1994, um amigo de Bray, o Reverendo Paul Hill, assassinou o médico John Britton e seu assistente James Barrett quando se dirigiam a uma clínica na Flórida. Bray justificou a violência alegando que os americanos vivem em uma situação de guerra comparável à da Alemanha nazista, quando o papel demoníaco do governo estava oculto para a maioria das pessoas. Ele viu os ataques às clínicas de aborto e os assassinatos dos médicos como atos defensivos e não punitivos. Ele também pressagiou um combate para estabelecer uma nova ordem moral e substituir o governo secular por uma política religiosa baseada na Bíblia (GINSBURG, 1993; JUERGENSMEYER, 2001, p. 20-30).

Alguns estudos sobre violência religiosa realçam os processos pelos quais alguns grupos demonizam os não membros de tal forma que facilita a violência. Esse processo é evidente na relação entre muçulmanos militantes e o mundo ocidental. Ainda que nem o mundo muçulmano, nem o Ocidente sejam monolíticos, o mundo muçulmano tem sido muitas vezes caracterizado pelo Ocidente como a encarnação da opressão, agressão, brutalidade, fanatismo e atraso. Além disso, o Ocidente tem sido descrito por vários países e grupos muçulmanos como não islâmico, ateu, corrupto, opressivo e neocolonialista. Embora as causas do terrorismo sejam complexas, o longo ciclo histórico de demonização e contrademonização do "outro" como o "estranho" hostil tende a se tornar uma profecia que realiza a si própria e pode constituir um elemento no processo que leva a atos de terrorismo religioso (AN-NA'IM, 1999, p. 112). Segundo o professor de religião americano John L. Esposito (2002, p. 153-154), Osama bin Laden, Aiatolá Khomeini e outros líderes muçulmanos associaram injustiças específicas contra os regimes muçulmanos e os Estados Unidos, associação que é compartilhada por amplo espectro de muçulmanos. Elas estão principalmente relacionadas às políticas externas americanas e europeias sobre a região, especialmente sua relação com Israel. Os americanos e os europeus tendem a ignorar as políticas brutais dos israelenses nos Territórios Ocupados, mas adotam uma posição mais dura quando se encontram com líderes palestinos. Bin Laden tocou nessas e em outras questões quando justificou a *jihad* (guerra santa) contra o Ocidente, que resultou nos ataques ao World Trade Center e ao Pentágono em 11 de setembro de 2001 e a vários outros lugares em todo o mundo desde então.

As mulheres têm sido objeto de opressão em todas as grandes religiões. Símbolos patriarcais, mitos e lições facilitam desequilíbrios de gênero, que em alguns casos se traduzem em violência masculina contra as mulheres (cf. cap. 11). As tradições religiosas patriarcais ocidentais tendem a alienar o espiritual, associado ao masculino, do físico, associado ao feminino. Duas outras tradições no interior do cristianismo também contribuem para uma cultura religiosa de violência contra as mulheres, a saber, o apoio à ordem patriarcal como a ordem correta da sociedade, e a glorificação do sofrimento como caminho para a salvação (TESSIER, 1999, p. 1.000). A glorificação do sofrimento tem funcionado como um fator para a falta de iniciativa de muitas Igrejas em lidar com a violência doméstica: as mulheres que vivem relacionamentos abusivos são aconselhadas a sofrer em silêncio. Porém, a tendência a suprimir o físico e o sexual está presente em todas as religiões do mundo, assim como a visão da ordem patriarcal como a ordem cósmica santificada. Essas tradições tendem a tratar as mulheres com desprezo.

A violência contra as mulheres tem sido praticada e justificada em muitas tradições religiosas – por exemplo, a violência institucionalizada da caça às bruxas na Europa durante os séculos XV e XVII (LEVACK, 1995). Nas tradições religiosas orientais, certos valores degradam as mulheres, criando um clima propício à violência contra elas. A priorização dos meninos em detrimento das meninas, geralmente apoiada pela religião, levou à morte de mais fetos femininos do que masculinos, e a taxa de mortalidade de meninas é muito mais alta do que a de meninos em várias partes do mundo.

O Afeganistão durante o regime talibã foi sítio de uma discriminação e de uma violência mais sistemática e institucionalizada contra as mulheres. No final dos anos 1970 e início da década de 1980, importantes passos foram dados para a melhora do *status* legal e das posições sociais das mulheres. No entanto, a guerra civil derrotou em grande parte a luta de emancipação das mulheres afegãs, e antes da ascensão do Talibã ao poder, a questão dos direitos da mulher traduzia-se numa batalha entre fundamentalistas e reformistas (MOGHADAM, 1992). Enquanto movimentos de resistência em outras partes do mundo recrutavam mulheres, os mujahidin afegãos as excluíam. Mulheres que se tornavam demasiado visíveis e ouvidas eram ameaçadas e às vezes mortas. Sob o regime do Talibã não se permitia que mulheres trabalhassem ou frequentassem a escola. Elas não tinham permissão para serem vistas na esfera pública a menos que acompanhadas por um homem, e eram forçadas a se cobrir da cabeça aos pés (burca). Infrações eram respondidas com espancamentos públicos brutais, e mulheres acusadas de adultério foram assassinadas (BENARD, 2002).

Nos estudos sobre violência religiosa, algumas explicações focalizam a psicologia daqueles que se envolvem na violência. Outras explicações abordam os contextos sociais nos quais a violência ocorre. Um estudo sobre violência religiosa contra mulheres irá, muitas vezes, traçar os contornos da estrutura patriarcal no interior da qual tal violência ocorreu. O sociólogo americano Mark Juergensmeyer (2001) adota uma abordagem cultural, isto é, procura compreender os contextos culturais que produzem atos de violência. Ele se concentra no suporte moral e ideológico, e também organizacional, subjacente aos atos violentos, e não nos "terroristas" que os cometem. Ele encontrou alguns traços comuns entre diversos grupos religiosos violentos. Um deles é a percepção de que suas comunidades estão sob ataque e de que seus atos são meras respostas à violência infligida sobre eles. Outro elemento são as imagens de combate e guerra cósmicos que são lastros para as batalhas políticas mundanas. Além disso, há processos de satanização dos "outros", amiúde combinados com a ideia de que seu grupo deve estar envolvido no empoderamento simbólico. Embora a religião usualmente não conduza à violência, ela não é sempre inocente. Temos visto que em alguns casos a religião desempenha um papel claro na justificação da violência.

9.5 Fontes religiosas ou sociais do conflito?

Em debates sobre o papel da religião em conflitos religiosos, nota-se com frequência a tendência seja a subestimar a religião e reduzir todos os conflitos religiosos a conflitos sociais seja a superestimar a religião e tratá-la como a principal causa do conflito. Em relação à primeira concepção, uma longa tradição na sociologia, de Marx e Freud, considera a religião um sucedâneo ou um construto que mascara conflitos subjacentes mais profundos. Liberais religiosos também podem usar o argumento segundo o qual os conflitos religiosos são "na verdade" conflitos relativos a questões econômicas, étnicas ou classistas, pois para eles seria difícil vincular a religião à violência. Em alguns casos, a religião está de fato ligada a outras questões, políticas, econômicas, sociais. Vimos anteriormente, por exemplo, como a força da religião estava relacionada à oposição política na Polônia socialista. A Igreja Católica polonesa fortaleceu-se devido a esse vínculo com o movimento trabalhista Solidariedade. Quando o Solidariedade afastou-se da Igreja para participar do governo, e com a introdução da democracia, a Igreja se viu diante de uma nova circunstância, de declínio da religiosidade (cf. seção 9.1).

Em outros casos, clivagens religiosas têm como fonte clivagens sociais. Muitas vezes fronteiras religiosas se sobrepõem a outras linhas de clivagens, tais como etnia, raça, classe social e lealdades políticas ou nacionais. O que parece ser um conflito religioso também pode ser um conflito étnico e de classes sociais. Um exemplo ilustrativo aqui é a situação na Irlanda do Norte, que é frequentemente caracterizada como uma situação de conflito religioso. Embora haja uma divisão clara entre católicos romanos e protestantes, essa clivagem também corre em paralelo a clivagens relativas à etnicidade, classe social, interesses econômicos, vizinhança, política e pertencimento nacional (IGNATIEFF, 1993). Nesse sentido, é difícil distinguir elementos de conflito religioso das outras linhas de divisão.

Estudiosos também indicaram a existência de certos traços inerentes às religiões que as fazem desencadear conflitos sociais e até mesmo legitimar o uso da violência. O estudioso da religião norueguês Torkel Brekke (1999, p. 123-124) argumenta que, em alguns casos, a religião cria dicotomias radicais que servem para justificar atos violentos. Quando a distinção entre "nós" e "eles" se torna excepcionalmente forte, o resultado pode ser abuso ou guerra santa. Juergensmeyer (2001, p. 10) sustenta que a violência associada à religião não é uma aberração, mas advém de estruturas fundamentais do sistema de crenças de todas as grandes religiões. Em seu estudo sobre violência religiosa, ele descobriu que a diferença entre terrorismo religioso e o não religioso está no moralismo transcendente que é usado para justificar atos religiosos violentos, na intensidade ritual por meio da qual eles são cometidos e nas imagens religiosas de luta e transformação ou de batalhas cósmicas. Assim, ele conclui que todas as grandes religiões mundiais possuem aspectos que podem ser utilizados na justificação da violência.

Uma terceira posição é proposta pelo sociólogo da religião americano Nicholas Jay Demerath (2001, p. 171-180), que propõe justamente um ponto médio. Em sua análise sobre política e religião mundiais, ele aponta que em alguns casos a religião funciona como um gatilho e causa de conflito e violência, enquanto em outros a religião tem o papel de sucedâneo e de construto que mascara conflitos políticos, sociais, econômicos ou étnicos. Embora a religião possa persistir como uma força social e política vital, Demerath pondera que é importante estudar como ela se encaixa em meio a outras considerações culturais e estruturais.

9.6 A religião como uma fonte de paz?

Neste capítulo, vimos que a religião pode contribuir para a coesão social em uma sociedade ou em diferentes níveis da sociedade. Temos argumentado que a coesão e o conflito social são ambos aspectos da vida social e que a unidade social em um nível pode muitas vezes produzir conflito em outro. Observamos a potência da religião na criação de conflitos, especialmente evidente nas décadas de 1970 e 1980, quando diversas formas de fundamentalismo experimentaram um crescimento e tornaram públicas suas reivindicações. Além disso, vimos como a religião tem desempenhado um papel importante em eventos globais de violência.

Mesmo sendo uma força que pode fortalecer os conflitos, a religião também é um fator que pode auxiliar a reduzir diferentes tipos de conflitos. Juergensmeyer (2001, p. 238) sugeriu que uma das várias soluções para resolver o terror religioso passa pelo açambarcamento de valores morais pelas autoridades seculares, inclusive aqueles associados à religião. Se a religião puder entrar na arena pública de forma não dogmática e não intrusiva, de modo que os governos possam agir a partir da premissa de integridade moral, isso dificultaria que os governos fossem retratados pelos ativistas religiosos como inimigos satânicos. Além disso, Juergensmeyer aponta que a religião pode funcionar, como o esporte ou a arte, como uma fuga da agitação e da violência. Em alguns casos, a religião também criou um espaço neutro, em que os líderes religiosos se encontram para um entendimento mútuo. Por exemplo, em Israel, rabinos e mulás se encontraram para compartilhar ideias. Finalmente, quase todas as tradições religiosas mundiais projetam imagens de paz e harmonia. Na África do Sul, por exemplo, as ideias de perdão e reconciliação foram promovidas num esforço de cura dos anos de supressão, violência e abuso do apartheid. Com efeito, toda religião mundial sustenta valores morais que orientam interações pacíficas com outros seres humanos.

10
Raça, etnicidade e religião

Se a sociologia da religião tem suas próprias ferramentas conceituais a serem usadas no estudo da etnicidade e da religião, nós acreditamos que essas ferramentas devem estar integradas a ferramentas vindas dos estudos da etnicidade. Portanto, este capítulo representa um esforço de apontar para correntes clássicas e atuais nos estudos étnicos com a esperança de que beneficiará futuros estudos sobre raça, etnicidade e religião.

Com exceção de Max Weber, nenhum dos pais fundadores da sociologia prestou muita atenção à etnicidade. Considera-se usualmente W.E.B. Du Bois, Max Weber e Robert E. Park como as figuras clássicas da teoria étnica. Eles elaboraram conceitos a partir dos quais questões como poder, dominação, exclusão e desigualdade puderam ser compreendidas, e suas ideias foram remodeladas e reformuladas por estudiosos contemporâneos. A teoria contemporânea entretém um interesse particular nos temas da transformação da identidade e da criação de novas etnicidades. Com o crescimento da imigração na Europa e nos Estados Unidos, sociólogos da religião retomaram a antiga tradição sociológica dos estudos sobre imigrantes e o papel que a fé e as instituições religiosas desempenham em suas vidas. Essa imigração também provocou uma reavaliação do significado da cidadania e dos direitos humanos básicos, e desafiou tanto os teóricos quanto os planejadores de políticas públicas a criar sociedades em que as maiorias e as minorias raciais, étnicas e religiosas experimentem igualdade de oportunidades.

Este capítulo começa com a definição de alguns conceitos fundamentais, seguida de um breve esboço da teoria étnica contemporânea. Depois, passaremos em revista a pesquisas recentes sobre religiões de imigrantes. No fim do capítulo, apresentaremos os temas da assimilação, pluralismo e multiculturalismo, com algumas possíveis implicações para o debate sobre políticas e planejamento.

10.1 Conceitos de raça e etnicidade

Desde o século XVI o conceito de "raça" tem sido usado para descrever grupos diferentes do ponto de vista biológico que deveriam possuir características de natureza inalterável. O primeiro cientista a desenvolver uma escala racial hierárquica baseada em traços biológicos foi o botânico sueco Carl Lineu (1707-1778), que propôs quatro grandes categorias raciais. Mais tarde, distinções mais detalhadas foram sendo elaboradas no interior de cada categoria. Ao longo do tempo, o sentido do conceito de "raça" mudou diversas vezes, em afinidade com as necessidades ideológicas de justificar relações de superioridade e exploração. A genética moderna não fala de raças porque houve tantos entrecruzamentos de populações que as fronteiras entre raças não são claras, e porque muitas vezes existem mais variações no *interior* de um grupo racial do que *entre* grupos. Hoje, cientistas sociais consideram o conceito de raça como categorizações socialmente construídas que são usadas para identificar grupos específicos. Não obstante, mesmo sendo uma construção social, o conceito de raça tem muitas vezes um sentido real na cabeça das pessoas. Por exemplo, mesmo que cientistas sociais não acreditem que raças existam enquanto tais, é totalmente possível estudar o fenômeno social das categorias raciais em diferentes países. Em sociedades em que as ideias de raça são importantes, elas podem ser estudadas como parte de um discurso local sobre etnicidade (ERIKSEN, 1999, p. 34-35).

A palavra "etnicidade" vem do grego *ethnos*, que originalmente significava gentio ou pagão. Uso que prevaleceu em inglês do século XIV a meados do século XIX. O sociólogo e antropólogo estadunidense William Lloyd Warner foi o primeiro a usar o termo etnicidade, em seus estudos de comunidade, particularmente em trabalhos como "Yankee City" (WARNER, 1963/1941-1945) e "Jonesville" (WARNER, 1949). Por volta da Segunda Guerra Mundial, o termo "étnico" era usado para se referir a judeus, italianos, irlandeses e outras minorias nos Estados Unidos, geralmente empregado com uma conotação derrogatória. Na década de 1960, os termos "étnico" e "etnicidade" tornaram-se comuns na sociologia e antropologia britânicas e americanas. Eles eram usados sem uma definição, embora um denominador comum fosse a referência a classificação de relações de pessoas e grupos (ERIKSEN, 1999, p. 33-34). Em sociologia, etnicidade se refere geralmente à identidade (percebida ou real) racial, linguística ou nacional compartilhada por um grupo social. A etnicidade pode incorporar várias formas de identidade coletiva, incluindo formas culturais, nacionais e subculturais.

Embora a etnicidade seja usada com frequência em relação a identidade racial assumida de um grupo, atributos raciais não são necessariamente ou mesmo usualmente uma característica de todos os grupos étnicos. Sociólogos tendem a identificar grupos sociais com base em fenômenos culturais, como rituais, linguagem, costumes etc. Assim, mesmo que a etnicidade tenda a ser associada a grupos minoritários, é importante estar atento ao fato de que grupos majoritários também são "étnicos". Alguns estudiosos acham que raça e etnicidade devem ser distinguidas uma da outra e estudadas separadamente, ao passo que outros acreditam que relações raciais são um caso particular da etnicidade. Uma nítida distinção entre as duas pode ser difícil de se manter. Portanto, é razoável adotar uma abordagem mais empírica e propor que o conceito de raça possa, em alguns casos, fazer parte das ideias de etnicidade e em outros casos não (ERIKSEN, 1999, p. 34-35).

Antes do século XIX, a religião era o principal veículo usado para articular ideias racistas. Por exemplo, a teologia foi usada na Europa e nos Estados Unidos como justificativa para a dominação colonial da África e das Américas. Na África do Sul, a maioria branca usou a teologia para legitimar o apartheid em plena década de 1980. O argumento era o de que Deus queria que as raças vivessem separadamente para evitar o caos social. Ironicamente, durante o século XIX na Europa, a religião foi suplantada pela ciência como justificação ideológica para o pensamento racial. Ao mesmo tempo, a religião estava sendo cada vez mais usada como veículo para atacar o racismo. O movimento abolicionista nos Estados Unidos tinha geralmente como bases Igrejas protestantes. Na década de 1960, a religião também teve papel importante no movimento por direitos civis que buscavam pôr fim à segregação. Embora muitas Igrejas brancas de início se opusessem à integração, a maioria das Igrejas se opôs ao racismo até o final daquela década (KIVISTO, 1998, p. 400). Nos anos 1980 e 1990, algumas igrejas europeias também se tornaram participantes importantes do discurso sobre a imigração, acolhendo exilados e reivindicando políticas de imigração mais humanas. Contudo, isso só foi válido para algumas Igrejas, pois a maioria se mostrou relativamente silente quanto ao racismo na Europa.

10.2 Teorias clássicas sobre raça e etnicidade

Um grande expoente da teoria clássica sobre raça é W.E.B. Du Bois (1868-1963), um professor americano africano de história e economia. Du Bois retirou as explicações raciais das áreas da teologia e dos "saberes folclóricos" e as inseriu nas disciplinas de história e sociologia. Com foco em questões como consciência e identidade, ele introduziu diversos temas que são particularmente relevantes para o discurso contemporâneo.

Du Bois adere a uma tradição da teoria da raça, a teoria dos germes das raças. Ela sustenta que são as raças, e não os indivíduos, os portadores e veículos de valores (STEIN, 1989, p. 84). Embora essa teoria racial afirme que os valores sociais sejam primariamente biológicos, Du Bois também traça uma relação entre a posição do grupo na estrutura social e a natureza e o grau de sua consciência. Para ele, pessoas brancas e negras representam diferentes tipos de consciência porque habitam mundos sociais distintos (DENNIS, 2003, p. 15-16). Em seu livro *As almas do povo negro* (1968/1903), Du Bois apresenta o conceito de "dupla consciência", que descreve o conflito entre identidades duais que ele acreditava ter encontrado entre os americanos africanos no início do século XX. De acordo com Du Bois, é porque os americanos brancos não concedem aos americanos negros nenhuma autoconsciência que os negros sempre olham para si mesmos pelo olhar dos brancos (1968, p. 495-496). Como resultado, Du Bois acredita que o *self* dos americanos africanos contém fins conflitantes. A história dos americanos africanos representa, assim, uma luta para alcançar um *self* unificado, negro *e* americano (1968, p. 496). Isso não implica, entretanto, que Du Bois acreditava que os americanos africanos devessem se assimilar à cultura anglo-saxã. Para Du Bois, eles devem seguir seus próprios ideais (STEIN, 1989, p. 82). No início do século XX, ele também estudou a imbricação entre relações raciais e religião nos Estados Unidos. Du Bois considerava o envolvimento religioso uma fonte de vínculo étnico em meio aos americanos africanos e também aos americanos europeus. Nesse registro, alguns argumentam que Du Bois foi de fato o primeiro sociólogo da religião estadunidense (ZUCKERMAN, 2002).

Um sociólogo clássico que discute raça e etnicidade é Max Weber. Dentro do arcabouço de sua época, ele discute esses tópicos em relação a classe, *status* e partido. Embora raça e etnicidade tenham sido definidas com base em diferenças sociais e biológicas, Weber argumenta que essas diferenças não são "naturais", mas socialmente determinadas. Segundo Weber, a identidade racial são "traços herdados e herdáveis que efetivamente derivam de um descendente comum. Decerto, a raça cria um 'grupo' apenas quando é percebida subjetivamente como um traço comum" (WEBER, 1968/1925 I, p. 385). No mesmo sentido, Weber considera a etnicidade como uma "identidade presumida" e os grupos étnicos como "aqueles grupos humanos que entretêm uma crença subjetiva em sua descendência comum por causa das semelhanças entre os tipos físicos e/ou de costumes, ou por conta de memórias da migração e da colonização; essa crença deve ser importante para a propagação da formação do grupo" (WEBER, 1968/1925 I, p. 389)[1]. A maior parte dos elementos básicos da definição de grupo étnico de Weber tem sido desde então adotada por muitos estudiosos do campo.

De acordo com Weber, não são as diferenças biológicas apenas que constituem um grupo étnico, mas também seus "costumes" – vestuário, alimentação, habitação, divisão do trabalho entre mulheres e homens, e assim por diante. Ele também acredita que não são apenas aspectos culturais e físicos os que importam, mas as percepções subjetivas desses aspectos. A etnicidade não termina automaticamente na formação de grupo, embora ela facilite tal formação (GUIBERNAU; REX, 1997, p. 2-3; STONE, 2003, p. 32-33). Weber tem uma forte impressão sobre o papel da história na formação das percepções sobre raça e etnicidade. Ele concebe os grupos étnicos como dotados de memórias de um passado comum, de vínculos a um território e de certas tradições. Todos esses traços podem sobreviver por um longo período de tempo, mesmo sob con-

---

1. Em relação a essas duas citações, a edição brasileira de *Economia e sociedade* (vol. 1. Ed. UnB, p. 267; p. 270) anota, respectivamente: "a posse efetivamente baseada na descendência comum de disposições iguais, herdadas e hereditariamente transmissíveis: a 'pertinência da raça'. É claro que esta somente conduz a uma 'comunidade' quando é sentida subjetivamente como característica comum".
... "Chamaremos grupos étnicos aqueles grupos humanos que, em virtude de lembranças de colonização e migração, nutrem uma crença subjetiva na procedência comum, de tal modo que esta se torna importante para a propagação de relações comunitárias" [N.T.].

dições de colonização e migração. Ele também realça a natureza histórica da discriminação e do preconceito. Quando ele se posiciona contra a concepção então muito difundida de que raças diferentes se repelem, ele mobiliza a existência de milhões de pessoas de raças misturadas nos Estados Unidos como um argumento contra essa concepção (WEBER, 1968/1925 I, p. 385-386). Assim, Weber argumenta que a discriminação não é algo naturalmente dado, mas sim historicamente condicionado.

Em suas discussões sobre raça e etnicidade, Weber também chama a atenção para o papel da religião. Por um lado, ele vê a religião como uma legitimação usada para separar grupos de minorias da maioria, como no caso dos judeus na Europa. Por outro, Weber assevera que, como em todos os grupos de *status*, a posição de um grupo racial ou étnico irá influenciar sua orientação religiosa (cf. seção 3.3). Para ele, grupos privilegiados tendem a acreditar que sua dignidade está relacionada com sua beleza e excelência, de modo que seu "reino" é "deste mundo". Em contraste, grupos não privilegiados tendem a conectar sua dignidade ao futuro, de modo que eles sustentam a crença de que "os últimos serão os primeiros" na vida após a morte ou de que o Messias irá retornar e recompensá-los (WEBER, 1968/1925 II, p. 934). Dessa maneira, Weber atribui importância à questão do papel da religião na formação das relações raciais e étnicas.

O estudo sociológico da etnicidade no mundo moderno deve muito à tradição americana de estudos raciais e de migração coordenada por Robert Ezra Park (1864-1944) e outros na Universidade de Chicago, onde Park foi professor de Sociologia. A tradição marxista na sociologia argumentaria que conflitos sociais entre grupos étnicos e raciais é uma manifestação de uma falsa consciência, porquanto o conflito fundamental seria aquele entre classes sociais, não entre grupos étnicos. Contudo, Park assinala a importância dos grupos de *status* na explicação do conflito social. Ele defende que o conflito social é no mais das vezes o resultado do esforço de grupos de *status* de avançar ou proteger sua posição na estrutura social. Portanto, o conflito entre americanos brancos, americanos africanos e imigrantes recentes nos Estados Unidos tem a ver com a posição relativa do grupo, o estilo de vida e crenças (LAL, 2003, p. 45).

A tradição de Park presume que os imigrantes serão assimilados aos Estados Unidos e adotarão sua cultura. Entretanto, estudos das décadas de 1960 e

1970 demonstraram que diversos grupos étnicos resistiam às pressões da assimilação à cultura protestante, branca e anglo-saxã. Em vez disso, eles celebravam uma revivescência dos laços étnicos. Já na Europa, a etnicidade ganhou má reputação depois do colapso da União Soviética e dos conflitos brutais por território em nome da etnicidade, nacionalismo ou nacionalismo étnico (cf. cap. 9). As crescentes minorias étnicas imigrantes tornaram-se também objeto de hostilidades em seus países de destino. Como veremos abaixo, essas mudanças chegaram a afetar as teorias da etnicidade contemporâneas.

10.3 Teorias contemporâneas de raça e etnicidade

Em resposta ao novo mundo que surgiu no fim do século XX, diversos temas vieram à tona entre estudiosos das relações raciais e étnicas. Alguns temas centrais concerniam à construção da identidade étnica e à origem e dinâmica de grupos étnicos. Várias perspectivas caracterizam o debate sobre etnicidade entre os sociólogos e os antropólogos, mas uma importante divisão é entre a teoria instrumental e a teoria essencialista.

A abordagem essencialista define o grupo étnico a partir de sua cultura e história distintivas. O conteúdo da cultura, moldado pela história, distingue um grupo étnico de outro. O essencialismo apresenta uma concepção naturalista e estática da etnicidade, como na sociobiologia. Variações mais flexíveis do essencialismo se separam das perspectivas naturalistas ou biológicas e também enfatizam os laços históricos. A etnicidade é vista, assim, como um fenômeno que tem raízes culturais "objetivas" ou que está baseado no parentesco estabelecido através do nascimento (HOROWITZ, 1985). Seja enfatizando a biologia ou a história, as teorias essencialistas tendem a conceber a etnicidade como um fenômeno estável e "natural".

Os instrumentalistas sublinham a natureza socialmente construída da etnicidade e a habilidade dos indivíduos de escolher e misturar uma variedade de heranças étnicas. Nessa abordagem, a etnicidade é concebida como um recurso cultural, político e social para diferentes grupos de *status* e de interesse. Apoiando-se na noção weberiana de "fechamento social", ou a tendência geral dos grupos sociais de formar monopólios, uma nova perspectiva sobre a formação de grupos étnicos surgiu. Os trabalhos do antropólogo norueguês Fredrik Barth (1969) a respeito de grupos étnicos e suas fronteiras representam variações sobre esse tema. Barth argumenta que as fronteiras étnicas implicam processos de incorporação e de exclusão. Essas fronteiras não dependem da ausência de contato com pessoas de fora, mas persistem apesar do fluxo de pessoas que as perpassa (BARTH, 1969, p. 9-10). Em sua análise, Barth salienta as percepções e a tomada de decisões propositivas dos atores sociais. Para ele, a etnicidade é definida contextualmente e produzida no curso das transações sociais que ocorrem na ou através da fronteira étnica em questão. Tais transações são de dois tipos: processos de definições internas e de definições externas. No primeiro caso, os atores sinalizam para membros do grupo ou de outro grupo uma autodefinição de sua natureza ou identidade. No segundo, uma pessoa ou conjunto de pessoas definem o(s) outro(s). Assim, o processo de produção de identidade é interna e externa e ocorre em vários níveis diferentes. A antropologia social pós-barthiana da etnicidade e da identidade comunal tende a enfatizar o primeiro aspecto da dialética interno-externo: processos de definição interna por grupos mais do que definições externas pela sociedade envolvente (JENKINS, 2003, p. 62).

Uma nova abordagem que se apoia sobre alguns *insights* de teorias mais antigas coloca em evidência a etnicidade enquanto construção social, e tem sido referência para diversos estudiosos (cf. KIVISTO, 1993). Werner Sollors (1989), professor de estudos afro-americanos e língua inglesa na Universidade de Harvard, sustenta que a construção social da etnicidade faz parte de um processo que ele chama de "invenção da etnicidade". Sollors argumenta que diversas categorias anteriormente foram percebidas como "essencialistas", entre elas infância, gerações, gênero, região e história. Contudo, estudiosos agora reconhecem o caráter culturalmente construído em geral do mundo moderno (SOLLORS, 1989, p. x). Sollors usa a categoria da "invenção" para realçar não tanto a originalidade e a inovação, mas a importância da linguagem na construção social da realidade. Esse conceito sugere ficções coletivas amplamente compartilhadas, embora controvertidas, que são continuamente reinventadas. Sollors discorda dos instrumentalistas que concebem a etnicidade como mero construto racional que a utilizam por motivos políticos ou econômicos. Embora ele não rejeite a posição instrumentalista, ele não pretende reduzir todos os aspectos da etnicidade a cálculos sobre meios e fins. Mesmo assim, tanto os instrumentalistas quanto os construcionistas consideram a etnicidade, seja ela vista como um recurso ou como um discurso, como um modo pelo qual grupos se organizam para competir pelo poder. Dessa forma, ambos consideram que a etnicidade implica o conflito social (AVRUCH, 2003, p. 77). Se os instrumentalistas tendem a ver o conflito como sendo conflito pelos recursos, os construcionistas o enxergam como um conflito pelo controle do discurso dominante da sociedade.

Ao chamar a etnicidade – isto é, pertencer e ser percebido pelos outros como pertencendo a um grupo étnico – de invenção, Sollors sinaliza uma interpretação em um contexto moderno e pós-moderno. Os pós-modernos falam em invenção a fim de desnudar as estratégias textuais na construção do indivíduo. Certo discurso pós-moderno vai tão longe a ponto de deixar a "realidade" desaparecer por trás da linguagem inventiva que a dissimula. Mesmo que o conceito de etnicidade seja uma construção social realizada no tempo histórico, ela existe como realidade na mente das pessoas. Jessica Jacobson (1998) descobriu estudando a juventude paquistanesa na Grã-Bretanha que a etnicidade paquistanesa, enquanto base para a identidade, não era algo que se podia moldar livremente. Ela era experienciada como algo dado e inescapável. Como a maioria dos britânicos consideravam os paquistaneses como estrangeiros ou estranhos, a juventude paquistanesa britânica mantinha concepções essencialistas da identidade. Isso mostra que há uma tensão inerente entre os observadores da etnicidade e os atores envolvidos (AVRUCH, 2003, p. 72). Isso não quer dizer que a etnicidade não seja socialmente construída, mas implica sim que existem certos limites quanto à margem que os indivíduos podem se redefinir e redefinir os grupos aos quais pertencem.

Em alguns casos, a abordagem construcionista pode ir longe demais na direção da agência humana, deixando de lado os contextos estruturais. Peter Kivisto (1993, p. 101) assinalou que o processo de invenção da etnicidade deve ser visto de uma perspectiva dialética, pois não apenas os migrantes ou povos indígenas moldam identidades étnicas e fronteiras, mas também os outros grupos, inclusive os grupos dominantes na sociedade. Com frequência há duas ou mais versões de identidade étnica e de definição de grupo competindo. Portanto, diferenças de poder político, econômico e cultural devem ser consideradas quando se analisa o processo de constituição e reconstituição da etnicidade.

10.4 Imigração e religião

Nos Estados Unidos, há uma longa tradição de estudos sobre imigrantes e suas religiões. W. Lloyd Warner foi um dos primeiros a analisar as raízes religiosas de vários grupos étnicos (WARNER, 1963/1941-1945, 1949). Em seu clássico *Protestant-Catholic-Jew*, Will Herberg (1960) também analisou a transformação da religião que se dava entre imigrantes e seus filhos. Herberg previu que a importância da etnicidade iria se desgastar gradualmente entre os imigrantes nos Estados Unidos, apenas para ser substituída pela maior saliência das tradições religiosas. Seu pensamento, comum à época, baseava-se na premissa de que não haveria qualquer imigração significativa para a nação americana num futuro próximo.

No entanto, as décadas de 1960 e 1970 testemunharam uma onda de imigração para a Europa e para os Estados Unidos. Os recém-chegados eram esmagadoramente não europeus. Na Europa, eles vinham principalmente do norte da África e Ásia; nos Estados Unidos, a maior parte dos imigrantes vinham da Ásia, da América Latina e do Oriente Médio. Como consequência, as paisagens étnicas e religiosas na Europa e nos Estados Unidos sofreram mudanças significativas. No fim do século XX, o islamismo era a maior minoria religiosa em diversos países europeus e a terceira maior religião nos Estados Unidos, atrás apenas do cristianismo e do judaísmo, e viria a se tornar a segunda maior dali a mais ou menos uma década (ESPOSITO, 2000, p. 173).

A documentação sobre a situação das novas minorias religiosas na Europa e nos Estados Unidos esteve dispersa até a década de 1980. A maior parte da pesquisa científica tendia a se concentrar em temas relacionados à economia e política da imigração e a ignorar a dimensão religiosa das comunidades de minorias étnicas e imigrantes (YOO, 1999, p. 8-10). Essa falta de atenção claramente reflete os pressupostos seculares da sociologia e da antropologia, mas as diferenças entre níveis de atenção também podem refletir a realidade da vida religiosa em diferentes comunidades de imigrantes. Por exemplo, a extensa pesquisa sobre a vida religiosa de coreanos nos Estados Unidos salienta o papel do cristianismo protestante em suas vidas, ao passo que o vácuo de pesquisas sobre a dimensão religiosa da comunidade filipino-americana pode refletir a ausência de envolvimento com o catolicismo americano (KIVISTO, 1993, p. 95).

Na Europa dos anos 1970, havia poucos sinais de adoração religiosa entre os homens que vieram trabalhar sem as suas famílias. Quando a reunificação familiar tornou-se mais frequente, expressões religiosas tornaram-se mais evidentes. Já perto do fim da década de 1980, tensões entre identidade religiosa, secularização e privatização vieram à tona por toda a Europa, tensões essas especialmente relacionadas com a presença do islamismo. Àquela altura, estava claro que os trabalhadores não europeus não estavam retornando em massa a seus países de origem como era o esperado. Os filhos de imigrantes ficaram adultos e entraram no mercado de trabalho, alguns ingressaram em faculdades e universidades. Esses desenvolvimentos e eventos colocaram na agenda política e acadêmica a questão dos muçulmanos na Europa ocidental, ao lado da percepção de que havia um crescente fator religioso nos processos sociais e políticos associados à imigração e às minorias étnicas. Nessa altura, estudiosos começaram a demonstrar um crescente interesse pelas religiões dos novos imigrantes no Ocidente.

Atualmente, existem numerosos estudos que discutem a relação entre migração e religião. Uma ampla literatura dá preeminência ao islamismo, embora haja algum estudo sobre o budismo, o hinduísmo e o siquismo. Alguns fornecem um sumário das religiões minoritárias presentes em um país, os Estados Unidos, por exemplo (ECK, 2001; HADDAD et al., 2003). Outras pesquisas concentram-se em uma só minoria religiosa, como os muçulmanos, e analisam suas posições sociais, políticas, culturais e religiosas na Europa e nos Estados Unidos (BUKHARI et al., 2004; HADDAD, 1991; HADDAD; SMITH, 2002; KEPEL, 1997; NIELSEN, 1995). Outros estudiosos, por sua vez, analisam as diferentes tradições religiosas encontradas em um grupo étnico no sentido amplo, como os asiáticos e os pacífico-americanos (IWAMURA; SPICKARD, 2003; YOO, 1999). Um tema comum é a transformação dos valores religiosos e da organização da comunidade religiosa suscitada pela migração. Um estudo, o de Yvonne Yazbeck Haddad e Adair T. Lummis, *Islamic Values in the United States* (1987), analisa como os valores islâmicos são preservados, abandonados e transformados entre os muçulmanos americanos. Por um lado, a religião aumenta em importância como resultado da migração. A situação de diáspora pode intensificar o sentimento de companheirismo e revitalizar a tradição religiosa. Aprender a ideologia religiosa tornou-se importante na busca de um sentido de pertencimento, e a religião desempenha um papel nas tentativas do grupo de manter a identidade cultural e linguística. Muitas comunidades religiosas de imigrantes oferecem serviços que não prestavam em seus países de origem. Por exemplo, algumas comunidades religiosas de imigrantes oferecem cursos de línguas, atividades para as crianças, grupo de mulheres, serviços de saúde, e assim por diante. Por outro lado, o novo contexto no qual os imigrantes se encontram e os novos discursos aos quais estão expostos podem também transformar as tradições religiosas. Por exemplo, o discurso ocidental sobre a emancipação e a igualdade feminina pode pressionar tradições religiosas na direção de uma maior igualdade entre homens e mulheres (NYHAGEN PREDELLI, 2004).

Também tem sido observado um aumento no número de estudos de caso sobre congregações ou grupos religiosos específicos de imigrantes, particularmente nos Estados Unidos. Alguns estudos estão concentrados em comunidades específicas (HADDAD; SMITH, 1994; SCHMIDT, 1998), já outros consistem em uma série de etnografias que descrevem diversas congregações de imigrantes espalhados por toda a nação (WARNER; WITTNER, 1998). Estudos comparados de várias religiões de imigrantes também têm sido realizados, e tendem a se limitar a uma única área, como Houston (EBAUGH; CHAFETZ, 2000, 2002) ou Los Angeles (MILLER et al., 2001).

Uma resenha dos estudos de caso existentes sobre a religião dos imigrantes nos Estados Unidos sugere alguns poucos temas comuns. Um tema importante é o papel da religião na manutenção e reprodução da identidade étnica. Stephen R. Warner e Judith G. Wittner (1998) descobriram que a identidade religiosa era muito importante para os grupos de imigrantes. Contudo, nem todos os imigrantes mantêm uma identidade religiosa do país de origem, mas ingressam em congregações de convertidos que deram as costas para a tradição dominante de seu país de origem. Muitos hispânicos protestantes e chineses cristãos assim o fizeram. Ademais, a adaptação mais peculiar dos grupos religiosos de imigrantes é o desenvolvimento de formas e estruturas congregacionais. Não importa como suas instituições correspondentes se estruturem lá fora, há uma tendência entre os imigrantes a formar organizações com adeptos, líderes religiosos e uma série de organizações e grupos de nível inferior. Mais, diversas religiões de imigrantes também adotam o modelo centrado na comunidade, em que oferecem serviços seculares aos membros, como celebrações de feriados seculares, cursos de línguas, serviços de saúde e atividades recreativas (EBAUGH; CHAFETZ, 2000; WARNER; WITTNER, 1998).

Um grande tema em vários estudos é o do papel da mulher nas congregações de imigrantes. A migração tende a mudar o *status* das mulheres e dos homens na sociedade, família e religião, e apesar de as mulheres imigrantes enfrentarem muitos dos mesmos desafios que os imigrantes homens, elas com frequência enfrentam um conjunto de problemas singular. De um lado, elas podem vivenciar uma marginalização e uma perda de influência sobre a vida familiar. De outro, elas podem usufruir uma maior independência, mais recursos e ter assegurados mais direitos legais do que detinham em suas terras natais (HONDAGNEU-SOTELO, 1994). Algumas mulheres imigrantes assumem papéis em congregações que não seriam acessíveis para elas em suas pátrias de origem, e a igreja e a mesquita podem se mostrar veículos de empoderamento e de integração à sociedade (HADDAD; LUMMIS, 1987; HERMANSEN, 1991; MILLER et al., 2001; SCHMIDT, 1998). Em alguns casos, as mulheres desempenham um papel cada vez mais importante nos diálogos inter-religiosos, e o envolvimento e os saberes femininos engendram novos discursos no interior de comunidades religiosas (JONKER, 2003). Todavia, é igualmente nítido que esse empoderamento tem certos limites. Com frequência, mulheres são excluídas deliberadamente da vida religiosa, enquanto a comunidade religiosa oferece aos homens uma arena para recuperar a honra perdida na experiência migratória. Nesses casos, homens tendem a monopolizar os papéis de liderança nas congregações (EBAUG; CHAFETZ, 2000; WARNER; WITTNER, 1998).

Finalmente, quando se considera a religião e a imigração, a questão dos filhos de imigrantes imediatamente aparece. Warner e Wittner (1998) descobriram que se a congregação religiosa é um lar distante de casa para a primeira geração, ela muitas vezes é sentida como opressiva para a segunda geração. Ebaugh e Chafetz (2000) também concluíram que poucas congregações de imigrantes são capazes de atrair os filhos e torná-los membros e participantes ativos. Outros pesquisadores também observaram um conflito crescente entre os imigrantes e seus filhos em torno de questões religiosas (SCHMIDT, 1998). Descobriu-se uma tendência entre alguns pais imigrantes a se tornarem mais rígidos com os filhos do que de costume em seus países de origem, algo que fica ainda mais patente quando se trata de filhas mulheres. Esses conflitos estão, em alguns aspectos, relacionados à religião, e em outros, relacionados aos costumes tradicionais praticados na terra natal. O último tipo de conflito aparece na tragédia ocorrida em 2002 na Suécia, em que Fadime, uma moça curdo-sueca, foi assassinada por seu pai por causa de conflitos em torno da moralidade e honra familiar (WIKAN, 2003).

Um número cada vez maior de estudos sobre filhos de imigrantes tem se concentrado na complexa construção de suas identidades étnicas e religiosas. Embora esses estudos também descrevam conflitos e diferenças geracionais, eles sublinham as múltiplas competências culturais dessa geração enquanto cava um espaço próprio (ØSTBERG, 1998). Em seu estudo da juventude paquistanesa na Inglaterra, Jessica Jacobson (1998) descobriu que, enquanto a identidade étnica branca é fundamentalmente percebida como um fato "dado" ou "natural", a religião é considerada mais como uma questão de escolha particular. Parece haver uma tendência entre jovens muçulmanos americanos e europeus a distinguir entre suas identidades étnicas e muçulmanas. Embora muitos expressem a crença nos ensinamentos imutáveis do islamismo, eles buscam uma forma mais "autêntica" de islamismo, livre de uma bagagem cultural não islâmica. Diversos estudos tratam da busca por uma forma pura de religião, destilada da cultura (EBAUGH; CHAFETZ, 2000; JACOBSON, 1998; JONKER, 2003; SCHMIDT, 1998). Finalmente, no interior de algumas tradições muçulmanas locais, como nas tradições nórdicas e germânicas, jovens mulheres encontram-se no processo de ascenderem a posições importantes. Algumas delas são convertidas. Elas têm um papel ativo nas organizações de estudantes, de jovens e de mulheres, e usam seu conhecimento do islamismo para negociar suas posições como mulheres no interior da comunidade muçulmana (JACOBSEN, 2004; JONKER, 2003; ROALD, 2001, 2004; TIILIKAINEN; LEHTINEN, 2004; ØSTERGAARD, 2004).

Grande parte da literatura sobre migração anterior aos anos 1960 supunha que os imigrantes deixavam um país para se estabelecerem permanentemente e serem assimilados em outra sociedade. Porém, estudos mais recentes mostram que as pessoas que cruzam fronteiras hoje não necessariamente irão adotar o novo país como seu, mas com frequência viajam entre seu país de acolhimento e seu país de origem (EBAUGH; CHAFETZ, 2002; LEVITT, 2001). A imagem dos migrantes como transnacionais tornou-se uma metáfora dessa nova perspectiva (EBAUGH; CHAFETZ, 2002, p. 1).

A socióloga americana Peggy Levitt (2001) realizou o primeiro estudo cujo foco era os laços religiosos transnacionais. Ela descreveu as crenças e práticas religiosas que as pessoas de Miraflores, uma cidade da República Dominicana, trouxeram de seu país e adaptaram aos Estados Unidos. Esses migrantes pertencem à Igreja Católica onde quer que residam, e as práticas religiosas no país de origem e no de destino são com frequência muito parecidas. Levitt observou que a comunidade de Boston foi afetada pelas crenças e práticas religiosas vindas com os imigrantes de Miraflores. Esses imigrantes provêm de uma forte tradição de liderança laica, incomum nas Igrejas Católicas de Massachusetts, e introduziram suas próprias tradições nessa área. A participação na Igreja também reuniu diferentes grupos da República Dominicana nos Estados Unidos, o que criou alianças que podem ser mobilizadas para alcançar objetivos políticos. Num período posterior, Ebaugh e Chafetz (2002) estudaram cinco congregações em Houston, representativas de diferentes tipos de redes religiosas transnacionais. Eles observaram que os imigrantes estavam envolvidos na criação e manutenção de laços religiosos transnacionais que mudaram o cenário da religião americana. Esses laços transnacionais também provocaram mudanças dentro das culturas religiosas tradicionais e das estruturas congregacionais de suas terras natais. Dessa forma, as redes religiosas transnacionais nas quais os imigrantes participam desempenham um papel importante no mundo transnacional, global.

10.5 Assimilação, pluralismo e multiculturalismo

O período final do século XX testemunhou um desenvolvimento político que promoveu mudanças nas relações entre grupos étnicos e os Estados ocidentais. A União Soviética colapsou, a União Europeia adquiriu novos membros e a migração para a Europa e para os Estados Unidos prosseguiu. Esses desenvolvimentos levantaram questões sobre, entre outras coisas, o significado da cidadania, da identidade e dos direitos humanos e religiosos, o que também afetou as teorias que procuraram lidar com essas questões (Kivisto, 2002, p. 27-42).

Até meados da década de 1990, o discurso teórico sobre etnicidade limitava-se a polêmicas entre assimilacionistas e pluralistas. Como observamos, Park e outros sociólogos da Escola de Chicago acreditavam que a assimilação, ou a erradicação do patrimônio cultural dos imigrantes e a adaptação aos que eram considerados valores genuinamente americanos, era inevitável. Nas décadas de 1960 e 1970, o paradigma da assimilação estava sob crescente pressão. Na esteira da comunidade afro-americana, vários grupos minoritários reivindicavam a celebração de sua herança e de suas "raízes" étnicas e raciais. No conjunto, havia uma nova apreciação da diversidade. Na década de 1970, a teoria da assimilação foi abandonada e substituída pelo pluralismo cultural, que afirmava não a assimilação, mas a persistência das diferenças étnicas. Como sugeriu Werner Sollors, associado à ascensão do paradigma do pluralismo cultural havia um interesse crescente na construção social da etnicidade.

Nos anos 1990, ambas as teorias foram criticadas por serem simplistas demais, com seu foco na identificação de uma ferramenta analítica para o estudo das relações étnicas. A teoria da assimilação foi revitalizada. Alguns estudiosos americanos afirmaram que a assimilação realmente estava ocorrendo entre os descendentes de imigrantes europeus nos Estados Unidos (ALBA, 1990). Entretanto, outros estudos mais recentes sobre filhos de imigrantes sugeriam que eles se adaptam, integram ou são assimilados a diferentes setores da sociedade americana. O processo de assimilação em determinadas subculturas da sociedade anfitriã é chamado de "assimilação segmentada" (PORTES, 1995). Alguns argumentaram que o potencial de assimilação depende do papel desempenhado pelo Estado, no sentido de que as políticas estatais têm um grande impacto, quer na incorporação à sociedade quer na não inclusão plena de grupos minoritários. De acordo com essa perspectiva, a assimilação no sentido de incorporação cívica pode servir de base para a criação de uma cultura comum ao mesmo tempo em que se assume a diversidade étnica (PAREKH, 2000).

Teóricos multiculturais como Charles Taylor (2003) localizam suas discussões sobre pertencimento a grupos étnicos a partir da noção de cidadania em democracias pluralistas. Eles consideram a cidadania como um modo fundamental de identidade e uma base para a solidariedade social. A teoria multicultural enfatiza a ação – a ação estatal, a ação coletiva étnica e a ação individual. Há um longo debate sobre o conteúdo do termo "multiculturalismo", no qual os teóricos frequentemente discordam entre si e tendem a misturar aspectos descritivos e normativos do termo. Um traço comum, no entanto, passa pelo acatamento pelo multiculturalismo de reivindicações feitas por grupos étnicos para manter uma identidade distinta e se engajar no que

Taylor (1992) denomina de "política de reconhecimento". Esse termo designa o processo pelo qual as identidades étnicas são preservadas ao mesmo tempo em que se descobre a cidadania como uma identidade que une vários grupos dentro de uma política. Alguns criticaram os teóricos multiculturais por terem "essencializado" as identidades étnicas, tratando a etnicidade como um dado natural, ela sendo, contudo, uma construção social. Também se questionou o direito e a capacidade dos indivíduos de definir suas próprias identidades em separado do grupo étnico ao qual pertencem, de sair do grupo étnico, de se definirem de uma forma diferente da do grupo e assim por diante. Essas questões são particularmente relevantes devido ao aumento de casamentos interétnicos e inter-raciais e de suas proles.

O papel da religião na esfera pública é uma questão controversa em vários países europeus e nos Estados Unidos (cf. cap. 6 e seção 9.2). Uma premissa subjacente a muitos debates sobre assimilação, pluralismo e multiculturalismo é a de que a religião seria um fenômeno que pertence à esfera privada. Havia uma expectativa, nutrida pelos pressupostos seculares da sociologia e da antropologia, de vários cientistas sociais e formuladores de políticas públicas de que as comunidades de descendência imigrante seguiriam o curso da privatização da religião (NIELSEN, 1995, p. 157). Nesse sentido, havia a ideia implícita de que as minorias religiosas se tornariam relativamente secularizadas ao longo do tempo.

Apesar dessas expectativas, diversas minorias religiosas na Europa começaram, nas décadas de 1980 e 1990, a exigir que o mesmo *status* e respeito públicos usufruídos pela religião da maioria fossem a elas concedidos. Nesse registro, alguns propuseram que não se encontraria uma solução na privatização da religião, mas na pluralização da esfera pública (BECKFORD; GILLIAT, 1998; PAREKH, 2000). Isso implica que as minorias religiosas devem ter oportunidades iguais para participar da vida pública e seguir suas próprias práticas culturais em público, dentro das condições usuais impostas em prol da ordem e segurança públicas.

As perspectivas presumem antes de tudo que o Estado-nação é a unidade adequada, na qual as pessoas são integradas ou da qual são excluídas. Como observamos, há aspectos cada vez mais transnacionais da migração moderna, em que muitas pessoas vivem e às vezes trabalham em dois mundos diferentes. O transnacionalismo é parte do processo de globalização (cf. seção 5.3).

A definição cada vez maior de suas identidades de acordo com a premissa de seu país de origem e também de destino, e a participação desses migrantes na vida social, política, econômica e religiosa tanto na sociedade original quanto na receptora são consequências desse processo (EBAUGH; CHAFETZ, 2002; LEVITT, 2001).

10.6 O debate sobre políticas públicas

Mencionamos que a crescente migração e o novo desenvolvimento com uma União Europeia expandida levaram a um debate sobre o significado da cidadania. Na maior parte dos países europeus, os direitos que antes eram concedidos a indivíduos que eram cidadãos de um Estado-nação específico são agora estendidos e se aplicam a indivíduos que são residentes nesse Estado-nação. Com efeito, a base de legitimação da filiação mudou. Se a nacionalidade compartilhada costumava ser a principal fonte de igualdade de tratamento, os direitos dos indivíduos são agora legitimados por códigos internacionais, convenções e leis sobre direitos humanos, independentemente de sua cidadania em um Estado-nação. Entretanto, embora a legitimação dos direitos de filiação tenha passado para um nível transnacional, a filiação ela mesma está organizada mais ou menos da mesma maneira. Com base nisso, alguns argumentam (SOYSAL, 2003) que é necessário construir um modelo pós-nacional de filiação para capturar a nova situação enfrentada por vários países europeus e pelos Estados Unidos. Se a cidadania supõe uma única filiação, isto é, uma pessoa só pode ser cidadão de um país, o modelo pós-nacional implica uma multiplicidade de filiações, o que significa que se pode ser cidadão de vários países. Por exemplo, a dupla cidadania tem se tornado cada vez mais comum. Em muitos países, a participação política e o direito aos serviços de bem-estar social também são garantidos para todas as pessoas que vivem dentro de suas fronteiras. Embora o crescimento das instituições supranacionais e das leis transnacionais tenha ocorrido na maioria dos países europeus, outros países trabalham na direção contrária. O que vem particularmente ao caso de alguns dos novos Estados que surgiram após o colapso da Federação Iugoslava, e que estão passando pelo processo de construção da nação. Esses Estados insistem em direitos que seriam exclusivos dos cidadãos do novo Estado nacional.

Devido à crescente diversidade étnica e religiosa na maioria dos países europeus e nos Estados Unidos, várias sociedades têm enfrentado cada vez mais a necessidade de adaptar suas políticas públicas à presença de novas minorias. O crescente fator religioso nos processos sociais e políticos associados às minorias implicou uma reconsideração das disposições legais relativas à liberdade de religião. A ideia de que as variedades de significados culturais reivindicam todas um respeito igualitário tem uma longa tradição nos Estados Unidos, mas é relativamente nova na Europa. Ela implica que os grupos humanos de diferentes culturas podem reivindicar as mesmas oportunidades que outros grupos de colocar suas culturas em prática. As ideias de igualdade de oportunidades têm sido geralmente confinadas a esferas como emprego, moradia ou assistência médica. Entretanto, em vários países europeus, a noção de igualdade de oportunidades também foi estendida para se aplicar à religião. Esse debate tem ocorrido no sistema escolar público, no sistema de saúde, no sistema de serviço social, nas prisões e nos exércitos (BECKFORD; GILLIAT, 1998; FURSETH, 2001a).

No entanto, vários estudiosos têm assinalado que a presença de tradições religiosas fazendo reivindicações na esfera pública gera tensões para as democracias liberais (KIVISTO, 2002; RICHMOND, 2003). Como as democracias liberais devem responder a reivindicações feitas por fundamentalistas religiosos, sejam eles cristãos, muçulmanos ou pertencentes a qualquer outra tradição religiosa? – a estes que insistem em impor suas ideias e práticas aos outros pela força ou pela eliminação dos que são diferentes? Trata-se de questões críticas, que confrontam as democracias liberais das nações industriais avançadas.

O século XXI continua a colocar desafios aos modelos tradicionais de integração. Por um lado, as minorias na Europa e nos Estados Unidos sofrem fortes pressões para se adaptarem a suas sociedades anfitriãs. Suas instituições religiosas continuam a mudar e a responder a novas circunstâncias. Esse processo de adaptação é influenciado por vários fatores. Existem grandes diferenças nacionais, étnicas, culturais e religiosas entre as diversas minorias que vivem próximas umas das outras em várias cidades americanas e europeias. Há também uma diferenciação social e religiosa na geração de filhos de imigrantes nascidos ou criados na Europa ou nos Estados Unidos. Enquanto alguns estão entrando em faculdades e universidades e se tornando parte da próxima geração de líderes em suas comunidades, outros estão entrando no mercado de trabalho ganhando salários-mínimos ou indo em direção ao desemprego e à marginalização. Por outro lado, as sociedades anfitriãs enfrentam cada vez mais a necessidade de adaptar suas políticas públicas à presença de minorias étnicas e religiosas. Se os arranjos institucionais têm mudado lentamente para acomodar a presença de minorias, as pressões de adaptação em nível individual muitas vezes pesam mais sobre as minorias do que sobre a maioria.

A maior parte das nações europeias encaram a realidade de um futuro multicultural e a tarefa de encontrar meios de incorporar muitos grupos religiosos e étnicos numa filiação societária completa. Muitas coisas não estão claras quando se fala em multiculturalismo, e diversos temas difíceis têm uma relação tensa com as democracias liberais. Tratar desses temas tem sido um dos desafios enfrentados atualmente pela sociologia.

11
Religião e gênero

No decorrer das últimas décadas, um grande número de estudos foram realizados no campo do gênero e religião. Este capítulo pretende dar apenas uma pequena contribuição. Iremos primeiro considerar as diferentes imagens de mulheres e homens encontradas nos textos sagrados de diversas religiões mundiais. Um número considerável de livros e artigos sobre esse tópico vieram a luz, especialmente na teologia e nos estudos religiosos (cf. SHARMA, 1994; YOUNG, 1999). Contudo, o tópico "mulheres e religião" não se limita a textos sagrados apenas, mas também abarca vidas reais. O que difere as experiências religiosas das mulheres daquelas dos homens? Diversos estudiosos debruçaram-se sobre instituições religiosas e buscaram determinar quais são realmente os papéis das mulheres no interior de religiões mundiais ou de várias comunidades religiosas. Muitos estudos sobre a religiosidade contemporânea têm descrito as respostas das mulheres à religião. Cientistas sociais que analisaram a alta participação das mulheres na religião têm tentado explicar por que isso acontece. A participação religiosa de mulheres também foi criticada. O feminismo tem afirmado que as mulheres religiosas têm uma "falsa consciência". Iremos, portanto, avaliar a relação entre feminismo e religião. Em discussões sobre gênero e religião um tema intimamente relacionado é a interpretação religiosa da sexualidade. A religião tende a regular a sexualidade, e suas orientações e proibições atingem muitas vezes mulheres e homossexuais, lésbicas, bissexuais e transgêneros. Trataremos dessas questões na parte final do capítulo.

Análises sobre gênero e religião tendem com frequência a generalizações. Há uma diversidade de mulheres, assim como de homens, que variam de acordo com a classe social, o nível de educação, a herança cultural, a etnia, a raça e a nacionalidade. Também é importante lembrar que mulheres e homens, sejam eles ou elas heterossexuais, homossexuais, bissexuais ou transgêneros, não constituem grupos únicos e homogêneos que nutririam os mesmos interesses ou que estariam expostos ao mesmo tipo de tratamento ou discriminação em todas as partes e tempos do mundo.

11.1 O papel da religião na interpretação do gênero e dos papéis de gênero

Como introdução a essa área de gênero e religião, traçaremos um breve panorama das imagens de mulheres e homens encontradas nas religiões mundiais. O que os textos sagrados ensinam a respeito da mulher? Quais são os símbolos de feminilidade e masculinidade? Tradicionalmente, esse campo de pesquisa é conduzido por especialistas em Teologia e em estudos religiosos. Contudo, a vida em sociedades cada vez mais multirreligiosas exige que os cientistas sociais também tenham um mínimo de conhecimento sobre alguns ensinamentos das religiões mundiais. Iremos, portanto, examinar rapidamente as ideias sobre gênero no cristianismo, judaísmo, islamismo, siquismo e budismo.

No cristianismo, teólogos e filósofos ensinam que Deus não é nem masculino nem feminino. No início da década de 1980, a feminista cristã americana Rosemary Radford Ruether apresentou uma das primeiras críticas sistemáticas à teologia cristã de uma perspectiva feminista em seu livro *Sexism and God-talk* (1983). Ela chegou à conclusão de que a "conversa de Deus", que usualmente se apresenta objetiva e neutra, se apresenta na maior parte das vezes como masculina, e não como uma experiência humana de Deus e da realidade. Se a teologia cristã em seus primórdios se apoiava na figura de Sofia, a Deusa da Sabedoria, o que implicava uma teologia de gênero neutro, o estabelecimento do cristianismo concentrou-se sobre Jesus Cristo como Deus feito carne em um corpo de sexo masculino. Como masculino, ele apresenta uma concepção unidimensional de deidade. Assim, uma mudança ocorreu na religião ocidental quando esta se tornou masculina em natureza (ARTHUR, 1987). No interior dessa tradição cristã, a mulher tem sido vista como subordinada ao homem tanto na criação quanto na vida cotidiana, ainda que a igualdade entre homens e mulheres do ponto de vista da salvação tenha sempre sido ensinada. Uma série de passagens das escrituras falam sobre a subordinação das mulheres, particularmente em Paulo, que têm sido usadas para legitimar a marginalização das mulheres. Essa concepção continua a ser dominante em muitas Igrejas cristãs da atualidade (KING, 1993, p. 47).

O catolicismo ofereceu mais espaço para figuras religiosas femininas, especialmente Maria, a mãe de Jesus. A nova interpretação protestante da tradição cristã é mais ambígua quanto à posição das mulheres. De muitas maneiras, a Reforma representou uma masculinização do cristianismo. Em sua teologia e modo de vida, Martinho Lutero contribuiu, no entanto, para um potencial maior respeito pelas mulheres através de sua visão positiva do casamento e de sua crítica do celibato como modo de vida cristão. Todavia, Lutero também consolidou uma estrita divisão de gênero entre homens e mulheres na ordem cristã da criação.

Se, por um lado, a religião judaico-cristã manteve uma estrutura masculina e hierárquica que discriminava e excluía as mulheres, por outro, alguns têm argumentado que ainda existem aspectos femininos no interior dessa tradição religiosa. No Antigo Testamento, Deus é representado por imagens femininas, e a literatura sapiencial sobre a imagem feminina de Sofia é importante. Além disso, a doutrina da Trindade revela traços femininos no Pai (enquanto um Pai e uma Mãe) e no Espírito Santo (como uma Mãe que une o Pai e o Filho). Há também a figura de Maria, considerada a morada do Espírito Santo, o lugar de sua presença e de sua ação no mundo (GARDINI, 1987). Outros têm afirmado que parte do Novo Testamento contém imagens positivas das mulheres. Por exemplo, um estudo do Evangelho de Lucas concluiu que esse texto vê as mulheres como veículos de revelação e porta-vozes de ideias teológicas. As mulheres receberam as bênçãos de Jesus, foram suas seguidoras, participaram da refeição ritual, foram matéria de ensinamentos de Jesus, e Jesus usou imagens femininas para se descrever (VIA, 1987).

Tanto as feministas judias quanto cristãs têm buscado reinterpretar vários textos sagrados compartilhados por ambas as tradições, um dos quais a história da criação. Enquanto a figura de Eva tem uma influência de longo alcance no cristianismo, uma tradição judaica sustenta que o nome da mulher cuja criação é mencionada primeiro não se chamava Eva, mas Lilith. Lilith é considerada a primeira esposa de Adão, e Eva, a terceira. Lilith insistiu na plena igualdade em relação a Adão por causa de suas origens idênticas. Quando Adão não concordou, ela o deixou. Nem mesmo um grupo de anjos enviados por Deus foi capaz de fazê-la mudar de ideia. Numerosas figuras femininas na Bíblia hebraica têm sido consideradas pelas mulheres contemporâneas como "matriarcas" da fé. Algumas são figuras matriarcais, enquanto outras são mulheres do Êxodo e da Terra Prometida, ou mulheres dos tempos dos profetas (KING,1993, p. 44-45).

A igualdade espiritual entre homens e mulheres também é reconhecida no islamismo. O Alcorão afirma que mulheres e homens foram criados a partir de uma única alma. Homens e mulheres também rezam diante de Deus como iguais. Muitos Hadiths, coletâneas de palavras do Profeta, também caracterizam as companheiras do Profeta de uma maneira positiva. Por exemplo, Aisha, a esposa do Profeta, dispõe de um *status* particularmente elevado como uma mulher forte que se envolveu em disputas políticas. Mais controversos são os Hadiths que descrevem a natureza das mulheres. Um Hadith afirma que o testemunho de uma mulher vale metade do testemunho de um homem porque as mulheres são deficientes em intelecto e religião, e isso é muitas vezes interpretado no sentido de que as mulheres são emocionais, ao passo que os homens são racionais (ROALD, 2001, p. 119-132).

Riffat Hassan (1990, p. 100-116), uma feminista islâmica de ascendência indo-paquistanesa que vive nos Estados Unidos, sustenta que as atitudes negativas relativas às mulheres que prevalecem nas sociedades muçulmanas estão enraizadas em três suposições teológicas: primeiro, que o homem é a origem da criação; segundo, que as mulheres são definidas como tentações; e terceiro, que as mulheres foram criadas como um meio para fins masculinos. A estudiosa do islamismo norueguesa Anne Sophie Roald (2001, p. 124-125) aponta que essas concepções podem ser mais prevalecentes no subcontinente indiano do que nos países e regiões de língua árabe. Existem, então, variações geográficas e culturais nas interpretações dessas questões no interior do islamismo.

Se a igualdade espiritual entre homens e mulheres tem sido tradicionalmente aceita no islamismo, já a questão da igualdade social tem sido controversa. A questão das relações de gênero é relevante na esfera familiar e em um contexto social mais amplo. Vamos examinar primeiro a esfera familiar – as relações de gênero estão intimamente ligadas às ideias sobre casamento e família no islamismo devido à crença de que todo muçulmano, se possível, deve ser casado. Assim, a relação ideal entre um homem e uma mulher só pode ocorrer em um casamento. O relacionamento conjugal muçulmano baseia-se em ideias de complementaridade e não de igualdade. Embora pouco seja dito no Alcorão sobre as relações de gênero, o texto sagrado afirma que os homens são o esteio da família, são os protetores e mantenedores do controle sobre as mulheres. O Livro permite até mesmo o castigo físico das mulheres em determinadas situações. Os Hadiths expõem dois lados das relações de gênero, que também são evidentes no Alcorão: primeiro, que a relação entre marido e mulher é de misericórdia e ternura, e segundo, que o marido detém o poder. Quando se trata do papel da mulher na esfera pública, um Hadith proíbe a liderança feminina (ROALD, 2001, p. 145-149, 185-200). A feminista muçulmana Fatima Mernissi, em seu livro *Women and Islam* (1987), fez desse ponto uma questão importante na luta pelo empoderamento das mulheres muçulmanas. Com efeito, vários países muçulmanos tiveram líderes mulheres. Outras questões controversas passam pelo direito dos homens de ter uma segunda esposa e pelo vestuário feminino. A tradição patriarcal no islamismo tem estado sob crescente pressão da ideologia da igualdade de gênero, especialmente entre os muçulmanos que vivem no Ocidente, mas também em vários países muçulmanos. Um exemplo é o Irã contemporâneo, onde há um discurso nativo sobre essas questões (MIR-HOSSEINI, 2000).

Ao examinar de passagem o hinduísmo, descobrimos que sua visão sobre as mulheres é ambígua. Nos Vedas, as escrituras do hinduísmo, os deuses são predominantemente masculinos. Isso reflete uma sociedade patriarcal, na qual as relações de gênero são frequentemente discutidas em termos da "casta masculina" e da "casta feminina". Uma distinção fundamental que afeta as relações de gênero é entre pureza e impureza. No hinduísmo, a natureza bruta é considerada impura, enquanto a cultura é pura. A impureza está mais ligada às mulheres do que aos homens. Por exemplo, as mulheres menstruadas não podem cozinhar, nem entrar no templo. As noções de pureza e impureza são usadas como legitimação para o sistema de castas. A casta superior esforça-se para manter a pureza e, a fim de atingir o objetivo, separa-se do resto da sociedade. As castas inferiores removem as impurezas das castas superiores, mas ao fazer isso, continuam impuras. Somente o puro, ou o homem da casta superior, pode alcançar a liberdade espiritual (SMITH, 2002, p. 21).

No entanto, o hinduísmo tem uma forte tradição de adoração de divindades femininas. O hinduísmo concebe a energia cósmica divina, *Shakti*, como feminina. Além disso, a grande deusa, chamada *Devi* ou "mãe", manifesta-se em diversas formas. Ela pode ser a fonte de toda a existência. A deusa é às vezes descrita como a mãe do universo, que permeia todas as coisas. O conhecimento do universo é também idêntico às formas da Deusa todo-poderosa. Festivais são organizados em sua homenagem. As noções da Deusa também tiveram um papel no nacionalismo indiano, pois ela veio para representar o país e seu poder (KING, 1993, p. 51-52).

Na Sociedade Internacional para a Consciência de Krishna (ISKCON), ou do movimento Hare Krishna, uma forma de hinduísmo particularmente popular no Ocidente, a liderança ensina a igualdade espiritual entre homens e mulheres. O objetivo é alcançar um relacionamento de serviço amoroso a Deus. Assim, o serviço devocional, caracterizado por sua atitude de submissão, constitui tanto o caminho quanto a meta, e está aberto tanto para homens quanto para mulheres. Entretanto, o fundador do movimento, Srila Prabhupada, fez comentários negativos sobre as mulheres, considerando o corpo feminino e os papéis maternos como mais coibidores do que o corpo e os papéis masculinos. Após sua chegada aos Estados Unidos nos anos 1960, ele permitiu que homens e mulheres entrassem no movimento e se tornassem discípulos. Em princípio, as mulheres podem se tornar líderes, aceitar renúncia ou ser gurus como os homens, embora isso ainda não tenha acontecido (KNOTT, 1987).

O siquismo tem sido considerado como uma forma de hinduísmo, embora tenha se tornado uma religião à parte. As origens do siquismo remetem a Guru Nanak, que nasceu na Índia em 1469. Na comunidade de discípulos que cresceu em torno de Nanak, homens e mulheres compartilhavam a igualdade quando se tratava de trabalho, culinária e atividades congregacionais. Nanak era sensível à discriminação contra as mulheres e denunciou costumes como a *sati* (a queima de viúvas), o véu e as crenças na poluição menstrual. No geral, mulheres e homens tinham um *status* relativamente igual. Em 1699, o Décimo Guru desde Nanak fundou a Khalsa, uma irmandade de elite, o que marcou um acentuado afastamento do passado. Estabeleceu-se uma nova ênfase em traços masculinos, que foi associada ao caráter fortemente militante da Khalsa. Entretanto, o código de conduta sique, publicado em 1950, dispõe que as mulheres não devem velar suas faces, que o infanticídio é proibido, que viúvas podem se casar novamente, que casamentos de crianças e matrimônios por dote são proibidos, e que não há proibição contra o aborto. Hoje as escrituras siques sustentam a igualdade de gênero, embora a religião ainda seja afetada por sua longa história de domínio masculino (SHACKLE, 2001, 2002). Um trabalho pioneiro da estudiosa da religião americana Nikky Singh (1993) tentou redefinir os entendimentos de gênero no siquismo.

No budismo, tradições diversas apresentam diferentes pontos de vista sobre as mulheres. Em contraste com o hinduísmo, no qual as mulheres não podiam alcançar a liberdade espiritual dos homens de casta superior, o Buda ensinou que o *nirvana* (libertação) estava ao alcance de mulheres e homens, de ricos e pobres. A visão de Buda sobre as mulheres era mais generosa e positiva do que a de monges posteriores. Ele pregava para mulheres, e relutantemente permitia que elas se tornassem monjas. Dois séculos após a morte de Buda, dois aspectos diferentes do budismo se desenvolveram. Na escola Hinayana, uma atitude nitidamente antimulher era comum. As mulheres eram consideradas feias, cegas, miseráveis, com enormes apetites sexuais, enquanto os homens eram vistos como nobres, leais, generosos e sagrados. Nessa tradição, as mulheres eram vistas como obstáculos para a libertação dos monges. Na escola Mahayana, toda experiência humana, masculina ou feminina, era considerada terreno para a iluminação. Na *Prajna* (sabedoria), não há divisão. A sabedoria suprema ou *Prajnaparamita*, a "Perfeição da Sabedoria", é um nome feminino. Ela não é adorada como uma deusa, mas ela resgata as pessoas da ignorância e do sofrimento, e a fé nela depositada leva à libertação. Uma série de divindades femininas surgiram na Índia e no Tibete, dentro da escola Mahayana, mais favorável às mulheres do que a Hinayana. Mais tarde, apareceram duas outras escolas de budismo, a Vajrayana e a Zen. A Vajrayana originou-se no Tibete, dispunha de uma forte inclinação para a igualdade das mulheres. Contudo, ainda não há uma ordenação completa para mulheres na atual escola Vajrayana. O Zen desenvolveu-se na China e de lá chegou à Coreia e ao Japão; para o Zen, a iluminação está disponível para mulheres e homens. A escola Zen tem várias práticas em relação às mulheres, pois se espalhou por partes do mundo bem diferentes. É provável que o budismo Mahayana ocidental seja o que ofereça mais liberdade às mulheres. Em contraste, a escola Theravada, derivada da escola Hinayana e difundida pelo sudeste asiático, ainda considera as mulheres inferiores aos homens (BANCROFT, 1987).

Ao comparar os escritos de diferentes tradições religiosas e suas imagens de mulheres, a professora de teologia e religião Ursula King encontrou dois tipos distintos de imagens de mulheres. Uma é a imagem da mãe, que está intimamente ligada à fertilidade e à sexualidade. A outra é uma imagem não material, ou uma imagem de companheira. Nesse caso, as mulheres são vistas como iguais e independentes ou como complementares aos homens, mas não como suas subordinadas (KING, 1993, p. 45). Em geral, muitos ensinamentos sobre as mulheres nas religiões mundiais operam em uma perspectiva dualista, que divide corpo e mente, natureza e espírito, homem e mulher, a terra assim como o céu. As mulheres estão associadas ao corpo, à natureza e à terra; os homens à mente, ao espírito e ao céu (KING, 1993, p. 47). Muitas tentativas feministas de desconstruir a linguagem e os textos religiosos têm detectado essas premissas e similares.

11.2 Experiências religiosas de homens e de mulheres

O projeto feminista de descobrir como relações de gênero estão implicadas em uma determinada experiência continua a ser importante na sociologia da religião (WOODHEAD, 2003). Indivíduos participam de movimentos e organizações religiosas como homens e mulheres. Organizações e movimentos criam e mantêm estruturas que continuam a reproduzir relações de gênero.

Pesquisas sugerem que mulheres e homens de fato experimentam Deus e a fé de modos diferentes (cf. OZORAK, 1996, p. 18). As mulheres tendem a enfatizar relacionamentos pessoais com um Deus amoroso e com os outros da comunidade religiosa, ao passo que os homens tendem a salientar o poder e o juízo de Deus e sua própria disciplina espiritual. Nesse registro, as mulheres conceituam a religião em termos de relacionamento mais do que de individuação. Um estudo das argumentações oferecidas pelas mulheres e pelos homens que retornaram ao judaísmo ortodoxo moderno chegou à conclusão de que elas são de fato diferentes (DAVIDMAN; GREIL, 1994). Tanto as mulheres quanto os homens estudados retornaram à ortodoxia. Contudo, suas motivações, ou seus relatos sobre suas motivações, não eram as mesmas. Se as mulheres enfatizavam questões relacionadas à família e a relacionamentos pessoais, os homens exprimiam preocupações sobre ética e ambiente de trabalho. As percepções sobre a natureza de Deus também eram distintas para homens e mulheres. A crença em um Deus pessoal era maior entre os homens do que entre as mulheres, e metade das mulheres inquiridas tinham dúvidas sobre a natureza de Deus. Se mulheres e homens retornaram para a mesma religião, eles não o fizeram pelas mesmas razões.

Também parece que as mulheres valorizam certos aspectos, como a conectividade e a comunidade quando se trata da participação religiosa. Um estudo sobre mulheres envolvidas na religião organizada concluiu que elas sublinhavam a importância do cuidado e da comunidade em sua experiência religiosa. Elas concebiam Deus mais como um amigo do que como um governante ou juiz cósmico. Embora a maioria das mulheres estivessem cientes das desigualdades de gênero em suas tradições religiosas, elas acreditavam que os benefícios do envolvimento religioso, como relacionamentos gratificantes, pesavam mais do que os aspectos negativos da organização e liderança dominadas por homens (OZORAK, 1996).

Além de se acomodarem a formas tradicionais de religião, as mulheres também criaram religiões centradas na mulher. Não se exercendo dentro das tradições religiosas dominantes, essas religiões contam com um pequeno número de participantes. Seus níveis de organização também variam. Todavia, elas são importantes como indicadores de novos modos mobilizados pelas mulheres de construir caminhos alternativos para explorar a religião. O movimento da espiritualidade das mulheres consiste em uma série de grupos rituais centrados na mulher que apoiam a autoridade ritual feminina e são voltados para divindades femininas e a celebração de rituais. Um tema importante é o empoderamento feminino trazido por essas crenças, rituais e símbolos. As mulheres têm sido criativas na formação de novos rituais e na reinterpretação do simbolismo religioso. Algumas práticas ritualísticas têm como objetivo a cura de indivíduos. A socióloga da religião Meredith McGuire (1988) relata que as formas não médicas de cura estão bastante difundidas entre as pessoas de classe média instruída e economicamente remediada. Outro tipo de cura ritual tem sido praticado entre mulheres vítimas de abuso (JACOBS, 1989; NASON-CLARK, 2003). É importante saber que também existem movimentos espirituais masculinos. Um exemplo é o movimento evangélico americano (BARKOWSKI, 2004; BRICKNER, 1999; WILLIAMS, 2001). Nesse movimento, os rituais têm as características de um rito de iniciação masculina. Ao mesmo tempo, eles também exprimem uma transformação do *self*. Os Pagadores de Promessa salientam o desenvolvimento de uma masculinidade disciplinada, baseada em ideais de heterossexualidade e autoridade (McGUIRE, 2003).

Grupos rituais centrados na mulher também surgiram no interior de religiões tradicionais, por exemplo, o movimento litúrgico feminista emergiu no cristianismo e no judaísmo (PROCTER-SMITH; WALTON, 1993). As mulheres que participam ou são ordenadas ou são leigas insatisfeitas com as cerimônias tradicionais e optaram por fazer liturgias que atendessem às suas necessidades espirituais. Como esse movimento reivindica a autoridade ritual da mulher, ele geralmente se encontra em algum grau de tensão com a Igreja ou sinagoga oficiais.

Para alguns, essa tensão significa toda uma passagem para uma outra tradição religiosa, particularmente as atuais reconstruções feministas de antigas religiões centradas em uma divindade feminina. Essa tendência na espiritualidade feminina surgiu com a criação de rituais que são projetados para proporcionar às mulheres um meio de se conectarem umas às outras enquanto exploram imagens da força feminina derivadas de antigos símbolos da Deusa. O movimento da Deusa é um tipo de paganismo moderno. Alguns têm afirmado que ele faz parte da era pós-moderna ou que é uma "religião *designer*", porque os aderentes têm a tendência de "coletar, adaptar e reunir de forma criativa uma mistura eclética de elementos religiosos de muitas tradições vivas e antigas" (ROUNTREE, 2002, p. 478).

Outro movimento que cresceu a partir do movimento feminista e do neopaganismo é a Wicca diânica, uma bruxaria religiosa feminista. A socióloga da religião Helen A. Berger (1998) analisou exaustivamente a Wicca, baseada em mais de dez anos de pesquisa de campo. De acordo com Berger, as wiccanas têm suas origens em um passado místico pré-cristão na Europa e na bruxaria praticada no Reino Unido no início do século XX. Os indivíduos utilizam um sistema complexo de símbolos e práticas para definir a identidade, o significado e o propósito pessoais e coletivos. De acordo com as wiccanas, o desenvolvimento espiritual individual e coletivo é alcançado através de atividades místicas que são encenadas em domínios privados e coletivos. O movimento tem enfatizado a preocupação com os direitos da mulher, o ambiente e os direitos de gays e lésbicas. Embora a bruxaria seja uma religião descentralizada que enfatiza a espontaneidade da expressão religiosa, é possível observar sua rotinização. As wiccanas têm buscado constituir estruturas formais, líderes profissionais e administradoras. O trabalho da teóloga e antropóloga social norueguesa Jone Salomonsen (2002) pode ser outra interessante introdução a uma comunidade wicca, a "Reclaiming" [Recuperação, Reativação] de São Francisco. Como ela não só participou plenamente de seus rituais em seu trabalho de campo, mas também solicitou e recebeu iniciação como *Reclaming Witch*, ela fornece informações detalhadas sobre seus rituais, ensinamentos e vida comunitária.

As bruxas e as mulheres feministas no movimento da Deusa americana criam mitos e símbolos, moldando um quadro de significado e tentando redefinir o poder, a autoridade, a sexualidade e as relações sociais. Embora tenha sido criticado por ser um movimento de mulheres brancas, instruídas e de classe média, alguns grupos recrutam uma coorte mais variada de mulheres do ponto de vista da raça, etnia e classe social (GRIFFIN, 1995). Outras críticas têm sido feitas à sua orientação para a transformação do *self*, alegando que se trata de um diversionismo narcisista em relação à ação política. Entretanto, estudos empíricos demonstraram que os índices de participação política são altos nesse grupo (FINLEY, 1994).

11.3 O papel da mulher nas organizações religiosas

Em estudos sobre mulheres e religião, diversos estudiosos têm analisado as instituições religiosas e os reais papéis das mulheres em diferentes comunidades religiosas. Até que ponto as mulheres participam nas práticas religiosas e rituais? Elas detêm posições de autoridade, e em caso afirmativo, em que níveis? Quando as mulheres enfrentam restrições, como elas negociam e lapidam um espaço para elas mesmas?

Primeiro, iremos examinar uma tradição cristã. Alguns estudos trataram do papel e do lugar da mulher no cristianismo antigo. O sociólogo da religião americano Rodney Stark (1995, 1996) descobriu que as mulheres desempenharam um papel muito mais importante na Igreja cristã primitiva do que se presumia anteriormente. As mulheres muitas vezes eram decanas, o que significa que participavam de funções litúrgicas e administravam atividades de caridade da Igreja. Elas detinham postos de honra e autoridade, assim como atuavam como evangelistas e educadoras. Elas gozavam de mais poder do que as mulheres pagãs. As mulheres também contribuíam para o crescimento na medida em que tendiam a recrutar seus maridos pagãos e prover novos convertidos pelos laços criados pelo nascimento da prole. Stark conclui que as mulheres são um fator crucial de explicação do crescimento e difusão do cristianismo primitivo.

Numerosos estudos sobre o papel da mulher em movimentos religiosos antes do século XX estão disponíveis. De países nórdicos, temos análises sobre a participação de mulheres no movimento leigo luterano (MARKKOLA, 2000), no metodismo (FURSETH, 2002), em diversas organizações missionárias (NYHAGEN PREDELLI, 2003; SELAND, 2000). Na Noruega, um movimento luterano antigo, representado pelo movimento haugeano do começo do século XIX, dava às mulheres uma margem de ação relativamente grande, que atuavam como porta-vozes e líderes de grupos locais (FURSETH, 1999). Entretanto, o movimento missionário da década de 1880 até os anos 1920 limitava o papel das mulheres (SELAND, 2000). A visão oficial difundida durante esse período era a de que as mulheres não deviam ser líderes ou oradoras. Contudo, as mulheres conseguiram criar uma esfera para elas mesmas e alcançaram posições informais. Os papéis de gênero no interior das organizações eram com frequência afetados pela sociedade envolvente. O estudo sobre missionários noruegueses em Madagascar (NYHAGEN PREDELLI, 2003) deixa isso evidente. A adaptação dos missionários homens e missionárias mulheres às condições da cultura local malgaxe suscitou transformações nas relações entre gênero e religião em um nível individual e organizacional. Não obstante os papéis de gênero tal como definidos seja pela sociedade seja pelas organizações religiosas, esses estudos mostram que as mulheres cavaram um espaço para elas mesmas e desempenharam um importante papel em diferentes níveis desses movimentos.

Estudos sobre o papel e lugar das mulheres em grupos cristãos históricos nos Estados Unidos apontam para achados similares. Em uma análise das carreiras espirituais de mulheres puritanas e evangélicas na América antiga (1600-1850), a historiadora estadunidense Marilyn J. Westerkamp (1999) traça as origens da tradição espiritual feminina desde os reformadores puritanos, batistas, metodistas e evangélicos. Embora as relações de gênero tenham se transformado entre 1600 e 1850, as ideologias hegemônicas foram mantidas e definiam as mulheres como mais frágeis do que os homens do ponto de vista emocional, intelectual e físico. A reivindicação das mulheres pela autoridade nesses movimentos tinha como base sua conexão com o Espírito Santo, que os líderes homens desejavam controlar. Em meados do século XIX, as mulheres podiam ser ordenadas, trabalhar como missionárias, ser rezadoras laicas, estabelecer Igrejas, produzir textos sagrados e fundar novas religiões. Westerkamp conclui que a religião foi tanto opressora quanto uma força empoderadora para as mulheres da América colonial.

Se examinarmos os grupos e Igrejas cristãos contemporâneos, a pesquisa tendeu a distinguir entre comunidades liberais e tradicionais e comunidades conservadoras. Nas comunidades tradicionais e liberais, o foco tem sido dirigido sobre as mulheres e o ministério. A ordenação de mulheres tem sido um processo lento. Nos Estados Unidos, as mulheres correspondiam a 2,2 por cento do clero em 1930, a 2,9 em 1970 e a 4,2 por cento em 1980 (CARROLL et al., 1983, p. 4). Em 1990, elas representavam cerca de 10 por cento (CHAVES, 1997, p. 15). Muitas "denominações protestantes principais" não permitiam a ordenação de mulheres até as décadas de 1950, 1960 e 1970. Uma ampla análise do número crescente de mulheres no ministério nos Estados Unidos descobriu que o clero masculino e feminino entretém posições de entrada similares, ao passo que aparecem agudas diferenças de gênero quando se atinge posições medianas (CARROLL et al., 1983). Essas tendências têm se provado consistentes, resultando num efeito "teto de vidro" para mulheres que têm interesse em posições de liderança em um nível superior. Embora esse tenha sido o padrão em Igrejas europeias e americanas, tendências semelhantes também têm sido encontradas em igrejas afro-americanas (BAER, 1994, p. 77). A Igreja Católica Romana não admite mulheres no sacerdócio. Mulheres não podem agir *in persona Christi* (na pessoa do Cristo) porque não são homens biológicos (FARRELL, 1991, p. 339). Contudo, em 1965, mulheres católicas nos Estados Unidos foram admitidas em escolas de teologia para preparação ministerial, e em 1983 foram abertas as portas para a nomeação de leigas como administradoras paroquiais. No início dos anos 1990, cerca de 2 por cento das paróquias católicas nos Estados Unidos eram dirigidas por mulheres (WALLACE, 1994). Nesse sentido, as mulheres católicas tentavam mudar a Igreja a partir de dentro.

Estudos sobre o clero feminino em outros países mostram padrões semelhantes aos dos Estados Unidos. Na Noruega, um estudo sobre o clero feminino identificou problemas enfrentados pelas mulheres durante o processo de contratação. Algumas foram ignoradas e outras retiraram suas candidaturas devido à resistência local contra elas. Entretanto, a maioria dos informantes relatou que uma vez contratadas, elas eram bem-recebidas por seus colegas e pelas congregações. Esse estudo também mostra que essas religiosas tentaram mudar seus papéis para que correspondessem ao que consideravam ser valores mais femininos (HØEG, 1998).

Há sinais indicando que tanto o clero feminino quanto o masculino têm perfis diferentes. Um estudo sueco mostra, por exemplo, que o clero feminino tende a se concentrar nas relações sociais em sua pregação e muitas vezes usa uma linguagem cotidiana, enquanto o clero masculino procura comunicar conhecimentos dogmáticos usando uma linguagem teológica (BÄCKSTRÖM, 1992). Não há, no entanto, qualquer razão para acreditar que essas descobertas continuarão a ser válidas indefinidamente. Desde a realização desse estudo, o número de mulheres no clero aumentou drasticamente nos países nórdicos. Pode muito bem ser que atualmente o clero feminino represente um espectro mais amplo do que a geração pioneira, e que o clero masculino tenha sido afetado por suas colegas mulheres.

Examinando agora as comunidades conservadoras, os estudiosos têm ficado intrigados com o grande número de mulheres participantes nesses tipos de comunidades. Um exemplo é a Women's Aglow International, que é uma irmandade não denominacional de mulheres pentecostais (Full Gospel). O movimento começou em Seattle, Washington, em 1967, e agora tem irmandades em todo o mundo, inclusive na Europa. Os membros são predominantemente mulheres. Devido à crença de que as Escrituras ensinam a submissão das mulheres à autoridade masculina, os conselheiros de cada capítulo[2] são homens, e as mulheres precisam da permissão de seus maridos para participar. O movimento encoraja as mulheres a ser donas de casa, por isso poucos membros trabalham em tempo integral (McGUIRE, 1988, p. 19-20).

Têm aparecido vários estudos que exploram os motivos para a participação feminina em religiões tão dominadas por homens. As primeiras pesquisas sobre mulheres que se juntaram a grupos comunitários sugeriam que, em tempos de instabilidade e fluidez de valores culturais, o que atraía as mulheres eram a certeza e a estabilidade dos papéis tradicionais (AIDALA, 1985). Pesquisas posteriores sustentaram que as mulheres acreditam ter algo a ganhar com esses grupos (BRASHER, 1998; NEITZ, 1987). A religião evangélica transforma o lar e recupera a família. Ela prega uma ideologia que pode ser

---

2. A palavra "capítulo" indica a reunião de pessoas com voz e competência para decidir sobre matérias relativas à instituição religiosa a que pertencem [N.T.].

usada pelas mulheres para domesticar os homens (MARTIN, 1990, p. 81-82). Assim, as mulheres trocam a autoridade e as posições formais pelo maior envolvimento de seus maridos na família.

Uma das razões por trás das muitas divisões no judaísmo tem a ver com as diferentes concepções sobre as mulheres. Há uma grande linha divisória entre diversos grupos ortodoxos e todos os outros (BERKOWITZ, 1999, p. 551). Os grupos ortodoxos têm impedido as mulheres de se tornarem rabinas e de atuar em papéis decisórios, rituais e litúrgicos. Geralmente nas sinagogas há uma partição ou uma galeria que separa as mulheres dos homens. Não se permite a nenhuma mulher ortodoxa o rabinato. Considera-se que o lugar da mulher é a casa, onde ela é responsável pela educação das crianças, pela preparação e celebração do sabá e outras efemérides religiosas. A forte ênfase na tradição e nas diferenças de papéis de gênero entre os ultraortodoxos fazem das mulheres dessa tradição mais oprimidas do que as mulheres ortodoxas. As mulheres ultraortodoxas não participam muito da sociedade envolvente, suas atividades sendo ainda mais concentradas na casa (KUNIN, 2002, p. 148-149). Estudiosas feministas que realizaram pesquisas sobre mulheres recém-convertidas ao judaísmo ortodoxo também estão se perguntando por que mulheres aderem a uma religiosidade tão limitadora. Pesquisas indicam que questões relativas à família e a relações pessoais são as mais salientadas pelas mulheres. O delineamento de papéis distintivos e convencionais para homens e mulheres e os padrões normativos de vida familiar nuclear são elementos importantes para a atração de convertidos potenciais para esses grupos (DAVIDMAN; GREIL, 1994).

Outros grupos no interior do judaísmo abrangem mulheres em um nível mais igualitário. Nos últimos vinte anos, os líderes do judaísmo reformador nos Estados Unidos responderam às reivindicações das mulheres de várias maneiras: ordenação feminina, nominação ritual de filhas, palavras e canções feitas por mulheres, linguagem sobre mulheres. Em 1972, pela primeira vez as mulheres foram ordenadas rabinas no movimento da reforma. Desde o início dos anos 1970, observa-se também uma popularidade cada vez maior das cerimônias de iniciação de filhas, realizadas em casa, ou na sinagoga durante a cerimônia regular de sábado. Além disso, as palavras e canções feitas por mulheres foram incluídas nas liturgias oficiais (WENIG, 1993).

Quando examinamos as mulheres muçulmanas que vivem no mundo ocidental, descobrimos que algumas escolhem uma perspectiva relativamente secular de vida. Outras mulheres adotam uma compreensão mais conservadora ou tradicional de seu papel. As mulheres muçulmanas que se veem como feministas se definem muitas vezes como diferentes das feministas ocidentais. As mulheres muçulmanas europeias e americanas têm desempenhado papéis importantes em suas congregações muçulmanas e continuarão a fazê-lo enquanto essas comunidades estiverem crescendo. Algumas mulheres estão se tornando especialistas no islamismo (ROALD, 2001), ao passo que outras são as principais instrutoras da fé e da prática do islamismo para as mulheres e crianças em suas congregações. Algumas trabalham como professoras em escolas muçulmanas. Em várias congregações, muitas atuam também como membros de conselho e são responsáveis pelas finanças da congregação (NYHAGEN PREDELLI, 2004).

O vestuário islâmico tem sido controverso. Muitos ocidentais ficaram intrigados com o fato de tantas mulheres de classe média instruídas terem adotado esse modo de se vestir. Muitos procuraram por um motivo subjacente à nova ênfase no vestuário islâmico e acabaram com explicações simplistas. Uma abordagem mais razoável é supor que as mulheres têm uma grande variedade de motivos para usar um véu ou um *hijab* (lenço para o cabelo), por exemplo; e uma mulher em particular também pode ter vários motivos ao mesmo tempo. O lenço pode representar um símbolo visível da aceitação das prescrições sociais do islamismo. Nesse caso, o lenço para o cabelo representa um novo nível de religiosidade e um desejo de aderir às prescrições religiosas na própria vida cotidiana. Pode ser que o lenço para o cabelo funcione como um marcador de identidade que mostre ao mundo que a mulher que o porta é muçulmana. Outro motivo pode ser que o uso do traje islâmico assegura à mulher certos benefícios, como proteção contra assédio ou acesso a viagens gratuitas de ônibus para a universidade, como foi o caso no Egito (KEPEL, 2002). A estudiosa de religião Linda Woodhead (2002, p. 346) também assinala que muitas mulheres nas sociedades muçulmanas usam o lenço para negociar sua entrada e seus trajetos no espaço social.

No hinduísmo, os líderes dos templos geralmente são homens. Esse padrão também se aplica num contexto ocidental. No ocidente, os sacerdotes dos templos geralmente são homens da casta brâmane. No entanto, as mulheres estão envolvidas em diferentes níveis na administração dos templos. Nos Estados Unidos, algumas mulheres ocupam posições proeminentes de liderança nos templos maiores. As mulheres também inventaram novas funções rituais, e participam de procissões que antes eram feitas só por homens. Vimos que a menstruação é considerada um fator poluente no hinduísmo – portanto, mulheres menstruadas não frequentam os templos na Índia. Como os templos no Ocidente funcionam muitas vezes como centros comunitários e instituições de aprendizado e como as mulheres usualmente estão envolvidas na administração, as regras de pureza e impureza são menos rígidas e deixadas a critério de cada indivíduo. Com efeito, há até mesmo algumas mulheres gurus que periodicamente viajam pelo mundo – algumas delas fundaram organizações. Em Michigan, há até mesmo um movimento monástico feminino, Sarada Ashram. A prática hindu no Ocidente está lentamente passando por mudanças a fim de acomodar mulheres (NARAYANAN, 1999).

No budismo, vimos que foi permitido que as mulheres se tornassem monjas, ainda que mantivessem sempre uma posição inferior à dos monges. Por exemplo, as monjas jamais acederam à mesma posição de oferecer ensinamentos, enquanto os homens formaram várias escolas de pensamento (BANCROFT, 1987). Em alguns casos, as expectativas de gênero distintivas levaram a abusos sexuais e a outros abusos de poder por parte dos líderes masculinos. Se os papéis tradicionais de gênero no interior do budismo tendem a ser defendidos em vários países asiáticos, esse padrão parece ter mudado no Ocidente. Nos Estados Unidos, as mulheres budistas começaram a assumir posições de liderança. A mestra budista americana Sandy Boucher (1988) falou a mais de cem mulheres budistas influentes, e essas mulheres assinalam a ampla gama de influência exercida pelas budistas no Ocidente. Algumas mulheres expressaram fortes argumentos a favor da igualdade de gênero, enquanto outras introduziram mudanças nos votos monásticos budistas. Há também mestras, professoras budistas.

No século XXI, as mulheres estão ativas em todas as religiões mundiais. O impacto que elas causam é mais evidente em comunidades cristãs liberais, no judaísmo reformado e no budismo mahayana ocidental do que em grupos cristãos conservadores, no judaísmo ortodoxo, na tradição hinayana e em formas mais conservadoras de islamismo. Todas essas religiões mundiais no Ocidente estão sofrendo transformações importantes em resposta às necessidades e visões de mundo de seus seguidores ocidentais. A participação das mulheres nessas comunidades continua a pressionar por mudanças a fim de satisfazer as necessidades e reivindicações das mulheres.

11.4 A participação de mulheres em grupos religiosos – diferentes explicações

A sensibilidade das mulheres à religião tem sido descrita em vários estudos sobre a religiosidade do século XX no mundo ocidental. Nos Estados Unidos, os dados do censo de 1926 mostravam que a maioria dos membros do culto e dos membros da maior parte das principais denominações estadunidenses eram mulheres. A alta participação de mulheres nas Igrejas continuou ao longo do século – e foi sendo verificada estudo após estudo (FINKE; STARK, 1992, p. 10, 35; STARK; BAINBRIDGE, 1985, p. 237). Muitos dos novos movimentos religiosos que surgiram nos anos 1970 também se caracterizavam pelo mesmo padrão de filiação feminina (HOWELL, 1998; PUTTICK, 1999; STARK; BAINBRIDGE, 1985, p. 413-417). Mulheres de todas as idades continuaram a ultrapassar os homens na maioria das medições de religiosidade. Pesquisas realizadas nos Estados Unidos mostravam a tendência das mulheres a ter uma atitude mais positiva em relação ao cristianismo do que os homens (FRANCIS; WILCOX, 1998); além de tender a ter uma pontuação mais alta do que os homens no quesito do interesse pela religião, a ter um compromisso religioso pessoal mais forte e a frequentar a igreja com mais assiduidade. Esse padrão parece se manter ao longo da vida, independentemente do tipo de organização religiosa em questão (cf. MILLER; HOFFMANN, 1995; OZORAK, 1996). Essa tendência não está confinada apenas aos Estados Unidos. Os resultados do European Value Study também confirmam uma pontuação mais alta em valores religiosos das mulheres em relação aos homens na Grã-Bretanha, Alemanha, Noruega e Dinamarca (BOTVAR, 1993; GUNDELACH & RIIS, 1992). As diferenças de gênero em religiosidade não se limitam à região norte-ocidental do mundo. O sociólogo da religião britânico David Martin (1990, p. 182-184) observou que na América Latina as mulheres tendiam a aderir às novas Igrejas carismáticas protestantes antes dos homens.

Foram feitas tentativas para explicar por que as mulheres parecem ser mais sensíveis à religião do que os homens. Dois grandes grupos de teorias surgiram na literatura das ciências sociais (FRANCIS; WILCOX, 1998, p. 462-463; MILLER; HOFFMANN, 1995, p. 63). O primeiro enfatiza as influências sociais ou contextuais que moldam as diferentes respostas à religião segundo homens e mulheres. Esse grupo pode ser dividido em duas categorias: teorias de socialização de papéis de gênero e teorias de localização estrutural. As teorias de socialização de papéis de gênero argumentam que as mulheres são ensinadas a ser mais submissas, passivas, obedientes e cuidadoras do que os homens, e que essas características estão associadas a níveis mais elevados de religiosidade (MILLER; HOFFMANN, 1995). As teorias de localização estrutural sustentam que as mulheres são mais religiosas do que os homens devido à sua localização estrutural na sociedade. Como as mulheres tendem a ter uma menor participação na força de trabalho e uma maior responsabilidade na educação dos filhos, elas teriam mais tempo para atividades religiosas (LUCKMANN, 1967). Certos estudiosos também dizem que o envolvimento das mulheres na criação dos filhos as levam a participar de assuntos religiosos, uma vez que são atividades relacionadas ao bem-estar da família (GLOCK et al., 1967).

O segundo grupo de teorias concentra-se nas características pessoais ou individuais que diferenciam homens e mulheres (AIDALA, 1985; FRANCIS; WILCOX, 1998). Esse grupo está presente mais comumente na psicologia da religião. Ele pode ser dividido em três categorias: teorias de psicologia profunda, teorias de personalidade e teorias de orientação de gênero. Esta última é a de maior interesse para nós. As teorias de orientação de gênero baseiam-se na noção de que uma orientação feminina e uma orientação masculina são construtos da personalidade. Essa teoria tem sido usada na argumentação de que as diferenças individuais na religiosidade devem ser afetadas mais pela orientação de gênero do que pela condição de ser homem ou mulher (THOMPSON, 1991). Assim, há uma forte afinidade entre experiências religiosas e pessoas com orientação feminina, mas tanto homens quanto mulheres podem ter orientação feminina.

Críticas têm sido dirigidas a esses grandes grupos de teorias por enfatizar supostos traços característicos de participantes ou por focalizar sua localização na estrutura social. A ideia é mudar a questão de "por que" as mulheres participam de movimentos religiosos para "como" os movimentos as mobilizam para a ação coletiva. Sendo isso feito, desloca-se o foco das qualidades das mulheres para as qualidades das comunidades religiosas (FURSETH, 2001b). Com efeito, alguns estudos relacionaram a proporção de mulheres em grupos religiosos a fatores organizacionais, tais como oportunidades e igualdade disponíveis para as mulheres. Um estudo sobre mulheres em Igrejas espíritas negras nos Estados Unidos argumentou que, como os homens tendem a monopolizar posições de liderança religiosa na maioria dos grupos religiosos afro-americanos, algumas mulheres se voltaram para o espiritismo porque este proporcionou um caminho alternativo para a liderança religiosa (BAER, 1994). Da mesma forma, um estudo de vários movimentos comunitários carismáticos mostrou que a proporção de mulheres aumentou quando a estrutura organizacional permitiu maior liberdade e igualdade para as mulheres (WRIGHT, 1994).

Os dois primeiros tipos de explicações sobre o envolvimento das mulheres em comunidades religiosas enfatizaram uma abordagem da religião "pelo lado da demanda", o que significa que ela se concentra em variáveis contextuais ou nos traços de caráter das mulheres envolvidas para explicar por que elas são receptivas à religião. Já esta última explicação baseia-se mais numa abordagem da religião "pelo lado da oferta", o que significa que ela analisa a oferta de fatores considerados atraentes pelas mulheres, o que, por sua vez, suscitará nelas o envolvimento com a religião. Embora tenha havido uma considerável controvérsia entre sociólogos da religião apoiadores das teorias "do lado da demanda" e aqueles propugnadores das teorias "do lado da oferta", nossa opinião é a de que ambos os tipos de abordagem podem ser úteis na compreensão da alta taxa de envolvimento das mulheres na religião.

11.5 Feminismo e religião

A alta participação religiosa das mulheres não tem sido apenas um objeto de explicação, mas também de crítica. Feministas ocidentais têm afirmado que as mulheres religiosamente ativas seriam portadoras de uma "falsa consciência", o que significa que lhes falta uma verdadeira compreensão de si mesmas e das forças opressivas da religião. Aqui, queremos discutir a relação entre feminismo e religião. Costuma-se dividir o feminismo ocidental em diferentes fases. Tentaremos analisar essas fases e combiná-las com várias tendências nos estudos de religião e gênero.

O feminismo é comumente dividido em pelo menos três ondas (ELLINGSÆTER, 1999). A primeira onda remete aos movimentos pelos direitos das mulheres na Europa e nos Estados Unidos do século XIX. Havia uma tendência em não visibilizar o gênero, no sentido de que se promovia a igualdade entre os sexos. Por um lado, o movimento feminista nessa época tendia a ser distinto da religião organizada e em oposição a ela. Por outro, o movimento feminista entrelaçava-se de modo complexo com organizações religiosas ou organizações de base religiosa. Por exemplo, em vários países europeus e nos Estados Unidos, o feminismo então incoativo estava com frequência estreitamente relacionado com movimentos de base religiosa, tais como o movimento de temperança. As mulheres tendiam a ter um papel ativo em movimentos religiosos e detinham posições nesses movimentos muito antes de participarem de movimentos políticos. As organizações religiosas forneciam, assim, modelos organizacionais que incorporavam as mulheres, e que foram adotados posteriormente por movimentos políticos (FURSETH, 2002). Dessa forma, os movimentos religiosos eram uma das várias condições iniciais do surgimento do feminismo no século XIX. Em outros casos, movimentos religiosos também foram influenciados pelo movimento feminista secular. Vários estudos sobre o papel das mulheres nos movimentos religiosos, como as organizações missionárias, mostram que as mulheres foram, em certa medida, afetadas pelo movimento feminista. Essa relação dificilmente era direta e seu discurso ocorria no interior das estruturas de um discurso religioso. Em certos casos, as mulheres do movimento missionário aderiam a papéis tradicionais, enquanto em outros elas detinham posições não tradicionais de autoridade e liderança (NYHAGEN PREDELLI, 2003).

A segunda onda de feminismo floresceu nas décadas de 1960 e 1970. Surgiram diferentes categorias de acordo com suas orientações políticas. Um tema comum era o foco no patriarcado como um conceito ou teoria sobre poder de gênero e diferença de gênero. Essa fase veio a ter um efeito profundo sobre o estudo da religião e gênero. Várias análises, especialmente de teólogas, criticaram o cristianismo e tentaram formar uma espiritualidade e uma teologia feministas. Essa perspectiva enfatizou diferenças fundamentais entre mulheres e homens. Sublinhou a natureza feminina e procurou elaborar uma espiritualidade distintamente feminina em oposição à dominação patriarcal (DALY, 1978). Linda Woodhead (2003, p. 69) apontou várias fraquezas nessas análises do cristianismo desse período. Em primeiro lugar, elas tendiam a se concentrar no simbolismo cristão em vez de na organização religiosa da qual as mulheres participavam. Em segundo, o conceito de patriarcado era usado para descrever fenômenos variados e complexos. Em terceiro lugar, havia a tendência a olhar as mulheres religiosamente ativas como vítimas. Finalmente, vários desses estudos se baseavam em uma compreensão essencializada das diferenças entre mulheres e homens. Mulheres e homens foram descritos como se fossem seres fundamentalmente diferentes, e as mulheres geralmente estavam do lado positivo, ao passo que os homens eram descritos em uma chave sobretudo negativa.

Algumas das teólogas feministas que rejeitaram a religião tradicional se voltaram para versões feminizadas de espiritualidade, como o movimento da Deusa e a Wicca. Esse interesse pelos movimentos e grupos de espiritualidade feminista ainda está ativo (BERGER, 1998), e algumas estudiosas desse campo são seguidoras do movimento da Deusa (FINLEY, 1994), ou se iniciaram como bruxas (SALOMONSEN, 2002). Seus estudos tendem, portanto, a combinar uma abordagem um tanto apologética com uma abordagem metodológica mais comum das ciências sociais. O ponto fraco de alguns desses estudos é que as estudiosas nem sempre esclarecem em que medida sua abordagem apologética afeta suas análises.

A terceira onda do feminismo, que surgiu no final dos anos 1980 e início dos anos 1990, sobreveio como resultado da crítica ao patriarcado e da virada das ciências sociais (até então mais voltadas para o trabalho e a economia) para a identidade e a cultura. Numerosas críticas foram feitas às teorias do patriarcalismo. A principal crítica ponderava que o patriarcado foi apresentado como um fenômeno universal, trans-histórico e transcultural: as mulheres eram oprimidas por toda parte e mais ou menos da mesma forma pelos homens. Havia uma tendência para o essencialismo biológico, o que não oferecia uma base para teorizar as enormes variações históricas e contemporâneas da situação da mulher. A ideia de patriarcado muitas vezes negligenciava a complexidade da relação entre o gênero e a religião. Tendia-se a considerar todas as tradições e práticas religiosas como forças opressivas, o que representava uma visão reducionista da religião. Entretanto, como vimos, diversos estudos mostram que as mulheres conseguiram cavar um lugar para si mesmas e lutar por posições de poder informais ou formais, mesmo em organizações religiosas históricas cujas estruturas eram dominadas por homens.

A terceira onda do feminismo procura, ao invés disso, explorar o gênero entendido como construção social. Nesse sentido, as diferenças de gênero são vistas como flexíveis, complexas, multifacetadas e ligadas ao corpo de modo frouxo (LORBER; FARRELL, 1991). Além disso, se as mulheres não são unificadas, não pode haver apenas um feminismo. Deve haver vários feminismos abertos a várias possibilidades que podem constituir um futuro não marcado pela dominação. Na área da religião, as análises têm sido direcionadas às diferentes formas pelas quais a religião pode beneficiar aqueles que estão envolvidos, tanto mulheres quanto homens. Em vez de ver as mulheres apenas como vítimas, sua agência humana é aqui restaurada. Exemplos disso são o estudo de Davidman e Greil (1994) sobre mulheres que regressaram ao judaísmo ortodoxo e o de David Martin (1990) sobre o pentecostalismo na América Latina. Davidman e Greil mostram como a ortodoxia atraiu as mulheres ao proporcionar senso de comunidade e enfatizar valores familiares. Já Martin descobriu que as mulheres aderiam ao pentecostalismo porque essa religião lhes atribuía um papel de maior respeito no lar, e domesticava seus maridos – isto é, não mais bebiam nem abusavam. Ainda que eles participassem de uma teologia patriarcal, suas práticas se tornavam mais humana e mais orientadas para a igualdade.

Em vez de olhar a religião como um fenômeno puramente patriarcal, as futuras análises de gênero e religião se beneficiarão com a noção de religião como fenômeno que tem um papel na estruturação e reestruturação das relações de gênero. A religião pode ser opressiva, mas pode também proporcionar empoderamento e recursos para os(as) envolvidos(as).

11.6 Religião, sexualidade e orientação familiar

Várias tradições religiosas têm normas que regulam a sexualidade de mulheres e homens, e ilustram a relação muitas vezes estreita entre sexualidade e religião. Muitas tradições têm normas que restringem a sexualidade das mulheres e condenam a homossexualidade e a bissexualidade. De fato, a família tradicional parece ser ainda hoje o ideal em numerosas comunidades religiosas.

Se nos voltarmos para a sociologia clássica, veremos que um aspecto negligenciado do trabalho de Max Weber (1979, p. 343-350) é seu exame da relação entre sexualidade e religião. De acordo com Weber, originalmente a relação entre sexo e religião era muito íntima, pois os intercursos sexuais frequentemente faziam parte de uma religião orgíaca. Nesse caso, o êxtase era considerado "sagrado". No entanto, a introdução da castidade cultuada do sacerdote produziu uma tensão entre religião e sexo. Desse ponto de vista, a sexualidade era considerada dominada por demônios. Weber afirma que as religiões controladas por profetas e sacerdotes regulavam as relações sexuais por meio do matrimônio. Com a racionalização e a intelectualização da cultura, o erotismo é empurrado para uma esfera não rotinizada ou irracional. Para Weber, existem semelhanças entre experiências eróticas e místicas. Assim como a relação erótica oferece uma união de duas almas, a experiência mística cria uma união entre o místico e Deus. Essa afinidade psicológica cria um antagonismo entre o erotismo e a religião. Além disso, Weber assinala que as religiões de salvação ética, como o protestantismo, rejeitam tanto o erotismo quanto a experiência mística. A ética da fraternidade religiosa se baseia na ideia de que uma pessoa se subordina a outra, e isso se opõe ao amor erótico, que é uma forma de autocomplacência. Assim, Weber acredita que a relação entre sexualidade e religião é caracterizada pela oposição e tensão.

Michel Foucault é outro teórico que observou a estreita relação entre sexualidade e religião. Segundo ele, a religião é inseparável da questão do corpo e da sexualidade (cf. seção 4.6). Os discursos sobre a prática religiosa e a crença centram-se em torno do corpo e do que as pessoas fazem com seus corpos. Para Foucault, há uma estreita relação entre estruturas hegemônicas opressivas do patriarcado e a homofobia. Seu modelo construtivista do corpo e da sexualidade inspirou um repensar dentro da teologia, dos estudos religiosos e da sociologia da religião, que analisam a relação entre o corpo, a sexualidade e a religião (cf. CARRETTE; KING, 1998).

Diversas feministas realizaram um exame mais amplo da relação entre o corpo, a sexualidade e a religião. Veremos brevemente como isso se expressou no interior do catolicismo romano, do islamismo e do hinduísmo. De acordo com Ruether (1990), as tradições católicas romanas desvalorizavam a dignidade ou o *status* da mulher na natureza. A tradição de Tomás de Aquino afirma que as mulheres são inferiores aos homens por natureza. Já que mulheres e homens não são iguais, o sexo não é visto como uma expressão de amor. Em contraste, qualquer separação entre prazer sexual e procriação, mesmo dentro do casamento, é vista como mortalmente pecaminosa. Os protestantes inicialmente compartilharam essa concepção limitada de sexualidade. Uma vez aceito no protestantismo do século XX que a expressão do amor é uma razão válida para a sexualidade, os argumentos tradicionais contra o controle da natalidade começaram a desmoronar no protestantismo, mas não na Igreja Católica Romana. A homossexualidade também foi condenada por uma das mesmas razões que se condenava a contracepção – o prazer sexual sem procriação. Além disso, o ato homossexual ocorria fora do casamento e, portanto, era fornicação – e por violar a estrutura da sexualidade reprodutiva, foi também definido como sodomia. Assim, conclui Ruether, o Vaticano continuou interessado em controlar o corpo e a fertilidade das mulheres e dos homens, fazendo cumprir seus ensinamentos sobre controle da natalidade, aborto e homossexualidade.

A atitude muçulmana em relação à sexualidade em geral é positiva. Já em relação à sexualidade da mulher, é mais complexa. A tradição islâmica não vê a sexualidade como o oposto da espiritualidade, mas a descreve como um sinal da misericórdia de Deus. A sexualidade é percebida como um instrumento divino para criar uma relação íntima e amorosa entre a mulher e o homem no casamento. No entanto, as noções pré-islâmicas de "honra" e "vergonha" ainda são comuns em muitas sociedades muçulmanas atuais. Esses conceitos estão ligados à castidade e ao comportamento sexual da mulher. Assim, a "honra" do homem está localizada na sexualidade da mulher, que é vista como propriedade de um homem. Como a sexualidade feminina está relacionada à honra e à autoimagem dos homens, torna-se de vital importância nas sociedades muçulmanas controlar o corpo das mulheres. Riffat Hassan (1990) argumenta que esse controle é feito de diferentes maneiras: negando às mulheres o acesso ao controle da natalidade, enfatizando o direito do homem de ter relações sexuais com sua esposa conforme seu desejo, e atribuindo um alto valor à fertilidade feminina. O uso do véu ou *hijab* pelas mulheres muçulmanas também pode ser interpretado como uma forma pela qual a sexualidade da mulher é mantida sob controle, diz Hassan.

Dentro do hinduísmo, as atitudes tradicionais em relação às mulheres se baseiam em sua capacidade de compartilhar a vida com um homem e de dar-lhe filhos, especialmente filhos homens. As escrituras hindus são predominantemente androcêntricas, o que significa que elas se centram em torno do homem ou do masculino. Essa ideia tem uma profunda influência na Índia contemporânea. Vimos que a impureza está ligada ao corpo feminino durante a menstruação e o parto. Embora uma mãe seja adorada e sua fertilidade seja celebrada, seu corpo procriador não tem um *status* elevado (NARAYANAN, 1990).

Embora muitas tradições religiosas tentem regular a sexualidade da mulher, muitas mulheres contemporâneas estão envolvidas no estudo e na interpretação de suas escrituras religiosas, particularmente no que diz respeito ao papel e à sexualidade da mulher. Ao fazer isso, várias mulheres têm se envolvido na tentativa de discriminar os aspectos centrais e imutáveis dos ensinamentos religiosos daquilo que tem sido incorporado como resultado do impacto cultural. Em outras palavras, há uma busca por uma forma autêntica de religião, purificada de aspectos culturais. De uma perspectiva sociológica, pode-se dizer que está sendo feita a tentativa de reinterpretar a tradição religiosa em um novo contexto cultural, já que a sociologia dificilmente aceitará a ideia de que uma religião esteja livre de seu contexto social.

Se a sexualidade das mulheres muitas vezes não é reconhecida mas é objeto de controle, a homossexualidade e a bissexualidade não são nem reconhecidas nem condenadas em muitas tradições religiosas. Com frequência, a homossexualidade é entendida como uma expressão falsa ou pecaminosa da sexualidade humana, especialmente em tradições ou Igrejas mais conservadoras. Dentro de grupos cristãos mais moderados ou *mainstream*, existe hoje em dia uma tendência a reconhecer os homossexuais e outras minorias sexuais como pessoas que precisam da graça de Deus e dos cuidados da congregação, tanto quanto os heterossexuais. Muitas Igrejas ainda pregam uma distinção entre orientação sexual e prática sexual, o que as deixa com uma atitude de "odiar o pecado e amar o pecador". Os ensinamentos religiosos mais liberais tendem a conceder às pessoas homossexuais, bissexuais e transexuais o direito de ser plenamente humanas e plenamente homossexuais, bissexuais ou transexuais. Uma questão controversa hoje é admitir pessoas homossexuais/bissexuais no ministério ordenado. Muitas Igrejas não ordenam pessoas homo/bissexuais praticantes, mas as Igrejas mais liberais têm ministros abertamente *gays* e lésbicas. Algumas Igrejas também praticam a bênção de uniões ou casamentos de pessoas do mesmo sexo.

Algumas pesquisas abordaram as formas de negociação entre homossexuais e várias tradições religiosas (cf. THUMMA; GRAY, 2005). A visão negativa da homossexualidade nos círculos conservadores levou muitos a considerar o cristianismo evangélico e um estilo de vida homossexual como incompatíveis. Portanto, muitas vezes se assume que *gays* e lésbicas frequentarão Igrejas mais liberais, caso houver. Entretanto, há um estudo de um grupo evangélico nos Estados Unidos formado com o objetivo de ajudar as pessoas a conciliarem seu estilo de vida gay com sua identidade religiosa evangélica. Por meio de um processo de socialização, os membros renegociam os limites e definições de sua identidade religiosa para incluir uma valorização positiva da homossexualidade. Para essas pessoas, sua identidade central torna-se uma identidade cristã evangélica gay (Thumma, 1991). Outro estudo focaliza a religião na vida dos gays, lésbicas, bissexuais e transexuais em Los Angeles (Wilcox, 2003). Aqui, a conclusão é que essas pessoas são religiosamente individualistas, apesar do fato de a maioria ter estado ou estar envolvida em uma comunidade religiosa. O individualismo religioso é percebido como uma estratégia necessária que os participantes utilizam para permanecer nas tradições religiosas conservadoras e ainda assim manter uma autoimagem positiva.

A maioria das tradições religiosas considera a família a unidade básica da sociedade. Como resultado, qualquer coisa que ameace a unidade familiar é vista com desconfiança e como uma ameaça contra a religião. Essa tendência a colocar a família no centro ainda é predominante nas religiões contemporâneas. Embora os padrões familiares tenham mudado drasticamente no mundo ocidental, de modo que a família tradicional composta por mãe, pai e filhos constitui agora uma minoria, as Igrejas e organizações religiosas tendem em grande medida a operar a partir da base de que seus aderentes são membros de famílias tradicionais. O resultado é que grandes parcelas da população, tais como famílias monoparentais, famílias em que os pais já foram casados e têm filhos de casamentos passados e presentes, famílias com pais do mesmo sexo, casais do mesmo sexo, e solteiros, sentem-se como estrangeiros. Entretanto, diferentes grupos na sociedade contemporânea, sejam eles constituídos por mulheres, homossexuais ou pessoas que vivem em vários tipos de famílias, não aceitam necessariamente o lugar a eles designado em muitas comunidades religiosas. Em vez disso, eles negociam e criam uma esfera de ação para eles próprios, acompanhada de novos papéis. Desse modo, eles contribuem para a inovação e a renovação religiosas.

12
Sociologia, teologia e fé religiosa

12.1 Perspectivas conflitantes?

Neste capítulo final, iremos abordar a relação entre sociologia, teologia e fé religiosa. Qual é a abrangência das interpretações e explicações sociológicas? Há conflito entre fé religiosa e interpretações sociológicas da religião? Este capítulo irá tratar destes assuntos. Examinaremos também a relação entre fé religiosa e a sociologia da religião num nível mais prático. Quais são os prós e contras de ter uma crença religiosa quando se estuda religião como um fato sociológico? E como as Igrejas e outras organizações religiosas usam a sociologia em suas atividades?

12.2 Ateísmo metodológico: sociologia e seu silêncio sobre a questão da verdade religiosa

Qual é a relação entre sustentar que algo é verdadeiro do ponto de vista religioso e explicar a religião como um fenômeno humano, dentro de um contexto social ou cultural, por exemplo? A maior parte dos sociólogos, *qua* sociólogos, consideram a religião como um fenômeno que é criado por seres humanos. Poucos, se algum, irão explicar as mudanças religiosas como resultantes da vontade de Deus ou de Alá, ou como expressões de um cosmos vivo e animado. Um sociólogo que queira entender por que um movimento religioso aparece em um lugar e em uma época específicos irá procurar por condições sociais que se supõem favoráveis à emergência de tais movimentos. Uma possível hipótese é a de que a igualdade social facilita a emergência de movimentos religiosos, enquanto a desigualdade social estimula movimentos sociais que reivindicam reformas políticas. Outra hipótese possível é a de que as tendências religiosas flutuem de acordo com os ciclos econômicos. Apoiado na teoria da privação, o argumento é o de que os movimentos religiosos tendem a emergir em tempos de crise econômica. Outros fatores também são importantes para explicar um movimento religioso emergente. Por exemplo, é importante verificar se há um líder carismático capaz de amanhar seguidores. Mesmo que seja difícil fornecer uma explicação sociológica para um movimento religioso, não é isso que está em questão aqui. Nosso propósito é assinalar que as explicações sociológicas dão ênfase a condições sociais e humanas, e não a intervenções divinas. Para usar uma expressão de Peter L. Berger (1967), a sociologia é metodologicamente ateia, ela pratica o ateísmo metodológico. Isso não quer dizer, contudo, que a sociologia seja substantivamente ateia. O sociólogo pode ser cristão, muçulmano ou ateu, pois outras interpretações da realidade que não só a sociológica de fato existem. E, no entanto, a interpretação sociológica não contempla uma realidade divina em sua análise. Um sociólogo irá permanecer em silêncio diante da questão de se saber se existe uma realidade divina por trás, sob ou além da realidade humana e social. Nesse sentido, a sociologia coloca entre parênteses a questão da verdade. Daí essa posição poderia ser chamada de "agnosticismo metodológico". Ao usar esse termo, queremos sublinhar que a sociologia não reivindica saber alguma coisa sobre a verdade da religião. O termo "ateísmo metodológico" ressalta que a sociologia usa explicações imanentes, isto é, "mundanas", e exclui explicações religiosas. O agnosticismo metodológico significa que a sociologia é capaz de fornecer informações sobre as dimensões e expressões da religião, mas que não pode fazer qualquer reivindicação a respeito da verdade da religião.

Peter L. Berger argumenta que toda religião e todos os aspectos da religião podem ser objeto de uma análise sociológica. Em seu livro *O dossel sagrado*, de 1967, ele abre mão de sua tentativa anterior de tornar a fé cristã acessível à sociologia (BERGER, 1961). Se em seus primeiros trabalhos ele se inspirava na distinção teológica de Karl Barth entre religiosidade como uma busca do homem por Deus e a fé cristã como dada por Deus, ele chega à conclusão em sua obra posterior que as ciências empíricas tratam a fé cristã como qualquer outra forma de religião. Em geral, é mais fácil aceitar explicações e interpretações sociais ou mesmo reducionistas a respeito de movimentos religiosos "detestáveis" do que fazer o mesmo a respeito da própria fé religiosa de alguém. Essa pode ser a razão de a sociologia e a psicologia tenderem a usar teorias mais deterministas para explicar as seitas e minorias religiosas do que para explicar Igrejas e organizações religiosas que apoiam, o que é decerto uma abordagem nada profissional.

Todos os aspectos da vida religiosa e das instituições religiosas podem, assim, tornar-se objetos da análise sociológica. Entretanto, a relação entre religião e contexto social é vista mais facilmente em certas partes de tradições religiosas do que em outras. Um exemplo ilustrativo pode ser encontrado na tradição cristã, em que a moralidade e as visões predominantes sobre a instituição da Igreja tendem a ser afetadas por mudanças sociais. A razão é que a moralidade e as ideias sobre o que a Igreja deve ser estão intimamente ligadas às condições em que as pessoas vivem. Em contraste, questões dogmáticas estão ainda mais distanciadas da vida das pessoas e, portanto, mais protegidas da mudança. Em tempos remotos, o dogma cristão continha diversas proposições cosmológicas. Depois de dolorosos encontros com a visão de mundo heliocêntrica, muitas dessas proposições se transformaram em asserções simbólicas. Portanto, os dogmas cristãos contemporâneos muitas vezes contêm afirmações que não se prestam facilmente a falsificações empíricas. Gestores da tradição em igrejas também tendem a proteger os dogmas de mudanças. Todavia, as mudanças dogmáticas acontecem. As noções de inferno e de perdição são um exemplo, que vêm sendo atenuadas nas pregações convencionais nos últimos quarenta ou cinquenta anos. A principal razão para isso é que sociedades mais antiautoritárias colocam obstáculos à legitimação de estilos de liderança duros e punitivos – mesmo quando vêm de Deus.

As análises sugeridas acima podem ser mais ou menos bem fundamentadas de um ponto de vista sociológico. Para Berger, o estudo sociológico de elementos substanciais da fé cristã ou qualquer outra fé é tão legítimo quanto o estudo de outros aspectos da religião, tais como práticas religiosas ou estilos organizacionais. A questão principal é que o sociólogo não pode fazer juízos a respeito da verdade religiosa.

O sociólogo e teólogo britânico Robin Gill discutiu a relação entre sociologia e crença religiosa. Para ele, mesmo que se possa detectar a origem de um fenômeno religioso, não se pode tirar conclusões a respeito da verdade desse fenômeno (GILL, 1975, p. 20). Dizer que Y é causado por X não diz nada sobre a verdade de Y. Ele considera a confusão das questões de origem e verdade como uma falácia genérica, e mobiliza um exemplo provocante para ilustrar a questão. Na década de 1970, apareceu em vários jornais uma história de um cientista que afirmara ter provas de que o cristianismo teria se originado como um culto a um cogumelo psicodélico. A fé dos primeiros cristãos na ressurreição de Cristo seria derivada da visão causada pelo consumo desse cogumelo em particular. O cientista em questão certamente não tem seu nome impresso em letras douradas na história das ciências, mas Gill usa esse exemplo em seu argumento: imagine se os cientistas conseguissem demonstrar, por meio de novos textos do período do Novo Testamento ou de qualquer outro meio, que essa história da origem psicodélica fosse verdadeira! Do ponto de vista filosófico, tal descoberta não refutaria a verdade do cristianismo. Uma religião pode ser verdadeira, mesmo que encontremos em suas origens adeptos drogados com cogumelos. Por que Deus não seria capaz de usar tais meios? – pode-se perguntar. Ou para usar um exemplo menos estranho: a religião pode ter valor verdadeiro mesmo que seja dominada por homens, brancos, ocidentais... e assim por diante.

Logicamente, há muito a ser dito favoravelmente ao ponto de vista de Gill. Contudo, a credibilidade da religião seria obviamente afetada por tais explicações sobre a origem. A credibilidade do cristianismo se enfraqueceria se a teoria do cogumelo se tornasse provável, assim como a credibilidade do cristianismo tem sido abalada repetidas vezes na história à medida que suas percepções de mundo e da natureza humana são desafiadas e alteradas. A sociologia e suas perspectivas relativizantes podem se tornar uma ameaça existencial para o religioso. A fé pode ser desafiada quando se descobre que aquilo que foi religiosamente rejeitado ontem (ou no Norte), é aceitável hoje (ou no Sul) ou visto como uma dádiva de Deus amanhã (ou no Oeste).

Esse debate em particular se limita à relação entre sociologia e religião. Entretanto, é relevante para todas as áreas da sociologia, pois aborda a relação entre essa disciplina e as visões de mundo e compreensão de si mesmos dos participantes de estudos sociológicos. Em todas as ciências humanas há diferenças e tensões entre o que os atores sociais pensam e acreditam e as interpretações científicas desses pensamentos e crenças. Porém, a tensão se intensifica quando os estudiosos afirmam que um fenômeno é um produto social e os atores sociais acreditam que se trata de uma mensagem de Deus.

Esse debate é também relevante para outras disciplinas além da sociologia. Com efeito, ele aborda questões que são pertinentes a toda ciência que utiliza explicações e interpretações terrenas, o que de fato inclui todas as ciências, já que essa norma tem sido crucial nas ciências desde o Iluminismo. Na história das ciências, o processo de secularização foi concluído, grosso modo, no século XX. Os historiadores da Igreja com formação em teologia tendem a ficar para trás, mas mesmo o historiador da Igreja contemporâneo mais religioso dificilmente se sentirá à vontade com explicações religiosas, trans-empíricas. Outros setores da teologia também foram afetados pela secularização das ciências. Esse processo está repleto de controvérsias e conflitos, mas a maioria dos estudiosos bíblicos concorda que a origem dos textos bíblicos deve ser estudada mobilizando o mesmo método histórico-crítico usado para estudar qualquer outro texto histórico. Desdobramentos similares estão ocorrendo em alguns setores da teologia islâmica. Mas ainda é controverso para aqueles teólogos que pressupõem que os textos sagrados são o resultado de uma revelação direta de Deus.

A teologia como disciplina tem passado gradualmente por uma divisão de trabalho. Algumas disciplinas teológicas examinam a história de textos e eventos específicos. Nessa área, a pesquisa se apoia no ateísmo metodológico. O objetivo é descobrir a probabilidade de que algo aconteceu, as intenções dos autores de um texto, e assim por diante. Outras disciplinas teológicas, com frequência chamadas de teologia sistemática e de teologia prática, são mais explicitamente normativas. Seu ponto de partida é o de que as forças divinas podem afetar o mundo. O *status* dessas duas disciplinas varia de acordo com os contextos institucionais e tradições de fé. Esquematicamente falando, a teologia acadêmica precisa se legitimar perante os colegas acadêmicos ao enfatizar o ateísmo metodológico, ao passo que a teologia orientada à Igreja tende a realçar aspectos mais explicitamente normativos. Esta última situação é particularmente válida para a teologia em Igrejas conservadoras. O contexto social da teologia é também importante. Ainda simplificando, em situações de instabilidade social, a teologia tenderá a ser aberta à intervenção dos poderes divinos, enquanto em sociedades estáveis, a teologia será mais orientada para o ateísmo metodológico, deixando menos espaço para a intervenção divina direta.

As mesmas variações são encontradas em outras tradições teológicas acadêmicas, como o islamismo. Em geral, a teologia islâmica tende a ser mais fiel às explicações religiosas das origens de seus textos clássicos do que a teologia cristã acadêmica. Entretanto, vários teólogos e historiadores muçulmanos também usam o contexto social como fator explicativo quando tentam entender a forma e o conteúdo do Alcorão e de outros textos consagrados.

12.3 Os sociólogos clássicos e seu otimismo científico

O uso do ateísmo metodológico não implica que essa abordagem seja completamente neutra e objetiva. Na verdade, a normatividade dessa abordagem é mais implícita. Todas as formas de pesquisa implicam interpretação: trata-se de interpretação quando se considera a religião como um fenômeno socialmente determinado. Mesmo no interior dessa abordagem, várias interpretações diferentes são possíveis, como no exemplo acima a respeito da emergência de um movimento religioso. A sociologia e as outras ciências sociais percorreram um longo caminho na direção da modéstia desde que o francês Auguste Comte (1798-1857) deu o nome de "sociologia" à disciplina. Originalmente, Comte desejava denominar a nova ciência de "física social", o que revela seus ideais científicos. Como as ciências naturais eram bem-sucedidas na detecção de leis naturais, Comte sustentava que os sociólogos, usando métodos de observação, experimentação e comparação, poderiam encontrar as leis fundamentais da vida humana e da sociedade. Ele presumiu que a sociedade funcionava de uma forma previsível e determinista. Seu objetivo era usar esse novo conhecimento das leis sociais para criar uma sociedade melhor. A combinação entre a crença em métodos exatos, a possibilidade de detectar como funciona a maquinaria social e a ideia de aperfeiçoar a sociedade por meio do conhecimento científico tem sido uma dimensão vital de muitas sociologias na esteira de Comte.

No entanto, algumas tradições na história da sociologia têm sido mais modestas. Essas tradições têm sustentado que, como os seres humanos são seres conscientes e criativos, a sociologia não é capaz de prever o futuro, independentemente de quão avançados estejam os métodos utilizados, não importa a quantidade de dados coletados. Essas tradições hermenêuticas, interpretativas, argumentam que tudo o que podemos esperar é uma compreensão mais profunda dos diferentes modos de agir e de pensar dos seres humanos. Várias disciplinas científicas passaram por uma transformação na maneira como elas mesmas se compreendiam por ocasião da chamada crítica do positivismo, ocorrida na maioria das universidades ocidentais durante as décadas de 1960 e 1970. Positivismo é um termo usado para descrever a suposição de que um conhecimento exato sobre uma realidade inequívoca e suas leis pode ser obtido por meio de métodos rigorosos. A crítica a essa crença otimista na ciência atingiu com força as ciências sociais. Ela apontava para o caráter provisório e o ingrediente de interpretação inerente a todas as ciências. Ao longo desse processo de reflexão sobre os aspectos fundamentais da ciência, houve uma renovação das tradições sociológicas, que enfatizava a criatividade e a intencionalidade dos seres humanos. De acordo com essa perspectiva, a vida humana e social não obedece simplesmente a leis mecânicas.

A crítica ao positivismo e a crescente modéstia científica resultou em um menor grau de conflito entre o estudo científico da religião e a fé religiosa. As ciências sociais desenvolvidas durante o século XIX eram, em grande medida, filhas do Iluminismo. Vários pais fundadores das ciências sociais alimentaram uma ambição de explicar a religião enquanto tal. Já em meados do século XVIII, o filósofo escocês David Hume, em seu livro com o título revelador, *História natural da religião* (1976/1757), tentou explicar por que a religião existia. Para Hume, a religião era um produto da esperança e do medo: para controlar seus medos, o homem personificava fenômenos naturais assustadores. A premissa de Hume era a de que a religião é um construto humano. Encontramos um racionalismo e um reducionismo parecidos na nascente antropologia do século XIX. Karl Marx também explicou a religião em termos reducionistas, ou seja, como um sintoma de algo mais do que religião. Em seu trabalho, a religião é um protesto e um consolo forjados por seres humanos quando enfrentam injustiças sociais e a miséria (cf. seção 3.1). A teoria da religião de Émile Durkheim também pode ser vista como redutora, pois a religião é basicamente interpretada como uma expressão da comunidade social: a sociedade é mais do que a soma de cada indivíduo, e isso se expressa na religião (cf. seção 3.2).

E se deixarmos a sociologia e olharmos para a psicologia, veremos que a teoria da religião de Sigmund Freud também era ambiciosa, e tinha a pretensão de explicar por que a religião existe. Ele vê a origem da religião como uma projeção baseada em experiências familiares da criança pequena, especialmente experiências de uma criança indefesa diante de um pai poderoso. Freud também acrescenta uma explicação funcionalista: a religião é um baluarte necessário contra instintos incontroláveis, uma espécie de cinturão de segurança cultural. Ao mesmo tempo, Freud é um crítico da religião. Para ele, trata-se de um vínculo controlador e neurótico. Em *O futuro de uma ilusão* (1928/1921), a expectativa de Freud é que a religião se torne supérflua e desapareça à medida que as pessoas desenvolvam padrões de comportamento baseados na autopercepção e na razão (cf. seção 3.5).

Todos esses estudiosos se viam como pensadores racionais, científicos e objetivos. Em retrospectiva, porém, vemos que suas teorias estavam claramente baseadas mais em pressupostos culturalmente determinados do que na pura lógica. Eles eram racionalistas convencidos de que a vida social tinha uma dinâmica detectável através de um trabalho científico detalhado cujo propósito era estabelecer leis sociais. Cada um deles enfatizou um fator importante que acreditavam constituir a origem da religião, fosse a injustiça social, a integração social ou as neuroses. Eles também relacionaram suas ideias sobre a origem da religião com a questão da verdade religiosa. No conjunto, esses estudiosos eram extremamente ambiciosos, o que era comum nas ciências da época. Metodicamente, eles elaboraram generalizações baseadas em uma quantidade limitada de dados empíricos, advindos seja de tribos aborígines ou de senhoras vienenses com nervos fracos. Seus ousados desejos de uma compreensão holista da sociedade são seus méritos – holismo este mais ou menos perdido na sociologia atual, dividida em numerosos setores, às vezes chamada de sociologia hifenizada. Entretanto, esses teóricos clássicos devem assumir sua parte de responsabilidade pela tendência dos religiosos a associar ainda as ciências sociais a uma atitude negativa unilateral perante a fé religiosa, apesar de muitas décadas de sociologia baseada no ateísmo ou no agnosticismo metodológicos.

A sociologia contemporânea oferece uma multiplicidade de tendências que, em grau variável, provocam as pessoas religiosas e sua compreensão de si mesmas e de sua fé. A sociologia hermenêutica, deixando amplo espaço para as interpretações dos próprios atores do mundo, combina-se mais facilmente com a fé religiosa do que uma sociologia que traça estritas ligações causais entre os contextos sociais e o conteúdo religioso. Análises da intenção ou do significado baseadas na suposição de que as pessoas agem em grande medida com base em suas interpretações do mundo parecem ser mais "amigáveis" à fé do que uma sociologia que sugere proposições causais determinísticas, em que a consciência, a interpretação e a escolha humanas são tornadas invisíveis na análise (REPSTAD, 1995b, p. 56-61).

12.4 A religião varia em sua compatibilidade com a sociologia

A colisão entre sociologia e fé religiosa não pode ser deduzida apenas pelas ambições explicativas da sociologia. Algumas ideias religiosas parecem ser relativamente incompatíveis com as análises sociológicas da religião. Quanto mais forte for a fé em causas sobrenaturais de eventos, mais forte será o conflito com as perspectivas das ciências sociais. É certo que uma forma de "secularização interior" tem ocorrido em várias tradições religiosas quando confrontam com o Iluminismo e o racionalismo. Um processo de subjetivação mudou também a fé cristã e a teologia desde o século XVII. Na maioria das Igrejas, o cristianismo como uma cosmologia total foi substituído por uma fé e uma teologia que colocam desafios morais e existenciais. O resultado é que vários teólogos e membros ativos da Igreja reservam um espaço relativamente grande para as explicações científicas. Desenvolvimentos similares acontecem também em outras tradições religiosas. Ao mesmo tempo, há inúmeros exemplos de tradições religiosas que se recusam a se adaptar dessa maneira, pois lutam para manter uma visão de mundo religiosa total. Adeptos que enfatizam a orientação e intervenção direta de Deus no mundo terão mais dificuldades com a sociologia da religião do que religiosos que encontram vestígios de Deus na bondade dos seres humanos. Religiosos cuja opinião é a de que o Alcorão ou a Bíblia são uma revelação direta e sem falhas tenderão a encarar as abordagens sociológicas e históricas como ameaças. Isso é menos verdade para aqueles adeptos que veem esses textos sagrados como afetados pelo mundo em que se originaram e pelas pessoas que os escreveram.

12.5 A crítica contemporânea ao ateísmo metodológico

Mais recentemente, observou-se o aparecimento de uma crítica acadêmica ao ateísmo metodológico, que se baseia em uma linha de argumento diferente da crítica mais constante que vem de grupos religiosos com uma profunda fé na intervenção divina.

No centro da controvérsia está o livro *Teologia e teoria social – Para além da razão secular*, escrito pelo teólogo britânico John Milbank (1990). Milbank argumenta que os discursos da teologia e das ciências sociais são profundamente conflitantes. A sociologia não é apenas metodologicamente ateísta: ela é simplesmente ateísta – não admite a existência de uma realidade divina. Segundo Milbank, um processo de "policiamento do sublime" ocorre no discurso sociológico: o exaltado, o sagrado e o sublime têm sido domados, limitados e disciplinados. O divino ou é apresentado como uma expressão de condições sociais mais reais e poderosas, ou a religião é vista como uma tentativa de encontrar sentido em experiências pessoais. A sociologia tende a operar com a suposição implícita de que essas experiências podem ser interpretadas de forma mais adequada de outras maneiras. Milbank afirma que a sociologia da religião representa uma metanarrativa liberal que reserva à religião um espaço e um significado extremamente limitados. A sociologia afirma que a religião é, com efeito, um assunto privado, e que ela pertence ao mundo das emoções e dos sentimentos subjetivos. Se ninguém questiona, tomando como dado que a religião tem pouca ou nenhuma influência na esfera pública, isso se deve à sugestão da sociologia de que a religião tem apenas uma função, a de ajudar as pessoas a dominar a ansiedade e a insegurança, sobretudo em face da morte.

De acordo com Milbank, esse é um exemplo de como o pensamento moderno projeta seus próprios problemas sobre a história. Ele argumenta que as evidências históricas mostram que o medo de morrer é em grande medida um fenômeno moderno datado do século XVIII. As pessoas costumavam ver a morte mais como uma transição natural do que como uma ameaça. Em várias áreas, a sociologia da religião é a criança ingênua de seu tempo: quando os sociólogos da religião contemporânea afirmam que estruturas sociais e econômicas são as forças mais fundamentais da história, tal afirmação representa uma expressão do desejo do homem moderno. Combina-se isto com a crença superficial de que os seres humanos são os mesmos em todos os tempos históricos. Para concluir, a crítica de Milbank à sociologia da religião faz parte de uma crítica mais geral à Modernidade.

De acordo com Milbank, há aqui um profundo conflito: os teólogos que aceitam explicações sociológicas baseiam seu pensamento em uma metanarrativa alternativa, secular, com ambições de explicação tão abrangentes quanto as da teologia. Ele pensa que é impossível criar um diálogo e um compromisso entre teologia e sociologia, porque a sociologia já é uma teologia (ou uma antiteologia, dando uma satisfação de Deus). Para os cristãos, apenas o discurso teológico é adequado. Eles têm que deduzir sua compreensão da sociedade de sua visão cristã. Milbank é ambicioso em nome da teologia. Ele argumenta que a teologia tem a capacidade de descrever e lançar uma luz plena sobre as áreas que as ciências sociais tentam explicar. Os teólogos devem insistir que o cristianismo tem a melhor interpretação e a melhor prática, afirma Milbank. Não está muito claro se ele deixa espaço para a sociologia como uma espécie de disciplina subordinada à teologia.

O ataque de Milbank à sociologia tem sido objeto de críticas vindas seja de teólogos seja de sociólogos. Teólogos o acusaram de acabar se colocando em uma posição teocrática, na qual perguntas sobre a verdade da teologia não são feitas. Sociólogos comentaram que ele traça um quadro excessivamente reducionista da sociologia contemporânea e que ignora os desafios colocados pela sociologia às Igrejas, à teologia e à religião: "Será que Milbank estaria *realmente* sugerindo que não existem políticas de batismo, de ordenação, de poder episcopal ou papal a ser definidas e expostas? Não haveria realmente uma geografia social de conversão inteligível ou uma demografia da descristianização?" (MARTIN, 1997, p. 110).

Kieran Flanagan, um sociólogo católico, apresenta sua visão sobre a relação entre sociologia, teologia e fé religiosa em seu livro *The Enchantment of Sociology* (1996). Em contraste com Milbank, que descreve a sociologia como um positivismo secular e o pós-modernismo como um niilismo secular, Flanagan vê ocasiões para uma relação mais estreita entre sociologia e teologia. Isso porque questões de reflexão, identidade e compreensão são abordadas pela sociologia contemporânea. Questões existenciais e teológicas estão surgindo na sociologia de uma forma inesperada, diz Flanagan. Certa cultura pós-moderna esmagou o mito da secularização, e a fé em verdades seculares básicas foi enfraquecida. A ideia otimista do progresso e outras grandes narrativas se dissolveram. Vários sociólogos tratam de questões de significado, identidade e moralidade, e alguns pintam um quadro de um mundo caracterizado pela ressacralização e reencantamento. Segundo Flanagan, essa nova situação permite que teólogos e sociólogos cristãos participem do diálogo sobre as premissas religiosas ao mesmo tempo em que mantêm sua integridade profissional.

Em resposta, o sociólogo James Beckford (1997) modifica a descrição de Flanagan da sociologia contemporânea. É certo que tem havido um crescente interesse pela fé e espiritualidade na recente teoria sociológica. Diversos teóricos, como Bauman, Giddens e Habermas incluem questões como ética, filosofia, política, assim como sociologia, em seus trabalhos. No entanto, trata-se apenas uma parte do quadro. Junto com essas tendências, a teoria da escolha racional apareceu na sociologia da religião como um novo paradigma, e nela Beckford não irá encontrar muito mistério e encantamento. Além disso, Beckford argumenta que a maioria desses teóricos ancora a religião na fraqueza humana, não nas forças divinas. Ele usa Zygmunt Bauman como exemplo. Bauman retrata as instituições religiosas de uma forma extremamente convencional. Se a religião floresce, ela o faz porque atrai alguns grupos em tempos de rápidas mudanças e de alto nível de insegurança (BAUMAN, 1992).

O sociólogo da religião britânico David Martin consegue extrair aprendizados um pouco mais positivos da agenda de Flanagan. Para ele, a sociologia redescobriu a agência e a narrativa e assim se aproximou do discurso teológico (MARTIN, 1997). Em concordância com Flanagan, Martin observa que, se falta aos sociólogos uma compreensão enfática do sentido religioso de rituais e de instituições, há algo de errado em suas pesquisas. Entretanto, Martin para por aí, pois sua posição é de ateísmo metodológico. Os sociólogos não podem usar variáveis "que representam a ação divina".

Alguns sociólogos entretêm ligações com organizações religiosas, seja por meio de seu trabalho ou de suas próprias visões de mundo. Em alguns casos, a relação entre sociologia e fé religiosa torna-se um assunto pessoal. Nesse grupo, a grande maioria ainda adota alguma forma de ateísmo metodológico. Essa posição não se mantém sem seus problemas. Parece um tanto arbitrário afirmar repetidamente: "agora eu falo como sociólogo", "agora eu transcendo meu papel de sociólogo e exprimo minhas opiniões pessoais sobre essa religião". Em geral, os estudiosos modernos aprenderam a lidar com várias perspectivas diferentes. A maioria realiza pesquisas sobre a religião como um fenômeno humano e social, enquanto acrescentam que uma perspectiva científica social não oferece um quadro completo da religião. Os cientistas sociais que têm uma fé religiosa dificilmente deixarão de se sentir desconfortáveis com o ateísmo metodológico, mas uma substituição dessa posição por outra teoria do conhecimento, menos que resolver, muito provavelmente irá criar mais problemas.

12.6 Pesquisar de dentro ou de fora?

Quais são os prós e os contras de ter uma fé religiosa quando se estuda a religião como um fenômeno sociológico? Vimos que o Iluminismo estabeleceu uma tradição científica para interpretar a religião desde fora, como algo diferente da religião, como medo de fenômenos naturais, esperança de uma vida melhor ou consolo em situações de miséria e injustiça. Durante o século XIX, alguns teólogos e estudiosos da religião contestaram essas explicações exógenas. O teólogo alemão Friedrich Schleiermacher descreveu a religião como um fenômeno autônomo *sui generis*. Em seu entender, a religião seria sobretudo uma emoção, algo tão real quanto os objetos materiais observados. O teólogo e historiador da religião alemão Rudolph Otto foi um importante estudioso nessa tradição e desejava enfatizar o caráter distintivo da religião. Otto foi longe na linha do argumento de que somente pessoas religiosas podem estudar a religião de forma adequada. Em um de seus primeiros trabalhos, *O sagrado – Os aspectos irracionais na noção do divino e sua relação com o racional* (1958/1917), ele se dirige aos leitores e lhes pede que voltem suas mentes para um momento de profunda experiência religiosa. Aqueles que não são capazes de fazê-lo, e que não têm experiência nessa área, são na verdade convidados a não seguir na leitura, pois "não é fácil discutir tais questões de psicologia religiosa com alguém que consegue recordar emoções de sua adolescência, desconfortos de uma indigestão ou, digamos, sentimentos sociais, mas não consegue lembrar de nenhum sentimento intrinsecamente religioso" (OTTO, 1958/1917, p. 8).

Estudiosos da religião posteriores, como Mircea Eliade (1959), também afirmaram que a essência da religião não é apreendida a menos que se seja religioso. O estudioso da religião contemporâneo Wilfred Cantwell Smith (1981) é o defensor mais ostensivo da posição privilegiada do iniciado na pesquisa religiosa: "nenhuma declaração de fé islâmica é verdadeira se os muçulmanos não a aceitam. Nenhuma declaração personalista sobre a vida religiosa hinduísta é legítima se os hindus não se reconhecem nela. Nenhuma interpretação da doutrina budista é válida a menos que os budistas possam responder: 'sim! é isso que defendemos'" (SMITH, 1981, p. 97).

A seguir, daremos continuidade a esse debate *iniciado* x *não iniciado* como uma questão mais prática. Será que os estudiosos adeptos de uma religião produzem pesquisas melhores ou piores sobre religião do que os estudiosos não religiosos? Aqui, excluiremos a teologia e nos concentraremos na pesquisa empírica.

Alguns argumentos a favor da posição de iniciados são bastante práticos e terrenos: a pessoa tem um amplo conhecimento sobre sua própria religião, o que a impedirá de cometer erros básicos. Além disso, ela já tem uma rede de pessoas que confiam nela e que lhe garantirão acesso a melhores informações do que o estudioso vindo de fora. Outro argumento trata da capacidade de *einfühlen*, de tomar o ponto de vista do ator: somente as pessoas que têm ou tiveram experiências religiosas são capazes de entender o significado do compromisso religioso. Metáforas da música ou pinturas em vitrais são mobilizadas para apoiar o argumento. Uma pessoa não musical ou com deficiência auditiva só é capaz de desfrutar da música de forma limitada. Da mesma forma, as pinturas em vitrais parecem maçantes e sem interesse quando vistas de fora, mas quando se as vê de dentro, suas variadas cores brilham e encantam. Esses argumentos podem ser persuasivos, mas talvez um tanto sedutores.

Do ponto de vista da teoria da ciência, esses argumentos pertencem a uma tradição científica que enfatiza o significado de tomar o ponto de vista do ator. Se a *einfühlen* é crucial na compreensão da religião, a própria fé do estudioso (ou sua falta) torna-se mais importante do que em situações em que a sociologia da religião enfatiza fatores estruturais ou institucionais. Por exemplo, um behaviorista considera que a fé religiosa do estudioso é de pouca ou nenhuma importância. Essa tradição vê a consciência como uma caixa preta, sendo o objetivo da ciência detectar as regularidades, padrões e relações causais, observando o comportamento desde fora.

A principal objeção à ideia de que as pessoas religiosas se tornam os melhores estudiosos da religião é, naturalmente, a de que todos aqueles vivendo inteiramente dentro de uma tradição religiosa não são capazes de criar a distância considerada necessária para realizar uma análise confiável e válida. Isso se deve em parte a restrições intelectuais: a pessoa está tão familiarizada com sua própria tradição que é quase impossível revisitar seu próprio quintal com um olhar crítico. Toma-se por certo aquilo que um não iniciado questionaria. É também uma questão de lealdade: seu próprio compromisso pode estreitar o foco e desviá-lo dos aspectos menos atraentes da religião. Uma atitude religiosa também pode trazer consigo pontos cegos para possíveis conexões entre as expressões religiosas e seu contexto social. Um sociólogo dificilmente é capaz de construir uma interpretação de uma religião "pura", que exista independentemente de um contexto social. Entretanto, uma forte lealdade a uma tradição religiosa cria dificuldades para produzir análises imparciais sobre outras tradições. Há vários exemplos de estudiosos com convicção cristã que são incapazes de descrever outras tradições religiosas nos próprios termos dessas tradições. Em vez disso, tendem a medir a distância entre seus objetos de pesquisa e seus próprios padrões religiosos.

Outro argumento frequentemente utilizado para apoiar uma perspectiva iniciada é o caráter ilusório da alegação de neutralidade em pesquisa. A incredulidade também é uma forma de crença. Nenhuma experiência de iniciado na religião pode levar a descrições superficiais. O estudioso da religião Eric J. Sharpe aborda essa questão em seu livro *Understanding Religion* (1999). Um de seus argumentos é o de que vários estudiosos da religião ocidental contemporânea têm um compromisso implícito com a diversidade e abertura religiosas: eles veem com bons olhos a religião em geral, mas têm uma atitude negativa em relação ao dogma religioso. Eles são críticos em relação às dimensões dogmáticas de suas tradições religiosas de infância, mas ao mesmo tempo revelam abertura e curiosidade em relação à religiosidade alternativa e outras tradições religiosas. Para Sharpe, a pesquisa ocidental sobre religião apresenta esta tendência: favorecer tradições exóticas e não apreciar tradições familiares. Embora Sharpe possa exagerar, suas opiniões podem ser usadas como uma advertência quanto a aplicar os mesmos padrões a todas as religiões. A terra natal não deve representar nem uma vantagem, nem um inconveniente.

O estudioso com os melhores pressupostos para estudar religião seria então aquele que uma vez esteve comprometido com uma religião, mas que não está mais? Nesse caso, o estudioso conheceria a religião de dentro, mas teria a distância analítica necessária. Em outras palavras, esse estudioso seria capaz de se movimentar entre a empatia e a análise crítica. A posição de ex-religioso também seria benéfica em uma análise dos aspectos negativos da religião. Uma pessoa que tenha sentido o jugo de uma organização religiosa em seus ombros, ou que já tenha sido um zelote, pode alcançar uma compreensão mais profunda de uma forma de religião que parece bem impenetrável e irracional para os de fora. Além disso, os ex-religiosos estariam livres de laços de lealdade que poderiam obstruir a busca da verdade. Essa posição exige do ex-religioso que tenha uma relação relativamente flexível e não conflituosa com o grupo. Uma pessoa com desejo de vingança dificilmente é o melhor estudioso para interpretar o movimento religioso que deixou de forma justa e não julgadora.

Essa discussão está se tornando bastante esquemática, já que a lista de classificação dos melhores pesquisadores dificilmente segue nossa distinção entre iniciados e não iniciados. Vários outros fatores afetam a qualidade das análises sociológicas da religião. É bem provável encontrar capacidade de mudança e equilíbrio entre a proximidade e a distância crítica entre estudiosos com posições religiosas bastante diferentes. Nos tempos modernos, a maioria das pessoas se relaciona com uma multiplicidade de contextos e papéis. Vários não iniciados podem sentir empatia pelo fiel, e muitos fiéis têm a capacidade de refletir sobre sua fé.

Não é uma opção seguir William Cantwell Smith (1981) e deixar o fiel ser o juiz supremo da análise sociológica da religião. É claro que os sociólogos da religião estão, como outros cientistas sociais, sujeitos a códigos éticos segundo os quais a apresentação dos pontos de vista dos atores sociais deve ser feita de forma justa. No entanto, quando um estudioso produz uma interpretação, ele deve apresentar a análise mesmo que os atores não concordem com ela. De modo geral, uma importante ambição para as ciências sociais é a de *transcender o reconhecimento*. Os atores competentes devem ser capazes de reconhecer os fenômenos sociais descritos, mas também lhes devem ser oferecidas novas perspectivas.

12.7 A sociologia da religião como ciência aplicada

Neste capítulo, apresentamos várias questões de forma esquemática, sobretudo por motivos pedagógicos. Devemos escolher entre interpretações sociológicas e convicção religiosa? São os iniciados ou os não iniciados que produzem a melhor pesquisa? Modificamos as alternativas, mesmo que as diferentes visões (e as tensões entre elas) não possam ser completamente harmonizadas. No entanto, é possível encontrar vários exemplos de coexistência pacífica entre sociologia da religião e organizações religiosas. Com efeito, várias Igrejas têm usado a sociologia da religião como auxiliar em seu trabalho. Um exemplo disso é a fundação de institutos de pesquisas relacionados à religião empreendida pelas Igrejas nacionais da Suécia, da Noruega e da Finlândia. Em seu trabalho, a sociologia da religião constitui a abordagem mais importante. Durante a primeira metade do século XX, várias denominações americanas também utilizaram análises sociológicas para ajudá-las a criar uma sociedade baseada em valores cristãos. Nesse caso, a sociologia tornou-se parte integrante do que era visto como um *diaconato* para a sociedade. Essa forma de raciocínio estava por trás do estudo sobre Middletown, conduzido por Helen e Robert Lynd (1929), uma pesquisa que se tornou um clássico nos estudos de comunidade americanos.

Na Europa, o sociólogo francês Gabriel LeBras, a partir dos anos 1930, foi pioneiro na realização de análises empíricas detalhadas da religiosidade popular, com o objetivo de vitalizar a Igreja Católica. Também em outros países estabeleceu-se uma *sociologie religieuse* similar. Além disso, a chamada sociologia pastoral se desenvolveu especialmente na Alemanha, concentrando-se no papel do clero e em suas possibilidades de comunicação no mundo.

A sociologia aplicada da religião tendeu a ser descritiva e a estar equipada com teorias que eram insuficientes. Em um artigo de início de carreira, Peter L. Berger e Thomas Luckmann (1963) caracterizaram a sociologia aplicada da religião como uma aliança entre arcebispos e entrevistadores do ibope. A estreita ligação entre as perspectivas utilizadas e também as preocupações e estratégias da Igreja têm sido o principal alvo das críticas. Essa leitura muito próxima tornava os estudiosos particularmente míopes. No entanto, a atual pesquisa sociológica aplicada da Igreja se apoia bastante no ateísmo metodológico. Com efeito, certas pesquisas eclesiásticas também levantam críticas às Igrejas. Na verdade, essa forma de pesquisa pode aumentar o respeito pela religiosidade popular no interior da Igreja.

A tendência global à pluralização religiosa e das visões de mundo tem se manifestado em nível organizacional. Em 1948, uma organização católica para a sociologia da religião foi fundada na Bélgica – tratava-se da *Société Internationale de Sociologie des Religions* (SISR). Escolhemos a SISR como um exemplo ilustrativo. Mas outras organizações, como a *Association for the Sociology of Religion* (ASR), passaram por um processo semelhante. Nos últimos cinquenta ou sessenta anos, a SISR tornou-se uma organização internacional para sociólogos da religião. Hoje, ela é a maior dessas organizações. Na década de 1950, a SISR abriu sua organização a membros não católicos. Alguns anos depois, não questionava mais os candidatos a membros a respeito de sua afiliação religiosa ou de fé (VOYÉ; BILLIET, 1999). Os primeiros membros de origens não cristãs foram sociólogos da religião judeus. Atualmente, a organização também inclui membros de origem muçulmana. Ainda assim, a grande maioria dos sociólogos da religião, incluindo os membros da SISR, tem, culturalmente falando, uma formação cristã. A carência de uma sociologia da religião muçulmana mais ampla tem sido explicada por dois fatores. Primeiro, parece haver uma tendência geral para que o islamismo tenha um menor grau de aceitação da crítica e da contextualização do que a maioria das tradições cristãs modernas. Segundo, a sociologia da religião ainda é dominada pelo perfil ocidental e cristão, o que é evidente se olharmos para o uso de conceitos e de ilustrações empíricas (HAMÈS, 1999). Este livro, que agora se aproxima do fim, também reproduz essa situação. É razoável acreditar que, nos anos vindouros, uma atitude positiva em relação à sociologia da religião irá se desenvolver entre os estudiosos de todas as tradições religiosas. Em contraste, a visão sobre essa disciplina irá muito provavelmente se diferir entre grupos fundamentalistas e grupos liberais dentro de cada tradição religiosa. A capacidade de criar espaço para crítica e reflexividade em relação à fé e à ciência parece ser uma condição prévia para uma combinação entre interpretações sociológicas e fé religiosa.

Referências

ADAMS, B. N.; SYDIE, R. A. *Classical sociological theory.* Thousand Oaks: Pine Forge, 2002a.

ADAMS, B. N.; SYDIE, R. A. *Contemporary sociological theory*. Thousand Oaks: Pine Forge, 2002b.

AIDALA, A. A. Social change, gender roles, and new religious movements. *Sociological Analysis*, vol. 46, n. 3, p. 287-314, outono 1985.

ALBA, R. D. *Ethnic identity:* the transformation of white America. New Haven: Yale University Press, 1990.

ALDRIDGE, A. *Religion in the contemporary world*: a sociological introduction. Oxford: Polity Press, 2000.

ALVER, B.; GILHUS, I. S.; MIKAELSSON, L.; SELBERG, T. *Myte, magi og mirakel:* i møte med det moderne. Oslo: Pax, 1999.

AMMERMAN, N. T. *Bible believers*: fundamentalists in the modern world. New Brunswick: Rutgers University Press, 1987.

AMMERMAN, N. T. North American Protestant Fundamentalism. *In*: MARTY, M. E.; APPLEBY, S. R. (orgs.). *Fundamentalisms observed*. Chicago: University of Chicago Press, 1991. p. 1-65.

ANDERSON, B. *Imagined communities*. Londres: Verso, 1983.

AN-NA'IM, A. A. Political Islam in national politics and international relations. *In:* BEGER, P. L. (org.). *The desecularization of the world*. Grand Rapids: W. B. Eerdmans, 1999. p. 103-121.

ARJOMAND, S. A. Shi'ite jurisprudence and constitution making in the Islamic Republic of Iran. *In*: MARTY, M. E.; APPLEBY, S. R. (orgs.). *Fundamentalisms and the State*. Chicago; Londres: University of Chicago Press, 1993. p. 88-109.

ARTHUR, R. H. The wisdom goddess and the masculinization of western religion. *In:* KING, U. (org.). *Women in the world's religions:* past and present. Nova York: Paragon House, 1987. p. 24-37.

AVRUCH, K. Culture and ethnic conflict in the new world order. *In:* STONE, J.; DENNIS, R. (orgs.). *Race and ethnicity*: comparative and theoretical approaches. Oxford: Blackwell, 2003. p. 72-82.

BÄCKSTRÖM, A. *I Guds tjänst*: en profilundersökning av Strängnäs stifts präster. Strägnäs: Struangnäs stift, 1991.

BAER, H. The limited empowerment of women in Black Spiritual churches: an alternative vehicle to religious leadership. *In:* SWATOS JUNIOR, W. H. (org.). *Gender and religion*. New Brunswick: Transaction, 1994.

BAERT, P. *Social theory in the twentieth century*. Cambridge: Polity, 1998.

BAILY, E. Zivilreligion in Grossbritannien. *In:* KLEGER, H. MÜLLER, A. *Religion des Bürgers: Zivilreligion in Amerika und Europa*. Munique: Chr. Kaiser, 1986, p. 104-120.

BANCROFT, A. Women in Buddhism. *In:* KING, U. (org.). *Women in the world's religions:* past and present. Nova York: Paragon House, 1987. p. 81-104.

BANTON, M. *Racial theories*. Cambridge: Cambridge University Press, 1987.

BANTON, M. The concept of racism. *In:* ZUBAIDA, S. (org.). *Race and racialism*. Londres: Tavistock, 1970. p. 17-34.

BARKER, D.; VLOET, A. *The European value study 1981-1990:* summary report. Londres: Gordon Cook Foundation, 1992.

BARKER, E. *New religious movements*: a practical introduction. Londres: HMSO, 1995.

BARKER, E. New religious movements: yet another great awakening? *In:* HAMMOND, P. E. (org.). *The sacred in a secular age*. Berkeley: University of California Press, 1985. p. 36-57.

BARKER, E. *The making of a Moonie:* choice or brainwashing? Oxford: Blackwell, 1984.

BARKER, M. *The new racism*. Londres: Junction Books, 1981.

BARTH, F. (org.). *Ethnic group and boundaries*: the social organization of culture difference. Oslo: Universitetsforlaget, 1969.

BARTKOWSKI, J. P. *The promise keepers*: servants, soldiers, and godly men. New Brunswick: Rutgers University Press, 2004.

BAUDRILLARD, J. *Simulations*. Nova York: Semiotext(e), 1983.

BAUMAN, Z. *Community:* seeking safety in an insecure world. Cambridge: Polity Press, 2001.

BAUMAN, Z. *Globalization:* the human consequences. Cambridge: Polity Press, 1998a.

BAUMAN, Z. *Intimations of postmodernity.* Londres: Routledge, 1992.

BAUMAN, Z. *Liquid modernity.* Cambridge: Polity Press, 2000.

BAUMAN, Z. *Modernity and the Holocaust.* Cambridge: Polity Press, 1989.

BAUMAN, Z. *Postmodern ethics.* Oxford: Blackwell, 1993.

BAUMAN, Z. Postmodern religion? *In:* HEELAS, P. (org.). *Religion, modernity and postmodernity.* Oxford: Blackwell, 1998b. p. 55-78.

BAUMAN, Z. *Work, consumerism and the new poor.* Buckingham: Open University Press, 1998c.

BECKER, H. *Systematic sociology:* on the basis of the Beziehungslehre and Vebildelehre of Leopold van Wiese. Nova York: Wiley, 1932.

BECKFORD, J. A. "Start together and finish together": shifts in the premises and paradigms underlying the scientific study of religion. *Journal for the Scientific Study of Religion*, vol. 39, n. 2, p. 481-495, dez. 2000.

BECKFORD, J. A. Postmodernity, high modernity and new modernity: three concepts in search of religion. *In:* FLANAGAN, K.; JUPP, P. (orgs.). *Postmodernity, sociology and religion.* Londres: Macmillan, 1999. p. 30-47.

BECKFORD, J. A. Religion, modernity and post-modernity. *In:* WILSON, B. R. (org.). *Religion:* contemporary issues. Londres: Bellew, 1992, p. 11-27.

BECKFORD, J. A. The disenchantment of postmodernity. *New Blackfriars*, vol. 73, n. 913, p. 121-128, mar. 1997.

BECKFORD, J. A. *The trumpet of prophecy.* Oxford: Basil Blackwell, 1975.

BECKFORD, J. A.; GILLIAT, S. *Religion in prison*: equal rites in a multi--faith society. Cambridge: Cambridge University Press, 1998.

BECKFORD, J.; LAVASSEUR, M. New religious movements in Western Europe. *In:* BECKFORD, J. (org.). *New religious movements and rapid change.* Londres: Sage, 1986. p. 29-54.

BECKFORD, J.; LUCKMANN, T. (orgs.). *The changing face of religion.* Londres: Sage, 1989.

BELL, C. *Ritual theory, ritual practice.* Nova York: Oxford University Press, 1992.

BELL, D. *The coming of postindustrial society*. Nova York: Basic Books, 1973.

BELL, D. *The cultural contradictions of capitalism.* Nova York: Basic Books, 1976.

BELLAH, R. N. *Beyond belief:* essays on religion in a post-traditional world. Nova York: Harper & Row, 1972.

BELLAH, R. N. Civil religion in America. *Daedalus*, vol. 96, n. 1, p. 1-21, inverno 1967.

BELLAH, R. N. Introduction. *In:* BELLAH, R. N.; HAMMOND, P. E. *Varieties of civil religion.* São Francisco: Harper & Row, 1980. p. 12-25.

BELLAH, R. N. Religious evolution. *American Sociological Review.* vol. 29, p. 358-74, 1964.

BELLAH, R. N. Response to the panel on civil religion. *Sociological Analysis*, vol. 37, p. 153-159, 1976.

BELLAH, R. N. Response. *In:* CUTLER, D. (org.). *The religious situation.* Boston: Beacon Press, 1968. p. 388-393.

BELLAH, R. N. *The broken covenant*: American civil religion in time of trial. Nova York: The Seabury Press, 1975.

BELLAH, R. N. The historical background of unbelief. *In:* CAPORALE, R.; GRUMELLI, A. *The culture of unbelief.* Berkeley: University of California Press, 1971. p. 39-52.

BELLAH, R. N.; HAMMOND, P. E. *Varieties of civil religion.* São Francisco: Harper & Row, 1980.

BELLAH, R. N.; MADSEN, R.; SULLIVAN, W. M.; SWIDLER, A.; TRIPTON, S. M. *Habits of the heart*: individualism and commitment in American life. Berkeley: University of California Press, 1996.

BENDIX, R. *Max Weber:* an intellectual portrait. Berkeley: University of California Press, 1977.

BERGER, H. A. *A community of witches:* contemporary Neo-Paganism and witchcraft in the United States. Columbia: University of South Carolina Press, 1998.

BERGER, P. L. (org.). *The desecularization of the world:* resurgent religion and world politics. Grand Rapids: The Ethics and Public Policy Center and Wm. B. Eerdmans, 1999.

BERGER, P. L. *A rumor of angels.* Garden City: Doubleday, 1969.

BERGER, P. L. *Facing up to modernity*: excursions in society, politics, and religion. Nova York: Basic Books, 1977.

BERGER, P. L. Reflections on the sociology of religion today. *Sociology of Religion.* Vol. 62, n. 4, p. 443-454, inverno 2001.

BERGER, P. L. *The capitalist revolution.* Nova York: Basic Books, 1986.

BERGER, P. L. *The heretical imperative*: contemporary possibilities of religious affirmation. Nova York: Anchor/Doubleday, 1979.

BERGER, P. L. *The precarious vision:* a sociologist looks at social fictions and the Christian faith. Garden City: Doubleday, 1961.

BERGER, P. L. *The sacred canopy:* elements of a sociological theory of religion. Garden City: Doubleday, 1967.

BERGER, P. L.; LUCKMANN, T. *Modernity, pluralism and the crisis of meaning:* the orientation of modern man. Gütersloh: Bertelsmann Foundation, 1995.

BERGER, P. L.; LUCKMANN, T. Sociology of religion and sociology of knowledge. *Sociology and Social Research*, vol. 47, p. 417-427, 1963.

BERGER, P. L.; LUCKMANN, T. *The social construction of reality.* Middlesex: Penguin Press, 1981 [1966].

BERKOWITZ, M. Judaism: modern movements. *In:* YOUNG, S. (org.). *Encyclopedia of Women and World Religion.* Nova York: Macmillan, 1999. p. 551-553.

BERNARD, C. *Veiled courage*: inside the Afghan women's resistance. Nova York: Broadway Books, 2002.

BEYER, P. Privatization and the public influence of religion in global society. *In:* FEATHERSTONE, M. (org.). *Global culture:* nationalism, globalization and modernity. Londres: Sage, 1990. p. 373-395.

BEYER, P. *Religion and globalization*. Londres: Sage, 1994.

BIALE, D. J. Mysticism and politics in modern Israel: the messianic ideology of Abraham Isaac Ha-Cohen Kook. *In*: MERKL, P. H.; SMART, N. (orgs.). *Religion and politics in the modern world.* Nova York: Nova York University Press, 1983. p. 191-202.

BIBBLY, R.; BRINKERHOFF, M. B. Sources of religious involvement: issues for future empirical investigation. *Review of Religious Research.* vol. 15, n. 2, p. 71-79, inverno 1974.

BLUMER, H. Society as symbolic interaction. *In:* ROSE, A. (org.). *Human behaviour and social process:* an interactionist perspective. Boston: Houghton-Mifflin, 1962. p. 179-192.

BLUMER, H. *Symbolic interactionism.* Englewood Cliffs: Prentice-Hall, 1969.

BOTVAR, P. K. *Religion uten kirke:* ikke-institusjonell religiøsitet i Norge, Storbritannia og Tyskland. Oslo: Diakonhjemmets høgskolesenter, 1993.

BOUCHER, S. *Turning the wheel:* American women creating the New Buddhism. São Francisco: Harper & Row, 1988.

BOURDIEU, P. *Distinction:* a social critique of the judgement of taste. Londres: Routledge & Kegan Paul, 1986.

BOURDIEU, P. *Language and symbolic power.* Cambridge: Polity Press, 1994.

BOURDIEU, P. Legitimation and structured interests in Weber's sociology of religion. *In:* LASH, S.; WHIMSTER, S. *Max Weber, rationality and modernity.* Londres: Allen & Unwin, 1987. p. 119-136.

BOURDIEU, P. *Outline of a theory of practice.* Cambridge: Cambridge University Press, 1977.

BRASHER, B. E. *Godly women:* fundamentalism and female power. New Brunswick: Rutgers University Press, 1998.

BREKKE, T. *Religion og vold.* Oslo: Humanistisk, 1999.

BRICKNER, B. W. *The promise keepers:* politics and promises. Lanham: Lexington Books, 1999.

BROMLEY, D. G.; SHUPE, A. D. *"Moonies" in America.* Beverly Hills: Sage, 1979.

BRUCE, S. *A house divided:* Protestantism, schism and secularization. Londres: Routledge, 1990.

BRUCE, S. *Choice and religion:* a critique of rational choice theory. Oxford: Oxford University Press, 1999.

BRUCE, S. *Fundamentalism.* Cambridge: Polity Press, 2000.

BRUCE, S. *God is Dead*: secularization in the west. Oxford: Blackwell, 2002.

BRUCE, S. *Politics and religion.* Cambridge: Polity Press, 2003.

BRUCE, S. *Religion in the modern world:* from cathedrals to cults. Oxford: Oxford University Press, 1996.

BRYANT, J.; JARY, D. (org.). *Giddens' theory of structuration:* a critical appreciation. Londres: Routledge, 1991.

BUKHARI, Z. H.; SULAYMAN, S. N.; AHMAD, M.; ESPOSITO, J. L. (org.). *Muslims' place in the American public square:* hope, fears, and aspirations. Walnut Creek: AltaMira Press, 2004.

CALHOUN, C. Introduction: habermas and the public sphere. *In:* CALHOUN, C. *Habermas and the public sphere.* Cambridge: The MIT Press, 1992. p. 1-48.

CALHOUN, C. *Nationalism.* Minneapolis: University of Minnesota Press, 1997.

CALHOUN, C.; GERTEIS, J.; MOODY, J.; PFAFF, S.; VIRK, I. (orgs.). *Contemporary sociological theory*. Oxford: Blackwell, 2002.

CALHOUN, C.; LIPUMA, E.; POSTONE, M. (orgs.). *Bourdieu: critical perspectives*. Chicago: University of Chicago Press, 1993.

CARRETTE, J. R. *Foucault and religion*. Londres: Routledge, 2000.

CARRETTE, J. R. Prologue to a confession of the flesh. *In*: CARRETTE, J. R. *Religion and culture by Michel Foucault*. Nova York: Routledge, 1999. p. 1-47.

CARRETTE, J. R.; KING, R. *Giving birth to theory:* critical perspectives on religion and the body. *Scottish Journal of Religious Studies*, ed. esp. vol. 19, n. 1, p. 123-143, 1998.

CARROLL, J.; HARGROVE, B.; LUMMIS, A. *Women of the cloth*. São Francisco: Harper, 1983.

CASANOVA, J. *Public religions in the modern world*. Chicago: University of Chicago Press, 1994.

CASANOVA, J. Religion, the new millennium, and globalization. *Sociology of Religion*, vol. 62, n. 4, p. 415-441, 2001.

CAVA, R. D. Transnational religions: the Catholic Church in Brazil and the Orthodox Church in Russia. *Sociology of Religion*, vol. 62, n. 4, p. 535-550, 2001.

CHAVES, M. *Ordaining Women*. Cambridge: Harvard University Press, 1997.

CLAYTON, R. 5-D or 1? *Journal for the Scientific Study of Religion*, vol. 10, n. 1, p. 37-40, 1971.

COHEN, P. "It's racism what dunnit": hidden narratives in theories of racism. *In:* DONALD, J.; RATTANSIM A. *"Race", culture and difference*. Londres: The Open University, 1992. p. 62-103.

COSER, L. A. *The Functions of Social Conflict*. Nova York: The Free Press, 1956.

DALY, M. *Gyn/Ecology:* the metaethics of radical feminism. Boston: Beacon Press, 1978.

DAVIDMAN, L.; GREIL, A. L. Gender and the experience of conversion: the case of "returnees" to modern Orthodox Judaism. *In:* SWATOS JUNIOR, W. H. (org.). *Gender and religion*. New Brunswick: Transaction, 1994. p. 95-112.

DAVIE, G. Believing without belonging. *Social Compass*, vol. 34, n. 4, p. 455-469, 1990.

DAVIE, G. *Europe:* the exceptional case. Londres: Darton, Longman and Todd, 2002.

DAVIE, G. *Religion in Modern Europe:* a memory mutates. Oxford: Oxford University Press, 2000.

DAVIE, G. The persistence of institutional religion in modern Europe. *In:* WOODHEAD, L.; HEELAS, P.; MARTIN, D. (orgs.). *Peter Berger and the study of religion.* Londres: Routledge, 2001. p. 101-111.

DAVIS, K. *Human society.* Nova York: Macmillan, 1948-1949.

DEMERATH III, J. N. *Crossing the gods:* world religions and worldly politics. New Brunswick: Rutgers University Press, 2001.

DEMERATH III, J. N. Secularization extended: from religious "myth" to cultural commonplace. *In:* FENN, R. K. (org.). *The Blackwell Companion to Sociology of Religion.* Oxford: Blackwell, 2003, p. 211-228.

DENNIS, R. W.E.B. Du Bois's Concept of Double Consciousness. *In:* STONE, J.; DENNIS, R. M. (orgs.). *Race and ethnicity:* comparative and theoretical approaches. Oxford: Blackwell, 2003, p. 13-27.

DOBBELAERE, K. Bourdieu, Pierre. *In:* SWATOS JUNIOR, W. H. *Encyclopedia of Religion and Society.* Walnut Creek: AltaMira, 1998a. p. 61.

DOBBELAERE, K. Church involvement and secularization: making sense of the European case. *In:* BARKER, E.; BECKFORD, J.; DOBBELAERE, K. *Secularization, rationalism and sectarianism.* Oxford: Clarendon, 1993.

DOBBELAERE, K. Pillarization. *In:* SWATOS JUNIOR, W. H. *Encyclopedia of Religion and Society.* Walnut Creek: AltaMira, 1998b. p. 364.

DOBBELAERE, K. Secularization: a multi-dimensional concept. *Current Sociology*, vol. 29, n. 2, p. 1-216, 1981.

DOBBELAERE, K. *Secularization:* an analysis at three levels. Brussels: P.I.E.– Peter Lang, 2002.

DORRIEN, G. Berger: theology and sociology. *In:* WOODHEAD, L.; HEELAS, P.; MARTIN, D. (orgs.). *Peter Berger and the Study of Religion.* Londres: Routledge, 2001. p. 26-39.

DOUGLAS, M. *In the active voice.* Londres: Routledge & Kegan Paul, 1982b.

DOUGLAS, M. The effect of modernization on religious change. *Daedalus*, p. 1-19, inverno 1982a.

DU BOIS, W. W.E.B. Du Bois. *In:* CHAPMAN, A. *Black Voices:* an anthology of Afro-American literature. Nova York: St. Martin's Press, 1968. p. 494-511.

DURKHEIM, É. *Suicide:* a study in sociology. Nova York: The Free Press, 1997 [1897].

DURKHEIM, É. *The division of labor in society*. Londres: Macmillan, 1984 [1893].

DURKHEIM, É. *The elementary forms of the religious life*. Londres: George Allen & Unwin, 1982 [1912].

DURKHEIM, É. *The rules of sociological method*. Nova York: The Free Press, 1966 [1895].

DUTCHER-WALLS, P. Sociological directions in feminist biblical studies. *Social Compass*, vol. 46, n. 4, p. 441-453, 1999.

EBAUGH, H. R.; CHAFETZ, H. S. *Religion across borders*. Walnut Creek: AltaMira Press, 2002.

EBAUGH, H. R.; CHAFETZ, H. S. *Religion and the new immigrants*. Walnut Creek: AltaMira Press, 2000.

ECK, D. L. *A new religious America:* how a "Christian country" has become the world's most religiously diverse nation. Nova York: Harper San Francisco, 2001.

EKSTRAND, T. *Max Weber in a theological perspective*. Lovaina: Peeters, 2000.

ELIADE, M. *The sacred and the profane*. Nova York: Harcourt, 1959.

ELLINGSÆTER, A. L. Patriarkatet: teori og kritikk. *In:* ENGELSTAD, F. (org.). *Om makt: teori og kritikk*. Oslo: Gyldendal, 1999. p. 151-173.

ERICKSON, vol. L. Georg Simmel: American Sociology chooses the stone the builders refused. *In:* FENN, R. K. (org.). *The Blackwell Companion to Sociology of Religion*. Oxford: Blackwell, 2001, p. 105-119.

ERIKSEN, T. H. Ethnicity, race and nation. *In:* GUIBERNAU, M.; REX, J. (orgs.). *The ethnicity reader*. Cambridge: Polity Press, 1999. p. 33-42.

ESPOSITO, J. L. Islam in the world and in America. *In:* NEUSNER, J. (org.). *World religions in America*. Louisville: Westminster/John Knox Press, 2000. p. 172-183.

ESPOSITO, J. L. *The Islamic threat:* myth or reality? Oxford: Oxford University Press, 1999.

ESPOSITO, J. L. *Unholy war:* terror in the name of Islam. Oxford: Oxford University Press, 2002.

ETZIONI, A. *Modern organizations*. Englewood Cliffs: Prentice-Hall, 1964.

FARRELL, S. A. "It's our church, too!": women's position in the Catholic Church today. *In:* LORBER, J.; FARRELL, S. A. (orgs.). *The social construction of gender*. Newbury Park: Sage, 1991. p. 338-354.

FEATHERSTONE, M. (org.). *Global Culture:* nationalism, globalization and modernity. Londres: Sage, 1990.

FENN, R. Bellah and the New Orthodoxy. *Sociological Analysis*, vol. 37, n. 2, p. 160-166, 1976.

FENN, R. Editorial Commentary. *In:* FENN, R. K. (org.). *The Blackwell Companion to Sociology of Religion.* Oxford: Blackwell, 2001. p. 3-22.

FENN, R. *Liturgies and trials:* the secularization of religious language. Oxford: Blackwell, 1982.

FENN, R. The process of secularization: a post-Parsonian view. *Journal for the Scientific Study of Religion*, vol. 9, n. 2, p. 117-136, 1970.

FENN, R. Toward a new sociology of religion. *Journal for the Scientific Study of Religion*, vol. 11, n. 1, p. 16-32, 1972.

FINKE, R. Religious deregulation: origins and consequences. *Journal of Church and State*, vol. 32, n. 3, p. 609-626, 1990.

FINKE, R.; STARK, R. Religious economies and sacred canopies. *American Sociological Review*, vol. 53, p. 41-49, 1988.

FINKE, R.; STARK, R. *The churching of America, 1776-1990:* winners and losers in our religious economy. New Brunswick: Rutgers University Press, 1992.

FINLEY, N. J. Political activism and feminist spirituality. *In:* SWATOS JUNIOR, W. H. (org.). *Gender and Religion.* New Brunswick: Transaction, 1994. p. 159-172.

FLANAGAN, K. *The enchantment of sociology:* a study of theology and culture. Londres: Macmillan, 1996.

FOUCAULT, M. *Discipline and punish:* the birth of the prison. Londres: Allen Lane, 1977a.

FOUCAULT, M. *Madness and Civilization:* a history of insanity in the age of reason. Londres: Tavistock, 1967.

FOUCAULT, M. *Power/Knowledge:* selected interviews and other writings, 1972-1977. Nova York: Pantheon, 1977b.

FOUCAULT, M. *Religion and culture.* Nova York: Routledge, 1999.

FOUCAULT, M. *The archaeology of knowledge.* Londres: Tavistock, 1972.

FOUCAULT, M. *The birth of the clinic:* an archeology of medical perception. Londres: Tavistock, 1973.

FOUCAULT, M. *The history of sexuality:* an introduction. Vol. 1. Nova York: Viking, 1986.

FOUCAULT, M. *The history of sexuality:* the care of the *self*. Vol. 3. Nova York: Vintage Books, 1988.

FOUCAULT, M. *The order of things*. Londres: Tavistock, 1970.

FRANCIS, L. J.; WILCOX, C. Religiosity and femininity: do women really hold a more positive attitude toward Christianity? *Journal for the Scientific Study of Religion*, vol. 37, n. 3, p. 462-469, 1998.

FREUD, E.; HEIRICH, M. (orgs.). *Sigmund Freud - Oskar Pfister:* briefe 1909-1939. Frankfurt: S. Fischer, 1963.

FREUD, S. *Civilization and its discontents*. Londres: Hogarth, 1953-1974 [1930]. Vol. XXI.

FREUD, S. *Moses and monotheism*. Nova York: Knopf, 1964 [1938].

FREUD, S. *The Future of an Illusion*. Londres: Hogarth, 1928 [1921].

FREUD, S. *The Psychopathology of Everyday Life*. Londres: Hogarth Press, 1953-1974 [1901]. III v.

FREUD, S. *Totem and taboo*. Nova York: Knopf, 1960 [1913].

FREUND, P.; MCGUIRE, M. *Health, illness and the social body:* a critical sociology. Englewood Cliffs, Hoboken: Prentice-Hall, 1995.

FRIEDMAN, M. Jewish Zealots: conservative versus innovative. *In*: KAPLAN, L. *Fundamentalism in comparative perspective*. Amherst: University of Massachusetts Press, 1992. p. 159-176.

FRYKENBERG, R. E. Hindu fundamentalism and the structural stability of India. *In:* MARTY, M. E.; APPLEBY, S. (orgs.). *Fundamentalisms and the State*. Chicago: University of Chicago Press, 1993. p. 233-255.

FURSETH, I. *A comparative study of social and religious movements in Norway 1780s-1905*. Nova York: Edwin Mellen, 2002.

FURSETH, I. Civil Religion in a low key: the case of Norway. *Acta Sociologica*, vol. 37, n. 1, p. 39-54, 1994.

FURSETH, I. *From quest for truth to being oneself:* religious change in life stories. Hamburgo: Peter Lang, 2006.

FURSETH, I. Muslims in Norwegian prisons and the defense. *KIFO,* Trondheim: Tapir, n. 15, 2001a.

FURSETH, I. *The role of women in the Hauge movement. Lutheran Quarterly*, XIII, 1999, p. 395-422.

FURSETH, I. Women's role in historic religious and political movements. *Sociology of Religion*, vol. 62, n. 1, p. 105-129, 2001b.

GAGER, J. G. *Kingdom and community.* Englewood Cliffs: Prentice Hall, 1975.

GALTUNG, J. Violence, peace and peace research. *Journal of Peace Research*, vol. 6, n. 3, p. 167- 191, 1969.

GARDINI, W. The feminine aspect of God in Christianity. *In:* KING, U. *Women in the world's religions, past and present.* Nova York: Paragon House, 1987, p. 56-67.

GEHRIG, G. American civil religion: an assessment. *Society for the Scientific Study of Religion.* Storrs, 1981a. (Monograph Series, 3).

GEHRIG, G. The American civil religion debate: a source for theory construction. *Journal for the Scientific Study of Religion*, vol. 20, n. 1, p. 51-63, mar. 1981b.

GIDDENS, A. *Capitalism and modern social theory*. Cambridge: Cambridge University Press, 1985 [1971].

GIDDENS, A. *Modernity and self-identity: self* and society in the late modern age. Cambridge: Polity Press, 1991.

GIDDENS, A. *Sociology.* Cambridge: Polity Press, 1989.

GIDDENS, A. *The class structure of the advanced societies*. Londres: Unwin, 1989 [1973].

GIDDENS, A. *The Consequences of Modernity*. Stanford: Stanford University Press, 1990.

GIDDENS, A. *The constitution of society:* outline of the theory of structuration. Cambridge: Polity Press, 1984.

GIDDENS, A. *The third way:* the renewal of social democracy. Londres: Polity Press, 1998.

GILHUS, I. S.; MIKAELSSON, L. *Nytt blikk på religion:* studiet av religion i dag. Oslo: Pax, 2001.

GILL, R. *The social context of theology.* Oxford: Mowbrays, 1975.

GINSBURG, F. Saving America's souls: operation rescue's crusade against abortion. *In:* MARTY, E. M.; APPLEBY, S. *Fundamentalisms and the State.* Chicago: University of Chicago Press, 1993. p. 557-588.

GLOCK, C. Y.; RINGER, B. B.; BABBIE, E. R. *To comfort and to challenge:* a dilemma of the contemporary church. Berkeley: University of California Press, 1967.

GLOCK, C. Y.; STARK, R. *Religion and society in tension.* Chicago: Rand McNally, 1965.

GOFFMAN, E. *Asylums.* Nova York: Doubleday, 1961.

GOFFMAN, E. *Frame analysis.* Nova York: Harper & Row, 1974.

GOFFMAN, E. *Interaction ritual:* essays on face-to-face behavior. Nova York: Doubleday, 1967.

GOFFMAN, E. *Stigma:* notes on the management of spoiled identity. Middlesex: Penguin, 1963.

GOFFMAN, E. The interaction order. *American Sociological Review*, vol. 89, n. 1, p. 1-53, 1983.

GOFFMAN, E. *The presentation of self in everyday life.* Nova York: Doubleday, 1959.

GREELEY, A. M. *The sociology of the paranormal.* Londres: Sage, 1975.

GRIFFIN, W. The embodied Goddess: feminist witchcraft and female divinity. *Sociology of Religion*, vol. 56, n. 1, p. 35-48, 1995.

GUIBERNAU, M.; REX, J. Introduction. *In:* GUIBERNAU, M.; REX, J. (orgs.). *The ethnicity reader.* Cambridge: Polity Press, 1997. p. 1-12.

GULLESTAD, M. *Everyday life philosophers:* modernity, morality, and autobiography in Norway. Oslo: Scandinavian University Press, 1996.

GUNDELACH, P.; RIIS, O. *Danskernes Værdier.* København: Forlaget sociologi, 1992.

GUNERIUSSEN, W. *Å forstå det moderne.* Oslo: Tano Aschehoug, 1999.

GUSTAFSSON, G. *Tro, samfund och samhälle:* sociologiska perspektiv. Örebro: Libris, 1997.

HABERMAS, J. A reply to my critics. *In:* TOMPHSON, J. B.; HELD, D. B. (orgs.). *Habermas: critical debates.* Londres: Macmillan, 1982. p. 219-83.

HABERMAS, J. *Legitimation Crisis.* Londres: Heinemann, 1980.

HABERMAS, J. *Religion and rationality:* essays on reason, God, and modernity. Cambridge: Polity Press, 2002.

HABERMAS, J. Struggles for recognition in the democratic constitutional State. *In:* TAYLOR, C. *et al.* (ed., col.). *Multiculturalism:* examining the politics of difference. Princeton: Princeton University Press, 1994. p. 107-148.

HABERMAS, J. *The structural transformation of the public sphere.* Cambridge: The MIT Press, 1989 [1962].

HABERMAS, J. *The theory of communicative action.* Boston: Beacon, 1987. 2. vol.

HABERMAS, J. *The theory of communicative action.* Londres: Heinemann, 1984. 1 vol.

HADAWAY, C. K.; MARLER, P. L. M.; CHAVES, M. What the polls don't show: a closer look at U.S. church attendance. *American Sociological Review*, vol. 58, n. 6, p. 741-752, dez. 1993.

HADDAD, Y. Y. (org.). *The Muslims of America.* Nova York: Oxford University Press, 1991.

HADDAD, Y. Y.; LUMMIS, A. T. *Islamic values in the United States:* a comparative study. Nova York: Oxford University Press, 1987.

HADDAD, Y. Y.; SMITH, J. I. (orgs.). *Muslim minorities in the West:* visible and invisible. Walnut Creek: AltaMira Press, 2002.

HADDAD, Y. Y.; SMITH, J. I. *Muslim communities in North America.* Albany: State University of Nova York Press, 1994.

HADDAD, Y. Y.; SMITH, J. I.; ESPOSITO, J. L. *Religion and immigration:* Christian, Jewish, and Muslim experiences in the United States. Walnut Creek: AltaMira Press, 2003.

HADDEN, J. K. Religious broadcasting and the mobilization of the new Christian right. *In:* HADDEN, J. K.; SHUPE, A. (orgs.). *Secularization and fundamentalism reconsidered.* Nova York: Paragon House, 1989. p. 230-251.

HALÉVY, E. *England in 1815*: a history of the English people in the nineteenth century, vol. 1. Londres: Ernest Benn Limited, 1949.

HAMBERG, E.; PETTERSSON, T. The religious market: denominational competition and religious participation in contemporary Sweden. *Journal for the Scientific Study of Religion*, vol. 33, n. 3, p. 205-216, 1994.

HAMÈS, C. Islame et sociologie: une rencontre qui n'a pas eu lieu? *In:* VOYÉ, L.; BILLIET, J. (orgs.). *Sociology and Religions:* an ambiguous relationship. Lovaina: Leuven University Press, 1999, p. 171-182.

HAMILTON, M. *The sociology of religion.* Londres: Routledge, 2001.

HAMMOND, P. (org.). *The Sacred in a secular age.* Berkeley: University of California Press, 1985.

HAMMOND, P. E. The conditions for civil religion: a comparison of the United States and Mexico. *In:* BELLAH, R. N.; HAMMOND, P. E. *Varieties of civil religion.* São Francisco: Harper & Row, 1980. p. 40-85.

HANNIGAN, J. A. Social movement theory and the sociology of religion: toward a new synthesis. *Sociological Analysis*, vol. 52, n. 4, p. 311-31, 1991.

HARMATI, B. (org.). *The church and civil religion in Asia.* Genebra: The Lutheran World Federation, 1985.

HARMATI, B. (org.). *The church and civil religion in the Nordic countries of Europe.* Genebra: The Lutheran World Federation, 1984.

HASSAN, R. An Islamic perspective. *In:* BECHER, J. (org.). *Women, religion and sexuality:* studies on the impact of religious teachings on women. Genebra: World Council of Churches Publications, 1990. p. 93-128.

HAYNES, J. *Religion in global politics.* Londres: Longman, 1998.

HEELAS, P. On things not being worse, and the ethic of humanity. *In:* HEELAS, P.; LASH, S.; MORRIS, P. (orgs.). *Detraditionalization: critical reflections on authority and identity.* Oxford: Blackwell, 1999, p. 200-222.

HEELAS, P. *The new age movement:* the celebration of the *self* and the sacralization of modernity. Oxford: Blackwell, 1996.

HELLE, H. J. Introduction. *In:* HELLE, H. J. (ed., trad.); NIEDER, L. (col.). *Essays on religion.* New Haven: Yale University Press.

HERBERG. W. *Protestant – Catholic – Jew:* an essay in American religious sociology. Nova York: Doubleday, 1960.

HERBERT, D. Religious traditions in the public sphere: Habermas, MacIntyre and the representation of religious minorities. *In:* SHADID, W.; VAN KONINGSVELD. (orgs.). *Muslims in the margin.* Kampen: Kok Pharos, 1996. p. 66-79.

HERMANSEN, M. K. Two-Way acculturation: Muslim women in America between individual choice (Liminality) and community affiliation (Communitas). *In:* HADDAD, Y. Y. (org.). *The Muslims of America.* Nova York: Oxford University Press, 1991. p. 188-201.

HERTZBERG, A. Jewish fundamentalism. *In:* KAPLAN, L. (org.). *Fundamentalism in comparative perspective.* Amherst: University of Massachusetts Press, 1992. p. 152-158.

HERTZKE, A. D. Christian fundamentalists and the imperatives of American politics. *In:* SAHLIYEH, E. (org.). *Religious resurgence and politics in the contemporary world.* Albany: State University of Nova York Press, 1990. p. 67-79.

HERVIEU-LÉGER, D. *Religion as a chain of memory.* Cambridge: Polity, 2000.

HERVIEU-LÉGER, D. The twofold limit of the notion of secularization. *In:* WOODHEAD, L.; HEELAS, P.; MARTIN, D. (orgs.). *Peter Berger and the study of religion.* Londres: Routledge, 2001. p. 112-25.

HEXHAM, I.; POWE, K. *New religions as global cultures.* Boulder: Westview Press, 1997.

HILL, M. *A sociology of religion.* Londres: Heinemann, 1973.

HØEG, I. M. *et al. Folkekirke 2000*. Oslo: Stiftelsen Kirkeforskning, 2000.

HØEG, I. M. *Rom i herberget?* kvinnelige menighetsprester på arbeidsmarkedet i Den Norske kirke, *KIFO*, Trondheim: Tapir, n. 6, 1998.

HOGE, D.; ROOZEN, D. A. Research on factors influencing church commitment. *In:* HOGE, D.; ROOZEN, D. A. (orgs.). *Understanding church growth and decline:* 1950-1978. Nova York: Pilgrim Press, 1979. p. 42-68.

HOLMES, S.; LARMORE, C. Introduction. *In:* LUHMANN, N. *The differentiation of society.* Nova York: Columbia University Press, 1982.

HONDAGNEU- SOTELO, P. *Gendered transitions:* Mexican experiences of immigration. Berkeley: University of California Press, 1994.

HOROWITZ, D. L *Ethnic groups in conflict.* Berkeley: University of California Press, 1985.

HORREL, D G. Berger and New Testament studies. *In:* WOODHEAD, L.; HEELAS, P.; MARTIN, D. (orgs.). *Peter Berger and the study of religion*. Londres: Routledge, 2001. p. 142-153.

HOWELL, J. D. Gender role experimentation in new religious movements: clarification of the Brahma Kumari case. *Journal for the Scientific Study of Religion*. Vol. 37, n. 3, p. 453-461, 1998.

HUGHEY, M. W. *Civil religion and moral order:* theoretical and historical dimensions. Westport: Greenwood Press, 1983.

HUME, D. *A natural history of religion.* Oxford: Clarendon Press, 1976 [1757].

IANNACCONE, L. R. Rational choice: framework for the scientific study of religion. *In:* YOUNG, L. A. (org.). *Rational choice theory and religion*: summary and assessment. Nova York: Routledge, 1997. p. 25-45.

IANNACCONE, L. R. Why strict churches are strong. *American Journal of Sociology*. Vol. 99, n. 5, p. 1.180-1.211, 1994.

IGNATIEFF, M. *Blood and belonging:* journeys into the New Nationalism. Nova York: The Noonday Press, 1993.

INGLEHART, R. *Culture shifts in advanced industrial society*. Princeton: Princeton University Press, 1990.

INGLEHART, R. *The silent revolution:* changing values and political styles among Western Publics. Princeton: Princeton University Press, 1977.

ISBISTER, J. N. *Freud:* an introduction to his life and work. Cambridge: Polity Press, 1985.

IVEKOVIC, I. Nationalism and the political use and abuse of religion: the politicization of Orthodoxy, Catholicism and Islam in Yugoslav successor States. *Social Compass*, vol. 49, n. 4, p. 523-536, 2002.

IWAMURA, J. N.; SPICKARD, P. (orgs.). *Revealing the sacred in Asian and Pacific America*. Nova York: Routledge, 2003.

JACOBS, J. L. The effects of ritual healing on female victims of abuse: a study of empowerment and transformation. *Sociological Analysis*, vol. 50, n. 3, p. 265-79, 1989.

JACOBSEN, C. M. Negotiating gender: discourse and practice among young Muslims in Norway. *Tidsskrift for kirke, religion og samfunn*, vol. 17, n. 1, p. 5-28, 2004.

JACOBSON, J. *Islam in transition:* religion and identity among British Pakistani youth. Londres: Routledge, 1998.

JENKINS, R. Rethinking ethnicity: identity, categorization, and power. *In:* STONE, J.; DENNIS, R. (orgs.). *Race and ethnicity:* comparative and theoretical approaches. Oxford: Blackwell, 2003. p. 59-71.

JOHNSON, B.; SHIBLEY, M. A. How new is the new Christian right? a study of three presidential elections. *In:* HADDEN, J. K.; SHUPE, A. (orgs.). *Secularization and fundamentalism reconsidered.* Nova York: Paragon House, 1989. p. 178-198.

JONKER, G. Islamic knowledge through a woman's lens: education, power and belief. *Social Compass*, vol. 50, n. 1, p. 35-46, 2003.

JUERGENSMEYER, M. *Terror in the mind of God.* Berkeley: University of California Press, 2001.

JUERGENSMEYER, M. *The new Cold War?* Religious nationalism confronts the secular State. Berkeley: University of California Press, 1993.

KELLEY, D. Why the conservative churches are still growing. *Journal for the Scientific Study of Religion*, vol. 17, n. 1, p. 129-137, 1978.

KENNEDY, M. D.; SIMON, M. D. Church and nation in socialist Poland. *In:* MERKL, P. H.; SMART, N. (orgs.). *Religion and politics in the modern world.* Nova York: Nova York University Press, 1983. p. 121-154.

KEPEL, G. *Allah in the West:* Islamic movements in America and Europe. Stanford: Stanford University Press, 1997.

KEPEL, G. *Jihad:* the trail of political Islam. Cambridge: Harvard University Press, 2002.

KEPEL, G. *The revenge of God.* Centre Country: Pennsylvania State University Press, 1994.

KING, U. *Women and spirituality:* voices of protest and promise. Londres: Macmillan, 1993.

KIVISTO, P. *Multiculturalism in a global society.* Oxford: Blackwell, 2002.

KIVISTO, P. Racism. *In:* SWATOS JUNIOR, W. H. (org.). *Encyclopedia of Religion and Society.* Walnut Creek: AltaMira Press, 1998. p. 399-401.

KIVISTO, P. Religion and the new immigrants. *In:* SWATOS JUNIOR, W. H. (org.). *A future for religion?* new paradigms for social analysis. Newbury Park: Sage, 1993. p. 92-108.

KNOTT, K. Men and women, or devotees? Krishna consciousness and the role of women. *In:* KING, U. (org.). *Women in the world's religions, past and present.* Nova York: Paragon House, 1987. p. 111-128.

KNUDSEN, J. P. *Kulturspredning i et strukturelt perspektiv:* eksemplifisert ved politisk og religiøs endring under moderniseringen av det norske samfunn. Lund: Lund University Press, 1994.

KRAMER, M. Hizbullah: the calculus of Jihad. *In:* MARTY, M. E.; APPLEBY, S. R. (orgs.). *Fundamentalisms and the State.* Chicago: University of Chicago Press, 1993. p. 539-556.

KROKER, A.; COOK, D. *The postmodern scene.* Londres: Macmillan, 1988.

KUHN, T. *The structure of scientific revolutions.* Chicago: University of Chicago Press, 1970.

KUNIN, S. K. Judaism. *In:* WOODHEAD, L.; FLETCHER, P.; KAWANAMI, H.; SMITH, D. (orgs.). *Religions in the modern world.* Londres: Routledge, 2002. p. 128-181.

LAL, B. B. Robert Ezra Park's approach to race and ethnic relations. *In:* STONE, J.; DENNIS, R. (orgs.). *Race and ethnicity:* comparative and theoretical approaches. Oxford: Blackwell, 2003, p. 43-54.

LAMBERT, Y. Religion in modernity as a New Axial age: secularization or new religions paradigms? *Sociological Analysis*, vol. 60, n. 3, p. 303-333, 1999.

LAYENDECKER, L. Zivilreligion in den Niederlanden. *In:* KLEGER, H.; MÜLLER, A. (orgs.). *Religion des Bürgers*: Zivilreligion in Amerika und Europa. Munique: Chr. Kaiser, 1986. p. 64-84.

LE BON, G. *The crowd*. Nova York: Viking Press, 1960.

LEASE, G. The origins of national socialism: some fruits of religion and nationalism. *In:* MERKL, P. H.; SMART, N. (orgs.). *Religion and politics in the modern world.* Nova York: Nova York University Press, 1983. p. 63-88.

LECHNER, F. J. Global fundamentalism. *In:* SWATOS JUNIOR, W. H. (org.). *A future for religion? new paradigms for social analysis.* Londres: Sage, 1993. p. 19-36.

LEHMANN, D. Religion and globalization. *In:* WOODHEAD, L.; FLETCHER, P.; KAWANAMI, H.; SMITH, D. (orgs.). *Religions in the modern world.* Londres: Routledge, 2002. p. 299-315.

LEVACK, B. *The witch-hunt in early modern Europe.* Londres: Longman, 1995.

LEVINE, D. N. Introduction. *In:* LEVINE, D. (org.). *Georg Simmel:* on individuality and social forms. Chicago: University of Chicago Press, 1971.

LEVITT, P. *The transnational villagers.* Berkeley: University of California Press, 2001.

LIEBMAN, C. S.; DON-YEHIYA, E. *Civil religion in Israel.* Berkeley: University of California Press, 1983.

LORBER, J.; FARRELL, S. A. (orgs.). *The social construction of gender.* Newbury Park: Sage, 1991.

LUCKMANN, T. *Life-world and social realities.* Londres: Heinemann, 1983.

LUCKMANN, T. *The invisible religion:* the problem of religion in modern society. Nova York: Macmillan, 1967.

LUHMANN, N. *Risk:* a sociological theory. Nova York: Walter de Gruyter, 1993.

LUHMANN, N. *Social Systems.* Stanford: Stanford University Press, 1995.

LUHMANN, N. *The differentiation of society.* Nova York: Columbia University Press, 1982.

LUHMANN, N. *Trust and power.* Nova York: John Wiley & Sons, 1979.

LUKES, S. *Émile Durkheim:* his life and work. Harmondsworth, Middlesex: Penguin, 1973.

LYND, R. S.; LYND, H. M. *Middletown:* a study in American culture. Nova York: Harcourt Brace, 1929.

LYON, D. *Jesus in Disneyland:* religion in postmodern times. Cambridge: Polity, 2000.

LYOTARD, J. F. *The postmodern condition:* a report on knowledge. Manchester: Manchester University Press, 1984.

MALINOWSKI, B. *Magic, science and religion and other essays.* Londres: Souvenir Press, 1974 [1925].

MANNHEIM, K. *Ideology and utopia*: an introduction to the sociology of knowledge. Nova York: Harvest Books, 1936.

MARKKOLA, P. (org.). *Gender and vocation*: women, religion and social change in the Nordic countries, 1830-1940. Helsinki: Finnish Literature Society, 2000.

MARRETT, R. R. *The threshold of religion.* Londres: Methuen, 1914.

MARTIN, B. Berger's anthropological theology. *In*: WOODHEAD, L.; HEELAS, P.; MARTIN, D. (orgs.). *Peter Berger and the study of religion*. Londres: Routledge, 2001. p. 154-188.

MARTIN, D. Religion, secularization and post-modernity: lessons from the Latin American case. *In:* REPSTAD, P. (org.). *Religion and modernity:* modes of co-existence. Oslo: Scandinavian University Press, 1996. p. 35-43.

MARTIN, D. Theology and sociology: the Irish Flaneur's account. *New Blackfriars*, vol. 78, n. 913, p. 105-10, 1997.

MARTIN, D. *Tongues of fire:* the explosion of Protestantism in Latin America. Oxford: Blackwell, 1990.

MARTY, M. E. Fundamentals of Fundamentalism. *In:* KAPLAN, L. (org.). *Fundamentalism in comparative perspective*. Amherst: University of Massachusetts Press, 1992. p. 15-23.

MARTY, M. E. Public religion. *In:* SWATOS JUNIOR, W. H. (org.). *Encyclopedia of Religion and Society*. Walnut Creek: AltaMira Press, 1998. p. 393-394.

MARTY, M. E. Two kinds of two kinds of civil religion. *In:* RICHEY, R. E.; JONES, D. G. (orgs.). *American civil religion*. Nova York: Harper & Row, 1974. p. 139-57.

MARTY, M. E.; APPLEBY, R. S. (orgs.). *Accounting for fundamentalisms*. Chicago: University of Chicago Press, 1994 (The Fundamentalism Project, vol. 4).

MARTY, M. E.; APPLEBY, R. S. (orgs.). *Fundamentalisms and society*. Chicago: University of Chicago Press, 1993a (The Fundamentalism Project, vol. 2).

MARTY, M. E.; APPLEBY, R. S. (orgs.). *Fundamentalisms and State*. Chicago: University of Chicago Press, 1993b (The Fundamentalism Project, vol. 3).

MARTY, M. E.; APPLEBY, R. S. (orgs.). *Fundamentalisms comprehended*. Chicago: University of Chicago Press, 1995 (The Fundamentalism Project, vol. 5).

MARTY, M. E.; APPLEBY, R. S. (orgs.). *Fundamentalisms observed*. Chicago: University of Chicago Press, 1991 (The Fundamentalism Project, vol. 1).

MARX, K. *Capital*. Vol. 1. Moscou: Progress Publishers, 1983 [1867].

MARX, K. Contribution to the critique of Hegel's philosophy of right. *In:* MARX, K.; ENGELS, F. *On religion*. Moscou: Foreign Languages Publishing House, 1955 [1844]. p. 41-58.

MARX, K. Economic and philosophical manuscripts. *In:* MARX, K. (org.). *Early writings.* Nova York: Vintage Books, 1975 [1844].

MARX, K. Theses on feuerbach. *In:* MARX, K.; ENGELS, F. *On religion.* Moscou: Foreign Languages Publishing House, 1955 [1844]. p. 69-72.

MARX, K.; ENGELS, F. German ideology. *In:* MARX, K.; ENGELS, F. *On religion.* Moscou: Foreign Languages Publishing House, 1955 [1845-1846], p. 73-81.

MATHISEN, J. A. Twenty years after Bellah: whatever happened to American Civil religion? *Sociological Analysis*, vol. 50, n. 2, p. 129-46, 1989.

MAYER, A. E. The fundamentalist impact on law, politics, and constitutions in Iran, Pakistan, and the Sudan. *In:* MARTY, M. E.; APPLEBY, R. S. (orgs.). *Fundamentalisms and the State.* Chicago: University of Chicago Press, 1993, p. 110-151.

MCGUIRE, M. Gendered spiritualities. *In:* BECKFORD, J. A.; RICHARDSON, J. T. (orgs.). *Challenging religion.* Nova York: Routledge, 2003. p. 170-180.

MCGUIRE, M. *Religion:* the social context. Belmont: Wadsworth, 1997.

MCGUIRE, M. *Ritual healing in suburban America.* New Brunswick: Rutgers University Press, 1988.

MEAD, G. H. *Mind, self, & society.* Chicago: University of Chicago Press, 1962 [1934].

MEEKS, W. *The first urban Christians.* New Haven: Yale University Press, 1983.

MELTON, J. G. The future of the new age movement. *In:* BARKER, E.; WARBURG, M. (orgs.). *New religions and new religiosity.* Aarhus: Aarhus University Press, 1998. p. 133-149.

MENDIETA, E. Introduction. *In:* HABERMAS, J. *Religion and rationality:* essays on reason, God, and modernity. Cambridge: Polity Press, 2002. p. 1-36.

MERNISSI, F. *Women and Islam:* an historical and theological enquiry. Oxford: Blackwell, 1987.

MILBANK, J. *Theology and social theory:* beyond secular reason. Oxford: Blackwell, 1990.

MILES, R. *Racism and "race relations".* Londres: Routledge, 1993.

MILES, R. *Racism.* Londres: Routledge, 1989.

MILLER, A. S.; HOFFMAN, J. P. Risk and religion: an explanation of gender differences in religiosity. *Journal for the Scientific Study of Religion*, vol. 34, n. 1, p. 63-75, 1995.

MILLER, D. E.; MILER, J.; DYRNESS, G. R. *Immigrant religion in the city of angels.* Los Angeles: Center for Religion and Civic Culture, University of Southern California, 2001.

MIR- HOSSEINI, Z. *Islam and gender.* Londres: I.B. Tauris, 2000.

MITZMAN, A. *The iron cage:* an historical interpretation of Max Weber. Nova York: Grosset's Universal Library, 1971.

MOGHADAM, vol. M. Fundamentalism and the woman question in Afghanistan. *In:* KAPLAN, L. (org.). *Fundamentalism in comparative perspective.* Amherst: University of Massachusetts Press, 1992. p. 126-151.

MORRIS, C. W. (org.). Introduction. *In:* MEAD, G. H. *Mind, self, & society.* Chicago: University of Chicago Press, 1962. p. 9-35.

NARAYANAN, vol. Hindu perceptions of auspiciousness and sexuality. *In:* BECHER, J. (org.). *Women, religion and sexuality.* Genebra: World Council of Churches Publications, 1990. p. 64-92.

NARAYANAN, vol. Hinduism: modern movements. *In:* YOUNG, S. (org.). *Encyclopedia of Women and World Religion.* Nova York: Macmillan, 1999, p. 428-430.

NASON-CLARK, N. The making of a survivor: rhetoric and reality in the study of religion and abuse. *In:* BECKFORD, J. A.; RICHARDSON, J. T. (orgs.). *Challenging Religion.* Londres: Routledge, 2003. p. 181-191.

NEITZ, M. J. *Charisma and Community.* New Brunswick: Transaction, 1987.

NETTL, J. P.; ROBERTSON, R. *International systems and the modernization of societies.* Londres: Faber and Faber, 1968.

NEUSNER, J. Judaism in the world and in America. *In:* NEUSNER, J. (org.). *World religions in America.* Louisville: Westminster/John Knox Press, 2000, p. 107-122.

NIEBUHR, H. R. *The social sources of denominationalism.* Nova York: Meridian, 1975 [1929].

NIELSEN JUNIOR, N. C. *Fundamentalism, mythos, and world religion.* Albany: State University of Nova York Press, 1993.

NIELSEN, D. A. Émile Durkheim. *In:* SWATOS JUNIOR, W. H. (org.). *Encyclopedia of Religion and Society.* Walnut Creek: AltaMira Press, 1998. p. 145-148.

NIELSEN, J. S. *Muslims in Western Europe.* Edinburgh: Edinburgh University Press, 1995.

NORCLIFFE, D. *Islam:* faith and practice. Brighton: Sussex Academic Press, 1999.

NYHAGEN, P. L. Interpreting Gender in Islam: a case study of immigrant Muslim women in Oslo, Norway. *Gender & Society*, vol. 18, p. 473-493, 2004.

NYHAGEN, P. L. *Issues of gender, race, and class in the Norwegian missionary society in nineteenth-century Norway and Madagascar.* Nova York: The Edwin Mellen Press, 2003.

O'DEA, T. Five dilemmas in the institutionalization of religion. *Journal for the Scientific Study of Religion*, vol. 1, n. 1, p. 30-39, 1961.

O'TOOLE, R. Classics in the sociology of religion: an ambiguous legacy. *In:* FENN, R. K. (org.). *The Blackwell Companion to Sociology of Religion.* Oxford: Blackwell, 2001, p. 133-160.

OBEROI, H. Sixth fundamentalism: translating history into theory. *In:* MARTIN, M. E.; APPLEBY, R. S. (orgs.). *Fundamentalisms and the State.* Chicago: University of Chicago Press, 1993. p. 256-285.

OBERSCHALL, A. *Social conflict and social movements.* Englewood Cliffs: Prentice-Hall, 1973.

ØSTBERG, S. *Pakistani children in Oslo:* Islamic nurture in a secular contest. Unpublished PhD dissertation. Institute of Education, University of Warwick, UK, 1998.

ØSTERBEG, D. *Talcott Parsons sosiologiske essays.* Oslo: Cappelen, 1988.

ØSTERGAARD, K. Muslim women in the Islamic field in Denmark: interaction between converts and other Muslim women. *Nordic Journal of Religion and Society*, vol. 17, n. 1, p. 29-46, 2004.

OTTO, R. *The idea of the Holy.* Nova York: Oxford University Press, 1958 [1917].

OZORAK, E. W. The power, but not the glory: how women empower themselves through religion. *Journal for the Scientific Study of Religion*, vol. 35, n. 1, p. 17-29, 1996.

PAREKH, B. *Rethinking multiculturalism:* cultural diversity and political theory. Londres: Macmillan, 2000.

PARSONS, T. Belief, unbelief, and disbelief. *In:* CAPORALE, R.; GRUMELLI, A. (org.). *The culture of unbelief.* Berkeley: University of California Press, 1971. p. 207-245.

PARSONS, T. Religion in post-industrial America. *Social Research*, vol. 41, n. 2, p. 193-225, 1974.

PARSONS, T. *Societies:* evolutionary and comparative perspectives. Englewood Cliffs: Prentice-Hall, 1966.

PARSONS, T. *The social system.* Londres: Routledge & Kegan Paul, 1979 [1951].

PARSONS, T. *The structure of social action.* Nova York: Free Press, 1949 [1937].

PARSONS, T.; BALES, R. F.; SHILS, E. A. *Working papers in the theory of action.* Nova York: Free Press, 1953.

PERROW, C. *Complex organizations:* a critical essay. Nova York: Random House, 1986.

PETTERSSON, P. *Kvalitet i livslånga tjänsterelationer*: svenska kyrkan ur tjänsteteoretiskt och religionssociologiskt perspektiv. Stockholm: Verbum, 2000.

PETTERSSON, T. *Gudstänstutbud och besöksfrekvens i Svenska Kyrkan.* Tro & Tanke, vol. 9, p. 53-74, 1994.

PETTERSSON, T.; GEYER, K.; WICKTRÖM, O. *Gudstänstbesökerna.* Tro & Tanke, vol. 4, p. 113-235, 1994.

PICKERING, W. S. F. *Durkheim's sociology of religion.* Londres: Routledge & Kegan Paul, 1984.

POLOMA, M. M. *Contemporary sociological theory.* Nova York: Macmillan, 1979.

PORTES, A. Children of immigrants: segmented assimilation. *In:* PORTES, A. (org.). *The economic sociology of immigration.* Nova York: Russell Sage, 1995. p. 248-280.

POSTONE, M.; LIPUMA, E. CALHOUN, C. Introduction: Bourdieu and social theory. *In:* CALHOUN, C.; LIPUMA, E.; POSTONE, M. (orgs.). *Bourdieu: critical perspectives.* Chicago: University of Chicago Press, 1993, p. 1-13.

PROCTER-SMITH, M.; WALTON, J. R. (orgs.). *Women at worship.* Louisvilie: Westminster/John Knox Press, 1993.

PUTTICK, E. Women in new religious movements. *In:* WILSON, B.; CRESSWELL, J. (orgs.). *New religious movements.* Londres: Routledge, 1999. p. 143-162.

RAMET, P. (org.). *Religion and nationalism in Soviet and East European politics.* Durham: Duke University Press, 1984.

REPSTAD, P. Civil religion in modern society: some general and some Nordic perspectives. *Kirchliche Zeitgeschichte*, vol. 8, n. 1, p. 159-175, 1995a.

REPSTAD, P. *Den sosiale forankring*: sosiologiske perspektiver på teologi. Oslo: Universitetsforlaget, 1995b.

REPSTAD, P. *Dype, stille, sterke, milde: religiøs makt i dagens Norge*. Oslo: Gyldendal, 2002.

REPSTAD, P. *Fra ilden til asken:* en studie i religiøs passivisering. Oslo: Universitetsforlaget, 1984.

REPSTAD, P. Has the pendulum swung too far? the construction of religious individualism in today's sociology of religion. *Temenos - Nordic Journal of Comparative Religion*, vol. 37-38, p. 181-190, 2003a.

REPSTAD, P. Sociological methods in the study of new religious movements. *In:* WARBURG, M. (org.). *Studying new religions.* København: University of Copenhagen, 1995c, p. 3-14.

REPSTAD, P. The powerlessness of religious power in a pluralist society. *Social Compass*, vol. 50, n. 2, p. 161-173, 2003b.

REX, J. *Race and ethnicity*. Stony Stratford: Open University Press, 1986.

RICHARDSON, J. T. A social psychological critique of "brainwashing" claims about recruitments to new religions. *Religion and the Social Order* v. 3B, p. 75-97, 1993.

RICHARDSON, J. T. The active vs. passive convert: paradigm conflict in conversion/recruitment research. *Journal for the Scientific Study of Religion*, vol. 24, n. 2, p. 119-136, 1985.

RICHEY, R. E.; JONES, D. G. (orgs.). *American civil religion.* Nova York: Harper & Row, 1974.

RICHMOND, A. H. Postindustrialism, postmodernism, and ethnic conflict. *In:* STONE, J.; DENNIS, R. (orgs.). *Race and ethnicity:* comparative and theoretical approaches. Oxford: Blackwell, 2003. p. 83-94.

RIIS, O. *Metoder og teorier i religionssociologien.* Aarhus: Aarhus universitetsforlag, 1996.

ROALD, A. S. Muslim women in Sweden. *Tidsskrift for kirke, religion og samfunn*, vol. 17, n. 1, p. 65-77, 2004.

ROALD, A. S. *Women in Islam*: the western experience. Londres: Routledge, 2001.

ROBBINS, T. Church-and-state issues in the United States. *In:* SWATOS JUNIOR, W. H. (org.). *Encyclopedia of Religion and Society.* Walnut Creek: AltaMira Press, 1989. p. 87-90.

ROBBINS, T. *Cults, converts and charisma.* Londres: Sage, 1988.

ROBERTSON, R. After nostalgia? wilful nostalgia and the phases of globalization. *In:* TURNER, B. S. (org.). *Theories of modernity and postmodernity.* Londres: Sage, 1991. p. 45-61.

ROBERTSON, R. Church–State relations and the world system. *In:* ROBBINS, T.; ROBERTSON, R. (orgs.). *Church-State relations.* New Brunswick: Transaction, 1987. p. 39-51.

ROBERTSON, R. *Globalization:* social theory and global culture. Londres: Sage, 1992.

ROBERTSON, R. *The sociological interpretation of religion.* Oxford: Blackwell, 1970.

ROCHER, G. *Talcott parsons and American sociology.* Londres: Nelson, 1974.

ROMERO, C. Globalization, civil society and religion from a Latin American standpoint. *Sociology of Religion*, vol. 62, n. 4, p. 475-490, 2001.

ROOF, W. C. *A generation of seekers:* the spiritual journeys of the baby boom generation. Nova York: HarperCollins, 1993.

ROOF, W. C. *Commitment and community:* religious plausibility in a Liberal Protestant Church. Nova York: Elsevier, 1978.

ROOF, W. C.; HOGE, D. Church involvement in America: social factors affecting membership and participation. *Review of Religious Research*, vol. 21, n. 4, p. 405-426, 1980.

ROTHSTEIN, M. *New age religion and globalization.* Aarhus: Aarhus University Press, 2001.

ROUNTREE, K. Goddess pilgrims as tourists: inscribing the body through sacred travel. *Sociology of Religion*, vol. 63, n. 4, p. 475-96, 2002.

ROUSSEAU, J. J. *The social contract.* Harmondsworth, Middlesex: Penguin, 1981 [1762].

RUETHER, R. R. Catholicism, women, body and sexuality: a response. *In:* BECHER, J. (org.). *Women, religion and sexuality.* Genebra: World Council of Churches Publications, 1990. p. 221-232.

RUETHER, R. R. *Sexism and God-talk:* toward a feminist theology. Boston: Beacon Press, 1983.

SAHLIYEH, E. Religious resurgence and political modernization. *In:* SAHLIYEH, E. (org.). *Religious resurgence and politics in the contemporary world.* Albany: State University of Nova York Press, 1990. p. 3-16.

SALOMONSEN, J. *Enchanted feminism:* ritual, gender and divinity among the reclaiming witches of San Francisco. Nova York: Routledge, 2002.

SCHAANNING, E. *Modernitetens oppløsning.* Oslo: Spartacus, 1992.

SCHMIDT, G. *American medina*: a study of the Sunni Muslim immigrant communities in Chicago. Lund: Department of History of Religions, 1998.

SELAND, B. "Called by the Lord": women's place in the Norwegian missionary movement. *In:* MARKKOLA, P. (org.). *Gender and vocation*: women, religion and social change in the Nordic countries, 1830-1940. Helsinki: Finnish Literature Society, 2000. p. 69-111.

SHACKLE, C. Sikhism. *In:* WOODHEAD, L.; FLETCHER, P.; KAWANAMI, H.; SMITH, D. (orgs.). *Religions in the modern world*. Londres: Routledge, 2002. p. 70-85.

SHACKLE, C.; SINGH, G.; MANDAIR, P. (orgs.). *Sikh religion, culture and ethnicity*. Richmond: Curzon, 2001.

SHADID, W.; VAN KONINGSVELD, P. S. (orgs.). *Muslims in the margin*: political responses to the presence of Islam in western Europe. Kampen: Kok, 1996.

SHADID, W.; VAN KONINGSVELD, P. S. (orgs.). *The integration of Islam and Hinduism in western Europe*. Kampen: Kok, 1991.

SHAPIRO, E. S. A time for healing: American Jewry since World War II. *In:* DOWDY, T. E.; MCNAMARA, P. H. (orgs.). *Religion: North American style*. New Brunswick: Rutgers University Press, 1997, p. 147-154.

SHARMA, A. (org.). *Today's woman in world religions*. Albany: State University of Nova York Press, 1994.

SHARPE, E. J. *Understanding religion*. Londres: Duckworth, 1983.

SHINER, L. The concept of secularization in empirical research. *Journal for the Scientific Study of Religion*, vol. 6, n. 2, p. 207-20, 1966.

SHUPE, A.; HADDEN, J. K. Is there such a thing as global fundamentalism? *In:* SHUPE, A.; HADDEN, J. K. (orgs.). *Secularization and fundamentalism reconsidered*. Nova York: Paragon House, 1989. p. 109-122.

SIMMEL, G. *Essays on religion*. HELLE, H. J.; NIEDER, L. (trad.). New Haven: Yale University Press, 1997.

SIMMEL, G. *On individuality and social forms*. LEVINE, D. (org.). Chicago: University of Chicago Press, 1971.

SINGH, K. The politics of religious resurgence and religious terrorism: the case of the Sikhs of India. *In:* SAHLIVEH, E. (org.). *Religious resurgence and politics in the contemporary world*. Albany: State University of Nova York Press, 1990. p. 243-261.

SINGH, N-G. K. *The feminine principle in the Sikh vision of the transcendent*. Cambridge: Cambridge University Press, 1993.

SIVAN, E. The Islamic resurgence: civil society strikes back. *In:* KAPLAN, L. (org.). *Fundamentalism in comparative perspective*. Amherst: University of Massachusetts Press, 1992. p. 96-108.

SMART, B. Modernity, postmodernity and the present. *In:* TURNER, B. S. (org.). *Theories of modernity and postmodernity.* Londres: Sage, 1990, p. 14-30.

SMART, N. Religion, myth, and nationalism. *In:* MERKL, P. H.; SMART, N. (orgs.). *Religion and politics in the modern world.* Nova York: New York University Press, 1983. p. 15-28.

SMART, N. *Secular education and the logic of religion.* Londres: Faber, 1968.

SMART, N. Tradition, retrospective perception, nationalism and modernism. *In:* HEELAS, P. (org.). *Religion, modernity and postmodernity,* Oxford: Blackwell, 1998. p. 79-87.

SMITH, A. *The wealth of nations.* Nova York: Modern Library, 1937 [1776].

SMITH, A. *Theories of nationalism.* Londres: Duckworth, 1983.

SMITH, C. et al. *American evangelism:* embattled and thriving. Chicago: University of Chicago Press, 1998.

SMITH, D. E. The limits of religious resurgence. *In:* SAHLIYEH, E. (org.). *Religious resurgence and politics in the contemporary world.* Albany: State University of Nova York Press, 1990. p. 33-44.

SMITH, D. Hinduism. *In:* WOODHEAD, L.; PATRIDGE, C.; KAWANAMI, H. (orgs.). *Religions in the modern world.* Londres: Routledge, 2002, p. 15-40.

SMITH, D. *Zygmunt Bauman:* prophet of postmodernity. Cambridge: Polity Press, 1999.

SMITH, W. C. *Towards a world theology:* faith and the comparative history of religion. Maryknoll: Orbis Books, 1981.

SOLLORS, W. (org.). *The invention of ethnicity.* Oxford: Oxford University Press, 1989.

SOYSAL, Y. N. Toward a postnational model of membership. *In*: STONE, J.; DENNIS, R. (orgs.). *Race and ethnicity*: comparative and theoretical approaches. Oxford: Blackwell, 2003. p. 291-305.

SPIRO, M. Religion: problems of definition and explanation. *In:* BANTON, M. (org.). *Anthropological approaches to the study of religion.* Londres: Tavistock, 1966, p. 85-126.

SPIRO, M. Religious systems as culturally constituted defense mechanisms. *In:* SPIRO, M. (org.). *Context and meaning in cultural anthropology.* Glencoe: Free Press, 1965.

STARK, R. *Reconstructing the rise of Christianity:* adventures in historical sociology. Princeton: Princeton University Press, 1996.

STARK, R. Reconstructing the rise of Christianity: the role of women. *Sociology of Religion*, vol. 56, n. 3, p. 229-244, 1995.

STARK, R.; BAINBRIDGE, W. S. *A theory of religion.* Nova York: Peter Lang, 1987.

STARK, R.; BAINBRIDGE, W. S. *The future of religion.* Berkeley: University of California Press, 1985.

STARK, R.; GLOCK, C. Y. *American Piety:* the nature of religious commitment. Berkeley: University of California Press, 1968.

STEIN, J. Defining the Race 1890-1930. *In:* SOLLORS, W. (org.). *The invention of ethnicity.* Oxford: Oxford University Press, 1989. p. 77-104.

STONE, J. Max Weber on race, ethnicity, and nationalism. *In:* STONE, J.; DENNIS, R. (orgs.). *Race and ethnicity:* comparative and theoretical approaches. Oxford: Blackwell, 2003. p. 28-42.

STRAUSS, A. Introduction. *In:* MEAD. G, H. *George Herbert Mead on social psychology.* Chicago: University of Chicago Press, 1965. p. 7-25.

STRONG, P. M. Minor courtesies and macro structures. *In:* DREW, P.; WOOTTON, A. (orgs.). *Erving Goffman:* exploring the interaction order. Boston: Northeastern University Press, 1988. p. 228-249.

SUNDBACK, S. Folk church religion: a kind of Civil Religion? *In:* HARMATI, B. (org.). *The church and civil religion in the Nordic countries of Europe.* Genebra: The Lutheran World Federation, 1984. p. 35-40.

SWATOS JUNIOR, W. H.; CHRISTIANO, K. Secularization Theory: the course of a concept. *Sociology of Religio*, vol. 60, n. 3, p. 209-228, 1999.

SWATOS JUNIOR, W. H.; KIVISTO, P.; GUSTAFSON, P. M. Max Weber. *In:* SWATOS JUNIOR, W. H. (orgs.). *Encyclopedia of Religion and Society.* Walnut Creek: AltaMira Press, 1998. p. 547-552.

TAMBIAH, S. J. Buddhism, politics, and violence in Sri Lanka. *In:* MARTIN, E.; MARTY, R.; APPLEBY, S. (orgs.). *Fundamentalisms and the State.* Chicago: University of Chicago Press, 1993. p. 589-619.

TAYLOR, C. *Multiculturalism and "the politics of recognition".* Princeton: Princeton University Press, 1992.

TAYLOR, C. The politics of recognition. *In*: STONE, J.; DENNIS, R. (orgs.). *Race and ethnicity:* comparative and theoretical approaches. Oxford: Blackwell, 2003. p. 373-381.

TESSIER, L. J. Violence. *In:* YOUNG, S. (org.). *Encyclopedia of Women and World Religion.* Vol. 2. Nova York: Macmillan. 1999, p. 1.000-1.002.

THOMAS, M. C.; FLIPPEN, C. C. American civil religion: an empirical study. *Social Forces*, vol. 51, n. 2, p. 218-225, 1972.

THOMPSON, E. H. Beneath the status characteristic: gender variations in religion. *Journal for the Scientific Study of Religion*, vol. 30, n. 4, p. 381-394, 1991.

THOMPSON, E. P. *The making of the English working class*. Londres: Victor Gollancz, 1965.

THOMPSON, K. *Auguste Comte:* the foundation of sociology. Londres: Nelson, 1976.

THUMMA, S. Negotiating a religious identity: the case of the gay evangelical. *Sociological Analysis*, vol. 53, n. 4, p. 333-347, 1991.

THUMMA, S.; GRAY, E. R. (orgs.). *Gay Religion*. Walnut Creek: AltaMira Press, 2005.

TIILIKAINEN, M.; LEHTINEN, M. Muslim women in Finland: diversity within a minority. *Tidsskrift for kirke, religion og samfunn*, vol. 17, n. 1, p. 64-65, 2004.

TILLY, C. *From mobilization to revolution*. Reading: AddisonWesley, 1978.

TOYNBEE, A. *A study of history*. Vol. 8. Londres: Oxford University Press, 1954.

TROELTSCH, E. *The social teachings of the Christian churches*. Nova York: Harper & Row, 1960 [1912]. I–II v.

TURNER, B. S. Periodization and politics in the postmodern. *In:* TURNER, B. S. (org.). *Theories of Modernity and Postmodernity*. Londres: Sage, 1990. p. 1-13.

TURNER, B. S. *Religion and social theory*. Londres: Sage, 1991.

TURNER, vol. *The ritual process*. Chicago: Aldine, 1969.

TYLOR, E. *Primitive culture*. Londres: John Murray, 1903.

VAN GENNEP, A. *The rites of passage*. Chicago: University of Chicago Press, 1960 [1908].

VARCOE, I. Identity and the limits of comparison: Bauman's reception in Germany. *Theory, Culture and Society*, vol. 15, n. 1, p. 57-72, 1998.

VARCOE, I. Zygmunt Bauman. *In:* ELLIOTT, A.; RAY, L. (orgs.). *Key contemporary social theorists*. Oxford: Blackwell, 2003. p. 38-44.

VERTOVEC, S.; PEACH, C. (orgs.). *Islam in Europe*. Londres: Macmillan, 1997.

VIA, E. J. Women in the gospel of Luke. *In:* KING, U. (org.). *Women in the world's religions, past and present.* Nova York: Paragon House, 1987. p. 38-55.

VOYÉ, L.; BILLIET, J. (orgs.). *Sociology and religions:* an ambiguous relationship. Lovaina: Leuven University Press, 1999.

WACQUANT, L. J. D. Bourdieu in America: notes on the transatlantic importation of social theory. *In:* CALHOUN, C.; LIPUMA, E.; POSTONE, M. (orgs.). *Bourdieu:* critical perspectives. Chicago: University of Chicago Press, 1993. p. 235-262.

WADEL, C. *Den samfunnsvitenskapelige konstruksjon av virkeligheten.* Flekkefjord: Seek, 1990.

WALD, K. D. The new Christian right in American Politics: mobilization amid modernization. *In:* SAHLIYEH, E. *Religious resurgence and politics in the contemporary world.* Albany: State University of Nova York Press, 1990. p. 49-65.

WALLACE, R. The social construction of a new leadership role: Catholic women pastors. *In:* SWATOS JUNIOR, W. H. (org.). *Gender and religion.* New Brunswick: Transaction, 1994. p. 15-26.

WALLERSTEIN, I. *The modern world-system.* Vol. 1. Nova York: Academic Press, 1974.

WALLIS, R. *The road to total freedom:* a sociological analysis of scientology. Londres: Heinemann, 1976.

WARNER, M. The mass public and the mass subject. *In:* CALHOUN, C. (org.). *Habermas and the public sphere.* Cambridge: The MIT Press, 1992, p. 377-401.

WARNER, R. S. Immigration and religious communities in the United States. *In:* WARNER, R. S.; WITTNER, J. G. (orgs.). *Gatherings in diaspora:* religious communities and the new immigration. Philadelphia: Temple University Press, 1998. p. 3-34.

WARNER, R. S. Work in progress toward a new paradigm for the sociological study of religion in the United States. *American Journal of Sociology.* Vol. 98, n. 5, p. 1.044-1.093, 1993.

WARNER, R. S.; WITTNER, G. *Gatherings in diaspora:* religious communities and the new immigration. Philadelphia: Temple University Press, inverno 1998.

WARNER, W. L. (org.). *Yankee city.* Londres: Yale University Press, 1963 [1941-1945].

WARNER, W. L. *Democracy in Jonesville.* Nova York: Harper & Brothers, 1949.

WEBER, M. *Economy and society.* 3 vols. Nova York: Bedminster Press, 1968 [1925].

WEBER, M. *From Max Weber: essays in sociology.* Nova York: Oxford University Press, 1979.

WEBER, M. *The Protestant ethic and the spirit of capitalism.* Londres: Routledge, 2001 [1904-1905].

WEBER, M.; *The sociology of religion.* Boston: Beacon Press, 1964 [1922].

WELLMER, A. *The persistence of modernity.* Oxford: Polity Press, 1991.

WENIG, M. M. Reform Jewish worship: how shall we speak of Torah, Israel, and God? *In:* PROCTER-SMITH, M.; WALTON, J. R. (orgs.). *Women at worship.* Louisville: Westminster/John Knox Press, 1993. p. 31-42.

WESTERKAMP, M. J. *Women and religion in early America 1600-1850.* Londres: Routledge, 1999.

WIKAN, U. *For ærens skyld:* fadime til ettertanke. Oslo: Universitetsforlaget, 2003.

WILCOX, C. *Onward Christian soldiers?* the religious right in American politics. Boulder: Westview Press, 1996.

WILCOX, M. M. *Coming out in Christianity:* religion, identity and community. Bloomington: Indiana University Press, 2003.

WILLIAMS, R. H. (org.). *Promise keepers and the new masculinity:* private lives and public morality. Lanham Lexington Books, 2001.

WILSON, B. R. *Patterns of sectarianism.* Londres: Heinemann, 1967.

WILSON, B. R. Reflections on a many-sided controversy. *In:* BRUCE, S. (org.). *Religion and modernization*: sociologists and historians debate the secularization thesis. Oxford: Clarendon Press, 1992. p. 195-210.

WILSON, B. R. *Religion in sociological perspective.* Oxford: Oxford University Press, 1982.

WILSON, B. R. *Religious sects.* Londres: World University Library, 1970.

WILSON, B. R. Salvation, secularization and de-moralization. *In:* FENN, R. K. (org.). *The Blackwell Companion to Sociology of Religion.* Oxford: Blackwell, 2001. p. 39-51.

WILSON, B. R. *The social dimension of sectarianism.* Oxford: Clarendon Press, 1990.

WILSON, J. F. *Public religion in American culture.* Philadelphia: Temple University Press, 1979.

WIMBERLEY, R. C. Continuity and the measurement of civil religion. *Sociological Analysis*, vol. 40, p. 59-62, 1979.

WITTGENSTEIN, L. *Philosophical investigations*. 2. ed. Oxford: Blackwell, 1958.

WOODHEAD, L. Feminism and the sociology of religion: from gender-blindness to gendered difference. *In:* FENN, R. K. (org.). *The Blackwell Companion to Sociology of Religion*. Oxford: Blackwell, 2003, p. 67-84.

WOODHEAD, L. Women and religion. *In:* WOODHEAD, L.; PARTRIDGE, C.; KAWANAMI, H. (orgs.). *Religions in the modern world*. Londres: Routledge, 2002. p. 332-356.

WRIGHT, S. M. Women and the charismatic community: defining the attraction. *In:* SWATOS JUNIOR, W. H. (org.). *Gender and religion*. New Brunswick: Transaction, 1994, p. 143-157.

WRONG, D. The over-socialized conception of man in modern sociology. *American Sociological Review*, vol. 26, n. 2, p. 184-193, abr. 1961.

WUTHNOW, R. *After heaven*: spirituality in America since the 1950s. Berkeley: University of California Press, 1998.

WUTHNOW, R.; HUNTER, J. D.; BERGESEN, A.; KURZWEIL, E. *Cultural analysis:* the work of Peter L. Berger, Mary Douglas, Michel Foucault, and Jürgen Habermas. Londres: Routledge & Kegan Paul, 1987.

YINGER, J. M. *The scientific study of religion*. Londres: Routledge, 1970.

YOO, D. K. *New spiritual homes:* religion and Asian Americans. Honolulu: University of Hawai'i Press, 1999.

YOUNG, L. A. (org.). *Rational choice theory and religion:* summary and assessment. Nova York: Routledge, 1997.

YOUNG, S. *Encyclopedia of Women and World Religion*. Nova York: Macmillan, 1999.

ZALD, M. N.; ASH, R. Social movement organizations: growth, decay and change. *Social Forces*, vol. 44, p. 327-343, 1966.

ZUCKERMAN, P. The sociology of religion of W.E.B. Du Bois. *Sociology of Religion*, vol. 63, n. 2, p. 239-253, 2002.

Índice

Aborto 234, 274

Ação comunicativa 81, 151

Afeganistão 162, 231, 244

África do Sul 248, 251

Afro-americano 252-254, 264

Aglow 282

Agnosticismo Metodológico 297, 303

Al Qaeda 238, 242

Aldridge, Alan 212

Alemanha 31, 262-263, 286, 312

Alienação 51

América Latina 134, 286

Amish 213

Análise cultural 79

Anomia 94

Apartheid 251

Appleby, Scott 236

Arábia Saudita 156

Assimilação 255, 263-265

Assimilação segmentada 264

Associação para a Sociologia da Religião (ASR) 312

Ateísmo metodológico 296, 300, 304-307

Autenticidade 186, 293

Autopoiético 85

Autoridade 218
 burocrática 220
 carismática 219
 democrática 220
 profissional 220
 racional-legal 220

Bainbridge, William 141, 145, 214

Barth, Fredrik 255

Barth, Karl 297

Bastidores 89

Baudrillard, Jean 119

Becker, Howard 204

Beckford, James 18, 92, 107, 121, 209, 224, 306

Bell, Daniel 120

Bellah, Robert 76, 153-154, 158, 166, 185, 229

Berger, Helen 278

Berger, Peter L. 36, 38, 54, 62, 66, 72, 81, 86, 91-96, 113, 129, 132, 140, 143, 150, 166, 182, 297-298, 312

Beyer, Peter 87, 124

Blumer, Herbert 88

Bósnia 165

Boucher, Sandy 285

Bourdieu, Pierre 54, 96-101, 113, 193, 221, 242

Brekke, Torkel 246

Bruce, Steve 122, 135-137, 144-146, 151-153, 179, 214, 236-241

Budismo 239, 259, 275, 285

Burocracia 109, 130

Burocratização 118, 212-215

Cadeia mnemônica 192

Calhoun, Craig 83, 160

Calvinismo 60

Campo 97

Capital 97

Capital cultural 97

Capitalismo 51, 60, 81

Carisma 222

Carrette, Jeremy 102

Casanova, José 153-154, 164-167

Casta 273, 284

Catolicismo 47, 95, 229, 271, 292

Christiano, Kevin 121

Cidadania 264-266

Ciência 19, 21

Cientologia 31

Clayton, Richard 46

Competição 137

Compromisso 197

Comte, Auguste 11, 128, 301

Comunidades imaginadas 161

Conduta econômica 60

Confiança 86, 106

Confissão 102-103, 114

Conflito 231, 245-248, 254, 257, 261

Consciência coletiva 55

Construtivismo 160, 250, 255-257

Controle de natalidade 292-294

Conversão 195, 215

Corpo 103, 193-196, 274, 292-294

Coser, Lewis 232

Crenças 56

Crescimento religioso 138

Cristãos conservadores 139, 178, 226

Cristianismo 100, 144, 151, 239, 270, 279

Cristianismo carismático 125

Crítica
  da Modernidade 108, 305
  do positivismo 301
  da religião 100

Culto 204-208

Cultura de consumo 120

Cura 206, 277

Davidman, Lynn 291

Davie, Grace 47, 95, 134, 192

Definição de religião
  ampla 36, 40
  estreita 40
  funcional 38
  substantiva 32, 127

Demerath, Nicholas Jay 157, 247

Democracia 152, 267

Demonização 243

Denominação 203, 206

Desigualdade 114

Dessacralização 128
Dialético 92
Diálogo inter-religioso 261
Diferença 83, 114
Diferenças 180
Diferenciação 86, 118, 131, 153, 159
Dimensões da religião 44
Dinamarca 190, 286
Disciplina 101
Discriminação 254
Discurso 82
Distanciamento 89, 193
Diversidade 137, 152, 177, 264-268
Divindades femininas 275, 277
Dobbelaere, Karel 128, 143
Dominação 97, 150, 242
Dominação legítima 219
Dossel 94, 132
Douglas, Mary 58, 133, 189
Doxa 99
Du Bois, W.E.B. 252
Dupla consciência 252
Durkheim, Émile 33-35, 54-58, 81, 85, 89, 93, 153, 229, 302

Ebaugh, Helen 261-263
Ecumênico 203, 210
Eliade, Mircea 308
Emoções 63
Empírico 34
Engels, Friedrich 51
Epistemes 101

Equidade 259, 272-276, 284
Erikson, Victoria Lee 65
Esfera privada 149, 152, 265
Esfera pública 80, 149, 153, 233, 265-268, 273
Espírito do capitalismo 60
Espiritualidade 42
Esposito, John L. 243
Esquema AGIL 74
Essencialismo 160, 255-257, 264, 290-291
Estado 150, 154, 156, 264-267
  Religião e 156
Estado confessional 156
Estados Unidos 135, 157, 163, 181, 203, 230, 232-236, 239-241, 251-256, 258-268, 286-288
Estrato socioeconômico 204
Estrutura de plausibilidade 94, 183
Estrutural
  explicação 13
  funcionalismo 72
  teoria da localização 287-288
  violência 242
Estruturalismo 89, 96, 100, 114
Estudo comparado 224
Estudo de caso 225
Estudos religiosos 26, 269, 292
Ética 20, 79, 110, 306
Ética protestante 60
Etnicidade 250, 253, 263-265
Étnico(as)
  fronteiras 255
  grupo 250-256, 264
Etnocentrismo 34, 36, 210

Etzioni, Amitai 217

Europa 95, 134, 192, 199, 232, 251-253, 258-268

Evangélico 145, 178, 180, 226, 280, 282, 294

Evolução cultural 81

Exército da Salvação 205, 212

Experiências religiosas de homens 276-279

Expressões simbólicas 56

Externalização 92

Família 176, 215

Fé cívica 163

Fé religiosa 296, 307-312

Featherstone, Mike 123

Feminino 269-276

Feminismo 83, 288-291

Fenn, Richard 143, 159

Fenomenologia 97, 182

Finke, Richard 138

Finlândia 190

Flanagan, Kieran 306

Forças produtivas 51

Formação discursiva 160

Foucault, Michel 54, 100-105, 113, 160, 292

França 233

Franklin, Benjamin 163

Freud, Sigmund 39, 66-70, 100, 117, 175, 246, 302

Função 56, 73-76, 87, 153

Funcionalismo 58, 72, 175

Fundamentalismo 84, 111, 236-242

Galtung, Johan 242

Geertz, Clifford 76

Gênero 190

Giddens, Anthony 88, 104-108, 113, 306

Gill, Robin 298-300

Globalização 123-127, 265

Glock, Charles 44, 169, 223

Goffman, Erving 66, 72, 88-92, 96, 113, 194, 196

Grã-Bretanha 157, 232, 257, 286

Greely, Andrew 194

Grupo 250-256

Grupo de status 60, 254-256

Grupo primário 174

Gustafsson, Göran 46

Habermas, Jürgen 54, 62, 80-84, 113, 151, 306

Habitus 97

Haddad, Yvonne Yazbeck 259

Hadden, Jeffrey 238

Hamberg, Eva 140

Hammond, Philip E. 134

Hare Krishna (ISKCON) 274

Hassan, Riffat 272, 293

Heelas, Paul 107

Herberg, Will 258

Herbert, David 83

Hervieu-Léger, Danièle 58, 95, 192

Heterossexualidade 277, 294
Hill, Michael 34
Hinduísmo 156, 239, 259, 273, 285, 293
História 24, 299
História da religião 26
Historicismo 58
Homens 261
Homossexualidade 235, 291-295
Hughey, Michael 160
Hume, David 302

Iannaccone, Laurence 141
Idealismo 15
Identidade 106, 196, 233-235, 240, 252, 255-259, 262, 264
Ideográfico 25
Ideologia 52
Igreja 202, 206
Igreja Católica 125, 164, 221, 229, 263, 281
Igreja ortodoxa grega 210
Imigração 233, 249, 252, 258, 261
Imigrantes 254, 258-268
Índia 234, 240, 242
Individual
  religiosidade 168, 187, 190
  secularização 146
Individualidade 63, 112
Individualismo 185, 295
Individualização 187-188, 190-192
Inglehart, Ronald 121
Institucionalização 211, 221
Integração 56, 158, 228-230, 261, 267

Internalização 93, 175
Interpretações de vida 36, 41
Irã 156, 238, 273
Irlanda do Norte 234, 246
Islamismo 47, 146, 151, 156, 162, 167, 186, 232, 238-239, 258-262, 272, 292, 300
Israel 161, 242, 248

Jacobson, Jessica 257, 262
Judaísmo 62, 84, 270-273, 276, 283
Juergensmeyer, Mark 245-248
Jung, Carl Gustav 67

Kepel, Gilles 238, 241
King, Ursula 276
Kivisto, Peter 256
Knudsen, Jon P. 170
Kosovo 162
Kuhn, Thomas 27

Lado da demanda 139, 142, 172, 179, 288
Lado da oferta 140-142, 179, 288
Laïcité 95
Lambert, Yves 126, 135
Lavagem cerebral 226
LeBras, Gabriel 312
Lechner, Frank 125
Legitimação 94, 153, 158, 183, 254, 266
Legitimidade 205, 240
Legitimidade pluralista 205

Legitimidade única 205
Lehmann, David 125
Levitt, Peggy 263
Liberdade religiosa, direitos 233-235
Líderes carismáticos 221
Lineu, Carl 250
Luckmann, Thomas 38, 54, 58, 86, 91-96, 127, 131, 135, 312
Luhmann, Niklas 84-89, 126
Luta de classes 232
Lutero, Martinho 144, 271
Lynd, Helen e Robert 312
Lyotard, Jean-François 147

Macrossociologia 93
Magia 37
Maioria 249-251
Maioria moral 239
Malinowski, Bronislaw 37
Mannheim, Karl 137
Martin, David 134, 307
Marty, Martin E. 159, 236-239
Marx, Karl 50-55, 100, 117, 150, 169, 302
Masculinização 271
Masculino 270-276
Materialismo 15, 53
  histórico 51
McGuire, Meredith 36, 184, 194, 198, 232, 277
Mead, George Herbert 69-73, 93, 168
Meditação Transcendental 31

Meios de comunicação de massa 13, 119, 197, 220
Meios de produção 51
Mendieta, Eduardo 84
Mercado religioso 142
Mernissi, Fatima 273
Metodistas 280
Método sociológico 22
Microssociologia 93
Milbank, John 304-307
Minoria 223-227, 250, 258-261, 265-268
Misticismo 202, 208
Mitzman, Arthur 59
Modernidade 105, 116
  tardia 107
Modernização 81, 115, 118, 150, 158, 239
Monoteísmo ético 144-146
Moralidade 52, 55, 82, 110-112, 151, 240
Movimento
  antiaborto 242
  da Deusa 278, 290-291
  dos Direitos Civis 251
  espiritual masculino 276
  fundamentalista islâmico 237-242
  gay e lésbico 235
  litúrgico feminista 277
Movimentos fundamentalistas 124, 238-242, 267
Movimentos religiosos 178, 201, 209, 215
Muçulmanos 259-262
Mulheres 231, 244, 261
  movimento de 235
  clérigas 235, 283

experiências religiosas de 276-279
papel nas organizações religiosas 279-287
movimento espiritualista de 276, 290
muçulmanas 283-285

Multiculturalismo 264

Mundo da vida 80

Música 194

Nação 150, 159

Nacionalismo 159, 229

Nacionalismo religioso 160

Neusner, Jacob 230

Niebuhr, H. Richard 203, 212

Nietzsche, Friedrich 100, 117

Nomos 94

Nomotético 25

Noruega 156, 190, 235, 281, 286

Nova Direita Cristã 234, 239-241

Nova Era 125, 187, 191, 225

Novos movimentos religiosos 47, 197, 216, 223, 226

O'Dea, Thomas 213

O'Toole, Roger 28

Objetificação 92

Ordenação de mulheres 275, 281-284

Organização 201, 216

Organizações coercitivas 217

Organizações normativas 217

Organizações religiosas 145, 201, 205, 260

Organizações utilitárias 217

Orientação familiar 295

Ortodoxia 99

Otto, Rudolf 36, 308

Outro generalizado 70

Pagadores de Promessa 277

Países nórdicos 139, 143, 159, 190, 210, 235, 261-264, 280, 311

Palco 89

Papa João Paulo II 229

Papel 173

Paradigma 27, 141, 177

Park, Robert Ezra 254-256

Parsons, Talcott 62, 73-77, 84, 127, 153, 229

Pedagogia da religião 23

Pentecostalismo 125, 291

Peregrinação 193, 235

Pertencimento 161, 184, 193

Pettersson, Per 192

Pettersson, Thorleif 140

Pfister, Oskar 67

Pietismo 47

Pilarização 231

Pluralismo 84, 92, 140, 264

Pluralização 94, 265

Poder 101, 114, 218, 221

Poder político 165

Política 83

Política 149-151
de reconhecimento 83, 265

Política pública 265-268

355

Polônia 164, 229, 246

Pós-estruturalismo 100, 114

Posição iniciado/não iniciado [*insider-outsider*] 308-312

Positivismo 19-21, 302

Pós-materialismo 121

Pós-modernidade 105, 110, 119-121, 257

Pós-nacional 266

Práticas discursivas 100

Predestinação 60

Privação
absoluta 170
primária 170
relativa 170

Privatização 86, 138, 154, 259

Profano 56

Profeta 98, 144, 189, 291

Profissionais religiosos 197

Protestantismo 47, 60, 117, 144, 185, 270, 292

Protestantismo liberal 47

Psicanálise 66

Psicologia da religião 25, 287

Puritano 60

Quacres 212

Quase religião 37

Raça 249

Racionalidade 58, 82, 122, 130, 177, 181

Racionalização 59, 62, 80, 130, 150

Recrutamento 215, 223

Reducionismo 40, 302

Reflexividade 105

Reforma protestante 60, 144, 152

Relações 250-253

Relações de produção 51

Relações igreja-Estado 155

Relações, papéis 272, 276, 280-287, 290

Religião 30, 42

Religião civil 153, 158-160, 229

Religião imigrante 258-264

Religião invisível 95

Religião oficial 155

Religião pública 153, 163

Religiosidade 41, 65, 168, 190

Ressurgência da religião 107, 239

Retradicionalização 143

Revivescência 144, 172

Riis, Ole 30

Risco 86, 106

Ritos, rituais 56, 89, 99, 193, 277, 283-285

Roald, Anne Sofie 272

Robertson, Roland 34, 123, 205

Roof, Wade Clark 176

Rotinização 221, 278

Rousseau, Jean-Jacques 158

Ruether, Rosemary Radford 270, 292

Rushdie, Salman 233

Rússia 234

Sacerdote 98, 291

Sacralização 234

Sagrado 35, 56, 82
  Dossel 94

Salomonsen, Jone 278

Sanções 173

Satanização 245

Schleiermacher, Friedrich 308

Schutz, Alfred 93

Secularização 80, 86, 94, 118, 126, 150, 233, 259, 300-303
  Teoria 114, 128

Secularização organizacional 143

Secularização societária 129

Secundário(a)
  Grupo 174
  Socialização 174

Seita 201, 202, 206

Seita institucionalizada 205-208

Self 70, 89, 103, 106, 184, 252, 279

Sentido 59, 93, 181

Sérvia 162, 165

Sexualidade 100, 244, 275, 279, 291-295

Sharpe, Eric J. 44, 310

Shils, Edward A. 73

Shiner, Larry 127

Shupe, Anson 238

Simbólico
  Interacionismo 72, 88, 93
  Poder 98
  Universo 94

Símbolo 193

Simmel, Georg 63-67, 69, 232

Sincretismo 38

Singh, Nikky 275

Siquismo 259, 274

Sistema 80
  Explicação 12
  Teoria 73, 84

Sistema 95

Sistema de ação 73

Sistema mundial 123

Smart, Ninian 44, 143, 162

Smith, Adam 138

Smith, Christian 145

Smith, Wilfred Cantwell 308, 311

Sobrenatural 34

Sociabilidade 63

Social
  Ação 73
  Antropologia 25
  Classe 51, 60, 96, 188, 231, 238-239, 253
  Construção 42, 92, 113, 250, 255-257, 264, 290
  Forma 63
  Interação 88
  Movimento 215, 238
  Ordem 74
  Sistema 73, 84, 229

Socialização 72, 172, 215

Socialização primária 174

Sociedade
  capitalista 51, 120
  civil 150, 154
  de classe 53
  multicultural 83
  política 153
  pós-industrial 120

Societalização 132

Societé Internationale de Sociologie des Religions (SISR) 312

Sociologia 11, 296-309
  da religião 18, 292, 304-309, 311-313
Sociologia da religião aplicada interpretativa 88, 182, 302
Solidariedade 55, 264
  mecânica 55
  orgânica 55
Sollors, Werner 256, 264
Spiro, Melford 35
Stark, Rodney 44, 138, 141, 177, 214
Subjetificação 185
Suécia 190-192, 282
Sufismo 125
Suicídio 55
Superestrutura 52, 232
Superstição 37
Supraempírico 34
Swatos Jr., William 121

Talibã 231, 245
Taylor, Charles 83, 264
Teocracia 156
Teodiceia 59, 183
Teologia 23-25, 269-271, 292, 300-301, 304-309
Teologia da libertação 87
Teoria 172-178, 252-257
  crítica 79
  da ação 58
  da classe 51
  da crise 239
  da escolha racional 136, 141, 177-182, 307
  da estruturação 104
  da harmonia 16, 76
  da mobilização de recursos 215, 239-242
  da orientação 287
  da privação 54, 133, 168-173, 179, 216, 223, 237
  da socialização do papel 287
  dialética da secularização 142
  do conflito 16, 76
  do equilíbrio cognitivo 96
  do localismo 176
  instrumental 255-257
  orientada para a estrutura 76, 112
  orientada para o ator 76, 112
  patriarcal 291
Território 161
Testemunhas de Jeová 213, 224
Tipologia igreja-seita 201, 208
Tipos de autoridade 220
Tipos ideais 209, 217
Toynbee, Arnold 117
Tradições patriarcais 244, 273
Transnacional 263, 266
Trivialização 138
Troeltsch, Ernst 202
Turner, Bryan S. 54, 118
Turner, Victor 194
Tylor, Edward 32

Ucrânia 234
Unidade 54, 228
Urbanização 132

Van Gennep, Arnold 194
Violência religiosa 242-247
Violência simbólica 98, 242
Visão de mundo 37, 41, 188

Wallerstein, Immanuel 123

Wallis, Roy 206

Warner, R. Stephen 260-262

Warner, W. Lloyd 250, 258

Weber, Max 42, 58-63, 98, 117, 120, 128, 130, 143, 150, 182, 188, 201, 209, 212, 219, 253-255, 291

Wicca 278, 290-291

Wilson, Bryan 130-133, 233-226

Wilson, John F. 163

Wittgenstein, Ludwig 43

Woodhead, Linda 284, 289

Wuthnow, Robert 185

Yinger, J. Milton 39

Conecte-se conosco:

facebook.com/editoravozes

@editoravozes

@editora_vozes

youtube.com/editoravozes

+55 24 2233-9033

www.vozes.com.br

Conheça nossas lojas:
www.livrariavozes.com.br

Belo Horizonte – Brasília – Campinas – Cuiabá – Curitiba
Fortaleza – Juiz de Fora – Petrópolis – Recife – São Paulo

EDITORA VOZES LTDA.
Rua Frei Luís, 100 – Centro – Cep 25689-900 – Petrópolis, RJ
Tel.: (24) 2233-9000 – E-mail: vendas@vozes.com.br